浙江海外交流史研究

浙江与明清中朝文化交流

杨雨蕾　著

ZHEJIANG UNIVERSITY PRESS
浙江大学出版社
·杭州·

图书在版编目（ＣＩＰ）数据

浙江与明清中朝文化交流 / 杨雨蕾著. -- 杭州 ：
浙江大学出版社，2025.1
　ISBN 978-7-308-24952-2

　Ⅰ．①浙… Ⅱ．①杨… Ⅲ．①文化交流－文化史－浙
江、朝鲜－明清时代 Ⅳ．①K248.03②K312.340.3

　中国国家版本馆CIP数据核字(2024)第094174号

浙江与明清中朝文化交流
ZHEJIANG YU MINGQING ZHONGCHAO WENHUA JIAOLIU

杨雨蕾　著

责任编辑	宋旭华
文字编辑	方涵艺
责任校对	周烨楠
封面设计	周　灵
出版发行	浙江大学出版社
	（杭州市天目山路148号　邮政编码310007）
	（网址：http://www.zjupress.com）
排　　版	杭州林智广告有限公司
印　　刷	杭州捷派印务有限公司
开　　本	787mm×1092mm　1/16
印　　张	15.5
字　　数	310千
版 印 次	2025年1月第1版　2025年1月第1次印刷
书　　号	ISBN 978-7-308-24952-2
定　　价	78.00元

浙江省文化研究工程指导委员会

浙江文化研究工程成果文库总序

习近平

有人将文化比作一条来自老祖宗而又流向未来的河，这是说文化的传统，通过纵向传承和横向传递，生生不息地影响和引领着人们的生存与发展；有人说文化是人类的思想、智慧、信仰、情感和生活的载体、方式和方法，这是将文化作为人们代代相传的生活方式的整体。我们说，文化为群体生活提供规范、方式与环境，文化通过传承为社会进步发挥基础作用，文化会促进或制约经济乃至整个社会的发展。文化的力量，已经深深熔铸在民族的生命力、创造力和凝聚力之中。

在人类文化演化的进程中，各种文化都在其内部生成众多的元素、层次与类型，由此决定了文化的多样性与复杂性。

中国文化的博大精深，来源于其内部生成的多姿多彩；中国文化的历久弥新，取决于其变迁过程中各种元素、层次、类型在内容和结构上通过碰撞、解构、融合而产生的革故鼎新的强大动力。

中国土地广袤、疆域辽阔，不同区域间因自然环境、经济环境、社会环境等诸多方面的差异，建构了不同的区域文化。区域文化如同百川归海，共同汇聚成中国文化的大传统，这种大传统如同春风化雨，渗透于各种区域文化之中。在这个过程中，区域文化如同清溪山泉潺潺不息，在中国文化的共同价值取向下，以自己的独特个性支撑着、引领着本地经济社会的发展。

从区域文化入手，对一地文化的历史与现状展开全面、系统、扎实、有序的研究，一方面可以借此梳理和弘扬当地的历史传统和文化资源，繁荣和丰富当代的先进文化建设活动，规划和指导未来的文化发展蓝图，增强文化软实力，为全面建设小康社会、加快推进社会主义现代化提供思想保证、精神动力、智力支持和舆论力量；另一方面，这也是深入了解中国文化、研究中国文化、发展中国文化、创新中国文化的重要途径之一。如今，区域文化研究日益受到各地重视，成为我国文化研究走向深入的一个重要标志。我们今天实施浙江文化研究工程，其目的和意义也在于此。

千百年来，浙江人民积淀和传承了一个底蕴深厚的文化传统。这种文化传统的独特性，正在于它令人惊叹的富于创造力的智慧和力量。

浙江文化中富于创造力的基因，早早地出现在其历史的源头。在浙江新石器时代最为著名的跨湖桥、河姆渡、马家浜和良渚的考古文化中，浙江先民们都以不同凡响的作为，在中华民族的文明之源留下了创造和进步的印记。

浙江人民在与时俱进的历史轨迹上一路走来，秉承富于创造力的文化传统，这深深地融汇在一代代浙江人民的血液中，体现在浙江人民的行为上，也在浙江历史上众多杰出人物身上得到充分展示。从大禹的因势利导、敬业治水，到勾践的卧薪尝胆、励精图治；从钱氏的保境安民、纳土归宋，到胡则的为官一任、造福一方；从岳飞、于谦的精忠报国、清白一生，到方孝孺、张苍水的刚正不阿、以身殉国；从沈括的博学多识、精研深究，到竺可桢的科学救国、求是一生；无论是陈亮、叶适的经世致用，还是黄宗羲的工商皆本；无论是王充、王阳明的批判、自觉，还是龚自珍、蔡元培的开明、开放，等等，都展示了浙江深厚的文化底蕴，凝聚了浙江人民求真务实的创造精神。

代代相传的文化创造的作为和精神，从观念、态度、行为方式和价值取向上，孕育、形成和发展了渊源有自的浙江地域文化传统和与时俱进的浙江文化精神，她滋育着浙江的生命力、催生着浙江的凝聚力、激发着浙江的创造力、培植着浙江的竞争力，激励着浙江人民永不自满、永不停息，在各个不同的历史时期不断地超越自我、创业奋进。

悠久深厚、意韵丰富的浙江文化传统，是历史赐予我们的宝贵财富，也是我们开拓未来的丰富资源和不竭动力。党的十六大以来推进浙江新发展的实践，使我们越来越深刻地认识到，与国家实施改革开放大政方针相伴随的浙江经济社会持续快速健康发展的深层原因，就在于浙江深厚的文化底蕴和文化传统与当今时代精神的有机结合，就在于发展先进生产力与发展先进文化的有机结合。今后一个时期浙江能否在全面建设小康社会、加快社会主义现代化建设进程中继续走在前列，很大程度上取决于我们对文化力量的深刻认识、对发展先进文化的高度自觉和对加快建设文化大省的工作力度。我们应该看到，文化的力量最终可以转化为物质的力量，文化的软实力最终可以转化为经济的硬实力。文化要素是综合竞争力的核心要素，文化资源是经济社会发展的重要资源，文化素质是领导者和劳动者的首要素质。因此，研究浙江文化的历史与现状，增强文化软实力，为浙江的现代化建设服务，是浙江人民的共同事业，也是浙江各级党委、政府的重要使命和责任。

2005年7月召开的中共浙江省委十一届八次全会，作出《关于加快建设文化大省的决定》，提出要从增强先进文化凝聚力、解放和发展生产力、增强社会公共服务能力入手，大力实施文明素质工程、文化精品工程、文化研究工程、文化保护工程、文化产业促进工程、文化阵地工程、文化传播工程、文化人才工程等"八项工程"，实施科教兴国和人才强国战略，加快建设教育、科技、卫生、体育等"四个强省"。作为文化建设"八项工程"之一的文化研究工程，其任务就是系统研究浙江文化的历史成就和当代发展，深入挖掘浙江文化底蕴、研究浙江现象、总结浙江经验、指导浙江未来的发展。

浙江文化研究工程将重点研究"今、古、人、文"四个方面，即围绕浙江当代发展问题研究、浙江历史文化专题研究、浙江名人研究、浙江历史文献整理四大板块，开展系统研究，出版系列丛书。在研究内容上，深入挖掘浙江文化底蕴，系统梳理和分析浙江历史文化的内部结构、变化规律和地域特色，坚持和发展浙江精神；研究浙江文化与其他地域文化的异同，厘清浙江文化在中国文化中的地位和相互影响的关系；围绕浙江生动的当代实践，深入解读浙江现象、总结浙江经验，指导浙江发展。在研究力量上，通过课题组织、出版资助、重点研究基地建设、加强省内外大院名校合作、整合各地各部门力量等途径，形成上下联动、学界互动的整体合力。在成果运用上，注重研究成果的学术价值和应用价值，充分发挥其认识世界、传承文明、创新理论、咨政育人、服务社会的重要作用。

我们希望通过实施浙江文化研究工程，努力用浙江历史教育浙江人民、用浙江文化熏陶浙江人民、用浙江精神鼓舞浙江人民、用浙江经验引领浙江人民，进一步激发浙江人民的无穷智慧和伟大创造能力，推动浙江实现又快又好发展。

今天，我们踏着来自历史的河流，受着一方百姓的期许，理应负起使命，至诚奉献，让我们的文化绵延不绝，让我们的创造生生不息。

2006 年 5 月 30 日于杭州

丛书序言

浙江古代海外交流史的发展历程

浙江地处太平洋西岸，位于中国大陆海岸线中部，海岸线总长度及岛屿数量均居全国首位。浙江是中国海洋文化的重要发祥地，也是东亚海洋文化的一个重要源头，更是中国对外交往的门户。浙江古代海外交流史的内涵很广，包括涉外港口与海外航线、政府间的外交关系与政治交往、民间海外贸易与外贸管理体制、货物流通与人员往来、文化交流与科技传播等。纵观历史，1911 年清朝灭亡之前的浙江古代海外交流史，大体上可以概括为以下六个发展阶段。

一、奠基于史前

2013—2014 年，宁波余姚发现了距今 8000 多年的井头山遗址，这也是中国现今所知最早的贝丘遗址，它表明人们已经开始长期地、大量地、固定地利用海洋资源了。[1] 井头山遗址虽然尚未发现过独木舟，但出土了一支"加工精细、保存完好"的完整木桨[2]，这说明当时已经能够建造独木舟之类的"早期水上航行器"（early watercraft，缩写为EW）了。[3] 中国最早的独木舟是在杭州萧山跨湖桥新石器时代遗址中发现的，年代为距今 7070±155 年。[4] 这也是目前所知亚洲最早的独木舟。在随后的河姆渡文化（约距今 7000—5300 年）中，发现了更多的木桨，其中河姆渡遗址出土的有 8 支[5]，慈湖遗址出土的有 2 支[6]，田螺山遗址出土的有 6 支[7]。此外，在河姆渡遗址还发现了 2 件陶舟模型。这些考古发现有力地证明了，早在新石器时代，浙江已经出现原始的造船技术，而舟船的建造，正是与海外进行交往的最基本的条件。

1 童杰、龚缨晏：《井头山遗址在世界史前史研究中的意义》，《浙江社会科学》2022 年第 5 期。
2 孙国平、王永磊：《从井头山遗址看宁波地理环境与海洋文化的关系》，《宁波通讯》2020 年第 18 期。
3 相关研究可参见 Ronald Bockius and Miran Erič with Ambassadors (eds.), *Early Watercraft: A global perspective of invention and development*, Global Initiative, 2015.
4 浙江省文物考古研究所编：《跨湖桥：遗址考古报告》，文物出版社，2004 年，第 42—50 页。
5 浙江省文物考古研究所编：《河姆渡：新石器时代遗址考古发掘报告》，文物出版社，2003 年，第 139 页。
6 林士民：《宁波沿海地区原始文化初探》，《东南文化》1990 年第 5 期。
7 李安军主编：《田螺山遗址：河姆渡文化新视窗》，西泠印社出版社，2009 年，第 101 页。

有学者认为，史前时代浙江与朝鲜半岛[1]、日本列岛[2]就可能已经存在着某种形式的海上往来。但就目前的国内外考古发现而言，这些观点尚无法得到确证。[3] 不过，大量的考古材料表明，太平洋西岸广泛流行的有段石锛（stepped adze），实际上起源于以河姆渡文化为代表的浙江沿海新石器文化。[4] 尽管有段石锛是经过漫长的岁月在海外逐渐传播开来的，在传播过程中又不断发生变异，其基本造型却是一脉相承的。因此，浙江古代海外交流的基础，是在新石器时代奠定的。

二、发端于汉晋

就整个中国而言，海上丝绸之路形成于秦汉之际，即公元前 200 年左右。[5] 这一时期中国通往日本的海上航线，沿着山东半岛海岸线向北航行，再沿朝鲜半岛西海岸南下，然后越过对马海峡到达日本列岛的北部。[6] 虽然由浙江直接通往海外地区的海上航线尚未出现，但在汉代，国外所产的玻璃器等物品已经辗转传入了浙江。例如，宁波奉化白杜南岙林场的三座墓葬中发现了 1 件琉璃珠和 2 件玻璃耳珰，其年代为西汉晚期至东汉早期。[7] 宁波市北仑区大碶街道璎珞村的一座墓葬中发现了一件蓝色玻璃质料珠和一件蓝色玻璃质耳珰，时代是在东汉早期（公元 1 世纪）。[8]

东汉末年，发源于印度的佛教也开始传入浙江。史载，汉灵帝（168—189）末年，中亚安息国僧人安清（字世高）到中国传教（有人猜测他可能经海路先到广州[9]），在江南活动，最后在会稽（绍兴）去世。会稽人陈慧曾追随安世高，"信道笃密"。[10] 佛教传入后，佛寺也随之出现。东吴赤乌五年（242），阚泽把自己在慈湖畔的住宅捐献出来作为佛寺，即后来的普济寺。[11] 吴太元元年（251），归安县的刘钺等人也献出房子创建了狮子吼寺。[12] 此外，在浙江制作的瓷器上，同样可以见到佛像等佛教题材图案。[13] 因此可以说，汉晋时代浙江已经与海外产生了联系，尽管这种联系是间接的而不是直接的。

1　毛昭晰：《先秦时代中国江南和朝鲜半岛海上交通初探》，《东方博物》2004 年第 1 期。
2　安志敏：《长江下游史前文化对海东的影响》，《考古》1984 年第 5 期。
3　蔡凤书：《中日交流的考古研究》，齐鲁书社，1999 年，第 19 页。
4　林惠祥：《中国东南区新石器文化特征之一：有段石锛》，《考古学报》1958 年第 3 期；傅宪国：《论有段石锛和有肩石器》，《考古学报》1988 年第 1 期。
5　李庆新：《濒海之地：南海贸易与中外关系史研究》，中华书局，2010 年，第 6 页。
6　孙光圻：《中国古代航海史》（修订本），海洋出版社，2005 年，第 119—126 页。
7　浙江省文物考古研究所、宁波市文物考古研究所、奉化市文物保护管理所：《奉化白杜南岙林场汉六朝墓葬》，载浙江文物考古研究所编《浙江汉六朝墓报告集》，科学出版社，2012 年，第 214—337 页。
8　浙江宁波市文物考古研究所、浙江宁波北仑区博物馆：《浙江宁波北仑大碶璎珞东汉墓葬与五代窑址发掘简报》，《南方文物》2014 年第 3 期。
9　吴焯：《佛教东传与中国佛教艺术》，浙江人民出版社，1991 年，第 170 页。
10　〔梁〕释慧皎：《高僧传》，汤用彤校注，汤一玄整理，中华书局，1992 年，第 7 页。
11　〔元〕袁桷：延祐《四明志》卷一八，《宋元方志丛刊》，中华书局，1990 年，第 6392 页。
12　〔宋〕李景和修，谈玥撰：嘉泰《吴兴志》卷一三，《宋元方志丛刊》，中华书局，1990 年，第 4751 页。
13　林士民：《青瓷与越窑》，上海古籍出版社，1999 年，第 68—70 页；蒋明：《佛教与六朝越窑青瓷片论》，《东南文化》1992 年第 1 期；阮平尔：《浙江省博物馆藏隋以前文物的佛教因素研究》，《东南文化》1992 年第 5 期。

三、跃升于盛唐

7 世纪，随着新罗的崛起，由中国北方通往朝鲜半岛及日本的传统航路受到了严重冲击，在此背景下，经过中外航海者的不断探索，从 7 世纪末到 8 世纪，出现了从浙江沿海出发直达日本的海上航线。《新唐书》这样写道："新罗梗海道，更繇明、越州朝贡。"[1] 浙江沿海的杭州、明州（宁波）、台州、温州等港口，因此成为通向日本的门户。日本政府派出的遣唐使，实际成行的有 16 次，其中 3 次是在浙江宁波沿海登陆的，分别是在 659 年、752 年和 804 年。[2] 更加重要的是，进入 9 世纪，民间商人在浙江沿海港口进出，直接与日本进行贸易。例如：842 年，李处人从日本抵达温州；847 年，张友信从明州出发前往日本；877 年，崔铎从台州出发前往日本。[3]

唐代，浙江与东南亚地区虽然没有直接的往来，但间接的联系已经出现了，主要证据就是越窑瓷器的外销。1998 年在印度尼西亚沿海发现的"黑石号"沉船上，打捞出了大量的中国瓷器，其中数量最多的是长沙窑瓷器（55000 余件），此外还有越窑青瓷（约 250 件）、白瓷（约 300 件）等。越窑青瓷虽然数量并不多，但器物造型十分丰富。[4]"黑石号"沉船的时代为 9 世纪前期，即唐代中晚期。这说明当时的越窑瓷器已经开始外销到东南亚及更远的地区。在阿拉伯世界已知的 8—10 世纪遗址中，有 69 个遗址出土了中国青瓷，其中绝大部分是越窑青瓷。这些遗址分布的范围非常广泛，包括伊拉克的萨迈拉（Samarra）、伊朗的希拉夫（Siraf）、阿曼的苏哈尔（Sohar）、埃及的福斯塔特（Fustat）等。[5]

四、兴盛于宋元

宋元两朝对海外交往总体上是持开放和鼓励态度的。在此背景下，浙江的海外交流也达到了全面繁荣的新高度，主要表现在以下几个方面。

第一，出现了专门的外贸管理机构市舶司。唐朝只在广州设立了管理海外贸易的机构市舶司。宋朝先后在 9 个地方设置过市舶机构：杭州、澉浦、温州、宁波、密州、秀州、江阴军、泉州、广州。[6] 前 4 个都设在浙江。元朝正式设立的市舶司有 7 处，分别是：杭州、澉浦、宁波、温州、上海、泉州、广州。[7] 这从一个侧面说明，浙江在宋元海外贸易中，差不多占据了半壁江山。

1　〔宋〕欧阳修、宋祁撰：《新唐书》卷二二〇，中华书局，1975 年，第 6209 页。
2　李广志：《日本遣唐使宁波航线考论》，载李卓主编《南开日本研究 2016》，天津人民出版社，2016 年。
3　吴玲：《九世纪唐日贸易中的东亚商人群》，《西北工业大学学报（社会科学版）》2004 年第 3 期。
4　陈克伦：《印尼"黑石号"沉船及其文物综合研究》，《文物保护与考古科学》2019 年第 4 期。
5　Wen Wen, "Chinese ceramics in the Islamic world from the 8th to 10th centuries CE", a thesis submitted for the degree of Doctor of Philosophy, University of Oxford, 2018, pp. 54, 106, 154, 205, 210.
6　郑有国：《中国市舶制度研究》，福建教育出版社，2004 年，第 52 页。
7　喻常森：《元代海外贸易》，西北大学出版社，1994 年，第 46 页。

第二，出现了直达东南亚的海上航线。北宋淳化三年（992），阇婆（今印度尼西亚一带）国王派出的使者在中国海商毛旭的引导下，"泛舶船六十日至明州定海县"[1]，前来中国朝贡。1296年，温州人周达观随元朝政府派遣的外交使团出使真腊（今柬埔寨），就是从温州港启航，"历闽、广海外诸州港口，过七洲洋，经交趾洋到占城"，然后继续航行至真腊。1297年农历六月，周达观他们返回，"八月十二日抵四明泊岸"[2]。这说明从浙江沿海到东南亚的航线已经比较成熟了。

第三，出现了海外浙江侨民群体。唐末，已经有浙江商人到海外经商，如819年，越州人周光翰和言升则搭乘新罗人船只来到日本。[3] 不过，他们做完贸易后就回国了，史籍上没有出现他们在当地居留的记载。进入宋朝，有些浙江人由于种种原因在日本生儿育女。例如南宋时，宁波石匠伊行末被请到日本后成家立业，他的后代继续以石匠为业，并且形成了"日本石刻工艺史上声名显赫的'伊派'"[4]。11世纪末，博多出现了宋人居留地。[5] 虽然我们不知道到底有多少浙江侨民生活在博多，但至少在1233—1253年，博多的华人首领谢国明是临安府人，他的墓地一直保存至今。[6]

第四，出现了外国侨民的聚居区。随着海外贸易的持续兴盛，不少外国商人在浙江居住，并且逐渐形成了外国侨民聚居区。宁波城里东门口的市舶司附近，有来自阿拉伯及波斯商人的市场"波斯团"，他们聚居的地方被称为"波斯巷"。[7] 元代杭州也有许多来自阿拉伯世界的商人，并且形成了自己的聚居区及公共墓地。陶宗仪在《南村辍耕录》中写道："杭州荐桥侧首，有高楼八间，俗谓八间楼，皆富实回回所居……聚景园，回回丛冢在焉。"[8] 至今依然保存在杭州凤凰寺的20方元代阿拉伯文古墓碑[9]，就是阿拉伯人在此生活的有力证据。

第五，多种外来宗教汇聚。外国侨民来到浙江生活，自然带来了他们的宗教信仰。其中最主要的是伊斯兰教。宋代宁波就在狮子桥北建有"回回堂"，元代又在海运所西侧新建了一所。[10] 元朝延祐（1314—1320）年间，回回大师阿老丁在杭州建造了真教寺。[11] 其次是基督教（元代一般称其为"也里可温"）。元代杭州的基督教教堂建造在荐桥东，名为大普兴寺。基督教在元代传入温州后，还因与道教争夺信徒而发生冲突。[12] 此外，浙江还有摩尼教的寺院，如宋

1 〔元〕脱脱等撰：《宋史》卷四八九，中华书局，1985年，第14092页。
2 〔元〕周达观：《真腊风土记校注》，夏鼐校注，中华书局，2000年，第15—16页。
3 吴玲：《九世纪唐日贸易中的东亚商人群》，《西北工业大学学报（社会科学版）》2004年第3期。
4 刘恒武：《宁波古代对外文化交流：以历史文化遗存为中心》，海洋出版社，2009年，第145页。
5 衷岚：《关于博多居留宋人》，载李世安主编《史学论丛》，中国书店，1999年，第37—50页。
6 李广志：《南宋海商谢国明与中国文化在日本的传播》，《宁波大学学报（人文科学版）》2018年第6期。
7 〔清〕钱维乔修，钱大昕等纂：乾隆《鄞县志》卷二，乾隆五十三年（1788）刻本，宁波天一阁博物馆藏。
8 〔元〕陶宗仪：《南村辍耕录》，中华书局，1959年，第348页。
9 参见［英〕莫尔顿、〔伊〕乌苏吉释读：《杭州凤凰寺藏阿拉伯文、波斯文碑铭释读译注》，周思成译，中华书局，2015年。
10 〔元〕王元恭修、王厚孙撰：至正《四明续志》卷一〇，《宋元方志丛刊》，中华书局，1990年，第6571页。
11 〔明〕田汝成撰：《西湖游览志》，浙江人民出版社，1980年，第209页。
12 刘梦溪主编：《中国现代学术经典·陈垣卷》，河北教育出版社，1996年，第27—28，42—43页。

朝慈溪的崇寿宫[1]、元朝温州的选真寺和潜光院[2]。

五、剧变于明清

明朝建立后，一方面，实行海禁政策，禁止私人进行海外贸易；另一方面，建立朝贡体制，禁止外国商人到中国进行民间私人贸易，只允许少数几个被正式承认的海外国家以政治上"朝贡"的名义与中国进行官方往来，并且规定他们只能分别在三个港口进出："宁波通日本，泉州通琉球，广州通占城、暹罗、西洋诸国。"[3]这样，宁波就成了明朝与日本进行官方往来的唯一港口。清朝统一中国后，曾经设立粤、闽、浙、江四大海关，其中浙海关于1686年设在宁波。但从1757年开始，清政府放弃了这种"多口通商"的政策，转而实行"广州一口通商"，宁波不再是对外贸易的港口。这个作茧自缚的闭关政策，使宁波乃至整个浙江成为最大的受害者。明清两朝政府对海外贸易的刻意打压，不仅严重阻碍了浙江海外交流的发展，而且还使中国错失了一次迈向世界的大好机遇。

宋元时代，东亚海域基本上是和平的，没有多少重大的暴力事件。但明朝建立后，东亚海域出现了倭寇，浙江沿海是倭寇活动最为猖獗的地区。同时，在明朝政府严禁私人海外贸易的背景下，沿海民众为了生计，不得不铤而走险，以走私的形式从事海外贸易，并且与倭寇结合在一起，亦盗亦商，冲击着传统的海外贸易。[4]清朝建立稳固的统治后，海盗活动并未消失，1800年前后还出现了一次高潮。有学者这样写道："1520—1810年是中国海盗的黄金时代，中国海盗无论是在规模上还是在范围上，一度都达到了世界其他任何地方的海盗均无以匹敌的地步。"[5]明清时期的浙江海外交流史，就是伴随着海盗活动而艰难展开的。

特别重要的是，1500年之后，由欧洲人掀起的全球化浪潮日益猛烈地冲击着中国沿海，而浙江则是最早受到全球化浪潮冲击的区域。约1524—1548年，葡萄牙人在宁波沿海的双屿建立起了欧洲人在东亚的第一个贸易据点，浙江开始被纳入全球海上贸易网络中。通过这个网络，不仅中国的商品被输往欧洲，而且浙江沿海的一些居民也漂泊到了欧洲。[6]17世纪后期，从宁波出发的商船直接航行到西班牙统治下的菲律宾。[7]就在这个时候，英国人也来到舟山进行贸易。随着全球化时代的到来，欧洲文化开始源源不断地传入中国。浙江学者在学习西方先进文化的过程中一直走在前列。明清之际，杭州还是中西文化交汇的学术研究中心，并且通过

1　陆永生：《崇寿宫与黄震〈崇寿宫记〉》，载浙江省慈溪市政协文史资料委员会编《慈溪文史资料》（第11辑），出版者不详，1996年，第149—153页。
2　〔美〕马小鹤：《民国〈平阳县志〉摩尼教资料新考》，《绍兴文理学院学报（人文社会科学）》2021年第9期。
3　〔清〕张廷玉等：《明史》卷八一，中华书局，1974年，第1980页。
4　林仁川：《明末清初私人海上贸易》，华东师范大学出版社，1987年，第40—50页。
5　〔美〕安乐博：《中国海盗的黄金时代：1520—1810》，《东南学术》2002年第1期。
6　龚缨晏、胡刚：《16世纪发生在西班牙的一场"印第安人"诉讼案——近代早期漂泊到伊比利亚半岛的中国人》，《世界历史》2017年第5期。
7　〔西〕胡安·希尔：《马尼拉的华人（16—17世纪）》下卷，安大力译，文化公所、暨南大学澳门研究院，2022年，第266、270页。

与西方学术界的密切互动，在中国古代景教研究等领域中引领着国际学术的前沿发展。

值得一提的是，从 16 世纪开始，在浙江发生的一些事件还对中国历史进程产生了重要影响。一个典型例子是，葡萄牙人自 15 世纪末开始海外扩张以来，所遇到的对手或者是落后的非洲部落，或者是分裂之中的印度，或者是羸弱的东南亚小国，因此在从大西洋进入太平洋的整个过程中，都是所向披靡，战无不胜。葡萄牙人到了中国沿海后，也想凭借先进的船舶及武器，以武力强行占取落脚点。但当他们在浙江沿海建立的第一个贸易基地双屿港于 1548 年被明朝军队彻底捣毁后，他们清醒地认识到，中国是一个前所未遇的强国。这样，葡萄牙人不得不调整策略，逐渐放弃海盗式的暴力强占方式，转而以谦卑恭顺的姿态，向明朝政府宣称自己是因为向往中华文明而前来朝贡的；与此同时，通过各种手段向明朝官员行贿。就中国方面而言，明朝政府在以武力驱赶葡萄牙人的过程中也逐渐认识到，这是一批历史上从来没有出现过的新型"蛮夷"，他们不仅拥有先进的武器，而且还精于经商，因此不能照搬历代治理其他"蛮夷"的传统方法来对付葡萄牙人。这样，明朝政府也调整了一味清剿的做法，转而采用怀柔的策略。由于中葡双方都调整了策略，最终的结果是中国政府同意葡萄牙人在缴纳关税及地租的前提下入居澳门，葡萄牙人则在接受中国政府管辖的前提下实行自治。从此，澳门成为东西方文化交汇的枢纽。因此，双屿是澳门历史的序曲，双屿的覆灭与澳门的出现存在着内在的联系。[1]

另一个影响更大的实例是，从 17 世纪末开始，英国商人多次到舟山进行贸易，并且受到了浙江官员及民众的欢迎。乾隆皇帝虽然清楚地知道，英国人所需要的丝绸、茶叶等货物主要产于江浙地区，如果允许英国人在宁波贸易，既可以节省英国人的商业成本，又可以促进东部地区的经济发展；但他出于对国家海防安全的担忧，最后还是于 1757 年宣布禁止英国商人前往宁波贸易。从此，清政府的外贸政策就从"多口通商"转为"广州一口通商"。而以英国为首的西方势力则"对中国的一口通商制度展开了一波又一波的、越来越猛烈的冲击，以图实现在中国各口岸'自由'通商的目的"[2]，最终结果就是 1840 年爆发了鸦片战争。

总之，从明朝建立到 1840 年前，浙江的海外交流活动一直受制于相互对抗的正反两股力量。正的力量主要是民间海外贸易的冲动，以及 1500 年之后全球化所带来的机遇与活力；反的力量主要是朝廷的残酷打压，以及倭寇海盗的野蛮冲击。这两股力量相互撞击，使浙江海外交流史充满了剧烈的动荡，并且在动荡中催生出前所未有的巨变，而这样的巨变又酝酿出更加剧烈的动荡。400 多年的浙江海外交流就是在这样的激变中曲折发展，同时也为进入下一个历史阶段积蓄能量。

---

1 吴志良、金国平、汤开建：《澳门史新编》第 1 册，澳门基金会，2008 年，第 70—74 页。
2 郭小东：《打开"自由"通商之路——19 世纪 30 年代在华西人对中国社会经济的探研》，广东人民出版社，1999 年，第 379 页。

六、转型于近代

1840 年爆发的鸦片战争，标志着中国开始沦为半殖民地半封建社会。鸦片战争后，清政府被迫放弃"广州—口通商"政策，转而开放广州、厦门、福州、宁波、上海等五个港口城市。1877 年，温州成为对外开放城市。1896 年，杭州开埠。这样，以宁波、温州、杭州这三个对外开放城市为龙头，浙江海外交流史逐步从传统向近代转型，其内容主要包括：传统的海外交流是以农业手工业为经济基础的，而近代海外交流则是建立在机器大工业基础之上的；交通工具从传统的木帆船向轮船过渡；西方文化全面地、大规模地输入，包括学校和医院、电话和电报、报纸和杂志、灯塔和码头、马路和铁路、西服和西餐、肥皂和火柴、煤油灯和热水瓶……

中国海外交流史在从传统向近代转型的过程中，浙江在许多方面走在全国的前列。例如，1844 年，英国女子马利（Mary Ann Aldersey）在宁波创办了中国内地最早的女子学校。[1]1845—1860 年在宁波设立的华花圣经书房，不仅是当时中国"唯一拥有"四种中文活字的出版印刷机构，而且运用先进的电镀技术制造出中文活字，从而为"西式中文活字逐渐取代木刻"奠定了基础，"在近代中文印刷发展史上有非常重大的意义"。[2]1851 年，美国人玛高温（Daniel J. Macgowan）在宁波出版了最早介绍电磁学及电报知识的中文著作《博物通书》，并且提出了世界上第一套汉字电码方案。[3]1854 年玛高温在宁波创办的《中外新报》，是鸦片战争后中国创办的第二种报刊，晚于 1853 年在香港创办的《遐迩贯珍》，早于 1857 年在上海创办的《六合丛谈》。[4]1855 年，宁波商人购得"宝顺号"轮船，这是近代中国引进的第一艘轮船。[5]

这里需要指出的是，鸦片战争前，宁波港在对外交流上的地位要高于上海，因为宁波是"国际贸易网络和国内贸易网络的重要节点"，而作为国内最大内贸港的上海，"其直接和外洋的贸易联系并不发达"。鸦片战争后，上海港迅速"跃居中国各大港口的首位"，"成为远东地区的枢纽港之一"，宁波则衰退为上海的支线港。[6]尽管浙江最大的港口没落了，但浙江人抓住了上海崛起的机遇，在上海开埠之初就背井离乡，参与上海建设，"并且几乎在所有重要行业都具有重要影响，在不少行业稳执牛耳"。[7]1852 年，在上海的宁波人就有 6 万多人，"仅次于广东人"，到了 19 世纪 50 年代后期超过广东人，"成为上海外来居民中最大的移民集团"。[8]这样，大量浙江人就借助上海这个国际枢纽城市，从事与海外交流有关的活动，如充当买办的宁波人杨坊、余姚人王槐山、定海人朱葆三、湖州人顾福昌和许春荣等。这些浙江人还在上海从

---

1 龚缨晏、郑乐静：《来自英国的马利姑娘：中国近代女子教育的开创者》，《社会科学战线》2017 年第 3 期。
2 苏精：《铸以代刻——传教士与中文印刷变局》，台湾大学出版中心，2014 年，第 387、439 页。
3 龚缨晏、郑乐静：《为中国设计电码：美国传教士玛高温的〈博物通书〉》，《自然辩证法通讯》2018 年第 6 期。
4 龚缨晏：《浙江早期基督教史》，杭州出版社，2010 年，第 223 页。
5 龚缨晏：《中国第一艘轮船的由来》，《浙江大学学报（人文社会科学版）》2017 年第 2 期。
6 王列辉：《驶向枢纽港：上海、宁波两港空间关系研究（1843—1941）》，浙江大学出版社，2009 年，第 59、62、70、375 页。
7 陶水木：《浙江商帮与上海经济近代化研究（1840—1936）》，上海三联书店，2000 年，第 37 页。
8 李瑊：《上海的宁波人》，上海人民出版社，2000 年，第 32 页。

事文化教育活动，如慈溪人叶澄衷创办了"澄衷蒙学堂"，鄞县人鲍咸昌创办了商务印书馆。而居住在上海的浙江人，又通过地缘及亲缘纽带与故乡保持密切、频繁的联系。这样，浙江的海外交流活动就延伸到上海这个国际大舞台，并将从上海吸收到的文化养料源源不断地回输到浙江。浙江的海外交流活动因此而变得在形式上更加多样，在内容上更加丰富，在影响上更加深远。

自先秦至隋唐，在中国海外交流史的巨大历史图景中，浙江从边缘逐渐走向前沿。到了北宋，浙江沿海的宁波港已经成为整个东亚海域的国际交流枢纽。进入 16 世纪，随着全球化的兴起，浙江沿海港口又被纳入环球航线中，从而成为全球海上贸易网络的一个重要节点，浙江沿海在东亚海域的枢纽地位因此得到进一步强化。野心勃勃的日本幕府首领丰臣秀吉（1536—1598）就曾梦想，一旦他以武力征服中国、朝鲜半岛，就将日本天皇安置在北京，而他自己则到宁波城定居，以控制整个东亚海域。[1] 不过，16 世纪以来，浙江一直以被动的方式消极而又艰难地应对着全球化浪潮的一次次冲击，浙江海外交流史的历程也因此充满了曲折和灾难。

改革开放以来，浙江不仅以无比磅礴的气魄勇敢地直面新型全球化的猛烈挑战，而且还通过脚踏实地的拼搏，主动积极地参与全球化的进程，并且借助科技创新的巨大力量影响着全球化的进程。宁波舟山港已经成为世界第一大港，货物吞吐量连续十多年位居全球第一。

今天，当我们在国外偏远小超市里也能使用支付宝时，当我们在世界某个角落里也能找到来自义乌的小商品时，当我们在全球各地都能发现来自浙江的游客时，当我们在异域各类高校中都能看到来自浙江的青年学子时，再回头看看古代浙江海外交流史，我们会由衷地感受到，只有改革开放才能使浙江不断繁荣富强，才能使中华民族实现腾飞。

1　郑樑生：《明史日本传正补》，文史哲出版社，1981 年，第 732—733 页。

目 录

第五章　明清朝鲜文人对浙江学术的认知

绪　论

浙江和朝鲜半岛是东亚海上丝绸之路的重要地区，两地隔海相望。尽管海上交通不便，但考古发现表明，早在史前时代，两地就有直接联系。隋唐时期，根据文献资料记载，两地人员通过海上交通已多有往来。宋元时期，随着中国经济中心的南移以及海上贸易的发展，双方无论在政治、经济还是文化上，互动都十分紧密。到了明清时期，随着朝贡制度的日益成熟以及海禁政策的大力推行，中国与朝鲜半岛之间的交往主要为频繁往来于北京的朝鲜朝贡使臣所承担，浙江和朝鲜半岛间的直接交通因此受到很大限制。然而，这并不意味着两地的联系完全被阻隔。除了双方的漂流民事件显现出两地海上直接交往的延续性，相关文献记载还可以让我们看到，朝鲜士人对包括浙江在内的江南地区有着颇为特殊的情感，尤其在明清交替之后，他们不仅与包括浙江文人在内的江南文人多有诗文往来，而且其文字中不乏对浙江景物和浙江学术的描绘。

在有关浙江和朝鲜半岛关系的研究中，学界更关注先秦、隋唐以及宋元几个时期，尤其是宋元时期。需要指出，在相关研究中，浙江并未作为一个独立区域，而是更多地被纳入江南地区加以讨论。其中，对史前时期的研究集中在讨论支石墓和稻作文化上，借以说明两地存在海上交流。典型的如毛昭晰的《浙江支石墓的形制与朝鲜半岛支石墓的比较》[1]和《先秦时代中国江南和朝鲜半岛的海上交通初探》[2]二文就是从对两地支石墓和稻作遗存的比较研究中，推断出先秦时期中国江南和朝鲜半岛两地存在着海上文化交流。对唐时期的有关研究则关注到明州是新罗人往来的重要港口，以及不少新罗人聚居在台州的现象，在文化交流方面则对新罗僧人前往天台山求法请益的史事多有讨论，又有通过考古资料揭示越窑瓷的贸易活动、讨论制瓷技术以及书籍的东传等。

宋元时期，政府积极发展海外贸易，浙江地区与高丽的海上贸易以及文化交流十分

1　毛昭晰：《浙江支石墓的形制与朝鲜半岛支石墓的比较》，载杭州大学韩国研究所编：《中国江南社会与中韩文化交流》，杭州出版社，1997年，第6—15页。
2　毛昭晰：《先秦时代中国江南和朝鲜半岛的海上交通初探》，《东方博物》2004年第1期，第6—15页。

活跃，相关的研究成果尤为丰富。较为综合性的如杨渭生的《宋丽关系史研究》[1]、林士民的《宋丽江南交往的历史遗迹》[2]、王力军的《宋代明州与高丽》[3]等。杨渭生等编著的《十至十四世纪中韩关系史料汇编》（上、下）[4]汇集了宋元时期中国和高丽交往的史料，其中涉及浙江地区的内容相当多。专题研究则包括两地的海上交通，贸易往来以及文化交流等方面。海上交通研究如王连胜的《海上丝绸之路——普陀山高丽道头探轶》[5]、朴现圭的《浙东沿岸高丽人的水路交通——以交通遗迹和地名为中心》[6]；贸易往来研究如朴真奭的《十一——十二世纪宋与高丽的贸易往来》[7]、李镇汉的《高丽时代宋商往来研究》[8]等；文化交流研究则涵盖佛教交流、瓷器制作、海神信仰以及文学创作等多个方面。

明清时期，两地的直接往来受到限制，所以几乎不见学界对这个时期两地关系的专门性论述，个案的研究成果也远不如宋元时期。相关研究主要涉及两地的海上漂流民事件，明代壬辰倭乱以及朝鲜文人与浙江文人的交往。

在两地的漂流民事件中，崔溥和崔斗灿二人颇受关注，尤其是崔溥。两人先后于1488年和1818年漂流到浙江沿海地区，他们的漂海记录记述了各自在浙江的经历见闻。相关研究除了对其漂海录进行了校注和版本考订，同时还论及朝鲜人所见的明清社会、情报的传达以及明清中国对朝鲜半岛的认识等，其中有关浙江的内容主要是两人所经历的浙江沿海和浙东运河风情，可见于朴元熇的《崔溥漂海录校注》[9]和《崔溥漂海录分析研究》[10]，葛振家的《崔溥〈漂海录〉评注》[11]，范金民的《朝鲜人眼中的中国运河风情——以崔溥〈漂海录〉为中心》《朝鲜人眼中的清中期中国风情——以崔斗灿〈乘槎录〉为中心》等文[12]。此外，屈广燕所编著的《海患、海难与海商：朝鲜文献中明清浙江涉海活动的整理和研究》[13]中也收集了一些漂海资料并加以分析。

明代壬辰倭乱的研究中，因为当时前往朝鲜半岛的不少将领来自浙江，如吴惟忠、骆尚志、宋应昌、沈惟敬等，同时亦有士兵来自浙江，即所谓"浙兵"或"南兵"，故而部分研究关乎浙江地区。如杨海英的《域外长城：万历援朝抗倭义乌兵考实》[14]聚焦于万历援朝战争中最具战斗力和影响力的"浙兵"主干，即出自浙江义乌的南兵将士群

1 杨渭生：《宋丽关系史研究》，杭州大学出版社，1997年。
2 林士民：《宋丽江南交往的历史遗迹》，载氏著《再现昔日的文明：东方大港宁波考古研究》，上海三联书店，2005年，第498—504页。
3 王力军：《宋代明州与高丽》，科学出版社，2011年。
4 杨渭生等编：《十至十四世纪中韩关系史料汇编》（上、下），学苑出版社，1999年。
5 王连胜：《海上丝绸之路——普陀山高丽道头探轶》，《浙江海洋学院学报（人文科学版）》2002年第1期，第11—14页。
6 박현규，「浙東 연해안에서 高麗人의 수로 교통 – 교통 유적과 지명을 중심으로 –」，『중국사연구』 64, 2010, pp. 43-67.
7 朴真奭：《十一——十二世纪宋与高丽的贸易往来》，《延边大学学报（哲学社会科学版）》1979年第2期，第84—91页。
8 [韩]李镇汉：《高丽时代宋商往来研究》，李廷青、戴琳剑译，江苏人民出版社，2020年。
9 [韩]朴元熇校注：《崔溥漂海录校注》，上海书店出版社，2013年。
10 [韩]朴元熇：《崔溥漂海录分析研究》，上海书店出版社，2014年。
11 葛振家：《崔溥〈漂海录〉评注》，线装书局，2002年。
12 范金民：《朝鲜人眼中的中国运河风情——以崔溥〈漂海录〉为中心》，《历史地理》2004年第1期，第353—372页；范金民、罗晓翔：《朝鲜人眼中的清中期中国风情——以崔斗灿〈乘槎录〉为中心》，《史学集刊》2009年第3期，第56—64页。
13 屈广燕编著：《海患、海难与海商：朝鲜文献中明清浙江涉海活动的整理与研究》，海洋出版社，2020年。
14 杨海英：《域外长城：万历援朝抗倭义乌兵考实》，上海人民出版社，2014年。

体，借以探讨明朝国家和社会的互动；孙卫国的《万历援朝战争初期明经略宋应昌之东征及其对东征历史的书写》[1]论及浙江仁和人宋应昌在战争中的所作所为，以及朝鲜半岛对他的认识；孙氏的《〈纪效新书〉与朝鲜王朝军制改革》[2]讨论万历援朝战争期间，有关戚继光在浙江训练士兵方法的书籍，即《纪效新书》在朝鲜半岛的传播和影响等等。

有关朝鲜文人与浙江文人交往之研究，以洪大容燕行期间在北京和钱塘三学士（严诚、陆飞、潘庭筠）的交往史事为最受关注，研究成果也较为丰富。李元植的《洪大容的入燕和清国学人》[3]、夫马进的《1765 年洪大容的燕行与 1764 年朝鲜通信使——以两者在中国和日本对"情"的体验为中心》[4]、孙卫国的《朝鲜燕行士人与清朝儒生——以洪大容与严诚、潘庭筠、陆飞交往为中心》[5]等对此都有专门的讨论。《日下题襟集》收录了洪大容、金在行、金善行等五人和钱塘三学士往来的诗文和书信，其点校者刘婧专门分析了其版本和双方来往书信的具体情况[6]。屈广燕的《文化传输与海上交往：元明清时期浙江与朝鲜半岛的历史联系》[7]论及元明清浙学对朝鲜半岛的影响，洪大容等人与钱塘三学士的笔谈，以及两地海上的交往，但书中收集的资料十分有限，相关分析也较为简单，多停留在罗列和个案介绍。

此外，还有一些研究涉及明清朝鲜文人对浙江的认识。如郑珉的《十六、十七世纪朝鲜文人知识人层的江南热和西湖图》[8]探讨了西湖在朝鲜文人心中被认为是隐士和高士的空间而使其充满憧憬与向往这一现象；拙文《明清朝鲜文人的江南意象》[9]讨论了朝鲜文人对包括杭州在内的江南的认识；金敏镐的《韩国古小说里的中国———以赵纬韩的〈崔陟传〉为中心》[10]则利用朝鲜小说《崔陟传》说明朝鲜文人对绍兴乃至江南地域持肯定态度，与其对辽阳地域的态度形成鲜明对比。

由此可见，目前涉及明清浙江和朝鲜半岛关系的史料收集和研究成果还只是停留在个案层面，所关注的内容较为单一，认识层面也存在偏差，尤其缺乏对浙江区域针对性和整体性的讨论。有鉴于此，本研究借助《朝鲜王朝实录》《同文汇考》《备边司謄录》以及大量朝鲜文集、朝鲜入华朝贡使臣纪行文等朝鲜王朝时代的官方和非官方史料，力图梳理明清朝鲜士人对浙江的记载，同时参照浙江地方文献资料、文人诗文作品，来探

1　孙卫国：《万历援朝战争初期明经略宋应昌之东征及其对东征历史的书写》，《史学月刊》2016 年第 2 期，第 39—50 页。
2　孙卫国：《〈纪效新书〉与朝鲜王朝军制改革》，《南开学报（哲学社会科学版）》2018 年第 4 期，第 116—129 页。
3　이원식，「洪大容의 入燕과 淸國學人」，水邨朴永錫教授華甲紀念論叢刊行委員會编，『韓國史學論叢：水邨朴永錫教授華甲紀念』，서울：탐구당，1992.
4　〔日〕夫马进：《1765 年洪大容的燕行与 1764 年朝鲜通信使——以两者在中国和日本对"情"的体验为中心》，载氏著《朝鲜燕行使与朝鲜通信使》，伍跃、凌鹏译，商务印书馆，2020 年，第 315—343 页。
5　孙卫国：《朝鲜燕行士人与清朝儒生——以洪大容与严诚、潘庭筠、陆飞交往为中心》，载氏著《明清时期中国史学对朝鲜的影响：兼论两国学术交流与海外汉学》，上海辞书出版社，2009 年，第 157—187 页。
6　〔清〕朱文藻编：《日下题襟集》，刘婧校点，上海古籍出版社，2018 年。
7　屈广燕：《文化传输与海上交往：元明清时期浙江与朝鲜半岛的历史联系》，海洋出版社，2017 年。
8　정민，「16·7 세기 조선 문인지식인층의 江南熱과 西湖圖」，『고전문학연구』22，2002，pp.281-306.
9　杨雨蕾：《明清朝鲜文人的江南意象》，《浙江大学学报（人文社会科学版）》2010 年第 6 期，第 141—149 页。
10　〔韩〕金敏镐：《韩国古小说里的中国——以赵纬韩的〈崔陟传〉为中心》，《明清小说研究》2012 年第 3 期，第 244—251 页。

讨两地文士之间的具体交往和朝鲜文人的浙江认识。本研究立足于中国与韩国的相关研究成果，在明清东亚国际关系的视野下，结合明清时期中国与朝鲜半岛关系的大背景，力求分析明清浙江和朝鲜半岛之间的关系，展现浙江以及浙江文化在明清时期朝鲜士人心目中的具体形象，以及浙江文化精神对明清时期朝鲜半岛的影响。循此主旨，本研究分为以下五章来论述。

第一章"明之前浙江和朝鲜半岛的交往"作为本研究的引子，是对先秦到宋元浙江与朝鲜半岛的关系的历史性回顾。学界之前对此缺乏针对性的综合论述，相关研究较为分散，除了史前支石墓文化、稻作文化，宋代明州和朝鲜半岛贸易往来、元代义天在浙江的活动等专题性的研究成果以外，仅在各时期中韩关系史研究中有所涉及。本章综合利用了中韩两国相关的考古发现和研究成果，对明之前浙江地区和朝鲜半岛关系的发展变动做出概况性的阐述，从而为深入理解明清浙江和朝鲜半岛的交流提供历史大背景。

第二章"明清浙江和朝鲜半岛的漂流民"，意在考察明清浙江和朝鲜半岛之间的漂流民事件、相互救助和具体问答内容，以及朝鲜漂流民的浙江见闻。这部分梳理官方以及非官方文献记载的漂流民事件，聚焦在海禁政策下通过海上非官方通道直接往来两地的漂流民群体的经历与见闻，以及对朝鲜文士认识浙江的影响。需要指出，尽管两地多有漂流民事件，但因为漂流民文化程度有限，留下来的具体见闻资料较少。本章通过爬梳文献记录，在较整体地反映两地漂流民事件和救助机制等的基础上，着重分析崔溥和崔斗灿漂海录的相关内容。

第三章"明清朝鲜士人和浙江学人的交往"，讨论明清入华的朝鲜使臣与浙江学人之间的交游。这部分主要以朝鲜使臣入华行纪、笔谈书信为资料，选取典型事例，展现明清不同时期朝鲜使臣在华期间，以及回国之后与浙江学人的交往情景和具体内容。从明末朝鲜使臣在登州与山阴士人的交往，到18世纪华夷之辨下以严诚与洪大容"天涯知己之交"为代表的内含政治文化意义的交游，再到19世纪中叶褪去"尊明攘清"色彩而有更多学术和精神气息相通的交往，共通的情感世界、志趣爱好和学术取向造就了双方的惺惺相惜之情。自18世纪洪大容和严诚等人交往之后，中朝文人之交往构成东亚"情"的世界，"情"的传达已然成为18世纪以来东亚文人交流的重要特质。

第四章"明清朝鲜文人的浙江印象"，综合分析明清朝鲜文人笔下的浙江及其所代表的自然和人文景观。这部分通过大量梳理朝鲜文人对浙江自然和人文景观的描绘（包括舆图），探寻他们对浙江的地理认识和文化感知。本章涉及庞杂的诗文作品，通过把握不同时代的社会背景，尤其是明清易代对朝鲜半岛的影响，从而对相关作品的内涵加以具体分析。在朝鲜文人的心目中，浙江不仅是风景秀丽、经济发达的江南胜地，而且也是忠义贤能人士所出之处，而以浙江潮为代表的忠义气节也为朝鲜文人所关注，浙江潮因此作为一种文化力量深入朝鲜半岛传统文化的精神内涵，成为东亚海域世界的文化象征。

第五章"明清朝鲜文人对浙江学术的认知",具体讨论明清不同时期朝鲜文人对浙江学人学术思想的认识。这部分利用明清朝鲜入华使臣的笔谈资料以及朝鲜文人的文集资料,分析其中论及浙江学人学术思想的内容,通过选取一些代表性朝鲜学人的学术视角,考察各个时期朝鲜文人对明代、明清交替时期以及清代三个时期浙江学术及其变化的认识。本章聚焦于朝鲜文人从周边的视角审视明清浙江学术及其变化这一现象,在深化理解朝鲜文人对浙江的认识的同时,也对浙江精神的文化内涵及其对朝鲜半岛的影响有着更为深入的观察和思考。

　　综合而言,本研究在爬梳大量朝鲜王朝时代原始材料,尤其是大量朝鲜文人文集中相关记载的基础上,具体分析明清朝鲜半岛和浙江地区的联系,考察朝鲜文人对浙江的认识。研究同时结合明之前浙江和朝鲜半岛的经济文化交流,整体展现浙江地区和朝鲜半岛关系的发展和变化,有助于立足浙江深化理解东亚海上丝绸之路、深刻认识中国和朝鲜半岛的政治文化关系,并为当今浙江和朝鲜半岛经济文化交流提供历史经验。与此同时,本研究从朝鲜文人的视角审视明清浙江经济文化,为研究浙江地方史和浙江对外文化交流史提供新史料和周边视角,有助于在东亚汉字文化圈的视野下更好地认识浙江文化精神和文化特点。

第一章

明之前浙江和朝鲜半岛的交往

浙江地区和朝鲜半岛隔海相望。海洋对于人类是畏途，但也是得以联结的通道。考古学、语言学、人类学都有证据显示，浙江地区和朝鲜半岛早在先秦时期就有海上交往，之后两地通过海上航线的直接或间接交往愈发频繁。历史上中国和朝鲜半岛除了北方的陆上交通，尚有南北海上交通路线。北方航线从山东半岛登州（今山东蓬莱）出发，共有二条：一是老铁山航路，即从登州出发前往东北，经过大谢岛（今长山岛），再往北到乌胡海（老铁山水道），再往东经青泥浦（大连湾附近）到鸭绿江口，然后往南沿着朝鲜半岛西海岸南下，这是一条沿近海和岛屿的路线[1]；二是黄海横渡航线，即从登州横渡黄海至朝鲜半岛西北海岸翁津（今海州西南）的航线。南方航线则主要从明州（今浙江宁波）至朝鲜半岛南部海岸，也被称为黄海斜渡航线。

汉代以来，北方航线因为较南方航线更为安全和便利，因此在宋神宗熙宁七年（1074）之前一直是中国与朝鲜半岛海上交通的主要路线。尤其是黄海横渡航线，本身距离就短，加上唐代后期利用海流和风向等航海技术的成熟，因而被更多地利用。[2]但这并不意味着浙江地区与朝鲜半岛就没有交往，两地不仅先秦时期就存在的海上交往从未消失，而且经由陆路或海上北方航线的间接往来也越来越多。"（熙宁）七年，（高丽）遣其臣金良鉴来言，欲远契丹，乞改途由明州诣阙。从之。"[3]于是南方航线逐渐成为两地海上交往的主要通道，尤其是宋朝政治中心和经济中心的南移愈加凸显了这条道路的重要性。由宋至元，明州港成为对外政治交往和贸易活动的重要港口，浙江地区和朝鲜半岛也因此在这个时期有着直接的十分密切的经济文化交流。

---

1 唐朝贾耽（730—805）所著《道里记》详细记述了这条道路。参见《新唐书》第43卷，地理下。
2 参见［韩］金文经：《七——十世纪新罗与江南文化交流》，载杭州大学韩国研究所编：《中国江南社会与中韩文化交流》，杭州出版社，1997年，第58—59页。
3 《宋史》第466卷，《高丽传》。金良鉴觐见一事，亦可见〔宋〕李焘：《续资治通鉴长编》第249卷，"宋神宗熙宁七年正月乙丑"条。

第一节　先秦浙江与朝鲜半岛的海上交往

先秦时期浙江和朝鲜半岛的海上交往可以从两地现存支石墓和稻作文化遗存中来推断。支石墓是史前巨石文化的一种墓葬形式，欧洲称为Dolmen，中国考古学界又称之为石棚墓或石棚。在形制上，支石墓除了墓葬内部地面和葬坑之外，主要由两大部分构成，一是盖石，二是支石。现存的支石墓分布范围很广，包括北欧、西欧、南印度、东南亚和东亚等地。东亚地区所发现的支石墓最多的地方是朝鲜半岛，总数接近3万座，其中以南部全罗南道为最多，根据韩国学者的实地调查，其数量超过2万座[1]。中国的支石墓则主要集中在辽宁、吉林两省，已知辽东半岛发现101座[2]，吉林省西南部发现约70座[3]。除此之外，浙江省也发现近50座，主要集中在浙南沿海地区的温州瑞安市和浙东台州地区的海岛上。[4]

从形制上看，朝鲜半岛的支石墓有北方式和南方式之分。北方式以两块大石或大石板高撑着大盖石，又有桌子式之称，主要分布在朝鲜半岛江华岛以北地区；南方式则以数块小石头垒起大盖石，又称为棋盘式，江华岛以南地区发现的支石墓以此形制为主。通常一种考古文化有它的共性，但往往也会表现出地域性，因此北方式和南方式支石墓可能代表着两种不同地域特点的文化。对比中国发现的支石墓，朝鲜半岛的北方式支石墓与辽东半岛支石墓有相通之处，而南方式支石墓则与浙江省的支石墓有颇多相似（图1-1）。从浙江省温州地区支石墓中发现的少量器物来推断，其年代大约在西周早期至春秋晚期，而朝鲜半岛南方式支石墓中较早的是在公元前20世纪中叶。因此史前浙江沿海和朝鲜半岛南部无疑有着地域的共同特点，存在着直接交往的可能性。

1　毛昭晰：《先秦时代中国江南和朝鲜半岛的海上交通初探》，《东方博物》2004年第1期，第6—15页。

2　许玉林：《辽东半岛石棚之研究》，《北方文物》1985年第3期，第19页。

3　王洪峰：《石棚墓葬研究》，吉林大学考古学系编：《青果集：吉林大学考古专业成立二十周年考古论文集》，知识出版社，1993年，第245页。

4　毛昭晰：《浙江支石墓的形制与朝鲜半岛支石墓的比较》，载杭州大学韩国研究所编：《中国江南社会与中韩文化交流》，第6—15页。

韩国全罗南道和顺郡大薪里支石墓 ｜ 瑞安市棋盘山东山岗1号支石墓（倒塌前）（瑞安市文管会提供）

韩国全罗南道碧松里支石墓 ｜ 瑞安市悟石山支石墓（已毁）（见《浙江新石器时代文物图录》）

韩国济州岛支石墓 ｜ 瑞安市杨梅山支石墓

图1-1 浙江支石墓和朝鲜半岛南方式支石墓

（来源：毛昭晰《先秦时代中国江南和朝鲜半岛的海上交通初探》）

这种地域共同性在稻作文化中有同样的体现。东亚是稻作农业的起源地，学界普遍认为长江中下游地区是主要的发源地和传播中心，从这里向北传入华北黄河流域，向南传入华南和西南地区，向东传入朝鲜半岛和日本。考古人员在浙江已经发现了20多处有稻谷遗存的新石器时代遗址，其中著名的有余姚河姆渡、桐乡罗家角、吴兴钱山漾、杭州水田畈等。河姆渡遗址和罗家角遗址的年代都在距今7000年左右，尤其是河姆渡遗址出土了大量的稻谷、器物、建筑和动植物遗存，反映出当时该地种植稻谷已达到相当的水平。在浙江萧山的跨湖桥遗址和湘湖村，考古人员更是发现了距今8000年乃至9000年的稻谷颗粒，又在浦江上山遗址中发现了更早的稻壳，将长江下游的稻作文明上溯了3000多年。由此可以证明，浙江稻作农业的起源大约在距今1万年，浙江是中国稻作文化的重要发源地。

考古发现同时证实，以河姆渡文化为代表的早期稻作文化不仅在大陆向北向南、跨过江河和浅海扩散，也向外海传播。20世纪80年代，学者相继在舟山本岛的定海县白泉遗址、岱山县大衢岛的孙家山遗址中发现了明显属于河姆渡文化的新石器遗存，同时在更远处的嵊泗列岛也发现了此类遗存，说明当时河姆渡文化正向东海和黄海沿岸扩散包括稻作文化在内的新石器文化。朝鲜半岛的农耕文化起源很早，学界已发现许多稻作农业遗存，证明青铜器时代的朝鲜半岛已经普遍栽培稻米。学界基本认为朝鲜半岛的稻作农业起源于中国，其东传的路线可能包括从长江下游经山东半岛、辽东半岛到朝鲜半岛，从长江下游经山东半岛渡黄海至朝鲜半岛，从淮河下游渡黄海到朝鲜半岛，从长江下游到浙江杭州湾地区向东北直达朝鲜半岛。

上述四条路线中，第四条路线最有可能，即从长江下游到浙江杭州湾地区渡海直接到达朝鲜半岛。虽然这条路线航程较远，但是不仅有擅长稻作农业和具有水上生活经验的江南居民作为支持，而且还有海流和季风等自然因素的加持。江南东面的海流，每年一月至四月从北往南，五月开始转向东北，六月至八月都是从南流向东北，从九月开始到第二年四月，又从北向南。在造船业和航海技术不甚发达的时期，借助海流的力量可以从江南（特别是舟山群岛）用比较简陋的航海工具渡海到朝鲜半岛。与此同时，中国江南处在典型的季风区，季风的重要特征之一是风向、风力随季节而变，因此在风帆发明之后，季风也成为江南海上航线得以利用的重要动力。1996年和1997年两次"中韩跨海竹筏漂流学术探险活动"就在一定程度上证明了这一点。[1]

从语言学和人类学的视角来看，朝鲜半岛与中国南方的稻作文化确实有许多关联，这进一步证明了在先秦时期，两地应当存在直接的海上交通和往来。首先，韩语中，人们常常将混在米中的稻粒称为"뉘"（ny），从词源上看，该词指粒小皮厚的野生稻，与吴语中"秜"发音大体相同。《说文解字》有言："稻今季落，来季自生，谓之秜，从禾，尼声"，秜即是自生自落的野生稻，和韩文"뉘"的意思相同，可见"뉘"当出自中国东南沿海吴语区。其次，朝鲜半岛南部出土的新石器时代稻作工具，包括半月形石镰和石锛，其在形制上与中国北方出土的相关稻作工具多有不同，类似于河姆渡遗址出土的工具。再次，朝鲜半岛的一些稻作文化习俗，如在村口、田头立鸟竿等，也和中国包括浙江在内的江南地区多有相似。[2]

实际上，先秦时期浙江地区对外的海上交流并非局限在和朝鲜半岛之间。有研究表明，日本先秦时期的稻作文化也来源于中国长江中下游地区。[3]据此观之，则东亚地区史前稻作文化遗址正展现出了中日韩三国当时的海上交通网络和交流渠道。

1　两届探险活动经外交部、公安部、解放军总参谋部批准，由浙江大学韩国研究所（原杭州大学韩国研究所）和韩国探险协会、东国大学共同策划组织实施。1996年的中韩漂流由于受台风影响，竹筏在距离黑山岛不远处折转方向漂向山东半岛。1997年6月15日至7月8日，由一名中国队员和四名韩国队员组成的探险队凭借季风和海流，利用竹筏漂流从浙江舟山成功漂流到仁川，验证了先秦中国江南与朝鲜半岛海上直接交往的可能性。参见金健人编著：《中韩海上交往史探源——中韩跨海竹筏漂流学术探险研究报告》，学苑出版社，2001年。

2　参见苑利：《韩民族文化源流》，学苑出版社，2001年，第30—76页。

3　［日］柳田国男等：《稻日本史》（上），筑摩书房，1969年，第64—66页。

第二节　唐时期浙江和朝鲜半岛的交往

魏晋南北朝到隋唐时期，东亚地区的海上交流大为拓展，尤其是唐代，大量日本和朝鲜半岛的使节、僧人和留学生通过海路来到经济文化发达的唐朝，开展了十分广泛的经济文化交流。不仅如此，唐代的开放包容还促使民间的交流活动更为频繁。位于朝鲜半岛东南的新罗在唐朝军队的帮助下先后打败了西南的百济（234—660）和北部的高句丽（公元前37年—公元668年），统一了朝鲜半岛，而因为唐朝对新罗的特殊友好政策，有相当多新罗普通人侨居在唐境，包括商人、军人、船员、奴婢。日本僧人圆仁从838年到847年滞留唐境共九年半，其留下的《入唐求法巡礼行记》记录了滞留期间的所见所闻，其中多处记载了留居唐朝的新罗人的信息。根据刘希伟所统计，新罗人留居唐境之处，大概有7个道、19个州府，包括浙东的明州、台州等，不过主要聚集在京都长安、河北道、河南道以及淮南道沿海诸州、县、村、乡，尤其是山东半岛、江淮的傍海地区和运河两岸，其聚居地有新罗村、新罗院、新罗坊、新罗馆等组织或机构。[1]

新罗人在浙江地区的聚集地，即有当时隶属江南东道的明州（今宁波）、温州和台州。明州在唐代后期就成为重要的港口，不少新罗人来往于此。《象山县志》记载了"新罗嶴""新罗山"，称新罗山在"县东北三十五里，过此为湖头渡，乃鄞奉之境"[2]。温州平阳县亦有新罗山，山上有灵护庙，"得名唐新罗国太子田缤海入鄞溺也"[3]。据《唐会要》记载，元和十一年（816），新罗发生饥荒，有170人浮海求食于浙江明州，官府给予接待。[4]另外，台州的黄岩、临海、天台也都有新罗人聚居地。嘉定《赤城志·坊市门》记载："黄岩有新罗坊，临海有通远坊，二地皆宋以前外国商人在台州的聚居地。"黄岩的新罗坊"在县东一里。旧志云：五代时以新罗国人居此，故名"[5]。据推测，其或在今台州市黄岩区城内柏树巷一带。[6]台州府临海县内有新罗屿和新罗山，新罗屿"在县东南

1　刘希伟：《唐代新罗侨民在华社会活动的考述》，《中国史研究》1993年第3期，第140页。

2　康熙《象山县志》第4卷，新罗嶴山，第2页。

3　弘治《温州府志》第16卷，祠庙（平阳县），第8页。

4　〔宋〕王溥撰：《唐会要》第95卷，新罗，第19页。

5　〔宋〕陈耆卿纂：嘉定《赤城志》第2卷，中国文史出版社，2014年，第16页。

6　林士民：《唐、吴越时期浙东与朝鲜半岛通商贸易和文化交流之研究》，《海交史研究》1993年第3期，第13—23页。

三十里，昔新罗贾人泊舟于此，故名"[1]。从所记述的水程及旧时航船因潮水、风向、候潮的情况分析，此地当在今临海市风桥镇晒鲞岩，此处为古渡头，岸边有小山。至于新罗山，《赤城志》言其"在县西三十里，与八叠山相望"[2]；而从八叠山的位置看，"三十里"当为"三里"之误，新罗山即城郊后山，多古墓，可推测聚居城内通远坊的新罗人去世后多葬于此，故名。唐代诗人张籍《赠海东僧》诗中亦有"天台几处居"[3]之句。

实际上，当时东亚地区的海上交通很大程度依赖于活动在中国沿海的新罗人。唐代规定商人不得越境，日本以及新罗的使节、僧人和留学生等来往于唐朝大多搭乘的是新罗船。公元828年，曾经是唐朝军中小将的新罗人张保皋（790—846）回国后，被新罗兴德王任命为清海镇大使。清海镇位于张保皋的家乡莞岛，为中国、朝鲜半岛和日本海路之要冲，张保皋的船队在当时不仅控制着唐罗、罗日之间的海上交通，而且也是唐日之间海上往来的媒介，因此垄断了三个地区之间的海上贸易活动。日本僧人圆仁来往唐朝期间所搭乘的均为新罗船。

当时的海上航线虽然以北方航线为主，但南方航线也多被利用。如舟山普陀山潮音洞边的不肯去观音院就是当时利用南方航线的证据。据宝庆《四明志》和《佛祖统纪》记载，大中十二年（858），日本僧人慧锷（惠萼）带着巡礼五台山所得的观音像经四明（即宁波）回国，不幸在普陀山附近触礁而不能行进，故上岸后修筑草庐，将观音像供奉于此地，"不肯去观音"由此得名。不过，"不肯去观音"故事的主角另有一说，即新罗商人。宋代使臣徐兢在其《宣和奉使高丽图经》（图1-2）中记载："昔新罗贾人往五台，刻其像，欲载其国。暨出海遇礁，舟胶不进，乃还置像于礁。上院僧宗岳者，迎奉于殿。"[4]《宣和奉使高丽图经》成书早于宝庆《四明志》《佛祖统纪》，虽不能由此说明徐兢的记载更符合实情，但离此地不远的海域中确有一块礁石一直被称作"新罗礁"，因此慧锷一行很可能是搭乘新罗船到此。[5]无论如何，南方航线在唐朝和新罗、日本的交往中一直存在，浙江因此也和朝鲜半岛以及日本有长期不断的交流；尤其是明州，不少新罗使臣正是经由此港往来于两地之间。[6]到了唐后期和五代，中国北方出现了契丹势力，同时南部沿海季风和海潮越来越多地为航海者所认识、海上航行更为便利，因而南方航路被更多利用，浙江和朝鲜半岛的直接交流也更加频繁。新罗海州真澈（利俨，866—923）于869年和入浙使崔艺熙一起"不销数日"便抵达鄞江（今宁波），即是一例。[7]

---

1 〔宋〕陈耆卿纂：嘉定《赤城志》第19卷，第302页。

2 〔宋〕陈耆卿纂：嘉定《赤城志》第19卷，第298页。

3 《全唐诗》第384卷。

4 〔宋〕徐兢：《宣和奉使高丽图经》第34卷。

5 조영록，「羅·唐 동해 관음도량, 낙산과 보타산 - 동아시아 해양불교 교류의 역사 현장 -」，『정토학연구』17, 2012 , pp.197-235.

6 김종복，「8 세기 초 나당관계의 재개와 사신 파견 -『삼국사기』신라본기 기사의 오류 수정을 중심으로 -」，『진단학보』126, 2016, pp.1-40.

7 《朝鲜金石总览》（上），《海东金石苑》第3卷，海州真澈大师塔碑。

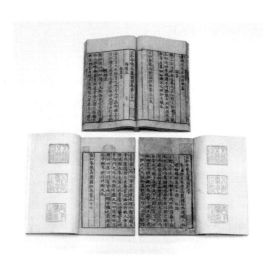

图1-2　徐兢《宣和奉使高丽图经》

就唐朝与新罗双方交流的内容而言，首要的就是佛教。佛教早在公元4世纪就已传入朝鲜半岛。南北朝时期，朝鲜半岛僧侣入华求法请益活动兴起，到隋唐时期已十分兴盛。不少新罗求法僧到中国寻访名刹高僧，修道修行，其中浙江天台山就是求法要地之一。天台山因为"智者大师"智顗（538—597）在此创立天台宗而著名。早期到天台学法的新罗僧人有出身世家名族的缘光，其大约在陈朝正德（583—586）、祯明（587—589）年间自海路入陈朝求法，到达金陵（今南京）。其时正是智者大师在此敷弘妙典，于是伏膺其门下，在修行与知解两方面用力甚深。智顗曾令缘光讲《妙法莲华经》，后入天台山别院增修妙观（即空、假、中三谛圆融观）；学成后，缘光复从海路归国，弘扬《法华经》，致使"法门大启"。新罗的天台宗即由缘光传入，此后在朝鲜半岛逐渐发展起来。[1]

缘光之后，还有不少新罗僧到天台山求法。《天台山全志》在述及国清寺的兴废时，就提到了新罗僧悟空所建的新罗园："寺前有新罗园，唐新罗僧悟空所基，又有清音亭，雨花亭……"[2] 不论此处的新罗园是寺院还是菜园[3]，无疑都和到此的新罗人关系密切，当为其聚居场所。值得一提的是，在前述黄岩新罗坊附近，传说曾有相当大的寺刹"悟空院"[4]，而黄岩东镇山也有一座建于后晋天福六年（941）的"悟空院"[5]。东镇山是从台州经明州通往新罗的航线上的要冲，自唐武后永昌元年（689）以后，似成为海上交通要

1　参见黄有福，陈景福：《中朝佛教文化交流史》，中国社会科学出版社，1993年，第97—106页。

2　〔清〕张联元：《天台山全志》第61卷。

3　〔韩〕卞麟锡：《中国江南佛教名山中的新罗庵》，金健人主编：《中国江南与韩国文化交流》，学苑出版社，2005年，第171—173页。

4　〔宋〕陈耆卿纂：嘉定《赤城志》第14卷，第249页。

5　〔宋〕陈耆卿纂：嘉定《赤城志》第28卷，第392页。

地。上述的"悟空院"或与新罗僧悟空均有关联，同时也是这一带新罗僧的留居之地。《宋高僧传》还记述了到天台山求法的新罗僧道育，其"自唐景福壬子岁来游于天台，迟回而挂锡于平田寺（即万年寺）众堂中"[1]。万年寺位于天台县城西北 23 公里的万年山麓平田，始建于唐太和七年（833），道育在此修道 40 余年，于 938 年圆寂于僧堂。

　　浙江和新罗的交流还包括瓷器，即越窑青瓷（图 1-3）。越窑青瓷起源于魏晋南北朝时期。考古调查显示，其主要生产地在浙江宁波、绍兴地区，宁波慈溪上林湖古窑场已发现从东汉到北宋的 230 余处越窑青瓷窑址，宁波城东东钱湖窑场、上虞曹娥江两岸也都发现了诸多古窑址和青瓷遗物。早在两晋时期，越窑青瓷就已东传朝鲜半岛，尤其是半岛西南的百济地区。今首尔石村洞古墓群出土的青釉瓷、全罗北道扶安竹幕洞祭祀遗址出土的青瓷罐残片以及忠清南道公州武宁

图1-3　唐越窑青瓷葵口碗（宁波出土）

王陵出土的几件青釉六耳瓦罐等都是东晋时期的越州窑制品（图 1-4）。到了唐代，越窑的中心在浙江慈溪上林湖窑场，同时输入朝鲜半岛的越窑青瓷数量明显增多，百济的益山弥勒寺和新罗的庆州黄龙寺都出土了相当数量的越窑遗物。而在 9 世纪张保皋集团活动的重要基地——全罗南道的清海镇，更是发现了玉璧底碗、大环底碗、执壶、双耳罐等越窑瓷器，可见越窑青瓷是当时贸易交流的重要物品。[2]

图1-4　朝鲜半岛公州武宁王陵所出土青瓷碗（公元526年）

1　〔宋〕赞宁：《宋高僧传》第 23 卷。
2　刘恒武：《越窑青瓷的海外输出与浙东海上交通的变迁》，《西北大学学报（哲学社会科学版）》2010 年第 4 期，第 57—62 页。

与此同时，随着浙江工匠被带入新罗，越窑青瓷的制作技术也逐步被朝鲜半岛所掌握。从发掘的古窑址来看，朝鲜半岛西南沿海一带和当时新罗首都庆州一带的瓷窑，在公元3世纪至7世纪主要是地下式或半地下式的，到了9世纪却开始出现龙窑。这种龙窑的筑造方法与朝鲜半岛传统的窑穴窑完全不同，却与越窑在选址、建造结构和烧制方法上相一致，如"窑基如浅沟"、前设"燃烧室"、后置"排烟孔"、采用"拱卷式顶"等。不仅如此，朝鲜半岛龙窑的窑具，包括与窑底接触的垫具、为防止釉面粘连的间隔窑具和装烧坯件的匣钵等，也与越窑一致。纵观出土的瓷器器型，其中具有代表性的玉璧底碗类器物、环底矮足器类和唐代越窑制品多有相似，只不过时代较晚；而碗、盘等大宗产品不仅在造型和釉色方面与越窑相似，装饰艺术也颇多一致，例如器物上出现的鹦鹉纹样，其线条、笔法与上虞窑场、东钱湖窑场以及慈溪上林湖窑场出土的鹦鹉纹饰十分类似，有的甚至像是出自同一时代的窑工之手。[1]

隋唐时期浙江和朝鲜半岛之间的交流还包括诗文和书籍。唐代大量新罗留学生到中国求学，学习唐朝文化，不少人积极参加唐朝专门为域外人士设置的宾贡科科举考试，更有如崔致远者，中试后在唐朝为官数年才返回新罗。当时新罗对唐文化的推崇接受表现在许多方面，包括收集唐人诗文。如唐长庆四年（824），浙江观察使元稹在为白居易《白氏长庆集》所撰写的序文中有"鸡林鬻诗"的故事。序文中写道："予尝于平水市中，见村校诸童，竞习诗，召而问之，皆对曰：'先生教我乐天、微之诗。'固亦不知予之为微之也。又鸡林贾人求市颇切，自云本国宰相每以一金换一篇，其甚伪者，宰相辄能辨别之。自篇章已来，未有如是流传之广者。"[2]平水位于浙江绍兴东南，因傍平水溪而得名，唐时形成市集，为平水镇。"鸡林"即新罗之别称。通过上述序文，可见当时在平水的新罗商人购买白居易诗文之情形。[3]不仅如此，新罗商人在江南还常求购书籍，如《唐朝名画录》有载："贞元末，新罗国有人于江淮以善价收市数十卷，持往彼国，其画佛像、真仙、人物、士女，皆神品也。"[4]

1 参见林士民：《浙东制瓷技术东传朝鲜半岛之研究》，《韩国研究论丛》，世界知识出版社，1999年。이동헌，「통일신라토기와당도자로 본 나당교류」，『신라문화』54，2019，pp. 149-178.
2 〔唐〕白居易：《白居易集》，顾学颉校点，中华书局，1979年。
3 박현규，「浙東 平水에서 鷄林鬻詩와 신라상인의 교역활동」，『신라문화』33，2009，pp. 207-224.
4 〔唐〕朱景玄：《唐朝名画录》，《神品》"周昉"条。

第三节　宋元浙江和朝鲜半岛的交通和贸易活动

经历了唐五代藩镇割据后，公元 960 年，北宋开国。与前代不同，两宋时期对外交往的重心从陆上转向海上，这与其北部一直存在较为强大的西夏、辽（金）政权有关。此时朝鲜半岛处在高丽王朝时期（918—1391），对宋和辽（金）基本采取两元并存的外交政策，既派遣使臣通过海上交通入宋朝贡，又向辽（金）政权称臣。两宋和高丽之间的政治关系虽然多有波折，但基本维持友好往来。在宋神宗熙宁七年（1074）以前，宋船多半在山东登州出海；高丽入宋则是从礼成江启航，到山东密州或登州登陆，然后陆行至首都汴京（今开封）。熙宁七年，高丽使臣金良鉴来宋，言因受北方契丹辽威胁，为远避契丹，请改道由明州登陆。[1] 此后明州成为宋丽交通的主要港口，浙江和朝鲜半岛也进入了直接交往最为繁盛的历史时期。

凭借较为先进的船舶和航海技术，从明州到高丽首都开城，水路交通十分便利。宣和五年（1123），徐兢（1091—1153）以国信使提携官身份随同给事中路允迪、中书舍人付墨卿等人出使高丽，归国后著有《宣和奉使高丽图经》（简称《高丽图经》）。据《高丽图经》记载，使团"由明州定海放洋，绝海而北，舟行皆乘夏至后南风，风便不过五日即抵岸焉"[2]。《宋史·高丽传》也记载："自明州定海遇便风，三日入洋，又五日抵墨山（即黑山），入其境。自墨山过岛屿，诘曲礁石间，舟行甚驶，七日至礼成江。"[3] 基本上，若顺风（去时乘西南风，回来乘东北风），从明州到开城，单程大约需要十多天。如果顺利，一个多月即可往回。宋元时期，双方大量船只往来于这条海道上，呈现出一片繁荣景象，如普陀山的"高丽道头"也是当时高丽船只大量往来的见证。[4]

和唐代不同，宋元政府积极发展海外贸易，海上贸易活跃。宋代开始设立管理海上贸易的专门机构，即市舶司。市舶司掌管海外贸易征榷，管理外商和出海宋商，收购舶

1　参见魏志江、魏楚雄：《论十至十四世纪中韩海上丝绸之路与东亚海域交涉网络的形成》，《江海学刊》2015 年第 3 期，第 153—159 页。

2　〔宋〕徐兢：《宣和奉使高丽图经》第 3 卷，封境。

3　《宋史》第 487 卷，《高丽传》。

4　王连胜：《普陀山高丽道头遗址重现》，《浙江海洋学院学报（人文科学版）》第 20 卷第 2 期，2003 年，第 26—29、48 页。

来货物等。北宋先是在广南东路的广州，之后陆续在两浙路的杭州、明州，福建路的泉州以及京东东路的密州设立市舶司，另外还在秀州华亭设立市舶务。虽然其间有所停废，但总趋势是兴而不是废。南宋时，除了密州为金所占、市舶机构不存，两浙、福建、广南东路三路市舶司并存的局面仍得以维持。相比广州和泉州，南宋时两浙路市舶机构设置的变化较大，官府一度在杭州、明州、秀州华亭、温州、江阴郡（今江苏江阴）均设有市舶机构。南宋中期以后，这些机构陆续被废，仅存明州市舶司，以及在澉浦（今属海盐县）另设置的市舶场。及至元代，官府先在泉州、庆元（即明州）、上海、澉浦四地设立市舶司，后陆续增添了广州、温州、杭州三处。经过陆续调整，到了大德元年（1297），设有市舶司的港口和南宋时大体一致，即庆元、泉州和广州三处。

由此可见，在宋元时期，今浙江地区除了明州（庆元）一地，还在杭州、温州、澉浦等多地设有市舶机构，海上贸易活动十分频繁。不仅如此，明州、杭州、温州也是宋代造船的主要基地。如元祐五年（1090）正月，宋哲宗"诏温州、明州岁造船六百只为额"[1]；宋初"两浙献龙船，长二十余丈，上为宫室层楼，设御榻，以备游幸"[2]。两浙地区造船业之发达由此可见。当时的"海商之舰"可载五千料（即五千石），五六百人；中等船舶可载二千料至一千料，两三百人；余者谓之"钻风"，大小八橹或六橹，每船可载百余人。[3] 大量宋商依靠这些船只自明州前往高丽。根据《高丽史》记载统计，自高丽显宗三年（1012）至忠烈王四年（1278）的266年间，宋商前往高丽130次，共4948人次。其中北宋期间（1012—1124）有96次，共3058人次；南宋期间（1128—1278）有34次，共1897人次。[4] 在多数情况下，这些商人是从明州出海的。

宋代使臣和商人自明州绝洋而东、前往高丽的同时，大量高丽使臣和商人也来到明州。宋神宗熙宁年间（1068—1077），政府在明州州城延秋坊（又称宜秋坊）置同文馆以接待高丽使臣。1078年，宋丽两国的通使路线由登州改为明州；第二年，朝廷颁布法令，正式允许商人经明州至高丽经商。于是越来越多的高丽使臣、商人乃至留学生来到明州。元丰二年（1079），特"赐明州及定海县高丽贡使馆名曰乐宾，亭名曰航济"[5]。政和七年（1117），明州人楼异建议宋神宗在明州设立专门接待高丽使节的"高丽司"，得到神宗支持，之后楼异赴任明州知州，创立高丽使馆。此事见于宝庆《四明志》："郡人楼异除知随州，陛辞，建议于明置高丽司，曰：来远局，创二巨航百画舫以应办三韩岁使，且请垦州之广德湖为田，收岁租以足用。既对，改知明州，复请移温之船场于明，以便工役，创高丽使行馆，今宝奎精舍即其地也。"[6]

1 〔清〕徐松等辑：《宋会要辑稿》，食货五〇之四。
2 〔宋〕沈括：《梦溪笔谈》（下），胡道静校正，上海古籍出版社，1987年，第954页。
3 〔宋〕吴自牧：《梦粱录》第20卷，浙江人民出版社，1984年，第111页。
4 杨渭生：《宋丽关系史研究》，杭州大学出版社，1997年，第268—279页。
5 〔宋〕李焘：《续资治通鉴长编》第298卷。
6 宝庆《四明志》第6卷，叙赋下，市舶。

高丽使馆建立后，历经北宋政和、重和、宣和、靖康几朝；除去南宋建炎、绍兴、隆兴二年（1164）使节绝，其前后当延续 47 年。使馆遗址位于今宁波月湖历史文化景区宝奎巷西尽头，从考古发现的遗迹看，使馆规模较大，目前发掘的 1000 平方米，包括面宽五开间、通面宽 24.5 米，进深三开间、通进深 9.7 米的主体建筑，天井以及台门建筑，只是其中的一部分。[1]遗址范围内出土了不少北宋时期明州生产的越窑青瓷和政和通宝钱币，还有南宋时期的龙泉窑莲瓣纹碗和其他龙泉窑碎片，以及高丽青瓷残片，可见使馆不仅是接纳高丽使臣之地，同时也是接纳高丽商人、堆放货物，乃至开展贸易活动的场所。之后使节虽中断，但民间的贸易往来一直延续（图1-5）。

图1-5　宁波高丽使馆遗址

当然，宋代高丽使臣在浙江地区的活动并非仅限于明州的高丽使馆。从明州上岸，前往杭州（临安），浙东运河是重要的航运河道。嘉泰《会稽志》记载政和六年（1116），高丽贡使乘船到达萧山县西南十三里的西兴镇，因为钱塘江水量不济，无法通过，有司专门去镇上的宁济庙祈祷。[2]宝庆《会稽续志》记载上虞曹娥镇有昭顺灵孝夫人庙，即曹娥之祠。政和五年（1115）高丽使臣到此，"适值小汛，严祭借潮，即获感应，丽人有请，加封灵孝昭顺夫人"。[3]传说曹娥为救父而溺死，地方百姓将她奉为孝女，为其建庙，以彰孝道。高丽使臣循运河水路经曹娥庙，因运河水量不足而入庙祈雨。后降

1　林士民：《宋丽江南交往的历史遗迹——明州（宁波）高丽使馆遗址发掘剖析》，载金健人主编：《中国江南与韩国文化交流》，第 129—139 页。
2　"宁济庙，在县西南一十三里西兴镇，政和三年，赐今额。六年，高丽入贡使者将至而潮不应，有司请祷，潮即大至，诏封顺应侯。"嘉泰《会稽志》第 6 卷，祠庙，四库全书本，第 486 册，第 112 页。
3　宝庆《会稽续志》第 3 卷，祠庙，四库全书本，第 486 册，第 486 页。

雨，使团得以安全渡河，使臣于是请封曹娥，曹娥因而再次得到官方的封号。官方封号自然为曹娥增添了神力，高丽使臣也在一定程度上推动了曹娥的水神形象，由此可以窥见当时高丽使臣在这一地区颇为活跃的身影。[1]

到了元代，与高丽的陆路交通得以恢复，同时双方的海上交往也没有断绝，高丽与浙江的贸易活动持续进行。元代的海上贸易中心转移到了泉州，但是庆元（明州）依然是海外贸易活动的重要港口之一。尤其是因为地理之便，元代与高丽的贸易来往主要还是由庆元港来承担，一些前往高丽的泉州海商通常也是经由庆元前往高丽。高丽政府也十分积极地和浙江开展贸易，13世纪末，高丽国王甚至专门派遣一位周姓侍郎由海道到杭州，与当地政府商议双方贸易事宜，得到了当地官员的热情接待。[2] 元末，江浙一带为张士诚、方国珍之势力所割据，他们十分重视与高丽发展贸易关系，不断派遣使者泛海前往高丽，积极推进两地之间的贸易往来。[3] 张士诚的下属官员在致高丽官方的书信中就说："倚商贾往来，以通兴贩，亦惠民之一事也。"[4] 对此高丽政府也积极回应，主动遣使往来。

宋元时期，政府一方面大力鼓励民间商人出海贸易，但在另一方面，为了控制和管理海外贸易，制定了比较系统、严格的管理制度，包括编订船户户籍，规定船货的抽解和征税，管理出海商人和海外商人的来舶，以及发放公凭，禁止私贩等。如宋代为了防止高丽商人把宋的情报带到辽金而对与高丽的贸易活动多有限制。元丰二年（1079）规定："自来入高丽商人财本及五千缗以上者，令明州籍其姓名，召保识，岁许出引发船二只，往交易非违禁物，仍次年即回"[5]；绍圣元年（1094）又规定："往高丽财本必及三千贯，船不许过两只，仍限次年回"[6]。到了南宋，由于南北关系更加紧张，贸易禁令也更严格："杭、明州并不许发舶往高丽，违者徒二年，没入财货。"[7] 尽管如此，由于地方政府要保证税收，这些政策并没有对两地的民间贸易往来造成根本性的影响。

宋元时期从高丽出口到明州的物品，通常分为"细色"和"粗色"。"细色"指贵重的货物，如金、银、珠、人参、麝香等；"粗色"指一般货物，如胡椒、螺头、铜器等。一般"细色"抽分多，"粗色"抽分少。宝庆《四明志》记载如下："细色：银子、人参、麝香、红花、茯苓、蜡；粗色：大布、小布、毛丝布、绸、松子、松花、栗、枣肉、榛子、榧子、杏仁、细辛、山茱萸、白附子、芜荑、甘草、防风、牛膝、白术、远志、茯苓、姜黄、香油、紫菜、螺头、螺钿、皮角、翎毛、虎皮、漆、青器、铜器、双瓣

1　박현규，「浙東 연해안에서 高麗人의 수로 교통 － 교통 유적과 지명을 중심으로 －」，『중국사연구』64, 2010, pp. 43-66.
2　〔元〕姚燧：《荣禄大夫福建等处行中书省平章政事大司农史公神道碑》，《牧庵集》第16卷，第12—13页，清武英殿聚珍版丛书本。
3　陈高华，「원조여 고려적 해상교통」，『진단학보』71·72, 1991, pp. 348-358.
4　〔高丽〕郑麟趾：《高丽史》第39卷，恭愍王世家二。
5　〔宋〕李焘：《续资治通鉴长编》第296卷，"元丰二年正月丙子"条。
6　〔清〕徐松等辑：《宋会要辑稿》，食货三八之三四。
7　〔清〕徐松等辑：《宋会要辑稿》，职官四四之一三。

刀、席、合蕈。"[1] 由此可见，在高丽出口到明州的贸易货物中，人参和野生药材占据很大的比重，它们都属于高丽的土特产。除此之外，高丽"工技至巧"[2]，青器、铜器、螺钿等手工制品颇受中国市场欢迎。纺织品、漆、虎皮以及折扇、纸、墨等也由高丽输往明州。

从明州运往高丽的货物则以丝、丝织品、瓷器为大宗。高丽虽然也织造丝织品，但"其丝线织纤皆仰贾人自山东、闽、浙来"[3]。宋元时期，浙江的丝织业十分发达，杭州、湖州、婺州等地出产的大量锦、绫、罗、缎等，是对包括高丽在内的国外贸易的重要物品。瓷器也是主要货物之一，尤其是南宋时期，在浙江地区生产的瓷器有临安（今杭州）官窑瓷、余姚窑瓷、越窑瓷、龙泉瓷和明州出产的白瓷器等，这些瓷器深受高丽上下的喜爱，因此大量输出。浙江湖州人朱彧在《萍洲可谈》中记载了当时大规模输出瓷器的情况："海舶大者数百人，小者百余人，以巨商为纲首……舶船深阔各数十丈，商人分占贮货，人得数尺许，下以贮物，夜卧其上。货多陶器（瓷器），大小相套，无少隙地。"[4] 这种满载陶瓷器的海船，有些是从明州驶往高丽、日本等地的。朝鲜半岛出土了不少青瓷，可见瓷器是当时重要的输出物品。

宋元时期，自明州向高丽出口的重要货物还有茶叶。徐兢在其《宣和奉使高丽图经》中详细记载了高丽的茶具、茶礼、饮茶风气以及对中国茶的青睐等，如"（高丽）土产茶，味苦涩不可入口，惟贵中国腊茶并龙凤赐团，自锡赉之外，商贾亦通贩"[5]。因此在通商贸易中，有大量茶叶输入高丽，尤其是浙江所产茶叶。早在唐代，浙东就出产好茶，陆羽的《茶经》记述了今宁波的慈溪、余姚、鄞州等地皆产有好茶。[6] 两宋时期，尤其是南宋建都临安后，浙东茶事兴盛。据《宋会要辑稿》记载，仅在绍兴三十二年（1162）一年中，两浙东路绍兴府产茶 385060 斤，明州府产 510435 斤，台州府产 20200 斤 11 两 7 钱，温州府产 56511 斤，衢州府产 9500 斤，婺州府产 63174 斤，处州府产 19082 斤。[7] 得益于明州这一港口，浙江所产茶叶输入高丽的数量应相当可观。

此外，宋元时期的中国还向高丽出口书籍，其中就包括不少临安（今杭州）刻本。宋代是雕版印刷的黄金时期，出现了汴京、临安、成都和建阳四大雕版印刷中心，大量书籍得以刊刻。高丽人获取书籍，不仅通过朝贡使节向朝廷求赐，同时也通过贸易获取，甚至不惜高价订制，而宋商也积极参与其中。例如，高丽显宗十八年（1027），宋江南人李文通等去高丽献书册（即卖书）579 卷[8]；高丽明宗二十二年（1192）八月，宋

1　宝庆《四明志》第6卷，叙赋下，市舶。
2　〔宋〕徐兢：《宣和奉使高丽图经》第19卷，工技。
3　〔宋〕徐兢：《宣和奉使高丽图经》第19卷，工技。
4　〔宋〕朱彧：《萍洲可谈》第2卷。
5　〔宋〕徐兢：《宣和奉使高丽图经》第32卷，器皿三。
6　〔唐〕陆羽：《茶经》，八之出。
7　〔清〕徐松等辑：《宋会要辑稿》，食货二九。
8　[高丽] 郑麟趾：《高丽史》第5卷，"显宗十八年八月丁亥"条。

商献《太平御览》，高丽厚奖白金 60 斤[1]。尤其值得提及的是，宋代杭州（即临安）刻本以刻工精良著称，深受高丽人喜爱，高丽政府曾出高价委托中国商人在杭州刻印夹注《华严经》，然后用海船载去高丽缴纳。[2] 因为担心情报通过书籍为辽金所掌握，宋代对高丽人购求书籍加以限制。入元后，限制则较少，元仁宗延祐元年（1314），高丽不仅获得了元朝的大批赐书，还专门派人到江南"购得经籍一万八百卷"[3]。

---

1 ［高丽］郑麟趾：《高丽史》第 20 卷，"明宗二十二年八月癸亥"条。
2 〔宋〕苏轼：《论高丽进奉状》，《东坡奏议》第 2 卷。
3 ［高丽］郑麟趾：《高丽史》第 34 卷，"忠肃王元年六月庚寅"条。

第四节　宋元浙江与朝鲜半岛的文化交流

宋元时期，浙江和朝鲜半岛海上交通便利，两地船舶和人员来往频繁，彼此文化交流十分密切。其中佛教文化交流是这一时期的重要内容，其主要聚焦在发端于浙江天台山的天台宗。早在隋唐时期，就有新罗僧人缘光、道育等求法台州天台山，学习天台宗教义，并将之传入朝鲜半岛。其后因为安史之乱、会昌灭佛以及唐末丧乱，天台宗经籍疏论在中国散佚殆尽，渐次式微。直到吴越国时期，得益于几代国王笃信佛教，才有所恢复。尤其是最后一代国王钱俶，一生素奉佛法，广建寺刹，殊礼尊事诸法师。在得知大量天台宗教籍散毁、却在日本和朝鲜半岛有所保留时，钱俶便遣使往日本求取教典，又亲致书信并以 50 种宝物遣使往高丽求换天台教文。[1] 与此同时，在朝鲜半岛，高丽王朝正是以佛教治国的朝代。在此背景下，宋元时期浙江地区与高丽的佛教文化交流达到高潮，在高丽出现了三位在天台宗发展史和中韩佛教文化交流史上的重要人物，即谛观、义通和义天。

谛观在入宋前事迹不详。高丽光宗十一年（960），受钱俶之求请，光宗遣谛观入宋奉献教乘和请益求法。谛观所携带的教籍包括《智论疏》《仁王疏》《华严骨目》《五百门》等。谛观入宋前，光宗嘱咐：《智论疏》等章疏"禁不令传"；"于中国求师问难，若不能答则夺教文以回"[2]。但是谛观到天台螺溪定慧院参谒义寂大师后，即心悦诚服，禀受就学，并将所带来的全部天台宗教籍"悉付于（寂）师教门"[3]，使"一宗教文复还中国"[4]，天台宗因此在中国走上"中兴"之路。义寂乃天台宗第十五代宗师，俗姓胡。就是他在看到天台教籍"残编断简，传者无凭"后，建议吴越王钱俶遣使去日本、高丽求取。钱俶为义寂"建寺螺溪，匾曰定慧，赐号净光法师"[5]。

谛观在螺溪定慧寺受学于义寂大师期间，撰有《天台四教仪》一部。该著节录、汇

1　〔宋〕志磐：《佛祖统纪》第 8 卷，《十五祖净光尊者义寂本纪》。
2　〔宋〕志磐：《佛祖统纪》第 10 卷，《法师谛观传》。
3　《四教仪缘起》，《大正藏》第 46 卷，第 774 页。
4　〔宋〕志磐：《佛祖统纪》第 43 卷，《法师谛观传》。
5　〔宋〕志磐：《佛祖统纪》第 8 卷，《十五祖净光尊者义寂本纪》。

聚了大本（或称"广本"）《法华玄义》和《净名玄义》，并加以阐发。原书共有两卷，上卷阐明天台一宗的判教立义，下卷记叙南北诸师宗徒异计（即判教仪式）。前者言简意赅，明白易懂，可为研习天台教义的入门指南，或谓天台宗启蒙名籍，故为人重视，留传至今；后者文义过于浩漫，自明代即不再刊行。[1] 谛观在天台螺溪十年，约卒于宋开宝二年（969）或三年（970），其受命持籍入宋，求法义寂，为天台宗在中国的中兴和发展作出了贡献。

义通（927—988），字惟远，高丽王族出身，俗姓尹，"幼从龟山院释宗为师，受具之后学《华严》《起信》，为国宗仰"[2]。义通在后晋天福年间（936—943）渡海入华，先到天台云居德韶国师门下学习佛法，契悟南宗（即先学禅），后拜谒义寂大师，受学"一心三观"之旨，悟得此乃圆顿之学最为精湛的义理，于是"挺志造螺溪寂公之室"[3]。义通在螺溪学法约二十年，学彻圆教，意欲返回高丽弘扬此教理。乾德年间（963—968），他告别螺溪师友，假道四明（今宁波），准备登海舶东归。时四明郡守、钱俶之养子钱惟治闻其到来，加礼延请，咨问心要，辟为戒师，执意挽留。义通为之感动，"既于此有缘，与汝相和，何必辞却"，因止其行。宋开宝元年（968），漕使顾承徽舍宅立寺，延请义通开山。寺初名传教院，982年，宋太宗赐额"宝云"，传教院即为宝云禅寺，位于鄞县县学的东边，有"常住田五百三十一亩"[4]。义通乃"宝云（禅师）启发之宗主"[5]，即第一代住持，后被尊称为"宝云大师"。

宝云大师自开宝元年直到端拱元年（988）圆寂，共在明州生活二十载，除了在宝云禅寺敷扬教观，还应请于四明阿育王寺屡次讲席，先后开讲疏释《观无量寿佛经》《金光明经》等，其弟子众多，"升堂受业者不可胜记"，尤以知礼和遵式为影响最大，二人被称为义通的"神足"。知礼俗姓金，四明人；遵式俗姓金，宁海人。南宋四明僧人宗晓在《四明尊者教行录》中写道："（宝云）法席大开，得二神足而起家，一曰法智（讳知礼），一曰慈云师（讳遵式）。法智建延庆道场，中兴此教，时称四明尊者；慈云建灵山法席，峙立解行，世号天竺忏主。"[6] 义通著有《观无量寿佛经疏妙宗抄》《金光明经玄义拾遗记》《观音义疏记》等，其书虽多逸失不传，但其学说却为知礼所秉承。作为高丽人，宝云大师对天台宗的中兴发展贡献巨大，因此被尊为天台第十六祖嫡传祖师。

义天（1055—1101），原名王煦，高丽文宗（王徽）第四子。十一岁时（1065年），

---

1 黄有福、陈景福：《中朝佛教文化交流史》，第344—355页。
2 〔宋〕志磐：《佛祖统纪》第8卷，《十六祖宝云尊者义通本纪》。
3 《宝云振祖集》序。
4 宝庆《四明志》第11卷。宝云寺后经毁弃和重修，今已不存。参见龚缨晏：《宝云义通：来自朝鲜半岛的天台宗祖师》，杭州大学韩国研究所编：《中国江南社会与中韩文化交流》，第163—165页。
5 〔宋〕道昌：《宝运通法师移塔记》，《大正藏》第46卷，第930页。
6 《大正藏》第46卷，第856页。

他在灵通寺削发为僧，随景德国师学习佛法，景德圆寂后，即继承其法门。义天很早就有入宋求法之意，多次请求国王允准前往，直到宣宗二年（1085）才获得许可。根据文献记载，义天当年五月从高丽首都开城出发，横渡黄海，在山东密州板桥镇登陆，到第二年五月中旬在明州定海港随高丽赴宋朝贺使海路归国，在宋停留时间有 14 个月（包括闰二月）。其间义天自密州到汴京，从汴京到杭州，再从杭州到汴京，最后从汴京经过秀州、杭州、台州抵明州，从明州定海渡海而归。他往来吴越之间，踪迹遍及宋朝多地。在浙江，他到过杭州、秀州、台州和明州，并和不少僧人交往（参见表 1-1）。义天在杭州停留的时间最长，约有半年。正是在这里，他和不同宗派的高僧，尤其是净源、从谏两位交往相契，堪称世界文化交流史上的典范，这些交往也令其求法活动有了重大收获。[1]

表1-1　义天在浙江交往高僧表 [2]

交往高僧	所在寺院	所属宗派
净源（晋水禅师）	杭州慧因寺	华严宗
元照律师	杭州灵芝寺	律宗
希仲（神鉴大师）	杭州慧因寺	华严宗
道璘	杭州慧因寺	华严宗
契嵩	杭州灵隐寺	禅宗
无净（辩才大师）	杭州上天竺教寺	华严宗
从谏（慈辩大师）	杭州上天竺教寺	天台宗
智生	杭州慧因寺	华严宗
法邻（慧照法师）	四明延庆院	天台宗
可久	杭州祥符寺	天台宗山外派
希俊	秀州真如寺	华严宗
守明	杭州承天寺	（待考）
冲羽	杭州某寺	律宗
怀琏（大觉禅师）	四明阿育王寺	禅宗
法圆（了觉大师）	杭州承天寺	（待考）
善住法师	杭州某寺	华严宗
中立（明智法师）	四明延庆院	天台宗
宝英（讲僧）	杭州觉圆精舍	（待考）

1　黄时鉴：《相远以迹，相契以心——义天和他的中国师友》，《黄时鉴文集》（第二卷），中西书局，2011 年，第 73—86 页。
2　本表依据黄时鉴《相远以迹，相契以心——义天和他的中国师友》文中的《义天的中国师友表》制作。

表1-1中的慧因寺即义天（图1-6）从净源（图1-7）学法之地，位于今杭州玉岑山北笤箕湾，又名惠因寺、惠因院，因为义天曾求法于此，俗称高丽寺（图1-8，图1-9）。咸淳《临安府志》载："惠因院，天成二年（按：927年）吴越王建。元丰八年（按：1085年）高丽国王子僧统义天入贡，因请从净源法师学贤首教，诏许之，遂竟其学以归。"[1]净源（1011—1088），字伯长，自号潜叟，本泉州晋江杨氏，故时人称之晋水禅师，其被尊为华严宗的七祖或十祖。义天在入宋前，就通过宋商与净源通信，并收到其著作八种，对其十分敬佩。入宋后，义天向宋神宗上《乞就杭州源阇梨处学法表》，得到允准后即到杭州谒见净源，"朝听夕请"，对净源所讲之华严大义领受颇深，双方也建立了深厚友情。净源大师的佛理可分为忏悔思想和端坐思惟两部分，这也是宋朝华严宗的主要思想。义天后来回高丽讲《华严经》，即是秉承了净源心法。他在《讲遗教经发辞》中写道："李唐怀素，大唐智圆，并有章句。发扬斯文，唯我所秉。晋水大法师久慨斯文流芳未备，于是翻经论之格训，集诸家之奥辞，撰成一部，流布四方。某重法轻身，求师问道，幸于讲下，获听圆音。今所讲者，则我晋水《新集节要》是也。"[2]

图1-6 义天像   图1-7 晋水禅师像

1 咸淳《临安志》第78卷。
2 ［高丽］义天：《大觉国师文集》第4卷，《韩国佛教全书》第4册，东国大学出版社，1979—1989年，第556页。

图1-8　慧因寺山图（《玉岑山慧因高丽华严教寺志》）

图1-9　慧因高丽寺（杭州）

　　华严宗之外，义天在杭州时，还多次"往天竺谒慈辩谏法师传天台教"[1]，听受从谏讲天台一宗经论。从谏（？—1108），号慈辩大师，俗姓毛，浙东处州松阳人。他是天台宗南屏樊臻法师的法嗣，师承天台宗的知礼和遵式，一直为杭州上天竺寺住持辩才法师所提携，后成为上天竺寺的住持。学法期间，义天深得慈辩之信任，双方关系甚笃。义天归国前，慈辩赠义天以手炉、如意，并赠诗一首："醍醐极唱特尊崇，菡萏花奇喻有功。吾祖昔时唯妙悟，僧王今喜继高风。芳香流去金炉上，法语亲传犀柄中。他日海

1 〔宋〕志磐：《佛祖统纪》第46卷。

东敷演处，智灯千焰照无穷"[1]，希望义天归国后弘法传灯。义天在归国前到天台山写下誓文发愿："某发愤忘身，寻师问道，今已钱塘慈辩大师讲下，承秉教观，粗知大略。他日还乡，尽命弘扬，以报大师为物设教劬劳之德。此其誓也。"[2]

义天归国后继续与净源、慈辩等书信往来，尤其是在净源建置慧因寺华严教藏时，义天曾"舍银置教藏七千五百余卷"，后又送"青纸金书"《华严经》三部 170 卷，对华严宗典籍的整理、保存、阐扬起到了关键作用，慧因寺也因此成为华严宗的复兴中心和典籍宝库，净源亦因此得享"中兴教主"之称。值得注意的是，在当时杭州的佛教界，诸宗之间尤其是天台宗和华严宗之间互相渗透和包容，义天深受此影响。实际上，义天所学习的是融合了天台、净土及南宗禅的华严宗，其在朝鲜半岛所建的天台宗亦是以此为核心。[3] 在浙江期间，他结交各宗高僧，其学广涉各宗教旨。回国后，义天先是编录刊行了之前从宋、辽和日本购来的佛教经典，及其回国时从宋求得的佛经章疏，共计 4740 余卷，刻为《续藏经》（亦称《义天续藏经》）。此外，他还委托宋商徐戬在杭州刻印夹注《华严经》并将之送到高丽，同时讲授其法义，努力在朝鲜半岛将华严教义发扬光大。

与此同时，义天仍不忘在高丽弘扬"慈辩教观"。在他的积极推动下，高丽宣宗九年（1092），仁睿太后设天台宗礼忏法会；宣宗末年，高丽国清寺拓基兴造；肃宗二年（1097）五月，国清寺落成。国清寺取中国天台国清寺之宏制，落成后肃宗命义天兼任第一代住持，并亲临落成典礼，这也成为高丽天台宗创立的标志。义天升座开讲天台教义，听者众多，"世之议台宗者，谓师（义天）百世不迁之宗，渠不信哉"[4]！第二年（1098），肃宗还让自己的第五子澄俨出家国清寺，拜义天为师，此即后来的圆明国师。义天在高丽国清寺立其师从谏的画像，拜为初祖，传承中国天台宗的法脉。他在弘扬"慈辩教观"的同时，又针对当时佛教诸宗相竞的情况阐明自己的观点，尤其是"教观兼修""禅教合一"的思想。

天台宗和华严宗之外，宋元时期，浙江和高丽亦有禅宗交流。早在玄觉（？—713）习得慧能禅、在温州龙兴寺创办禅宗道场弘扬禅法时，就有新罗僧前来学习。后陆续有新罗僧人到浙江明州学习洪州禅。吴越国中后期至宋初，法眼宗在此隆盛，不断有高丽僧人前来学习，其中颇为著名的有智宗（930—1018）。智宗于 958 年从海路到达杭州，投净慈永明延寿门下求法。延寿是法眼宗的著名禅师，颇为赏识智宗。智宗从延寿习法两年，"时时止饱于醍醐，日日闻于檐葡，不杂余香，默识玄同，神情朝彻"。智宗

1　［高丽］义天：《大觉国师外集》第 10 卷，《大宋沙门从谏诗》，《韩国佛教全书》第 4 册，第 585 页。

2　［高丽］义天：《大觉国师文集》第 14 卷，《大宋天台塔下亲参发愿疏》，《韩国佛教全书》第 4 册，第 551—552 页。

3　신규탁, 「古代 韓中佛教交流의 一考察 ― 高麗의 義天과 浙江의 淨源 ―」, 『동양철학』27, 2007, pp. 229-259.

4　参见金富轼《灵通寺大觉国师碑》及林存《仙凤寺海东天台始祖大觉国师碑》，《大觉国师文集》第 3 编，第 700、768 页，统和思想研究所刊本，1985 年。

后又到天台国清寺礼谒螺溪义寂大师，并受《大定慧论》天台教旨。开宝三年（970），智宗回国后，既致力于弘传法眼宗，又致力于弘传义寂的天台教旨，成为高丽禅教双弘的著名高僧，受到高丽光宗、景宗、成宗、穆宗、显宗五朝国王的殊礼，被授予了"大禅师"称号，受拜"普化王师"，圆寂后又被追谥为"圆空国师"。[1]

宋元时期浙江和高丽的另一项文化交流就是瓷器制作。隋唐时期，随着浙江工匠被带入新罗，越窑青瓷的制作技术逐步被朝鲜半岛所掌握；到了宋元时期，高丽青瓷的"越窑式"制瓷技术日趋成熟。高丽青瓷与越窑青瓷同样为高温烧制而成，两者瓷釉的化学成分也十分近似。北宋晚期越窑已经逐渐消亡，高丽青瓷却吸收越窑的精华，延续其制作技术，并有所发展。徐兢在《宣和奉使高丽图经》中记载其在高丽所见的高丽青瓷："陶瓷器色之青者，丽人谓之翡色。近年以来，制作工巧、色泽尤佳。"[2] 相较于施厚釉的越窑密色青瓷，12 至 13 世纪鼎盛时期的高丽翡色青瓷施薄釉，色泽光润明亮，胎土上纤细的花纹和印花隐约可见，釉色和质感接近翡翠，具有独特的典雅风格。在造型和纹样上，高丽青瓷融合了宋元时期的风格，如 12 世纪的牡丹折枝纹盒、云鹤纹敞口碗、莲瓣纹碗、鹦鹉纹、菊花纹盏托等。

由于宋丽海上贸易活动兴盛，高丽青瓷又颇受宋代达官贵人所喜爱，因此不少高丽青瓷由海上交通路线到达明州，并由此转入浙江的其他地区。杭州南宋皇城遗址及宁波等地出土的一些高丽青瓷上刻有"殿""睿思殿""皇后阁""药内""奉华""御""贵妃"等铭文，说明高丽青瓷在很长一段时间里都是南宋宫廷用瓷。及至元代，高丽青瓷依然属于进口奢侈品，不过其纹样装饰已受到元代瓷器的影响，其与前代不同的龙纹、凤凰纹、鱼纹等表现形式中，有不少是受到了元代浙江龙泉窑的影响。例如 13 世纪的高丽青瓷中，龙的造型呈下降势，后腿与尾部交叉呈"〇"形，这种形态的龙纹是宋代定窑瓷器中最为典型的；到了 14 世纪，高丽青瓷的龙纹则出现了立式纹，尾巴向前伸长，前后腿向反方向表现，这样的形态则是 14 世纪元代浙江龙泉窑青瓷龙纹的特点。[3]（图 1-10，图 1-11）

---

1 参见杨渭生：《禅宗东传与智宗、坦然——宋与高丽佛教文化交流之一》，《宋史研究论丛》第 5 辑，2003 年，第 231—239 页。
2 〔宋〕徐兢：《宣和奉使高丽图经》第 32 卷，器皿三。
3 李德胜：《元朝瓷器对高丽后期象嵌青瓷的影响》，《美术大观》2019 年第 4 期，第 106—108 页。

图1-10　高丽青瓷象嵌辰砂彩龙纹瓶　　　图1-11　高丽青瓷龙纹盘

（来源：李德胜《元朝瓷器对高丽后期象嵌青瓷的影响》）

　　宋元时期朝鲜半岛和浙江的交流还包括书籍传播和文人交流。书籍传播主要是中国文献的东传，伴随着部分之前传入朝鲜半岛的中国文献的回传。除上述佛教文献之外，所传播的文献还涉及儒家经典、诸子百家和医药验方等，数量颇丰。[1] 当时双方使臣和商人往来频繁，高丽使节入贡时常常求书，宋廷先后把许多重要典籍赠与高丽，双方视书籍为"贡""赐"之内容；双方商人的书籍交易则更多。除此之外，高丽还通过留学生、僧人等获取书籍。这些书籍不仅为高丽所保存、刊印和传播，部分还为宋使臣返回中国时带回。《高丽史》记载了一份宋哲宗要求高丽供书的书目，共囊括128种、4993卷图书，其中多数为中国文献所未见，内容涵盖经史子集，可见当时双方书籍交流之广泛。[2] 虽然不能确定这些书籍是否来自浙江或被携带到浙江，但在当时明州是主要的贸易港口，再加上杭州是宋代四大印刷地之一，所以其中当有不少书籍往来于浙江或在杭州刻印，这些刻本无疑也会影响高丽的雕版印刷技术。

　　就文人交流而言，在宋代，大量高丽使臣和留学生经由明州港来往中国，他们在浙江期间与当地文士多有诗文交流。例如元丰三年（1080），高丽进奉使柳洪、朴寅亮等人到明州，时象山尉张中与朴寅亮有诗送答，今诗虽不存，但留下了朴寅亮答诗序："花面艳吹，愧邻妇青唇之敛；桑间陋曲，续郢人白雪之音"[3]，隐然表达出朴寅亮对张中的惺惺相惜之情和对宋朝文化的仰慕。到了元代，虽然高丽使臣不再主要通过庆元到达中国，但仍有不少高丽文士到达浙江并和浙江文人交流，其中较为著名的是高丽忠宣王

1　杨渭生：《宋与高丽的典籍交流》，《浙江学刊》2002年第4期，第149—154页。

2　﹝高丽﹞郑麟趾：《高丽史》第10卷，"宣宗七年七月癸未"条、"宣宗八年六月丙午"条。

3　﹝宋﹞王辟之：《渑水燕谈录》第9卷，中华书局，1981年，第112、118页。

王璋的江南之行。王璋长期留居元朝，游走过不少地方，有过两次江南之行，分别在延祐六年（1319）三月和延祐七年（1320）四月，其中第一次"降御香，南游江浙至宝陀山（按：今普陀山）而还，权汉功、李齐贤（按：字仲思，号益斋，1288—1367）等从之"[1]。一行人主要通过运河来往，与中国各地文人多有交流。在浙江，除了普陀山，他们还逗留杭州、湖州等地，与当地僧人、文人多有交流。如九月初六一行人到了天目山，专门拜访当地著名僧人中峰明本（1263—1323），请益佛法，并互有赋诗。[2]李齐贤则与陈樵（1269—1337）、许谦（1278—1365）等金华学人，以及钱塘人陈鉴如等多有往来，双方互有赠诗，陈鉴如更是为李齐贤创作了肖像画（图1-12），流传至今。[3]

图1-12　李齐贤画像

高丽与宋元时期中国的交流还包括儒学。高丽仿唐建立"六学"，实行以儒学为主的科举制度，大量引进和翻刻儒学经典，派遣留学生入宋学习，并仿唐宋兴办私学，以讲授儒学经典为主，儒学因此在高丽大为发展。尤其到了高丽后期，随着官僚政治的腐败，佛教也呈现出衰败之势，程朱理学因此受到高丽士人的关注。元代是程朱理学东传高丽的重要时期，高丽末期深受朱子学影响的士人包括安珦（1243—1306）、白颐正（1260—1340）、李齐贤、李穀（1298—1351）、李穑（1328—1396）等人，他们都是高丽时期性理学的代表人物，其中相当一部分人曾入元学习，并与元朝文人包括金华学派的学者交往。[4]除了上述李齐贤和陈樵、许谦的诗文往来，还有李穀在元朝为官期间与揭

1　［高丽］郑麟趾：《高丽史》第34卷，忠宣王二。
2　参见郑叶凡、乌云高娃：《高丽文臣李齐贤元代江南之行》，《元史及民族与边疆研究集刊》第31辑，2016年，第87—97页。
3　参见陈高华：《元代画家史料》，上海人民出版社，1980年，第512—516页。
4　金忠烈：《高丽儒学思想史》，东大图书股份有限公司，1992年，第251—289页。

俣斯、欧阳玄等人的来往，以及其子李穑在大都求学期间与李穀旧友的接触。正是在这样的背景下，高丽末期的性理学带有部分婺学务实的特征[1]，而由婺学衍生的文学流派，即金华文派，对高丽的文学理念和创作也带去了深远影响[2]。

小结

明代之前，浙江与朝鲜半岛关系较为密切的区域主要有明州、台州、温州和杭州。杭州是南宋时期的首都及政治和文化中心，自然是宋元时期朝鲜半岛人员的往来要地。明州、台州和温州沿海作为两地海上交通的重要联结点，与朝鲜半岛有着直接的交往，尤其是明州，在唐代是两浙地区的重要港口，宋元以来更是成为官方设立市舶司的要地，双方大量使臣、商人等往来于此，可以说是明之前朝鲜半岛和浙江交往中最为重要的区域。双方的贸易往来涉及瓷器、茶叶、丝绸、书籍等诸方面，特别是瓷器，在越窑、龙泉窑等浙江地区生产的瓷器大量输出到朝鲜半岛的同时，高丽青瓷也反过来进口到浙江地区。就文化交流而言，佛教交流是最为重要的内容，发源于天台山的天台宗吸引着高丽僧人往来求法弘法，他们和宋元僧人频繁交往，不仅为天台宗在中国的中兴和发展作出了贡献，还在朝鲜半岛创立了颇具高丽特色的天台宗。除此之外，高丽青瓷的制作和艺术风格，以及高丽末期文学的理念和创作等都受到宋元浙江地区文化性格的影响。先秦以来浙江地区和朝鲜半岛持续的直接交往，尤其是宋元时期两地经济、文化的密切往来和相互影响，成为明清朝鲜文人理解和认识浙江的历史文化基础。

---

1 张学智：《牧隐李穑的儒学渊源与特点》，《哲学门》总第 14 辑，2007 年。
2 罗海燕：《全球史视域下的元代文学研究——以金华文派在朝鲜半岛的影响为中心》，《殷都学刊》2018 年第 4 期，第 81—88 页。

第二章
明清浙江和朝鲜
半岛的漂流民

漂流民事件广泛存在于世界各地的海洋交涉活动中。明清东亚地区的海上漂流民异常活跃，不仅常有朝鲜半岛、琉球、日本等地的漂流民出现在浙江、福建和广东等中国沿海地区，而且还有大量浙江、江苏（明代南直隶）、福建、山东等沿海地区的漂流民出现在朝鲜半岛、琉球和日本等地；这一现象与东亚地区频繁的海上贸易活动有关，同时也受到明清海洋政策的影响。与琉球、日本唯有通过海上通道和中国交往不同，明清时期，朝鲜半岛和中国官方的陆上政治、经济交往频繁，两地之间出现的海上漂流民基本属于意外事件。不过，就明清时期朝鲜半岛和浙江的直接交流而言，海上漂流民是一个重要渠道。本章主要展现明清浙江和朝鲜半岛之间的漂流民事件及其相互往来情况，并具体讨论崔溥、崔斗灿漂流到浙江的经历见闻，分析他们对浙江的认识以及由此展现出的浙江和朝鲜半岛的交流状况。

第一节　漂流到朝鲜半岛沿海的浙江人

一、时代特征

明清时期，不少中国船只漂流到朝鲜半岛。根据《朝鲜王朝实录》的记载，此类事件至少有 120 起；《备边司誊录》和《同文汇考》则保留了相当数量的清朝漂流民的"问情别单"或相关咨文。其中浙江船或浙江漂流民的数量有限，相对而言，明代漂流到朝鲜半岛的浙江船（人）比例较高，清代则较低。根据初步爬梳，暂将明清漂流到朝鲜半岛的浙江船（人）之情况如表 2-1 所示：

表2-1　部分明清漂流到朝鲜半岛的浙江船（人）一览表

序号	漂到时间	漂流人员	航海目的	漂着地	送还方式	史料出处
1	建文三年（1401）	60 余名	运粮于辽东	全罗道	（待考）	《朝鲜太宗实录》
2	永乐二年（1404）	观海卫千户陈生等	运粮于山海卫	黄海道	（待考）	《朝鲜太宗实录》
3	永乐四年（1406）	百户屈得等 20 余名	漕运	忠清道	举帆而去	《朝鲜太宗实录》
4	永乐四年（1406）	观海卫百户杨茂等 48 名	运粮于北京	（待考）	陆路送回	《朝鲜太宗实录》
5	永乐四年（1406）	金乡卫前千户所总旗黄进保等 55 名	运粮于北京	咸镜道	陆路送回	《朝鲜太宗实录》
6	永乐四年（1406）	绍兴卫三江千户所总旗吴进等 25 名[1]	运粮于北京	全罗道	陆路送回	《朝鲜太宗实录》

1　该船自太仓州发向北京运粮，在海上遭遇倭寇，35 名官军战死。

序号	漂到时间	漂流人员	航海目的	漂着地	送还方式	史料出处
7	永乐八年（1410）	处州卫百户徐庆等	运粮于北京	京畿道	海路送回	《朝鲜太宗实录》
8	嘉靖二年（1523）	盐户王一等10人	斫柴于海岛中	忠清道	（待考）	《朝鲜中宗实录》
9	康熙二十年（1681）	杭州人赵士相等32人	（待考）	全罗道	（待考）	《朝鲜肃宗实录》
10	康熙二十八年（1689）	朱汉源等28人	商贩	全罗道	陆路送燕京	《朝鲜肃宗实录》
11	康熙三十九年（1700）	刘增等13人	渔采	忠清道	海路送回	《备边司誊录》
12	康熙四十三年（1704）	商人黄使、李时芳、蔡陈、李仕、林森等113人	往日本经商	全罗道	自行离开	《朝鲜肃宗实录》
13	雍正五年（1727）	商人	经商	全罗道	赍咨官李枢带回	《朝鲜英祖实录》
14	乾隆二十七年（1762）	22人	茶叶贸易	全罗道	陆路解送	《备边司誊录》
15	道光六年（1826）	舵工应文彩等16人	装卸贸易货物	全罗道	陆路解送	《朝鲜纯祖实录》

由表 2-1 可见，明代漂流到朝鲜半岛的浙江船多数是通过海路前往北京的卫所运粮官船，漂流民事件主要发生在 15 世纪初期。由浙江出海前往元大都的海上交通路线在元代就已颇为成熟。明初定都南京，政府利用海路将江南粮食运送到北方（主要是运往辽东）以满足东北边境的军事补给，以及对付倭寇和海盗，当时的海运完全是军事行为。洪武后期，为了推行辽东地区自给自足的屯田政策，海运渐次被放弃，直到洪武三十一年（1398）诏停海运，正是在这一年，朝鲜王朝建立。

不过永乐初期海运再度推行。永乐帝即位后不久将首都搬迁到北京，并立即恢复经海道向北方运送粮饷。《明太宗实录》记载，永乐元年（1403）三月，太宗"命平江伯陈瑄及前军都督金事宣信俱充总兵官，各帅舟师海运粮饷。瑄往辽东，信往北京"[1]。与此同时，有人提议通过运河以及内陆河道转运南方粮储，即由淮河支流到河南，然后陆运进入卫河运道。这两条道路起初均被利用。永乐九年（1411）会通河开通，海运便逐渐减少，永乐十二年（1414）朝廷决定放弃海运。[2] 此后，明朝卫所官船少有漂流到朝鲜半岛。

1　《明太宗实录》第 18 卷，"永乐元年三月戊子"条。
2　樊铧：《政治决策与明代海运》，社会科学文献出版社，2009 年，第 79—83 页。

和明代不同，清代自浙江漂流至朝鲜半岛的主要是商船，多数是前往浙江以北的中国沿海地区，如江苏、山东、天津等地，或者前往日本；另外还有沿海的居民漂流至朝鲜半岛，这一情况则主要出现在康熙颁布开海政策之后。实际上，清代漂到朝鲜半岛的船只也多出现在这个时期，其中自山东、福建沿海漂去的船较多，自江苏、广东、辽东漂去的船只则和浙江一样数量较少。

二、朝鲜对浙江漂流民的救助

朝鲜官方救助中国漂流船、漂流民的制度，在明代并不十分明确，直到清代才逐步制度化。首先，在遣返路线上，清初朝鲜王朝根据清政府的要求，将中国漂流民以陆路送还，解送到北京清廷，由清廷加以处置。康熙二十二年（1683），台湾地区郑氏反清势力覆灭，康熙颁布"展界开海"政策。己巳年（1689），清朝礼部向朝鲜王朝下达咨文，内容如下：

> 己巳，礼部咨：海禁已停，其漂海人民，朝鲜仍差官解送。但路途遥远，解送惟难，嗣后船完者停其解京。除禁物外，其余货物听从发卖，令其回籍，仍将姓名、籍贯、物货查明，俟贡使便报部。如船破难回，将人口照常解京。[1]

于是朝鲜王朝开始根据漂流民的具体情况和愿望确定是从陆路还是水路将其送还。

其次，关于漂流民的安置和救护用品的提供，《万机要览》规定："异国人漂到状启入来，水陆间从自愿还送之意，覆启知委，而衣裤及越海粮，禁杂人护送等节申饬。漂人若路由京畿，则入弘济院后，发遣郎厅更为问情，衣裤杂物别为题给。"[2]《通文馆志》则有载："漂人留京时，礼宾寺管供馈，户曹赠给每人衣裤各一，小匣草五，锡烟竹一，战笠一，小帽子一，黑皮靴一，中带子一，小带子一，出户曹誊录。"[3]总之，要给漂流民提供较为充足的必需品。

再次，在漂流船和船中物品的处理上，《备边司誊录》有载："他国商船之漂到于济州者，船只虽破伤，不至于全然败失，所持公文，果为明白，则修改其什物，直为发还，一边驰启事定式。"[4]船中货物如有存留，官府常折银或折物换给。[5]

《同文汇考》辑录了自清崇德元年（1636）到光绪七年（1881）朝鲜王朝与清朝往

1　《通文馆志》第 3 卷，赍咨行。
2　［朝鲜］徐荣辅：《万机要览》第 2 卷，军政篇第一，《边备司所掌事目·漂到人》，韩国民族文化促进会，1971 年，第 268 页。此处"朝鲜"指朝鲜王朝时期，后同。
3　《通文馆志》第 3 卷，赍咨行。
4　《备边司誊录》第 42 册，"肃宗十四年八月二十二日"条。
5　崔英花：《清代东亚海域和朝鲜对中国漂流民的救助制度》，《海交史研究》2020 年第 4 期。

来的咨文，其中不少咨文与漂流民事件相关，涉及福建、江苏、山东、浙江等沿海多个地区。下面以1727年有关浙江漂船往来的文书为例，看看朝鲜王朝对浙江漂流民的救助情况：

[丁未]报大静漂人押解咨
朝鲜国王为解送漂海人口事

雍正五年闰三月二十二日，据济州牧使韩范锡驰启备，大静县监郑运亨驰报节，该去三月二十一日，大静县地方遮归所助防将驰报内，当日平明本镇城外西北边平野路下，猝有不知何国人二十一名一处聚留，县监颠倒驰往这人等所在处。看审形体，人皆削发，着黑衣，言语莫通。以书问之，则答以大清国浙江人民，商贩海中，被恶风破船投依贵地。观其状容，饥馁滋甚，即给料米供馈，就镇中空舍安顿等。因得此，即差本州岛判官兼中军郑东里、汉学译官李齐聃问情去。后续接兼中军郑东里、译官李齐聃驰报，二十二日午时驰到遮归所镇舍漂人所住处，看审形体，交他言语，盘问破船漂到事由。答云："咱每大清国浙江省宁波府鄞县人，雍正四年十二月，写周大顺号船一只，装棉花，今年正月初五开洋，往山东发卖。因风不顺，至二月十三日到登州府莱阳县，贸买青豆并防风。三月初六日放舟出洋，不意十五日以后恶风大发，至十七日失舵漂流，着贵地方海中岛屿。十八日早，风打触石，船板尽碎，咱每各保性命，苍黄投岸，聚坐号哭。适遇贵国人小船二只渔采过去的，好生矜恻，载到此地，实是天幸云云。"

因出示其部牌及船户周大顺等十七人小名，记其外又有客商魏从裕、梁廷章、王岳、张大全等四人，共二十一人。计其口料柴水菜酱等物，除即优给这等。当初破船之处似是海中加波岛，约在水程百余里外，其船破板漂失物货，理合搜讨。即差监官二人、官吏一人、译学一人，眼同漂人二名，乘船进去加波岛，遍审船破处，还告内本岛西南峭石间果有漂船一只，破碎冒挂，大小妆板无一完全，所载货物尽为风波漂去，无一见在云云。这等漂人所着衣服及破被、旧袜、雨笠、雨伞与船破时随身带来若干等物外，并无他货等因。得此，漂人等今二十七日自遮归所领来，亲问破船委折，则与当初盘问时所答稍无差异。又问还归水陆便宜，则答云："我船既已片破，归处船只则我们舵工不知使用，愿从旱路归乡，千万大幸。"就将各人等安顿公廨，所持部牌誊本二张，姓名、年岁、居住成册一件，所带若干物成册一件，并录驰启据此。又差译官韩寿喜申问事情，去后连据备边司启照，得问情官韩寿喜手本，漂人等姓名居住及破船漂到事情一如当初济州牧查问原本。而四月二十日自济州装船押来，二十一日泊楸子岛，其中浙江鄞县人徐文甫以宿感寒疾，弥留呻痛，本月二十三日在船中殒命。二十四日到珍岛郡，自官给具殓尸载津船登陆。二十八日管押漂人二十人及死人尸体来到康津县。漂人等言内，夏月尸体势难担运，恳求本地方埋葬，揆以事势合依情愿施行等因。

据此为照。漂人等系是上国地方住民，票文明白，审问无疑。不幸在海遭风，所乘船只破碎无余，投依敝境，实为可矜。而未及还归，又有一人身病致死，诚极惊惨，渠等愿埋此地之语，谅合事宜。即令该县守官干办葬具，就将致死人徐文甫尸体于康津县地方净处葬了。原来二十人早许旱路解送，允为便益。故除将周大顺等二十人专差行副司直李枢牢固管押前去，衣服刷马供馈等事一依前例备给外，各人姓名、年纪、居住及随身物件开录于后。为此合行移咨，请照详转奏施行云云。

雍正五年六月十三日[1]

根据上述文书，以及漂流民送还后清礼部当年九月十八日的回咨中可知，该船船户是浙江宁波鄞县人周大顺，四位商人中，魏从裕是福建福州府闽县人，梁廷章是福建汀州府归化县人，王岳是山东登州莱阳县人，张大全是浙江宁波府鄞县人，他们雇用该船前往山东从事贸易活动。[2]该船从浙江出发，运送棉花到山东登州，然后运送青豆回浙江。在回程途中不幸遭遇大风，失舵漂流至济州岛一带，受济州大静县官民之救助。

此次朝鲜王朝对漂流民的救助程序如下：首先，确定漂流民的身份。先有大静县监"以书问之"，之后济州牧使派遣官员包括汉学译员，详细询问具体身份、漂流至此的原因，检查其部牌票文，并寻找和确认漂流的地点、遗留物等，由此判断其言说的真实性。其次，决定送还的方式。可以水路，可以陆路，据漂流民所愿决定。对于希望陆路返回的漂流民，由备边司启照派遣专员送他们返还；对于其中不幸遇难的人员，也是根据漂流民的意见就地安葬。另外，朝鲜王朝官方还提供漂流民在朝鲜半岛停留期间的吃穿用度，"衣服刷马供馈等事一依前例备给"。整体来看，朝鲜半岛官方对浙江漂民的救助机制和对其他地区的漂民相同，并无特殊之处。

---

1 《同文汇考》原编第71卷，漂民。
2 《同文汇考》原编第71卷，漂民。

三、清代漂流民的问情别单

漂流民到朝鲜半岛后，朝鲜备边司官员通常要询问漂流民的情况，除了询问涉及船只漂泊原因和过程、船员基本情况外，还常常会问及中国的各种情形，我们可借此得知不同时期朝鲜对中国有疑问或感兴趣的话题。据统计，《备边司誊录》共收录了1684年到1886年48起清朝漂流民事件的问情别单，漂流船的人数从2人到376人不等；从籍贯上看，浙江（116人）、江苏（458人）、福建（791人）的人员最多，占到漂流民总数的三分之二。

根据问情别单的内容，1733年之前，朝鲜方面询问漂流民的话题较多涉及清朝的对外贸易（有关日本、暹罗等国的形势及其和中国的关系）、清朝的海禁令（海上交往的情况）以及清朝的军力情况，其他还有历史上的名人、清朝的科举制度等。1733年到1756年是个空档期。1756年之后，问情别单记录问答的篇幅逐渐变少，且基本不再涉及上述1733年之前主要问询的话题，其问答内容主要包括佛像（妈祖像）、货币等。[1]

就浙江而言，有两份清代浙江漂流船的问情别单比较详细，借此可大致了解询问的内容。一份是1762年古群山漂海人的问情别单；另一份是1827年漂至全罗道罗州牧黑山镇牛耳岛的浙江人的问情别单。

古群山指古群山群岛，位于今全罗北道群山市西南海域，由多个岛屿组成，包括有人岛和无人岛。中国和朝鲜半岛的海上交通常经由此地，宋代徐兢通过海路前往高丽时便途经该岛，其所作《宣和奉使高丽图经》即记载了古群山群岛的望主峰和五龙庙等。至于1762年的古群山漂海人，《同文汇考》收录了朝鲜半岛官方解送他们回国的咨文。根据咨文内容，可知此次漂流船为商船，船上共22人，其中19人是浙江宁波府鄞县人，3人为江南苏州、杭州客商。船载茶布杂货前往北方关东地区贸易，途中遭遇西北风，不幸漂流至古群山群岛。《备边司誊录》的相关记录如下：

> 司启辞：昨日古群山漂海人入来后，使本司郎厅及译官问情，则与领来译官申汉祯手本中所问答，别无异同，故正书入启，而今此漂人，寒程远来，使之姑留一两日，即为发送何如？答曰：依为之。此是南方之人，衣犹薄者，顾助接济等节，另加申饬。

1　邹然：《〈备边司誊录〉与中国漂流民——以"问情别单"为主要史料》，浙江工商大学硕士学位论文，2014年。

古群山漂海人问情别单

问：你们当寒漂海，跋涉远来，能免饥寒，而且无疾恙否？

答：俺等万死余生，幸蒙贵国如天大德。赐衣赐食，既饱而暖，感祝鸿恩，莫知攸谢。而俺中三人，少感风寒，不甚大段。

问：你们以何地方人？缘何事？往何地方？漂风到此。

答：俺等俱是浙江省宁波府鄞县人，共是二十二人，而内中二人江南省苏州人，一人杭州绍兴府人。而今年六月二十四日，自家离发；七月初二日，在上海县装货物；九月二十五日，至山东石岛，猝遇狂风，昼夜漂荡；十月初二日，漂到贵地方。

问：你们姓名年纪，逐一告明。

答：船户孙合兴，年三十七。舵工蔡圣章，年五十九。水手卢大章，年三十三；孙泾水，年三十二；胡良臣，年四十五；郑殿华，年三十五；卢大伸，年四十二；李大发，年四十；何元信，年三十四；朱伟公，年三十八；潘世韶，年二十八；孙世隆，年三十五；蔡弘仁，年二十一；朱大伦，年二十八；钟振生，年五十四；余允生，年六十一；许象周，年二十五；张奎德，年四十五；卢可才，年三十五。客商赵禹廷，年四十七；潘长官，年三十八；于德铨，年三十二。

问：你们中苏州地赵禹廷、潘长官，杭州地于德铨，何以同船？

答：他三人，俱是做卖买的伙计。

问：你们十月十八日为狂风所荡，几至危境，云何以得免漂没？

答：俺等十八日夜，猝遇狂风。船底触石而破，水涌船舱，命在顷刻。幸赖地方大人，多率军人来救蝼蚁之命，又是一天大恩。

问：你们遭风后，至到此地，并无物件之阔失者乎？

答：并无阔失的物件。

问：你们既是船商，则今当以陆路还归。所乘船只弃置海岸而来，许多茶叶亦为空弃而来，能无心惜之叹耶？

答：俺等所持物件过多。而今此运给之数亦其伙然，此已万幸。此外船只与茶叶实非陆路所可运致者，复何为惜？

问：你们以商人许多茶叶空弃而去。虽云难运无惜，其在矜恤之道，不可无略给价本，以慰你等。你等心下如何？

答：俺等得保性命，已是万幸。所弃茶叶，贵国不吃之物。贵国亦以无用之物，为怜俺等，给其价本，则俺等心下其能安乎？茶价实心不愿。

问：你们佛像何以随身不离耶？

答：俺等商船崇养佛像，则自有许多默佑之故耳。

问：你们物件中，荔枝以"桂枝"书之，何也？

答：俺等凡于文字间，多有名同而书异者，故荔枝果以"桂枝"
为书矣。

问：你们今归故土，当见父母妻子，其喜何如？

答：归见父母妻子之喜，何可限量。而乘船后漂风一节，家人若
知之，则当忧虑。而只知行商不归，不知漂风，似无悬念之虑矣。

问：你们地方耕作比南京何如？

答：俺等地方则多水田少旱田，土宜五谷。而福建则十月无霜，
故能再耕。而俺地方则风气稍异，不得再耕，而虽冬天，雪花落地
即消。

问：浙江省去北京几里？

答：三千六百里。

问：你们虽是商人，亦系军总否？

答：军总则满人有八旗，而别处管于将军。俺等汉人，不入八
旗。而有材力善射者，则入于绿旗，而总督提督主管也。

问：你们所居宁波府官员几人？

答：有提督、太守、守备等官。

问：你们沿路上来时，所吃供馈，与今日所食，丰薄何如？

答：沿路供馈尽好，而今日所吃，比沿路尤好矣。官人如是慰
问，饮食衣服等节，莫不顾念，不胜感服，无以为报。[1]

相比《同文汇考》的咨文，问情别单详细记录了双方问答内容。朝鲜方面首先询问漂流船的具体情况，包括其来自哪里，前往哪里，海上出行的目的是什么，以及漂流船所属为何，船上人员和货物的情况，漂流的原因，船上货物如何处理，以及遣返的路线等。这些也是通常必须了解的内容，借此可决定如何处理和救助。除此之外，还有针对漂流船所带具体物品（如佛像[2]），以及漂流民来源地等个别问题，由此可知朝鲜对于不同地区感兴趣的内容。在这个例子中，我们可以看到，朝鲜关注浙江到北京的距离，当地的农耕、官员情况；有关文化的问答则涉及佛教信仰、汉字，另外还问及军队情况。

再看 1827 年漂至全罗道罗州牧黑山镇牛耳岛的浙江人的问情别单：

---

1 《备边司誊录》第 142 册，"英祖三十八年十一月初十"条。
2 或为妈祖像。

问：你们俱是何省何府何县人？

答：浙江省宁波府镇海县、鄞县等人。

问：你们因何事何月日往何处？何月日漂到此处？

答：我们去年七月初七日装酒自镇海县放洋，八月初七日往天津交卸，九月十三日自天津出口，十六日到山东省大山地方装枣，二十日出口。十一月初四日放洋，初六日猝遇大风，初七日亥时大船桅折舵坏，沉没海中，乘小艇东西飘荡，初八日申时到泊贵境。

问：你们船是官船耶？私船耶？

答：私船。

问：大船到何地方沉没耶？

答：浪泊出没，未能知其何国地方，而只见得沙豆山。

问：沙豆山在何地方？

答：沙积成山，故我们因而称之，未知为何地方。

问：你们烧船时拔出铁物共几斤？而亦无遗失否？

答：别无遗失，而斤数则七十五斤二两。

问：你们多经险危，俱无疾恙否？

答：我们中冯盛乾为名人，到天安县感冒风寒，三日苦疼，仍即差痊。

问：你们是民家耶？旗下耶？

答：俱是民家。

问：你们姓名甚么？年纪几何？

答：耆民，朱和惠，年四十二。舵工，应文彩，年六十五。水手，陈武法，年四十七；王家国，年二十八；王加临，年二十一；朱大隆，年三十三；应庆余，年三十三；朱孝雷，年三十三；姚文运，年二十一；谢明佩，年二十四；彭守锦，年六十一；李奎先，年四十七；包传贵，年二十八；陈齐凤，年二十五。俱居鄞县。陈忠焕，年五十；冯盛乾，年二十二。俱居镇海县。

问：有船票及船号耶？

答：有船票，船号则顺茂号。

问：何所指而谓之耆民？

答：耆民，即物货卖买者之称。

问：方龙洪、朱圣茂、王孝海、韩允来、陆秀干、庄仁家、应达茂等七人列录于票中，而不来何故耶？

答：方龙洪代包传贵，朱圣茂代朱大隆，王孝海代朱孝雷，韩允来代陈忠焕，陆秀干代朱和惠，庄仁家代陈齐凤，应达茂代应庆余来。

问：你们以耆民朱和惠书示，而票中何为以陈武法载录？

答：票文误书，别无他意。

问：你们中有姓同者是亲戚耶？

答：应文彩，即应庆余之父；王家国，即王加临之兄。

问：你们往山东省装载船上只是红枣耶？

答：又有粉条。

问：装枣多少？粉条几斤？

答：粉条二千余斤，红枣二百余石。

问：粉条与红枣价钱几许？

答：粉条每斤钱五十九文，红枣每石五百文。

问：两种物漂失之余，亦有如干带来耶？

答：风涛危急，船上诸物都不暇收拾，所带者但衣被与三座金佛。

问：你们所持佛像宜在寺刹中，而缘何带来？

答：佛是神也，无论居家居外，随处敬奉，以冀默佑。

问：佛若有佑，你们何至此境？

答：我们无一淹没，幸得俱全，安知非佛佑耶？

问：自镇海县距鄞县多少远近？

答：水旱路各六十余里。

问：鄞县、镇海县到天津、山东水旱路各几里？

答：山东二千里，天津三千里。

问：鄞县、镇海县距北京水旱路几里？

答：俱为三千多里。

问：鄞县、镇海县各有几员官长？

答：一县中亦有文官，亦有武官，文官理民，武官掌兵。而年利村民自来贸贸，员数多少，未能详知。

问：你们地方风俗以何为业耶？

答：士则绩文好学，民则农商相半。

问：你们地方年成何如？

答：十分年成。

问：你们带来物件，往来之际，得无遗失耶？

答：一物无所失。

问：朝家矜怜你们之辛苦，朝夕所供，御寒衣裤，令地方从厚备给。你们果无寒饥之甚否？

答：我们万死余生，幸泊贵国，得保残命，亦云大矣。又蒙地方诸官诚心看护，衣之食之，慰恤曲至，贵国恩德，河海难量，此生图报，万无其阶云。[1]

对比前述古群山漂流民的问情别单，朝鲜王朝官员的问询话题大同小异，在有关浙江的内容中，其尤其关注地区间的距离，如问及镇海县和鄞县之间的距离，两县到北京以及天津的距离，到山东的水、旱两路路程。除此之外，便是问询了两县的官员、地方风俗以及经济情况。尽管现存明清有关浙江漂流船的问答记录有限，不过很明显，朝鲜方面通过询问明清漂流民，了解浙江沿海的地理情况、地方风俗、经济状况，乃至海防情况。对于江南一带的漂流民，朝鲜王朝政府似乎更为优待，也更有善意，如在知晓古群山漂流民的身份后，备边司官员就特别强调："此是南方之人，衣犹薄者，顾助接济等节，另加申饬。"[2]

1 《备边司誊录》第 215 册，"纯祖二十七年正月十二"条。
2 《备边司誊录》第 142 册，"英祖三十八年十一月初十"条。

第二节　漂流到浙江沿海的朝鲜人

一、时代特征

明代漂到中国的朝鲜船，日本学人松浦章从《明实录》《朝鲜王朝实录》等史料中，找出22例，其中以明确漂到浙江为最多，共有7例（见表2-2）。[1]

表2-2　明代漂流到浙江沿海的朝鲜船只一览表

序号	官府发现时间	漂泊地	漂出地	漂流民情况	遣返方式	文献来源
1	景泰四年（1453）八月	浙江	（待考）	渔户文吞只等5人	被浙江备倭都指挥金事马良等擒获，送北京，后随朝鲜王朝使臣回国。	《明英宗实录》《朝鲜端宗实录》
2	弘治元年（1488）四月	浙江台州	济州	济州敬差官崔溥等43人	送北京，后随朝鲜王朝使臣回国。	《朝鲜成宗实录》
3	正德四年（1509）八月	浙江松门	别岛	贸贩者	（待考）	《明武宗实录》《朝鲜中宗实录》
4	正德六年（1511）三月	浙江定海	济州	安孙等17人	送赴京师，命给衣粮，遣人伴还本国。	《明武宗实录》《朝鲜中宗实录》
5	嘉靖六年（1527）三月	浙江定海	济州	李根等17人	诏送辽东遣归国。	《明世宗实录》《朝鲜中宗实录》
6	嘉靖二十一年（1542）六月	浙江定海	济州	梁孝根等22人	是岁入贡遭风飘流，守臣以闻，诏给传、护送归国。	《明世宗实录》《朝鲜中宗实录》

1　［日］松浦章:《明代朝鲜船漂到中国之事件》,《中国社会经济史研究》2001年第4期, 第48—57页。

续表

序号	官府发现时间	漂泊地	漂出地	漂流民情况	遣返方式	文献来源
7	万历四十年（1612）二月	浙江台州	济州	李大等7人（或为渔民）	浙江巡抚衙门驿送至京，遇使臣顺带或令辽镇差官携发还国。	《明神宗实录》

清代漂至中国沿海的朝鲜船只明显增多。据汤熙勇统计，从顺治到乾隆年间，漂到中国沿海地区的朝鲜海难船有83只；不过漂到浙江沿海的不多（见表2-3），多数还是漂到辽东沿海，另外还有漂到山东、福建和江苏沿海的情况。

表2-3　清代漂流到浙江沿海的朝鲜船只一览表

序号	官府发现时间	漂泊地	漂出地	漂流民情况	遣返方式	史料来源
1	乾隆六年（1741）二月	浙江临海	全罗道	贸易者20人（其中1人病故）	送至北京，差通官解送义州。	《清代中朝关系档案史料续编》
2	乾隆十七年（1752）正月	浙江定海	（待考）	装柴货运者12人	送至北京，由朝鲜王朝进贺使带返。	《通文馆志》
3	乾隆三十七年（1772）	浙江定海	（待考）	17人	送至北京，由朝鲜王朝年贡使带返。	《同文汇考》《通文馆志》
4	乾隆四十年（1775）五月	浙江临海	济州	出海钓鱼者7人	送至北京，由朝鲜王朝宪书官带返。	《清代中朝关系档案史料续编》《备边司誊录》
5	乾隆四十二年（1777）十一月	浙江玉环	济州	捕乌鱼、买卖布匹者13人	自北京差通官解送义州。	《同文汇考》《通文馆志》
6	乾隆四十三年（1778）	浙江玉环	全罗道灵岩	贸易及上京贡马者8人	送至北京，差通官解送义州。	《备边司誊录》
7	乾隆五十六年（1791）五月	浙江平阳	全罗道济州	运马匹者，至望京后返航	送至北京，差通官解送义州。	《清代中朝关系档案史料续编》《同文汇考》
8	嘉庆十四年（1809）	浙江定海	全罗道海南	钓鱼者6人	送至北京，差通事解送义州。	《同文汇考》
9	嘉庆十七年（1812）十一月	浙江	全罗道	装运木材者6人	浙江巡抚高杞奏报抚恤遭风朝鲜难民折；送至北京，由朝鲜王朝进贺使带回。	《清代中朝关系档案史料续编》《同文汇考》

续表

序号	官府发现时间	漂泊地	漂出地	漂流民情况	遣返方式	史料来源
10	嘉庆十八年（1813）四月或1812年（待考）	浙江	全罗道灵岩	装马匹和货物者23人	浙江巡抚高杞奏报抚恤朝鲜难民折；送至北京，差通事解送义州。	《清代中朝关系档案史料续编》《同文汇考》
11	嘉庆二十三年（1818）	浙江	全罗道海南	崔斗灿等47人	送至北京，差通事解送义州。	《清代中朝关系档案史料续编》《同文汇考》《乘槎录》
12	道光三年（1823）	浙江	全罗道海南	装载货物者7人	送至北京，由朝鲜王朝进贺使带回。	《清代中朝关系档案史料续编》《同文汇考》

二、浙江对朝鲜漂流民的救助

明代对漂流民的救助似并无则例所循，从已有的记录看，基本流程是"译实，恤而遣之"[1]，即通过翻译确定身份，提供物品加以抚恤，然后遣返回国。至于具体情况，相关记载则颇为有限。王在晋（1567—1643）曾任浙江右参政兼佥事、浙江参政、浙江按察使、浙江右布政使等职，他在《越镌》和《海防纂要》中记录了万历三十九年（1611）九月他任浙江参政期间处理的一则发生在浙江台州海门的朝鲜漂民事件，包括与漂流民的问答以及处理措施。《越镌》中写道：

> 夫朝鲜为我朝属夷，先年被倭跋蹰，国家不恤数百万金钱，发兵援之，朝鲜之人，犹吾人也。夷妇与髫童并获，则知非窥伺之奸，锅碗与线索俱存，则明系渔家之具。刿舟无兵械，人尽柔良，受虐于阳侯，幸全生于海。若其当送而归国，不待词之毕矣。目今霜寒冻结，舟楫难前。盖发杭州府，行仁和县，择空闲处所，着人看守安养。日给银米，听其自为水爨。盖食烹调蔬肉米盐之类，与中国无异，而人人善嚼，升米不足充其腹。合无每人每日给米一升二，合银一分。所用银米，查驿传余银给之。如此处无余行驿传，道于他处，通融补足。冬给棉衣、棉被、草席、草荐等项，以安其生，疾病觅医调理。俟开春有便船或漕船，赴京计日，给与沿途供养盘费，带至张家湾，移咨解部。念其异域途遥，请给邮符牌票，送至山海关，渡鸭绿江，递回本国，转发原籍安置。或本国有进贡使臣，令其带归，更为顺

---

1 《明世宗实录》第301卷，"嘉靖二十四年七月丁亥"条。

便。其该区总哨官、吏兵捉获异船，不贪功害命，量加□赏，以作其
勤。朝鲜人李大挺，久居汉土，壮年愿回，报效合发营充兵食粮，以
备朝鲜通事。缘系外夷，发还归国，理应题请旨，以便遵行。[1]

由上述可知，17世纪初，万历援朝战争之后，因为与朝鲜半岛的特殊关系，明代官府在确认漂民来自朝鲜半岛后，便认为"当送而归国"，先送到杭州府，然后搭乘便船或漕船通过大运河送到北京，后或"给邮符牌票，送至山海关，渡鸭绿江，递回本国，转发原籍安置"，或"有进贡使臣，令其带归"。在此过程中，当地官府、沿途驿站提供较充足的吃穿用度以及一定的医疗。如在杭州仁和县，官府"择空闲处所，着人看守安养。日给银米，听其自为水爨"，所提供的用度是"每人每日给米一升二，合银一分"。

1488年漂到浙江临海的崔溥在其《漂海录》中记录下了更为详细的流程。和上述发生在17世纪初的漂流民事件不同，在15世纪，因为倭寇之患，海禁森严，所以沿海省府对于漂流民身份的确认尤为严格。崔溥一行登陆后，先是经过海门卫千户、把总松门等处备倭指挥等基层海防组织的初审；然后被送到上级行政机构所在地绍兴府，接受总督备倭署都指挥佥事及巡视海道副使和布政司分守右参议等官员的联合审问，即府级三司会审，递送到杭州府，由钦差镇守浙江司设监太监和巡按浙江监察御史再做调查；最后，在杭州府，由浙江都指挥佥事、左布政使和按察使副使三司会同复审，确定身份后差官员送赴北京。前往北京的路线也是沿大运河，经由苏州后北上，一路停留在驿站，吃穿用度均有保障。崔溥在浙江的见闻于本章第三节再做详述。

到了清代，对域外漂流民的救助开始制度化。早在顺治二年（1645），清世祖便宣称"今中外一统，四海为家，各国人民，皆朕赤子，务令得所，以广同仁"，下令救助漂至中国的日本漂流民[2]。1684年，清政府取消海禁，康熙宣告"今海禁已开，各省人民海上贸易行走者甚多"，诏令各"滨海外国王等，各饬该管地方，凡有船只漂至者，令牧养解送等"[3]。雍正七年（1729），清世宗申明救助海外漂流船的态度，即"凡有外国船只遭风飘入内地者"，地方官员必须"查明缘由，悉心照料，动支公项，给与口粮，修补船只，俾得安全，回其本国"[4]。可见清政府救助域外难船的方法趋于完备，尤其是明确要求地方官员必须查核漂流船航行及漂流的原因，且由官府出资协助漂流民。

乾隆二年（1737），清高宗重申清政府救助漂流民的态度，并确定了具体救助措施："朕思沿海地方常有外国船只遭风飘至境内者，朕胞与为怀，内外并无歧视。外邦

1　〔明〕王在晋：《越镌》第21卷，北京图书馆藏万历刻本。转引自〔日〕松浦章：《明代朝鲜船漂到中国之事件》，《中国社会经济史研究》2001年第4期，第54页。
2　《同文汇考》原编第71卷；《清世祖实录》第21卷，"顺治二年十一月己酉"条。
3　《历代宝案》，台湾大学影印本，1951年，第226—227页。
4　《同文汇考》第66卷；《钦定大清会典（雍正朝）》第104卷，礼部四十八。

民人既到中华，岂可令一夫之失所。嗣后如有似此被风漂泊之人船，著该督抚督率有司，加意抚恤，动用存公银两，赏给衣粮，修理舟楫，并将货物查还，遣归本国，以示朕怀柔远人之至意，将此永著为例。"[1] 此举确定了救助经费的来源以及具体救助内容。此后，礼部进一步将其简化为"定例"，如就救助朝鲜难船而言，应由"该督抚照例抚恤，动用存公银两，造册咨户部核销"[2]。上述奏销程序的演变，在救助朝鲜漂流民之奏章中，督抚等地方官员所提及之"照例移咨"或"咨行户部资给衣粮，仍照例销计"、"照旧例办理"等字句中[3]，亦可得到印证。[4]

浙江方面对朝鲜漂流船的具体救助可见于崔斗灿在 1818 年漂流到浙江后写下的《乘槎录》。和崔溥时代严格查验身份不同，清代对朝鲜漂流民的问询完全没有了明代的繁琐和严厉，而是十分友好。崔斗灿一行在定海普陀山附近海域得到渔人之救助，被送到普陀山观音寺，后县府专门差遣船只和官员将其接至县衙，崔斗灿记载："县主沈公泰开座，陈威仪，引三人问情，余随问随答，指陈情概。是日，行犒赏，各种肉品甚盛，饥隶皆饱，始有生气，喜可知矣。"[5] 和崔溥的路线基本相同，崔斗灿也是经由浙东运河被送到杭州，然后通过大运河到北京，再陆路出山海关，过辽东，渡鸭绿江回国。

值得关注的是，在浙江期间，崔斗灿一行不仅得到了很好的生活安置，而且还被予以相当的自由，包括与当地文人交流，这也反映出清代浙江对朝鲜漂流民较为友好和宽松的态度。《乘槎录》中就记录了颇多崔斗灿一行在浙江，尤其是停留在定海和杭州期间与当地文士的唱和赋诗，相关内容可见本章第四节之详述。

漂流民生活必需品的提供，包括粮食及衣服等，并无一定的标准，分由沿海各省自行处理。乾隆二年，谕旨虽然确定救助经费的来源，但没有明确说明"赏给衣粮"的标准，交由各省督抚依照该省之财政状况及其地之生活标准来支给，基本上应以漂流民在中国居住期间能够维持最基本的生活水平及穿着上的需要为准则。相比他省，浙江省为朝鲜漂流民所提供的生活费用较高。[6] 如乾隆四十三年（1778）十月，朝鲜人高万才等13 人漂到浙江玉环，当地官府每日支给白米三升及钱十五分，又各配给一袭衣持及持褥一件，一次性提供银六两。[7] 而乾隆二十三年（1758）正月，朝鲜漂流民金应泽等 41 人漂到台湾蛤仔难，由台湾当地官府照例提供食物，并派人护送到福建。自抵达闽省之日起，官府支给的生活费用是"盐菜银六厘、米一升"，以及衣物费四两。[8]

---

1 《清高宗实录》第 52 卷，"乾隆二年闰九月"条。
2 〔清〕承启、英杰等纂：《钦定户部则例（同治朝）》第 80 卷。
3 《同文汇考》第 69 卷。
4 汤熙勇：《清顺治至乾隆时期中国救助朝鲜海难船及漂流民的方法》，《中国海洋发展史论文集》第 8 辑，2002 年，第 104—172 页。
5 〔朝鲜〕崔斗灿：《乘槎录》，〔韩〕林基中主编：《燕行录全集》第 68 卷，第 446 页。
6 参见王丹丹：《论清朝与朝鲜两国的漂流民救助与送还》，延边大学硕士学位论文，2018 年。
7 《备边司誊录》第 159 册，"正祖二年五月二十三日"条。
8 《同文汇考》第 67 卷。

三、朝鲜漂还人的问情别单

《备边司誊录》保存了三份 18 世纪中叶朝鲜漂还人的问情别单，时间分别在英祖十一年（1741）十一月，英祖五十一年（1775）十二月和正祖二年（1778）五月。这三次事件基本都是全罗道济州人漂流至浙江台州临海、玉环一带。从别单的"司启辞"来看，漂还人自北京回还后，备边司"详细问情后，所供辞缘，别单书入，以备睿览。而今无留置更问之事，分付沿路各道，使之善为馈食，还送本土。而卜物所载刷马，次次替给，其中如有老病最甚，难于步行者，则所骑刷马，亦为觅给。而此人等漂流异域，万死生还，各别顾恤之意"[1]。

关于问情的内容，1741 年的这份记载最为详细，故引录如下：

济州漂还人问情别单

济州衙前金哲重，年三十二；从人安益，年五十；船主文隆章，年三十六；沙工韩守返，年三十一；格军文义万，年三十二；文必景，年三十一；金之完，年五十七；洪致完，年六十一；洪义泽，年四十；韩夫申，年四十六；韩道兴，年三十七；张道星，年四十四；车德还，年五十；朴次同，年二十一；宋石柱，年十八；李己雄，年四十九；李义发，年三十三；金元昌，年三十三；罗州商贾李克中，年三十四。白等汝矣等，以何地居生之人，何年月，自何处飘风是旀？漂泊之岛地名云何，地形、人物多少如何是旀？所谓台州地形、民俗、衣服、饮食、农桑、城池、军兵等事，何如是旀？居住多月，则言语亦能相通是旀？自台州发船几月到北京，而海路几千里是旀？经过时所见，可以记得者一一细告为旀？留北京几日发向，前路见待何如是旀？汝矣等姓名根脚，并以一一现告，亦推问教是卧乎在亦。

矣徒等俱以济州牧官下人，今年二月二十九日，司仆寺求请马鞍十八部，载船出来是白如可。行到洋中，猝遇狂风，不能制船。尾木折伤之后，莫适所向，或东或西者，凡四十二日。其间万念消尽之中，犹虑漂泊于琉球国，则该国素嫉济州之人，不无杀害之患。所持号牌"济州"二字，所书之文书及钱文四十余两，并为投诸海中是白如乎。三月二十一日午时量，漂泊小岛无人处矣。相望之地结幕处，人见矣徒等夜中四十余名，乘二只船，作饭汲水，粮米载来见之。以书字问之曰：何国人乎？矣徒等以文字书示曰：以朝鲜国全罗道灵岩

---

1 《备边司誊录》第 109 册，"英祖十七年十一月二十三日"条。

郡所安岛居生之人，因年事凶歉，贸谷次乘船，向本郡都市浦矣，漂风到此云尔。则仍即赐饭是白去乙。得食之后，神精稍定，又书问贵国，即何地方耶？彼又书之曰：即大唐浙江台州府临海县地方田蚕岛云云。又书示曰：救活人生云云。则又答书曰：明日更来，当活汝等云云，仍即乘船归去矣。

翌日果小船五只，各乘二十余人来之，而矣徒等，都载于其矣船只后，矣等船只，仍系于彼船之后。摇橹作行之十余里，风急水浅，不能曳船。碇留水中，经宿一夜矣。彼船七只加来，仍为曳船，泊于其矣所居处。下船率入，仍为结幕于其矣所居近处，给粮供馈。留住三日后，西南间洋中大船二只，插旗来之是白去乙。矣徒等书问曰：彼何船也？答书曰：此台州兵船，当载汝等俱归云云。果来泊浦口，而待翌日朝，使其小船，率其军卒六七名下陆。其中二人，乘轿位坐之，招矣徒等问情是白去乙。矣徒等以当初问答，更书呈纳。则仍各分载十名式，举帆归去而矣，徒船则系于彼船之尾。行船二日后，始到台州地方海门关卸下，率入于所谓千总所，使之馈饭矣。其处无非瓦屋，官舍皆层，层阁大如我国监兵营。男人头着个屹罗，身着青衣，足着黑屦，或着彩水靴。女人头结于鬐，身着长衣，足着分土，分土之状，如锥嘴是白乎旀。

留住二日后，替乘小船，定将校受官文，押送台州府，即四月初一日也。台州府亦为问情是白去乙，又答前供，则置之天宁寺，炊饭以食，使勿出入于寺外。留住殆近三朔，其时所见言之。四月初牟麦方张，收获豆太，亦为刈取，畓租或发蒽，或未发蒽，黍粟亦为付种，而米则粒长而味不好。市街男人织彩，万物遍市，甚为繁华。而所谓台州，即古之越国。台州所在府使，乃堂上官也，常时出入，乘驾轿，张红盖，项挂念珠，吹手罗将使令，具啰叭以军容行之。临海县似是堂下官也，亦驾轿，张青盖，无念珠，常时出入之威仪，不及府使之行。而台州府使姓则凭哥，临海县监姓则陈哥，而台州府、临海县，同是一城之内，此外又有三四官员所在之处云云是白乎旀。在海门关时见之，则前江左右船只无数，大如我国战船，而皆为丹青，插旗放炮，将帅在船号令，而所谓福建大老爷云云。军卒皆着红衣，俨若我国水操之制，二日而罢，其后更不见之是白乎旀。海门关即台州地方，相距百余里，以水路言之，两潮水而得达云云。矣徒等船只，自海门关出送台州而出来时，以船价是如，银子十二两给之是白乎旀。

留住台州，自四月至六月，其间单衣、青衣、袜、鞋等各一件造给，每日酒一瓶给之，肴则无别给之事是白置。每以速还之意，书呈于台州府，则自同府转报杭州巡抚都院布政衙门。受到付后六月十一日，台州府以酒饼宴馈后，定差员以草轿，每一人各担二人，陆路作行四日。而所见处言之，山川秀丽。大道之中十里许，设一堡，而经过八迭桥、新昌县、天台县、嵊县等四处。而所谓八迭桥，四面迭迭，树木葱郁。所谓天台山，状如圆峰，其下有天台县，而城堞皆以石筑之，亦以涂灰。城郭人物，比他甚盛。而城中经过之时，来观者骈阗，仅仅作行。出城二三里许，而始止之是白乎旀。至嵊县由江水，故以竹作筏，载矣徒等一日而后，有大江故下筏乘船。经一日后到绍兴，替船到杭州，则入置于东岳庙，此亦寺刹也。俯而见之，其三面临江，一面大海，城郭人物，比他尤胜，城中有巡抚都院御史、布政使、按教使（笔者注：当为按察使）、给事仁和县云云是白乎旀。供馈稍优，颇有矜恤远人之色。布政衙门则各给二两银，巡抚衙门则各给一两银。留住十余日后，七月初二日，使小船三只，次次替送于北京，而一只则差员乘之，二只则矣徒等载之。而其中金赤到山南皮地方，因病致死，故埋置厥处是白如乎。下船二日，由陆到北京，乃八月二十二日也。自礼部点考后，入置会同馆。

在北京时，矣徒等十九名处，每日粮米一斗九升，羊肉二两，盐酱蔬菜等物备给，故亲自炊饭食之。而三十二日留在之时，只给二次馈酒而已，此外元无赠给之物。而九月二十六日，使通官徐宗孟领送，而行路供馈，不过粟饭，或给盐酱而已。到沈阳，日寒颇甚，几不能前进，故通官贸得羊皮背子各一件给之。则到凤城，至义州，只得一时粟饭是白乎旀。矣徒等虽值漂流，莫重京司求请，不可弃置。司仆寺纳马鞍十八部行装中，同为输来。而此物为彼人到处问之故，答以换贸谷物次。载持者是如为白在果，其中登子一介，则为彼人见夺是白置。矣徒等生还本国，莫非我圣上如天之德教是白置，相考处置教事。[1]

问情别单中有一些汉字是古朝鲜语的吏读，如"是白乎旀""是白去乙"等，不过不影响理解其内容[2]。上文所引的问情别单详细记录了漂流民的具体信息以及询问的具

---

1 《备边司誊录》第 109 册，"英祖十七年十一月二十三日"条。
2 参见张钧波：《朝鲜王朝法律史研究》，附录二，中国社会科学出版社，2021 年。

体内容，包括漂流和得救的过程，以及在中国的所见所闻，其中以在浙江沿海的经历为最多。依上所述，济州衙前金哲重等共 19 人在漂流到浙江临海附近岛屿、被临海当地百姓发现后，得到其十分积极的救助。当地百姓将他们及其船只带至所居之处，在台州兵船到来之前予以住宿并给粮供馈，态度颇为友好。一行人先是被官船送至海门关，后被送到台州府，在台州府停留了两个多月，其间除供给基本食宿外，"单衣、青衣、袜、鞋等各一件造给，每日酒一瓶给之"。到了杭州，漂流民的待遇似乎更佳，"供馈稍优，颇有矜恤远人之色。布政衙门则各给二两银，巡抚衙门则各给一两银"，救助的力度甚至超过北京。

18 世纪中叶，浙江大力救助朝鲜漂流船似为惯例。1775 年 5 月，济州高济臣等 7 人漂流到台州临海一小岛，当地人发现后，"始扶下陆，先馈米泔，次馈米粥，继以给饭"；转至另一岛，"彼人等见矣等之饥馁，收合大米，供馈三日"。到台州临海县衙后，"以朝鲜国罗州居民书示，则更无所问，而馈以酒肉，留置官舍，自衙门造给衣衾等物"，一行人"到浙江省（笔者注：当指浙江省府，即杭州府）而留 26 日，亦为造给冬衣末由子等物后，又定甲军载三辆车"[1]。1777 年 10 月，济州高万才等 13 人漂流到台州玉环一岛屿，"渠等亦问矣等之所居，故书示以朝鲜国灵岩郡，则岛人等以温水海菜，急令救护，留住四日，连以白米粥馈之"。后"到玉环衙门，则自衙门别无所问之事，定给店舍，而各人等处，自官日给白米三升、唐钱十五分，又各造给一袭衣裤及衾褥一件、唐钱六两，使之留住"。一行人在台州也停留了两个多月，第二年正月被送到杭州，"自衙门又无所问之事，三时供馈后，各给银二两留住"[2]。

上述三次漂流民事件中，朝鲜漂流民到台州府地后，或许是上报省以及中央政府的需要，均在台州府驻留了两个多月；这在 18 世纪中叶或许是常态。在台州期间，虽然按规定漂流民不能出居留之所，但实际上漂流民当多有外出机会，因此对台州也多有观察。1741 年的问情别单就较多地记录了漂还人在台州时期所见的经济作物、市井景象、海上船只、官兵风貌以及前往杭州途中的自然景观。尽管相关史料有限，但是我们有理由相信，这些漂流到浙江沿海的朝鲜人带回了不少有关浙江的讯息。下面讨论的崔溥《漂海录》和崔斗灿《乘槎录》就是两个典型例子。

---

1 《备边司誊录》第 157 册，"英祖五十一年十二月二十五日"条。
2 《备边司誊录》第 159 册，"正祖二年五月二十三日"条。

第三节　崔溥及其浙江游历

一、崔溥及其《漂海录》

崔溥，字渊渊，号锦南，祖籍为朝鲜全罗道耽津，1454 年出生在全罗道罗州曲江面性智村，后移居至全罗道海南县。1477 年，崔溥参加朝鲜科举考试，会试得中，第二年进入成均馆；1486 年，获朝鲜进士乙科及第，第二年正月被任命为弘文馆副校理，九月受王命以"济州三邑推刷敬差官"前往济州岛。1488 年正月三十日在济州岛得知父亲突然去世，第二天即登船欲返乡奔父丧，然而不幸遭遇风浪，在海上漂流 13 天后，于闰正月十六日和同船共 43 人最终在明代浙江省台州府临海县牛头外洋登岸。时浙东沿海多有倭寇侵扰，台州桃渚一带更甚，故海禁甚严。崔溥一行最初被误认为日本人，受到当地官民的盘问、驱赶乃至殴打。后官府多次审问，最终确定其朝鲜人身份。之后，一行人于二月初五循浙东运河被解送到杭州，在杭州短暂停留 7 日后，再经由京杭大运河，于三月二十八日到北京；四月二十四日自北京陆路，经过辽东，于六月初四渡鸭绿江回到朝鲜半岛。

早在崔溥一行到达北京时，朝鲜王朝政府就已通过朝贡使臣了解到其漂流到浙江的情况。及至崔溥等人回到京城汉阳，成宗大王（1469—1491 年在位）召见并命崔溥写出其漂流经历。尽管还在父丧中，但王命难违，于是崔溥利用光州牧衙前程保、和顺县衙前金重、承仕郎李桢和罗州随陪吏孙孝子四位随行人员的记录，用时八天完成王命，将其漂海到明朝后又回到朝鲜半岛的近六个月的经历以日记体记录下来，此即后来的《漂海录》，为了区别于其他漂海录，又有《锦南漂海录》之称。这部行记共 5.4 万余字，内容丰富，其中三分之一的篇幅记录了一行人在浙江的经历见闻。（图 2-1）

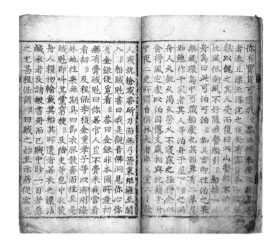

图2-1　《漂海录》铜活字印本（韩国高丽大学图书馆藏本）

　　《漂海录》共三卷，卷一记述其不幸漂流之原委，海上漂流的经过，上岸后在台州临海的经历，以及从临海桃渚所前往杭州的沿途游历；卷二记录其在杭州以及从杭州走京杭大运河到北京的途中经历与见闻；卷三则描述其在北京以及从北京回到朝鲜半岛的经历和所见所闻。该行记最初只是呈给国王的内部报告，后在1534至1544年间以铜活字刊印，这是今天所知的最早版本。1569年，受崔溥外孙柳希春（1513—1577）之托，平安道观察使吴祥在定州木版刊行此书；1573年，柳希春又委托全罗道观察使李阳元"以校正本锓梓"，此本流传较广。[1] 壬辰倭乱后，册版佚失，后又有多次刊刻，包括1676年版、1724年版和1896年版。为方便说明，现主要根据朴元熇的研究，将相关版本列表如下：

表2-4　崔溥《漂海录》现存版本一览表[2]

序号	刊刻时间	题名	刊刻地	刊印者	版本类型	收藏地	备注
1	1534—1544年	漂海录	汉城	官方（中央）	铜活字本（甲寅字）	日本东洋文库、韩国高丽大学图书馆华山文库（卷一）	共三卷。《韩国文集丛刊·锦南集》中的《漂海录》第一卷即以华山文库藏本为底本。
2	1569年	漂海录	定州	官方（地方）	木刻本	日本阳明文库、日本内阁文库（手写本）	共三卷。

1 ［韩］朴元熇校注：《崔溥漂海录校注》，柳希春跋文，上海书店，2013年，第168页。
2 有关版本主要参照朴元熇《崔溥〈漂海录〉的书志学研究》，载氏著《崔溥漂海录分析研究》，上海书店，2014年，第43—58页。

续表

序号	刊刻时间	题名	刊刻地	刊印者	版本类型	收藏地	备注
3	1573 年	漂海录	南原	官方（地方）	木刻本	日本金泽文库	共三卷。
4	1676 年	漂海录	罗州	私人（罗斗春）	木刻本	韩国国立首尔大学奎章阁（卷二和卷三）、韩国岭南大学图书馆（卷二）、韩国北济州郡爱月图书馆（卷二）、韩国高丽大学图书馆（卷二）	共三卷，收录在《锦南集》（共五卷）中。《韩国文集丛刊·锦南集》中的《漂海录》第二、三卷即以奎章阁藏本为底本。
5	1724 年	漂海录	罗州	私人（罗斗春）	木刻本	韩国中央研究院藏书阁、韩国国立中央图书馆、韩国高丽大学图书馆晚松文库（卷二）	共三卷。《燕行录选集》中的《漂海录》即是据此影印。
6	1896 年	漂海录	康津	私人	木活字本	韩国高丽大学图书馆华山文库、韩国高丽大学图书馆晚松文库（卷三）、韩国延世大学中央图书馆	共三卷，收录在《锦南集》（共五卷）中。韩国景仁文化社出版的《锦南先生文集》所收录的《漂海录》即以该版本影印。

　　《漂海录》原文为汉文，后被译成日文、韩文和英文出版。早在日本江户时代，日本儒学家清田君锦（1721—1785）就将《漂海录》翻译成了日语，1769 年，日文本以《唐土行程记》之名在京都出版，1795 年改名《通俗漂海录》再次出版。（图 2-2）用韩文翻译的谚解本《漂海录》则出现在 1873 年左右，为手抄本。英译本则出现在 1958年，名为 *A Record of Drifting Across the Sea, P'yohae—rok*，其最初是美国哥伦比亚大学学生麦斯基尔（John Meskill）的博士学位论文的一部分，后于 1965 年以单行本形式由亚利桑那大学出版社（The University of Arizona Press）出版。之后又有多种韩文译本出现[1]。（参见表 2-5）

1 　参见［韩］朴元熇：《崔溥〈漂海录〉研究和翻译之回顾》，载氏著《崔溥漂海录分析研究》，上海书店，2014 年，第 43—103 页。

图2-2 《唐土行程记》和《通俗漂海录》（私人收藏）

表2-5 崔溥《漂海录》译本、校注本等一览表

序号	语种	译本题名	译者，校注者，标点者	出版时间	出版地，出版者	译本底本	备注
1	日文	唐土行程记	清田君锦	1769年	京都，皇都书林	东洋文库藏本	
2	日文	通俗漂海录	同上	1795年	京都，东都书林、浪华书林、皇都书林合作出版	同上	本书基本上是《唐土行程记》的再版本。
3	韩文谚解	표히록漂海录	止庵公朴夫人（待考）	1873年左右	无	不详	手抄本
4	英文	*A Record of Drifting Across the Sea, P'yohae—rok*	John, Meskill	1965年	Tucson, The University of Arizona Press	不详	本书乃译者博士论文（1958年）的一部分。
5	汉文标点	漂海录	牧田谛亮	1959年	京都，法藏馆	日本阳明文库藏本	本书收录在译者所著《策彦入明记の研究》中。

续表

序号	语种	译本题名	译者，校注者，标点者	出版时间	出版地，出版者	译本底本	备注
6	韩文	漂海录	金灿顺（待考）	1964 年	平壤，朝鲜文学艺术总同盟出版社	不详	节译本
7	韩文	漂海录	李载浩	1976 年	首尔，韩国民族文化推进会	韩国藏书阁藏本	本书依据《燕行录选集》影印本译出，收录在《国译燕行录选集》中。
8	韩文	漂海录	崔基弘	1979 年	出版地待考，三和印刷株式会社	韩国藏书阁藏本	非卖品
9	韩文	锦南先生漂海录	同上	1989 年	出版地待考，教养社	同上	本书为1979年版的修正版。
10	韩文	漂海录	同上	1997 年	出版地待考，教养社	同上	本书为1989年版的修正版。
11	韩文	漂海录	崔周溶	1984 年	出版地待考，极东精版社	不详	崔正祚手抄本
12	汉文点注	漂海录——中国行记	葛振家	1992 年	北京，社会科学文献出版社	不详	金日成大学图书馆1965年手抄本
13	韩文译注	漂海录	徐仁范，朱圣志	2004 年	首尔，韩吉社	奎章阁藏本（卷二、卷三）、藏书阁藏本和华山文库藏本（卷一）	
14	韩文译注	崔溥漂海录译注	朴元熇	2006 年	首尔，高丽大学出版社	日本东洋文库藏本	本书后附有汉文点注。
15	汉文校注	崔溥漂海录校注[1]	同上	2013 年	上海，上海书店	同上	本书根据前韩文译注本出版，但未说明校注底本。

二、浙江沿海之经历

朝鲜人对东亚地区的海上交通无疑是有所认识的。在漂洋的第三日（闰正月初七），

---

[1] 笔者在此主要参照的是朴元熇的校注本，并辅以《韩国文集丛刊》收录本，部分标点有改动。后不再一一说明。

崔溥见海色白，就对随行人员说："在高丽时，尔济州朝大元，自明月浦，遇便风得直路，七昼夜之间，过白海渡大洋。今我漂海，直路散路，不可知也。幸得入白海之中，则窃疑中国之界必近矣。"在第四日（初八），他又说："我尝阅地图。自我国黑山岛，向东北行，即我忠清、黄海道界也。正北即平安、辽东等处也。西北即古禹贡青州、兖州之境也。正西即徐州、扬州之域。宋时交通高丽，自明州浮海，明州即大江以南之地也。西南即古闽地，今之福建路也。向西南稍南而西，即暹罗、占城、满剌加等国也。正南即大小琉球国也。正南而东即女人国也，一岐岛也。正东即日本国也，对马州也。今漂风五昼夜，西向而来，意谓几至中国之地。"[1]凭借自身对周边海洋地理知识的了解，崔溥尽管意识到风向有变，但仍能预料到其将漂往浙江沿海。

崔溥一行历经险恶漂流到浙江沿海，先是在宁波府附近海域下山岛遇到贼船（十二日），后在台州府临海县牛头外洋就泊（十六日），又遇到贼船（十七日），登陆后，因被疑为倭人押送至海门卫桃渚所，经历了各种盘问。由此可见，明代浙江沿海依然常有海贼出没，同时海防管理和控制也较为严厉。倭寇之患，明初就比较严重。明太祖一方面实行海禁政策，另一方面设置沿海卫所，并建立了严密的巡检制度。永乐时期，情况虽然稍有好转，但是直到嘉靖大倭乱，沿海地区一直不甚安宁。尤其是浙东沿海，岛屿密布，屡有倭寇侵扰。"夫浙东地形突出海中，故为贼所必犯"[2]，"自倭人入寇东南，惟浙为最甚"[3]。十九日，崔溥一行被押送到桃渚所（临海县）并停留四日，经过多次盘问，其朝鲜人身份终于得到确认，一行人于二十三日前往杭州，二十九日到达宁波，其间经过健跳所（宁海县）、越溪巡检司（宁海县）、白峤驿（宁海县）、西店驿（奉化县）和连山驿（奉化县）。一路上，崔溥观察周边地理环境，记录各地建筑、人文等，不时询问一些原本有所了解的当地景观，比如天台山、雁荡山。

尽管在确认身份之前，崔溥受到了不少恶劣对待，但他仍对所经地区的景物和风气多有赞美。例如，在从桃渚所前往健跳所的途中，崔溥经过了穿岩里（图2-3），几天前被押往桃渚所时，就是在此被劫去马鞍等物，而此时经护送兵士追讨，物品已经归还。联想起之前在下山岛遇贼，他感叹："凡为劫盗者，杀越人于货，肆暴无忌。今江南人虽或被利心所使，为盗为劫者有之。然下山之盗不杀臣等，且有遗物。仙岩之人，不隐所劫，竟还夺鞍。可以观风气柔弱，人心不甚暴恶之验也。"[4]再如，崔溥虽意识到临海县地"在台州东南绝徼，风气温暖，恒雨少日，实炎荒瘴疠之方"，然其感受却颇为美好："臣当正月而到，气候与三四月同。牟麦欲穗、笋芽方盛、桃杏满开，又山川

---

1 〔韩〕朴元熇校注：《崔溥漂海录校注》，第7—8页。
2 〔明〕谢杰：《虔台倭纂》下卷，《倭议》，《北京图书馆古籍珍本丛刊》第10册，书目文献出版社，1990年，第283页。
3 〔明〕郑若曾撰，李致忠点校：《筹海图编》第9卷，《大捷考·宁台温之捷》，中华书局，2007年，第628页。
4 〔韩〕朴元熇校注：《崔溥漂海录校注》，第35页。

高大、林薮屏翳、人物繁伙、第宅壮丽，别是一区天地也。"[1]到健跳所城后，崔溥如此描绘所见："（城）门皆重城，鼓角铳烔，声震海岳。其唢呐等大小角末端，皆上曲钩，向吹者眉目间。城中人物第宅，视桃渚所尤丰盛。"[2]此外，崔溥又称交往之人"俱是厚重老官人"，所千户李昂的接待"颇示忠款之意"，尹姓老官人亦盛情款待，可见"人心淳庞"。到越溪巡检司后，崔溥与李昂等人叙别："仆之来也，将军以百千兵甲，环城拥阗，旌旗凌乱，铮鼓轰驰，则将军之示远人严矣。仆之寓馆也，升堂礼莫愆，馈食意益弥，开心见诚，一见如旧，则将军之待远人宽矣。及仆之去也，步出城西，远送海曲，扶仆登船，叙辞以别，则将军之送远人厚矣。仆一远人也，相逢未一日也，而严以示之，宽以待之，厚以别之，其意固有在也。"[3]崔溥对浙人浙景可谓赞赏有加。

图2-3 穿岩（临海县）

（注：崔溥前往健跳所时经由穿岩，写道："晓过穿岩里。里西有山，戴石壁，屹立穹窿，有大窦洞，望如虹门，里之得名以此。"）

在行程中，崔溥一直强调自己需要遵循服丧期的儒家礼仪规范，努力展现朝鲜文人的礼仪道德。押往桃渚所途中，崔溥遇到隐儒王乙源，乙源怜之，"呼酒劝臣"，崔溥则言："我朝鲜人守亲丧，不饮酒食肉茹荤及甘旨之味，以终三年。蒙馈酒，感恩则已深矣。然我今当丧，敢辞。"[4]在桃渚所，有官人问及崔溥所戴之帽笠，崔溥答曰："此丧笠也。国俗皆庐墓三年，不幸如我漂流，或不得已有远行者，则不敢仰见天日，以坚泣血之心，所以有此深笠也。"及至饭时，又有人问"你吃猪肉否"，崔溥拒绝："我国人守丧三年，不食鱼肉醢荤。"[5]

1　[韩] 朴元熇校注：《崔溥漂海录校注》，第34页。
2　[韩] 朴元熇校注：《崔溥漂海录校注》，第36—37页。
3　[韩] 朴元熇校注：《崔溥漂海录校注》，第38页。
4　[韩] 朴元熇校注：《崔溥漂海录校注》，第21页。
5　[韩] 朴元熇校注：《崔溥漂海录校注》，第28页。

崔溥格外感激临海、宁海和奉化官员的救助。在越溪巡检司与李昂等人叙别时，他说："盖我朝鲜，地虽海外，衣冠文物，悉同中国，则不可以外国视也。况今大明一统，胡越为家，则一天之下，皆吾兄弟，岂以地之远近，分内外哉。况又我国恪事天朝，贡献不息，故天子亦礼以待之，仁以抚之，怀绥之化，至矣尽矣。而仆，朝鲜之臣也，将军亦天子分阃之也，则其体天子字小之心，而待远人至于此极，斯不亦忠矣乎哉。其间情意之笃，则仆既感之深矣。"[1] 他强调了朝鲜半岛与明朝文化相通、关系紧密，由衷地感谢当地官员予以救助。

早在崔溥还未到达北京时，其漂流至浙江沿海的消息就已为时在北京的朝鲜贺册封使安处良所知晓。安处良一行在回国前誊写了当时浙江镇守太监向皇帝呈送的有关崔溥漂流事件的奏本，三月二十二日离开北京，四月十五日到达辽东后，先遣通事回国向朝鲜政府通报崔溥漂流至浙江一事，并附上所誊写的奏本，此时崔溥还停留在北京[2]。奏本详细描述了当地盘查崔溥一行的过程和情况，朝鲜半岛也因此得以了解浙江沿海的情形[3]。

三、浙东运河之记录

从闰正月二十九日到奉化江边乘舟开始，崔溥一行就踏上了浙东运河之旅，旅程共六天，二月初五到达西兴驿。浙东运河通常指西起杭州西兴，跨曹娥江，经过绍兴、上虞、余姚、慈溪，东至宁波甬江入海口的水道，其中包括甬江、姚江等自然水道，全长239公里。浙东运河之开发最早可以追溯到先秦时期修建山阴故水道，以及东汉会稽太守马臻修建鉴湖，其目的主要是用于农业灌溉。西晋时期开凿西兴运河，东晋、南朝时期将钱塘江、曹娥江等天然河道渠化（设堰埭、斗门、水闸），形成了横贯钱塘江、曹娥江、姚江、甬江共200余公里的浙东运河之雏形，已具备内河航运功能。隋唐五代时期，随着南北运河的形成，以及浙东海上贸易的发展，浙东运河的商贸运输功能越来越重要，明州（宁波）开始成为海道辐辏之所。两宋时期，经济政治中心南移，浙东运河成为重要航运河道，呈现出一片繁盛景象。明清时期，政治中心回到北方，浙东运河虽不再是国内外贸易航运活动的重要纽带，但其在以杭州为中心的区域经济发展中依然有着一定的地位，因此也一直是江南地区的交通要道。

---

1 ［韩］朴元熇校注：《崔溥漂海录校注》，第38—39页。

2 参见［韩］朴元熇：《明代朝鲜漂流民的遣返程序和情报传达——以崔溥〈漂海录〉为中心》，载氏著《崔溥漂海录分析研究》，上海书店，2014年，第107—131页。

3 其奏本曰："钦差总督浙江备倭都指挥金使等官臣黄宗等，仅〔谨〕题为海洋声息事，据把总松门等处备倭署指挥同知刘泽呈送夷人四十三名到，臣案照。先据定海等卫所各呈申报，弘治元年闰正月十七日，瞭见海门外桃渚千户牛头外洋有船，使人狮子寨涂次等因，已经通行哨备及会呈推。浙江都按二司咨关抄钦差蒙镇守浙江司设监太监张庆、巡按浙江监察御史畅亨，案验备仰，转行臣等哨究等因。行间又据桃渚千户所申，该六路千户柳春等带领旗军，前去台州府、临海县、二都，与同当地火甲获住人船押证，到所审问，语言难辨，自该抄蒙差镇守浙江司设监太监张庆、巡按浙江监察御史畅亨会议，看得单内开审，夷人崔溥虽据供写朝鲜国人往济州等处海岛，为暴风所逆，得到大国之界等情缘，无开报船内有何器械，并别项行李等件案行……"见《朝鲜成宗实录》第215卷，"成宗十九年四月戊申"条。

崔溥的《漂海录》具体记录了明弘治年间浙东运河的通航情况，包括堰坝设施以及沿途景物。崔溥一行行进在浙东运河的具体路线如下：第一天（闰正月二十九日），从鄞奉要冲北渡乘船，顺着奉化江从南门（当为水门、长春门）进入宁波府城，沿着城内河道"至尚书桥"，"又过惠政桥、社稷坛"等由北门（当为西北望京门）出城。第二天（二月初一），沿西塘河西行，其间经过宋石将军庙（望春桥外）、西镇桥（即高桥）到西坝厅（即大西坝），向北跨过姚江到达西屿乡之新堰（即小西坝），沿着刹子港，"过新桥、开禧桥、姚平处士之墓"，进入慈溪县城。[1] 通过内河出县城后，走慈江，到车厩驿而进入姚江。第三天（二月初二），沿姚江溯西北而上，经五灵庙、驿前铺、姚江驿等地到余姚县城，绕过县城到下新坝，过下新坝、中坝，西南走四十里河，逆上进入上虞江。第四天（二月初三），沿上虞江西行，过上虞县北（图2-4），到曹娥驿，"驿北有坝，舍舟过坝（即梁湖坝），步至曹娥江乱流而渡。越岸又有坝（即曹娥坝），坝与梁湖巡检司，南北相对。又舍舟过坝，而步西二里，至东关驿"，再乘船而行。第五天（二月初四），到绍兴府，"自城南溯鉴水而东而北，过昌安铺，棹入城。城有虹门当水口，凡四重，皆设铁扃。过有光相桥等五大桥及经魁门、联桂门、佑圣观、山会水则碑……"[2] 在官府受审后，一行人沿内河西行出城，过迎恩桥，到蓬莱驿。第六天（二月初五），走西兴运河段，"溯鉴水而西，经韵田铺、严氏贞节门、高桥铺，至梅津桥"，"又过融光桥，至柯桥铺……又过院社桥、白塔铺、清江桥，至钱清驿……夜过盐仓馆、白鹤铺、钱清铺、新林铺、萧山县地方，至西兴驿"[3]。

图2-4 上虞通明闸

---

1 ［韩］朴元熇校注：《崔溥漂海录校注》，第44页。
2 ［韩］朴元熇校注：《崔溥漂海录校注》，第45页。
3 ［韩］朴元熇校注：《崔溥漂海录校注》，第54—55页。

由上述可见，当时浙东运河通航顺畅，除了渡曹娥江时两次舍舟过坝，其他路段皆是船行，只是因为下雨而推迟了一日。运河为了调节水流以维持通行，需要渠化自然河道，即修筑堰坝、水闸等。从西塘河进入姚江的"西坝厅"，即大西坝，以及大西坝对岸之小西坝，是崔溥浙东运河之旅中首次见到的堰坝，崔溥对此有详细记录："坝（大西坝）之两岸，筑堤以石，断流为堰，使与外江不得相通。两旁设机械，以竹绹为缆，挽舟而过，至西玙乡之新堰。堰旧为刹子港颜公堰，后塞港废堰为田，导水东汇至于广利桥之南，置此坝，外捍江湖。"[1] 其后，崔溥又经过了四十里河上的下新坝、中坝，曹娥江东西岸的梁湖坝、曹娥坝。他后来特别总结了堰坝之构造："水泻则置堰坝以防之……坝之制，限二水，内外两旁，石筑作堰。堰之上植二石柱，柱上横木如门，横木凿一大孔，又植木柱当横木之孔，可以轮回之。柱间凿乱孔，又劈竹为绹，缠舟结于木柱，以短木争植乱孔以戾之，挽舟而上。上坝逆而难，下坝顺而易。"[2]

浙东运河经由的府（县）城包括宁波府城、慈溪县城、余姚县城、上虞县城、绍兴府城，一行人除了余姚县城和上虞县城并未进入、只是乘船从城外河道经过以外，其他府（县）城都是循内河进出，得观其景象，颇感叹其繁华。崔溥在书中描述了这些府（县）城的景物，包括所见城门，河道上的桥梁、牌楼、寺观等建筑，以及城内外的市肆。如在宁波府城，他特别描述桥梁之多："凡城中所过大桥，亦不止十余处。高宫巨室，夹岸联络，紫石为柱者，殆居其半。"[3] 相比而言，崔溥对绍兴府的记录最多，因为在这里他再次受到审问以核实身份。审问者包括当时浙江都布按三司的官员，即总督备倭署都指挥金事黄宗、巡视海道副使吴文元以及浙江布政司分守右参议陈潭，问题则涉及崔溥的身份，漂流的经过，朝鲜半岛的历史、山川、官员等，多与在桃渚所的问题相同。除了记述审问过程，崔溥也详细描述了绍兴府的情况：

> 绍兴府，即越王旧都，秦汉为会稽郡，居浙东下流。府治及会
> 稽、山阴两县及绍兴卫之治、卧龙山俱在城中。会稽山在城东十余
> 里，其他若秦望等高山，重叠翠巘，千岩万壑，竞秀争流于东西南三
> 方。北滨大海，平衍无丘陵。兰亭在娄公埠上天章寺之前，即王羲
> 之修禊处。贺家湖在城西南十余里，有贺知章千秋观旧基。剡溪在
> 秦望山之南嵊县之地，距府百余里，即子猷访戴逵之溪也。江流有四
> 条：一出台州之天台山，西至新昌县，又西至嵊县北，经会稽、上虞
> 而入海，是为东小江；一出山阴西北，经萧山县东，复山阴抵会稽而

1 ［韩］朴元熇校注：《崔溥漂海录校注》，第43—44页。
2 ［韩］朴元熇校注：《崔溥漂海录校注》，第163页。
3 ［韩］朴元熇校注：《崔溥漂海录校注》，第42页。

入海，是为西小江；一出上虞县东，经余姚县，又东过慈溪县，至定海而入海，是为余姚江，是臣所经之江；一出金华之东阳、浦江、义乌，合流至诸暨县，经山阴，至萧山，入浙江，是为诸暨江。其间泉源支派，汇溺堤障，会属从入者，如脉络藤蔓之不绝。[1]

很明显上述绍兴府的内容并非崔溥的亲身经历，应该来源于相关文献的记载，但由此可见崔溥对绍兴府的关注，或是为了提供给成宗了解。相较之前经过的宁波府，崔溥观察到绍兴府城"其阛阓之繁，人物之盛，三倍于宁波府矣"[2]。大约正是如此，崔溥在撰写《漂海录》时才特别以文献中的记载加以具体说明。

四、江南风物之体验

二月初六，崔溥一行离开西兴驿，"自驿前舍舟登岸，乘车而行，可十余里至浙江（钱塘江），复乘船而渡"。渡江后，"复缘岸步行，则西望六和塔临江畔，行过延圣寺、浙江驿，至杭州城南门（当为凤山门）"[3]。崔溥在杭州共停留七日，于十三日出城北门（即武林门），经京杭大运河离开。对于杭州，崔溥不仅详细说明城内的官衙（参见图2-5）、庙观、水井，还着力描绘西湖景致、极尽赞美之词，如"杭即东南一都会，接屋成廊，连衽成帷，市积金银，人拥锦绣，蛮樯海舶，栉立街衢，酒帘歌楼，咫尺相望。四时有不谢之花，八节有常春之景，真所谓别作天地也"[4]。然而，和介绍绍兴府一样，这番描述并非崔溥的亲历之语。留杭七日，崔溥其实并没有多少机会离开驿馆，多数时间都在与官员坐谈，唯有进出城时得见沿途景观，包括城门、寺庙、桥梁、市肆等。譬如自武林门出城，只见"门外可十余里间，市肆相接，亦与城中一般。行至天妃宫，宫前即德胜坝河，河边画舫绯缅，不可胜数"[5]。尽管没有深入体验杭州城内市井，也没有亲眼目睹西湖山水（参见图2-6），但是仅凭有限的所见也足以激发崔溥对杭州繁华壮丽的感叹了。

1 ［韩］朴元熇校注：《崔溥漂海录校注》，第54页。
2 ［韩］朴元熇校注：《崔溥漂海录校注》，第45页。
3 ［韩］朴元熇校注：《崔溥漂海录校注》，第56页。
4 ［韩］朴元熇校注：《崔溥漂海录校注》，第68页。
5 ［韩］朴元熇校注：《崔溥漂海录校注》，第73页。

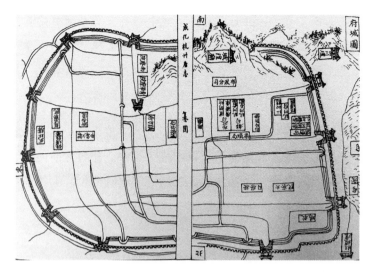

图2-5 《府城图》（成化《杭州府志》）

图2-6 《湖山一览图》（《西湖志类钞》明万历七年刻本）

　　离开杭州，过崇德县、嘉兴府，崔溥一行进入明代南直隶的地界，一路北上，沿着京杭大运河到达北京。对于浙江风物，整体上崔溥是将之纳入江南加以认识的，而关于江南的地理环境，他认识到，"大江以南，地多涂泥陂潴然，天台、四明、会稽、天目、天平诸山，错综横亘乎其间"[1]。在《漂海录》的最后部分，崔溥以长江为界，比较了江南、江北的市井风貌、民俗民风之异同。明代的江南商业繁盛、富庶一方，是经济的中

---

1 ［韩］朴元熇校注：《崔溥漂海录校注》，第162页。

心，所谓"东南财赋地"。崔溥经历南北之地，对此感受最深：

> 以扬子一江分南北而观其人烟盛衰，则江以南诸府城县卫之中，繁华壮丽，言不可悉。至若镇、若巡检司、若千户所、若寨、若驿、若铺、若里、若坝所在附近，或三四里，或七八里，或十余里多，或至二十余里间，闾阎扑地，市肆夹路，楼台相望，轴舻接缆。珠玉金银宝贝之产，稻粱盐铁鱼蟹之富，羔羊鹅鸭鸡豚驴牛之畜，松篁藤棕龙眼荔枝橘柚之物，甲于天下，古人以江南为佳丽地者以此。[1]

其中，崔溥特别关注江南第宅的宏壮华丽和江南人衣饰的奢华：

> 其第宅，则江南盖以瓦，铺以砖，阶砌皆用炼石，亦或有建石柱者，皆宏壮华丽。江北，草屋矮小者殆居其半。其服饰则江南人皆穿宽大黑襦裤，做以绫罗绢绡匹缎者多。或戴羊毛帽、黑匹缎帽、马尾帽，或以巾帕裹头，或无角黑巾、有角黑巾、官人纱帽。丧者白布巾，或粗布巾。或着靴，或着皮鞋、鞜鞋、芒鞋，又有以巾子缠脚，以代袜者。妇女所服，皆左衽。首饰，则宁波府以南，圆而长而大，其端中约华饰。以北，圆而锐，如牛角然。或戴观音冠，饰以金玉，照耀人目。虽白发老妪，皆垂耳环。江北服饰，大概与江南一般，但江北好着短窄白衣，贫匮悬鹑者十居三四。妇女首饰，亦圆而尖，如鸡喙然。[2]

明代正统至正德年间（1436—1521），"民气渐舒，蒸然有治平之象"[3]。成化以来，江南地区商品经济发展迅速，苏州、杭州、湖州等地以丝织业为主的商品生产日益发展和普及，城镇人口增加，民益富庶。成化时人莫旦就说，当时苏州城"列巷通衢，华区锦肆，坊市綦列，桥梁栉比"，为"货财所居，珍异所聚"。[4]江南的社会风气因此发生变化，不再是明初提倡的质实朴约、贵贱有等，乃"渐奢靡"，"富室之居，僭侔公室，丽裙丰膳，日以过求"。[5]

一般认为，和苏州府不同，浙江杭州、嘉兴、宁波、绍兴等地社会风气的变化在成化、弘治时期并不明显，要到嘉靖年间才出现[6]，不过从崔溥的记录来看，弘治时期浙江

1　〔韩〕朴元熇校注：《崔溥漂海录校注》，第164页。
2　〔韩〕朴元熇校注：《崔溥漂海录校注》，第164—165页。
3　《明史》第9卷，本纪第九。
4　〔明〕莫旦：《苏州赋》，〔清〕李铭皖等修，冯桂芬纂：同治《苏州府志》第2卷，清光绪九年刊本。
5　〔明〕赵锦修，张衮纂：嘉靖《江阴县志》第3卷，天一阁藏明代方志选刊本。
6　徐泓：《明末社会风气的变迁——以江、浙地区为例》，《（台湾）"中研院"第二届国际汉学会议论文集》，台北：台湾"中研院"历史语言研究所，1989年。

上述地区已颇为繁荣，社会风气也有所改变。除了赞叹杭州之繁华壮丽，崔溥还记述台州"人物繁伙，第宅壮丽"[1]；宁波府城"奇观胜景，不可殚录"[2]；他在慈溪县，看到"市肆舸舰，坌集如云"[3]；到了余姚，只见"人烟稠密，景物万千"[4]；于绍兴府，则感叹"其阛阓之繁，人物之盛，三倍于宁波府矣"[5]；到嘉兴府，则见"其屋宇宏壮，景物繁华，亦与宁波府同"[6]。在他的记录中，浙江的宁波、绍兴、杭州、嘉兴与南直隶的苏州、吴江等地并无太多差异；宁波妇女所戴首饰倒是南北有别，但相对江北而言，则皆属奢华。

明代江南又是人文荟萃之地，所谓"江南人文薮"。以《明儒学案》所记载的儒家学者为例，其中超过三分之二的学者的出生地或主要活动地都在江南，著名的书法家、绘画家也是如此。明代江南文化的发达还在于社会的市镇化，市民化社会推崇文化，因而文化水准整体较高。崔溥也观察到这一点："江南人以读书为业，虽里闾童稚及津夫水夫，皆识文字。臣至其地，写以问之，则凡山川古迹土地沿革，皆晓解详告之。江北则不学者多，故臣欲问之，则皆曰，我不识字，就是无识人也。"[7]16世纪中后期，伴随着雕版书籍商品化及其大量流通，阅读不再是传统上层精英的特权，繁荣的出版业造就了大众读者这一群体，日本学者大木康称明代此种书籍大众化的现象为"大众传媒社会"的成立。[8]不过需要指出的是，出版业的兴盛是以大众具有基本阅读能力为基础的，两者的关系应是相辅相成，而非前因后果式的。从崔溥的记录可以看到，早在15世纪后半期，江南人的整体识字率就较高，这应该也是嘉靖以来江南出版业兴盛的原因之一。

崔溥对江南风物的体验远不止这些，如他写人心风俗："则江南和顺，或兄弟或堂兄弟，再从兄弟，有同居一屋。自吴江县以北，间有父子异居者，人皆非之。无男女老少，皆踞绳床交椅，以事其事。江北人心强悍，至山东以北，一家不相保，斗驱之声，炮闹不绝，或多有劫盗杀人。"又写："江南人业水虞，乘舴艋，载笭箵，以翼罩筍箄取鱼者千百为群……江南妇女，皆不出门庭，或登朱楼，卷珠帘以观望耳，无行路服役于外。"[9]字里行间多赞赏之意。又，"江南人号为官员者或亲执役，为卒徒者或踞胡床，冠带无章，尊卑无位，似若殊无礼节，然在官衙则威仪整肃，在军中则号令严切，正伍循次，无敢喧嚣，一出令时，闻一铮声，远近云集，莫或有后"[10]。儒学强调尊卑等级，不过对于接受儒学思想的崔溥来说，江南人平时的尊卑无位并无大碍，关键时刻威仪整

1 ［韩］朴元熇校注：《崔溥漂海录校注》，第34页。
2 ［韩］朴元熇校注：《崔溥漂海录校注》，第42页。
3 ［韩］朴元熇校注：《崔溥漂海录校注》，第43页。
4 ［韩］朴元熇校注：《崔溥漂海录校注》，第45页。
5 ［韩］朴元熇校注：《崔溥漂海录校注》，第45页。
6 ［韩］朴元熇校注：《崔溥漂海录校注》，第75页。
7 ［韩］朴元熇校注：《崔溥漂海录校注》，第165页。
8 ［日］大木康著，周保雄译：《明末江南的出版文化》，上海古籍出版社，2014年，第67—84页。
9 ［韩］朴元熇校注：《崔溥漂海录校注》，第165页。
10 ［韩］朴元熇校注：《崔溥漂海录校注》，第165页。

肃、号令严切便足矣，可见崔溥对江南的推崇。

崔溥对浙江的区域认知也值得注意。《漂海录》特别说明了浙江布政司的辖区："浙江布政司东南至海，南至福建界，管十一府州，统七十六县，内有杭州为第一，即五代时吴越国，宋高宗南渡迁都之地，所谓临安府也。"[1]他观察仔细，对台州府和宁波府的地理差异有很清楚的认识，在宁波府界的奉化江，他即观察到周边地理环境的不同："自牛头外洋，西北至连山驿，群峰列岫，纠纷缭绕，溪涧岩壁，萦纡错乱。至此江则平郊广野，一望豁如，但见远山如眉耳。"[2]又，"奉化县以南并海滨，多高山峻岭，奇岩乱石，溪涧萦绕，花卉明媚"[3]。如前所及，他还注意到宁波府南北妇女所佩戴的首饰样式有所不同："首饰，则宁波府以南，圆而长而大，其端中约华饰。以北，圆而锐，如牛角然。"[4]此外，他还观察到驿站的分布，"自桃渚所至宁海县四百余里间，俱是沿海僻地，无馆驿。到越溪巡检司，始有铺。到宁海县，始见白峤驿"[5]。

崔溥是当时极少的亲身游历江南地区的朝鲜文人，因此他的经历和记录备受关注，其《漂海录》从 16 到 19 世纪被多次刊刻，在朝鲜文人中流播甚广。许穆（1595—1682）在其《耽罗志》中特别提到，"通中国之路。亦海外诸蛮夷物货所通，西南望白海。崔溥漂海东风七昼夜，至白海，其外大琉球"[6]。尽管有些内容并非崔溥亲身所历，但他对江南水乡的动人刻画，对江南人文风尚的赞赏，都深刻影响了此后朝鲜文人对江南以及浙江的认识，甚至成为朝鲜文人追忆明朝之繁盛的依据。姜浚钦（1768—1833）于 1805 年作为告讣使行副使燕行，在敦义门外西北慕华馆颇为感叹，又想起崔溥之记，赋诗一首："虞帝南巡不复还，从臣哭死衡湘间。五玉三帛无处归，楚竹千年为谁斑。南北之南海接天，中原白日落崖山。四海讴谣想翠华，星槎断绝银河湾。慕华馆东春草绿，慕华馆西秋日闲。牧马骄嘶阅武场，壮士雕弓似月弯。冠盖寻常东复西，石牌楼制空屦颜。崔溥文章记盛时，读一回时泪一潸。"[7]

1　[韩]朴元熇校注：《崔溥漂海录校注》，第 68 页。
2　[韩]朴元熇校注：《崔溥漂海录校注》，第 42 页。
3　[韩]朴元熇校注：《崔溥漂海录校注》，第 162 页。
4　[韩]朴元熇校注：《崔溥漂海录校注》，第 165 页。
5　[韩]朴元熇校注：《崔溥漂海录校注》，第 160—161 页。
6　[朝鲜]许穆：《记言》第 48 卷，《耽罗志》，[韩]民族文化推进会编：《韩国文集丛刊》第 98 册，景仁文化社，1990—1999 年，第 334 页。
7　[朝鲜]姜浚钦：《三溟诗集》第 6 编，慕华馆，《韩国文集丛刊》第 110 册，第 275 页。

第四节　崔斗灿及其浙江游历

一、崔斗灿及其《乘槎录》

崔斗灿（1779—1821），举人，字应七，号江海散人，原籍全州，后祖上改籍永川。根据《乘槎录》中的自序，他对耽罗（现济州岛）的汉拿山神往已久，丁丑（1817）四月，其岳父金令公赴济州岛任大静县县监，"县在汉拿南麓，仙郡也"[1]，岳父邀其偕往，他欣然应邀。于是崔斗灿五月渡海，之后遍览全岛，得以了却这桩心事。第二年（1818）四月，表妹夫、全罗右营计捕使"以书见邀"。与岛上友人吟诗作别后，四月十日，崔氏自别刀浦乘船前往罗州监营，不幸"遇大风雨，漂流十六天到浙江省宁波府之定海县"[2]。

与崔斗灿同船漂流的共有男女50人。一行人历经海上艰险，终于在漂流的第十六日（四月二十六日）得到中国渔船的帮助，到达时属宁波府定海县的普陀山。此时，已有三人不幸遇难。五月初二，定海县官船接他们到县城，停留十三日后，踏上去北京的路。他们先沿浙东运河到杭州，在杭州停留十五天。六月初九，出杭州清波门，水路沿京杭大运河北上。二十四日，过黄河，到达清河县，在此上岸。然后陆路经郯城县、山东府、德州府、河间府等地，于七月二十二日到达北京，入住朝鲜馆。八月十五日，他们获准沿朝贡路线踏上返乡之路。历时近一个半月于十月三日过鸭绿江，回到了他们的祖国。从四月十日不幸遭遇大风到十月三日渡江回国，崔斗灿一行在外漂泊近半年，《乘槎录》则记录了这段不平凡的日子里作者的经历及其所作诗文。

《乘槎录》一书，因崔斗灿号江海散人，所以又有《江海乘槎录》之称。20世纪韩国学者崔来沃介绍《乘槎录》存有两本木刻本，分别收藏在韩国国立中央图书馆和成均馆大学图书馆。[3] 此后，金声振有专文论及《乘槎录》版本，指出除现存木刻本之外，还有四个抄本，其中韩国学中央研究院藏书阁藏有两本，韩国国立中央图书馆、韩国国立

1　［朝鲜］崔斗灿：《乘槎录》，［韩］林基中主编：《燕行录全集》第68卷，韩国东国大学出版社，2001年，第432页。

2　［朝鲜］崔斗灿：《乘槎录》，《燕行录全集》第68卷，第432页。

3　［韩］崔来沃：《诸漂海录研究》，葛振家主编：《崔溥漂海录研究》，社会科学文献出版社，1995年，第107页。

首尔大学奎章阁各藏一本，金氏在其文中对它们进行了简单的对比。[1]今据进一步调查，发现韩国延世大学图书馆（其藏本见图2-7）、韩国高丽大学图书馆以及韩国启明大学图书馆还各藏有一本木刻本，它们与崔来沃所说的两本为同一刻本。至于抄本，除了前述四本，美国哈佛燕京学社和韩国岭南大学图书馆还各藏有一本。另外，林基中所编《燕行录全集》第68卷收录有一影印本，原本为抄本，通过比对，可知其原本为韩国国立中央图书馆所藏抄本。

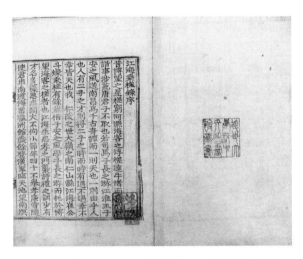

图2-7　《江海乘槎录》（韩国延世大学藏本）

上述刻本和抄本，题目、卷帙、结构和内容有所不同。包括韩国国立中央图书馆藏本、成均馆大学图书馆藏本和延世大学图书馆藏本在内的木刻本题为《江海乘槎录》[2]，前有朝鲜王朝末期儒家学者徐廷玉（字叔臣，号贞斋，1843—1921）和清朝直隶州州同沈起潜（号芝塘，杭州府仁和县人）的序文，后有崔斗灿曾孙崔址永的跋文。正文分两卷。卷一为诗、书、文，收录作者在济州以及漂流在外时的诗作（包括唱和者的诗作）、与中国文人来往的书函、上清朝地方官府和礼部的呈文以及漂海期间的告天文、告海王船王神文等，卷后还附有"东人赠诗"14篇。卷二为日记、附录等，日记后除了追录作者由济州"儿女歌"引发的感慨，还有《室庐说》《衣服说》《稼穑说》《坟墓说》和《舟车说》，对比中国南北之差异，并说明朝鲜半岛与中国在这些方面的不同之处，另外还有《临别赠梁知会说》和许砻的跋文；附录则包括作者的遗事、墓碣铭等。根据崔址永跋文所题，刻本刊于丁巳年，即1917年，是崔斗灿去世后第97年。

1　김성진：「『江海乘槎錄』의 書誌事項과 唱和紀俗에 대하여」，『동양한문학연구』26, 2008, pp. 141-174.
2　笔者所考察的是韩国国立中央图书馆所藏木刻本。

六个抄本中，除了藏书阁有一本题为《漂海录》[1]，其他均题为《乘槎录》。中央图书馆抄本（图2-8）前有崔斗灿的自序和沈起潜的序文。崔斗灿的自序简要说明记录的缘由，而此序在木刻本中不录。正文有三卷，基本上按时间顺序编排。卷一主要描述其漂海经历以及在定海县城与士人的交往，记录双方交往留下的诗文；卷二记述从定海县城到杭州沿途的经历以及在杭州与文人的交往；卷三记录从杭州到北京以及从北京到义州的经历和所作诗文。最后附有《室庐说》《衣服说》《稼穑说》《坟墓说》《舟车说》以及作者之感慨和《临别赠梁知会说》。奎章阁抄本则收录在《罢睡篇》中，前有崔斗灿的自序，但没有沈起潜的序文，自序前还有《慈仁复设疏》，是请求重新设置慈仁县的上疏，另有五篇小文，记录全罗道、庆尚道、咸镜道一些妇女的冤情，这些内容看起来和《乘槎录》没有关系，不知为何收录其中。正文分三卷，和中央图书馆抄本内容相同。附录仅收有《室庐说》《衣服说》，最后有"大韩光武元年阴历阳月初九日，知印崔福述抄，在鹤城时"的字样，可知该本为崔福述于1897年在鹤城所抄录。藏书阁所藏本之一和前两本相同，正文亦分三卷，而题为《漂海录》的一本则不分卷。两本正文前后内容和中央图书馆抄本相同。岭南大学抄本和哈佛燕京抄本则均不分卷，正文前有崔斗灿的自序，正文后所附内容比中央图书馆抄本多了《梵字说》和《养鸭说》，岭南大学抄本最后还附有沈起潜的序文。[2]

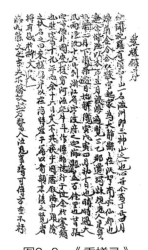

图2-8 《乘槎录》
（韩国国立中央图书馆藏本）

根据崔斗灿的自序，《乘槎录》是他在途中陆续完成的。最初的撰写是他在定海县城停留时，"无以自适，历叙漂海之状，名之曰《乘槎录》，取张骞穷河源之义也"[3]。之后以日记形式逐一增补，非但记录其经历，同时也收录了途中与江南文人的即兴唱和诗文。从时间、结构和内容上看，抄本出现在刻本之前，或延续了原作的结构，木刻本则重新整理和编排了原作。相较抄本，刻本虽然文字清晰、易于识读，但由于其经过重新编排，将途中的诗、书、文抽离出日记部分，使读者无法准确判定这些诗文（特别是崔斗灿与中国文人的唱和之作）的时间、地点等因素，从而难以把握双方交往的具体情况。例如，范金民、罗晓翔认为崔氏与内阁中书孙传曾、国子监博士孙熙元、邵庵、罗承烈等人的和诗、笔谈发生在崔氏离杭北上途中[4]，然而根据抄本所记，他们的交往其实

1 此本卷首崔斗灿之序文亦题为"乘槎录序"。
2 参见丁晨楠：《十九世纪初东亚漂海录〈乘槎录〉的编纂与版本》，《域外汉籍研究集刊》第13辑，2016年。
3 ［朝鲜］崔斗灿：《乘槎录》，《燕行录全集》第68卷，第446页。
4 范金民、罗晓翔：《朝鲜人眼中的清中期中国风情——以崔斗灿〈乘槎录〉为中心》，《史学集刊》2009年第3期，第59页。

发生在崔氏在杭州期间下榻的仙林寺僧楼中。所以，笔者在此主要依据抄本讨论崔斗灿在定海和杭州与文人的交游情况。从内容上看，中央图书馆的抄本较为丰富完整，而且《燕行录全集》收录有该本影印件，容易得见。所以下面的讨论将以《燕行录全集》中的影印本为主要资料来源，以奎章阁抄本参校，同时也部分参阅木刻本的相关内容。

二、在定海和文人的交游

崔斗灿在定海与清朝文人的交往始于五月初三，即其获救后被送到县城的第二天。此后，暂居定海的崔氏几乎每天都与当地的文人来往，总人数超过 40 位[1]。他们或唱和，或笔谈，崔氏还不时得到一些赠物。

与崔氏交往的 40 多位文人除了知县沈泰，多为居住在当地的读书人。沈泰，字荫堂，嘉定人，"嘉庆十八年（1813）由附贡生擢任县事，在任八年，居官清介，遇事敢为。……以廉敏称。擢海宁州知州，卒于官"[2]。崔斗灿一行在定海的十三日，沈泰十分友善，多次赠物，县衙给事姚绳斋也是"随处曲护"[3]。虽然乾隆年间明确规定，外国船漂到后，当地官员应予以必要的救助[4]，但沈泰所做的显然并不仅限于此。五月初二，他在县衙内例行公事询问漂流情况，五月初四即遣姚绳斋私邀崔氏"相见，作笔话"，后虽因"公事出外"，未能相见，但特别"使客杭州吴申蒲主席，行宾主礼"。吴申蒲和崔氏笔谈，问及朝鲜半岛的山川、风俗、科考诸方面，饮茶用膳，均待之以上礼。[5]五月十四日，即崔氏一行人动身离开的前一晚，沈泰还专门"使吏邀见"，目睹崔氏与吴申蒲即兴唱酬之诗文后，尤为赞赏，"称文章神速，风格甚高"。临别时，除了"白米五石，钱二万五千文，分给各人"，还特别加赠崔氏"纸一轴，墨一封，笔一封，扇一柄，烟草六十封"[6]。

沈泰对崔斗灿的友善和礼遇，很大程度上促进了崔氏和当地文人的交往。根据《乘槎录》的记述，双方交游，基本上是当地文人主动登门拜访，地点在崔斗灿等人被安置的临时馆舍，即定海县城的演武厅。演武厅是将领练武之地，为官衙所属，对此崔斗灿亦有记载："厅有古碑，乃顺治年间所立也。倭人陷定海至宁波府，城市官舍，荡残无余。碑盖言重修事也。"[7]关于地方政府对漂流民的安置，明朝有"安置远处"和"各自

1　包括朱佩兰、吴申蒲、李巽占、竺秀才、陈福熙、金士奎、姚绳斋、李嗣良、陈廷麓、曹振绚、林良骐、林渭状、程光轮、时凤仪等。

2　〔清〕史致驯、黄以周等编纂，柳和勇、詹亚园校点：《定海厅志》卷八，上海古籍出版社，2011年，第142—143页。

3　[朝鲜]崔斗灿：《乘槎录》，《燕行录全集》第68卷，第446页。

4　"所在有司拯救之，疏报难夷名数，动公帑，给衣食，制舟楫，候风遣归"，《乾隆会典》第19卷，"户部矜恤抚难夷"条。

5　[朝鲜]崔斗灿：《乘槎录》，《燕行录全集》第68卷，第447—448页。

6　[朝鲜]崔斗灿：《乘槎录》，《燕行录全集》第68卷，第460—461页。

7　[朝鲜]崔斗灿：《乘槎录》，《燕行录全集》第68卷，第446页。

析居"的要求[1]，到了清朝，则基本以官府就近照顾和维护安全为原则[2]。从已知的现有资料看，漂流民多被安置在驿站和寺庙，很少被安置在官衙属地。把崔氏一行人安置在演武厅既有安全性的考虑，同时也反映出官府对朝鲜漂流民的信任。从《乘槎录》的内容看，当地文人频繁进入这一官衙属地，县衙对此并无干预，对双方的交往予以颇为开放的态度。

除了到馆舍拜访崔斗灿等人之外，当地文人还常常寻找机会邀请他们到家中一叙。对此，崔斗灿虽有所愿，但是考虑到"流隶踪迹不可离次"[3]，多次婉言谢绝。尽管如此，他也有三次接受邀请，参观私人宅第并与众多前来的文人唱酬笔谈。一次是受李巽占[4]之邀，到其学生竺秀才家中；另两次是到金士奎府上。其之所以能放下顾虑，欣然前往，和知县沈泰的认可不无关联。他第一次应邀到竺秀才家后不久，就对李巽占说："离次已久，物议可畏，请起去"[5]，虽然李巽占称："吾辈奉邀，于事无碍"，但崔氏还是匆匆言别。出来后，他谢绝了秀才陈福熙前往宅第观览藏书的邀请。此后，当学官金士奎来邀，崔斗灿起初也是谢绝，曰："带去之教，是爱人之意，而若有物议，非爱人之道"[6]。不过，得知金士奎"已禀县主"，崔氏便欣然随之入城。最后一次则是崔氏临行前辞别知县时，吴申蒲示沈泰言曰："金士奎爽花闻先生在此，遣人相邀，此系历路，可一叙别"[7]，于是再入金士奎府第，与众多文人唱酬言别。

所以，崔斗灿在定海和当地文人有较为广泛的交游，乃是得益于当地官府的友好态度。崔氏和当地文人相互酬唱，彼此欣赏，笔谈的内容尽管深度有限，但也涉及风俗地理、社会时政、科举选官等多个方面。陈福熙，字尔诒，号艅仙，定海人，中书陈庆槐之子，道光元年恩科副贡[8]，时并无官职；金士奎，号爽花，定海人，道光年间廪贡，属宁波府教授[9]，时为定海县学官。二人于五月初五第一次在竺秀才家中遇到崔斗灿，得见其文采。之后金士奎邀请崔氏到家中，以茶、饼相招待，又出大酒以馈之，并示以书册。崔氏周览屋宇后，惊讶金士奎宅第装饰之宏丽，同时有感于能有此机缘结识吴下英俊之士，题一绝曰：

1 《同文汇考》第70卷。
2 参见汤熙勇：《清顺治至乾隆时期中国救助朝鲜海难船及漂流民的方法》，朱德兰主编：《中国海洋发展史论文集》第8辑，台湾"中研院"中山人文社会科学研究所，2002年，第140页。
3 〔朝鲜〕崔斗灿：《乘槎录》，《燕行录全集》第68卷，第452页。
4 李巽占，嘉庆十年（1805）征辟，"字申三，号洁斋，甬东人。家贫，有孝行，尝授徒于某姓，不食晚膳即归，盖以其母食番薯，不忍独御稻肉也。尝受富家课读之聘，既而友人挟权力谋夺，乃故辞之，终就其馆谷之俭者。其立行率此……阮文达元巡抚浙江，以孝廉方正荐"。见〔清〕史致驯、黄以周等编纂，柳和勇、詹亚园校点：《定海厅志》第10卷，第177页。
5 〔朝鲜〕崔斗灿：《乘槎录》，《燕行录全集》第68卷，第450页。
6 〔朝鲜〕崔斗灿：《乘槎录》，《燕行录全集》第68卷，第450页。
7 〔朝鲜〕崔斗灿：《乘槎录》，《燕行录全集》第68卷，第460页。
8 参见〔清〕潘衍桐：《两浙輶轩续录》第30卷，清光绪十七年刻本。
9 〔清〕史致驯、黄以周等编纂，柳和勇、詹亚园校点：《定海厅志》第8卷，第121页。

> 金谷繁华一梦中，江南难得富家翁。看君第宅惊心目，七尺珊瑚定几丛。

金士奎则应之曰：

> 我本浮家泽国中，江山万里遇诗翁。自惭门第无多物，新种窗前竹数丛。[1]

离开时，崔氏借阅书册，士奎慨然允诺。五月初七，金士奎和陈福熙等人再到馆舍拜访，崔氏颇为高兴，写道："金旆再屈，弊馆生色，谁谓绝域有此神交也。"[2] 这一次，他向金士奎借阅了《史记》及《两浙輶轩录》，双方笔话一番。

十三日夕，得知崔氏一行即将离去，陈福熙和周勋联袂来访。陈福熙赠诗曰：

> 最多情是碧翁翁，吹送诗人到越东。海客乘槎游亦壮，江郎有笔话能通。居然吟社添今雨，难得藩疆尚古风。萍水相逢才几日，如何行色又匆匆。[3]

十四日，金士奎"躬到客馆，邀余就饮"，一番周折后，崔氏如约前往其府上。时夜已分矣，陈福熙、李嗣良（李巽占之侄）等不少文人已聚集金士奎家中，双方啜饮、唱和，好不欢畅。临别前，崔氏写道："此别甚怅，天限华东，地分涯角，一别后形影无凭，江文通所谓'黯然销魂者'也，惟愿金兄，早拾科第，位至通显，则可于小邦命使，便问本国有江海散人者，以是慰勉焉"[4]，在座皆传视怅然。崔氏又答昨日陈福熙诗韵曰：

> 南来浪迹号诗翁，晋代清流又浙东。交道常嫌言语浅，寸心遂把纸毫通。管弦共作兰亭会，纻缟能忘季子风。远客临歧还惜别，向来谈笑剧匆匆。[5]

如此畅叙幽情，惺惺相惜之意跃然纸上。在这种悠游自得、以吟诗唱和为主要内容的、颇具江南特色的文人雅会中，崔斗灿和当地文人超越了地域界限，以文字和书籍为媒介，彼此心契、互为推重。

1　［朝鲜］崔斗灿：《乘槎录》，《燕行录全集》第68卷，第451页。
2　［朝鲜］崔斗灿：《乘槎录》，《燕行录全集》第68卷，第453页。
3　［朝鲜］崔斗灿：《乘槎录》，《燕行录全集》第68卷，第458页。
4　［朝鲜］崔斗灿：《乘槎录》，《燕行录全集》第68卷，第462页。
5　［朝鲜］崔斗灿：《乘槎录》，《燕行录全集》第68卷，第462页。

三、在杭州和文人的交游

离开定海后，经过八日奔波，崔斗灿一行终于在五月二十一日到达杭州。其在仙林寺[1]馆舍共停留十九日，其间也几乎每天都有当地文人来访，或唱和，或笔谈，或赠书画等物品，人数多达六十位[2]。

与崔斗灿交游的文人中，不乏当时的一些江南名士。余锷，字起泉，号慈柏，仁和廪贡，候选训导，著有《慈柏山房诗稿》[3]。《两浙輶轩续录》记其"性伉爽，能面折人过，好游佳山水，至老不衰。意兴所惬，吟玩忘返，所居有燕巢、瓢池、芝石、曲尺廊、琴趣轩诸胜。工画梅，古香冷格，能得蒙泉之遗。诗体澹雅，如其为人"[4]。崔斗灿在杭州期间，余锷有六天到仙林寺馆舍，与崔斗灿的交往最为密切。双方于五月二十七日第一次相见时，余锷便得阅崔氏《乘槎录》及《怀西湖二绝》；此后，余锷与孙传曾、章黼、李堂、孙熙元、孙灏元、罗承烈、邵纶、徐秋雪等诸名士多次拜访崔氏，诗歌唱和、共作笔谈。崔斗灿有感于余锷号"慈柏"之意，曾作《慈柏诗》，抒发自己对双亲的思念，并称赞余锷对父母的孺慕之情。诗曰：

> 余年十二三，已抱风树悲。声吞手中泽，泪落身上丝。孑孑无所依，倚父如母慈。慈情念小子，为是无母儿。伊来稍长成，岁月倏忽驰。颇知少艾慕，亦为妻子衰。嬉戏及言笑，自同例入随。浑忘跬步地，不念鞠养时。今朝涕如雨，三复慈柏诗。慈柏披图语，阿母手植之。叶随堂萱苗，影伴庭槐垂。一自终天后，风霜三十期。儿年已白首，况是亲之枝。人物固一理，荣枯互相追。凄然反之身，皆自襁褓离。所以君子风，能令顽夫移。[5]

余锷则有和崔斗灿《怀西湖二绝》诗二首：

> 三面环山一面城，湖心亭子映波明。移舟若傍西泠住，杨柳千条系客情。
>
> 暂客殊乡莫怅神，却教眼界一时新。明朝风便乘槎去，应忆僧楼笑语亲。[6]

---

1 建于宋绍兴三十二年（1162），元至正年间，张士诚把仙林寺改成了军器局；明洪武四年（1371）重建，还设了钟楼。
2 包括周元璂、高澜、冯智、陈应槐、高师鼎、高师颐、高师震、程荣、程润寰、余锷、王春、叶潮、舒林、朱瑛、朱橐仙、汪焕其、孙传曾、章黼、李堂、孙熙元、孙灏元、罗承烈、邵纶、沈起潜、陈云桥、孙仰曾、孙辅元、王乃斌、李寅圣、方学启、刘承绪、孙锡廖、李世楷、李泉、孙奎、沈福春、沈乔年、杨樵山、杨句、杨竹香、程时、袁勋、孙树果、沈学善、李泉、袁勋、叶潮、孙庠、查初白、吴瑶华、吴修梅等。
3 根据〔清〕吴振棫辑《国朝杭郡诗续辑》（钱塘丁氏清光绪二年刻本）和《两浙輶轩续录》记载，余锷著有《慈柏山房吟稿》。南京图书馆则藏有余锷《慈柏山房诗稿》稿本。
4 〔清〕潘衍桐：《两浙輶轩续录》第24卷。
5 〔朝鲜〕崔斗灿：《乘槎录》，《燕行录全集》第68卷，第485页。
6 〔朝鲜〕崔斗灿：《乘槎录》，《燕行录全集》第68卷，第474页。

在中国文献中，这两首诗收在余锷的《慈柏山房诗稿》里，丁丙的《武林坊巷志》则转录之[1]。此外，潘衍桐的《两浙輶轩续录》"余锷"条下有记："朝鲜国孝廉崔斗灿航海被风，至杭寓仙林寺楼，望湖有作"[2]，并收有上述两首和诗的前一首。

沈起潜，"郡举孝廉，方正不就，树立有素，人皆高之"[3]，著有《苋园杂说》二卷，曾为吴颖芳（字西林）之《辨利院画像志》作序。根据崔斗灿的记述，嘉庆年间，清政府在汉中征讨白莲教，其间沈起潜曾"以掌书记从大司马征讨有功，超叙直隶州州同（刺史）者"[4]。他与崔斗灿交往，"和西湖韵以赠之，并携《芝塘集》见惠"[5]，还为崔氏《乘槎录》作序，序文如下：

> 海内能文之士，美不胜收，必有惊人泣鬼事迹可传，方垂不朽。吾儒读万卷书，当行万里路，而后见闻所及，胸次悠然，非若寻章摘句者，不出户庭，徒类井底之蛙已也。朝鲜举人斗灿崔先生，偕其同学泛海，为飓风吹，泊之江（原注：浙水三折，故名之江），由四明而达钱塘，官吏抚绥，馆于仙林寺，寺距吾家数里，得往观焉。见有握管吟哦者，以笔代口，询知姓名，即出示《乘槎录》，记遇风惊险之状，汇成一集，中如"沧海波涛春后晏，蓬莱云雾晓来清"等句，格律沉酣，不减盛唐风味。又有《怀西湖二绝》，嘱余和章。余依韵答诗云："梯山航海到杭城，景物怡人照眼明。对面西湖成背面，天涯咫尺不胜情。读罢琳琅句有神，果然俊逸更清新。相逢何必曾相识，文字因缘见便亲。"和毕，又请余记《乘槎录》序。凡漂泊海壖怒涛险阻事，集中详载，无待余言。独念人生遇合天假之缘，路隔重洋，因风谋面。昔乘槎汉使，误入天宫，今航海儒生，观光上国。余谓今日博陵之崔，其即昔日博望之张也可！是为序。嘉庆二十三年，岁在戊寅六月朔，朝之吉诰，授文林郎直隶州州同杭州府仁和县芝塘沈起潜拜手。[6]

序中"沧海波涛春后晏，蓬莱云雾晓来清"一句，出自崔斗灿在济州岛所作的《济州观德亭次板上韵》。沈起潜颇感慨崔斗灿之漂海经历，对其诗文赞赏有加，并依韵答其

1　收入《慈柏山房诗稿》和《武林坊巷志》的二诗略不同于《乘槎录》，其一曰："三面环山一面城，湖光远映寺楼明。移舟若傍苏堤住，杨柳千条系客情。"其二曰："羁客殊乡莫怅神，恰教眼界一时新。明朝风便乘槎去，应忆僧楼（窗）笑语亲。"见〔清〕余锷：《慈柏山房诗稿》（不分卷），南京图书馆藏稿本，第25—26页；〔清〕丁丙：《武林坊巷志》第7册，浙江人民出版社，1990年，第460页。
2　〔清〕潘衍桐：《两浙輶轩续录》第24卷。
3　〔清〕潘衍桐：《两浙輶轩续录》第6卷。
4　〔朝鲜〕崔斗灿：《乘槎录》，《燕行录全集》第68卷，第478页。
5　〔朝鲜〕崔斗灿：《乘槎录》，《燕行录全集》第68卷，第478页。
6　〔朝鲜〕崔斗灿：《乘槎录》，《燕行录全集》第68卷，第432—434页。

《怀西湖二绝》。受沈起潜影响,沈氏二子沈福春、沈乔年也都有和诗相赠[1]。

章黼,字次白,号息翁、坤子,杭州仁和人,嘉庆庚午(1810)优贡,官松阳教谕,曾监理西湖书院,董浚湖工,亦曾助县令汪少海疏浚西溪。章黼在西溪筑梅竹山庄别墅,以诗名世,著有《梅竹山房诗抄》等[2]。"西泠八家"之一的陈鸿寿(1768—1822,字子恭,号曼生)就绘有《西溪梅竹山庄图》,与崔斗灿有交往的余锷、李堂、孙熙元、孙灏元、徐秋雪等人对此都有题咏[3]。章黼与崔斗灿交游时,先是依其《怀西湖二绝句》韵作诗奉赠:

> 阻风漫忆故乡城,遥看湖光一锃明。行箧携将图画去,西泠佳处最关情。
>
> 诗篇书法妙通神,偶合萍踪结契新。我欲乘槎观日出,海鸥何日重相亲。[4]

之后又和《乘槎录》中《别刀浦》原韵奉赠:

> 欲把虹竿钓巨鳌,海天浩淼不容刀。霎时蓬卷惊沙砾,万里鸿飞惜羽毛。绿鸭东归秋水远,金牛西望暮云高。他年奉使乘槎至,名胜重游兴更豪。[5]

李堂,字允升,号西斋,杭州仁和人,著有《梅边笛谱》《蓬窗剪烛集》各二卷和《冬荣草堂集》三卷。他"隐居市廛,不慕荣利,其诗格正气苍,骎骎入古人之室",其在词学方面致力尤深,"为浙西数十年巨擘"。[6]李堂除了和章黼等人同去馆舍拜访崔氏一行、留下和赠崔氏《怀西湖二绝句》和《别刀浦》诸诗之外,还在六月五日与崔斗灿笔谈,言及江南诗文名家,并赞赏余锷之诗书画。崔氏记曰:"江南人物以学士余集、马药、翰林屠倬,谓之三家。余学士徙居吴门,世谓之吴门学士,以文章德业知名海内。慈柏,其小阮也,功名虽不及其父,而诗书画并称三绝,亦吾浙第一名流也。"[7]余集(1738—1823),字蓉裳,号秋室,乾隆丙戌年(1766)进士,乾隆敕修《四库全书》时,授其翰林院编修,官至侍读学士,为余锷之叔[8]。屠倬(1781—1828),字孟昭,号琴坞,又号潜园,嘉庆戊辰年(1808)进士,官至江西袁州知府,著有《是程堂集》[9]。

1 〔朝鲜〕崔斗灿:《乘槎录》,《燕行录全集》第 68 卷,第 478 页。
2 参见〔清〕章黼辑:《西溪梅竹山庄图题咏》,《丛书集成续编》第 116 册《吾炙集》,新文丰出版公司,1988 年,第 755—770 页。
3 参见〔清〕章黼辑:《西溪梅竹山庄图题咏》,《丛书集成续编》第 116 册《吾炙集》,新文丰出版公司,1988 年,第 755—770 页。
4 〔朝鲜〕崔斗灿:《乘槎录》,《燕行录全集》第 68 卷,第 476 页。
5 〔朝鲜〕崔斗灿:《乘槎录》,《燕行录全集》第 68 卷,第 483 页。
6 〔清〕潘衍桐:《两浙輶轩续录》第 26 卷。
7 〔朝鲜〕崔斗灿:《乘槎录》,《燕行录全集》第 68 卷,第 486 页。
8 〔清〕潘衍桐:《两浙輶轩续录》第 10 卷。
9 〔清〕潘衍桐:《两浙輶轩续录》第 25 卷。

1810 年，屠倬在京时，与前一年入京的冬至兼谢恩副使金鲁敬、书状官李永纯皆有交集。余锷和崔斗灿笔谈时，曾特别提及此事，并询问金鲁敬和李永纯的现况。[1]金鲁敬即朝鲜时代著名文人金正喜之父，这一年，金正喜随其出使，与许多清朝文人都有交流，其在清代中朝文化交流史上具有重要影响[2]。

此外，还要特别提及孙仰曾、孙传曾兄弟以及孙辅元、孙灏元、孙熙元诸人。孙仰曾，字虚白，号景高，仁和岁贡，官至候选盐运司运同，藏书家[3]。孙传曾，字诵芬，号烛溪，乾隆三十九年（1774）举人，授内阁中书，著有《碧山栖稿》二卷[4]。二人之父孙宗濂建有著名的"寿松堂"藏书楼，藏书数万卷。"寿松堂"藏书楼后为孙仰曾所继承。后乾隆开四库馆，上诏各地藏书家进献图书，孙仰曾进书 200 余种，在私人进献者中名列前茅，乾隆因此在其所进之宋版乾道《临安志》书中题诗一首，以示褒奖[5]。孙辅元，孙仰曾之子，字俌之，号寻云，仁和附贡。丁丙曰："俌之家，富缥帙兼精翰墨，规模香光，窥见堂奥。"[6]孙灏元和孙熙元为孙传曾之子[7]。孙灏元，号花海，贡生，颇精于鉴别书画[8]。孙熙元，字致雍，号邵莽，嘉庆甲子（1804）举人，官国子监博士[9]。五人当中，先是孙传曾、孙灏元、孙熙元父子于五月二十九日和余锷等人登门拜访崔斗灿，分别和其《怀西湖二绝句》诗以赠，其中孙传曾诗曰：

> 化泽覃敷箕子城，九畴演易著文明。高贤不独通经义，弄月吟风
> 亦有情。
> 海外文章笔有神，凌云诗赋更清新。姓名敢望流传远，幸接丰容
> 倍觉亲。[10]

由诗可见，孙传曾颇为肯定朝鲜半岛的文明礼制，并大加赞赏崔斗灿的诗文。五天后，孙仰曾、孙辅元父子也先后登门，除了与崔氏笔谈、称赞其诗文之外，作为收藏世家，还特别赠以书画、诗笺等物[11]。（图 2-9）

1　［朝鲜］崔斗灿：《乘槎录》，《燕行录全集》第 68 卷，第 487—488 页。
2　藤塚鄰著，藤塚明直编，『清朝文化東傳の研究：嘉慶·道光学壇と李朝の金阮堂』，国書刊行会，1975.
3　〔清〕潘衍桐：《两浙輶轩续录》补遗第 3 卷。
4　〔清〕潘衍桐：《两浙輶轩续录》第 11 卷。
5　参见〔清〕丁申，〔清〕丁丙辑：《国朝杭郡诗三辑》卷二十六，钱唐丁氏清光绪十九年刻本，第 18 页。
6　〔清〕潘衍桐：《两浙輶轩续录》补遗第 4 卷。
7　参见〔清〕吴振棫辑：《国朝杭郡诗续辑》第 30、31 卷，钱塘丁氏清光绪二年刻本，浙江图书馆藏。
8　〔清〕潘衍桐：《两浙輶轩续录》第 23 卷。
9　〔清〕潘衍桐：《两浙輶轩续录》补遗第 4 卷。
10　［朝鲜］崔斗灿：《乘槎录》，《燕行录全集》第 68 卷，第 474 页。
11　［朝鲜］崔斗灿：《乘槎录》，《燕行录全集》第 68 卷，第 482 页。

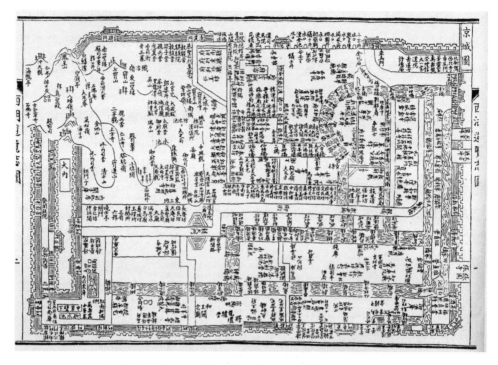

图2-9 《京城图》（清光绪本《西湖游览志图》）

总体来看，崔斗灿一行在杭州期间，其下榻的仙林寺僧楼成为文人雅集场所，甚至还有五六位女史结伴前往[1]。这些文士与崔斗灿的交游，基本上以崔氏之西湖感怀诗《怀西湖二绝句》和《乘槎录》所记述的漂流经历为中心展开，吟咏唱和，倾盖如故。与在定海有所不同，崔斗灿在杭州时没有机会外出。五月二十四日，崔氏得知西湖即在城西门外，"问于土人，则曰：'三秋桂子，十里荷花，依旧无恙'，而但未知宪府肯许一览矣"，于是"吟二绝，以寓济胜之怀"，诗曰：

蓝舆晚到浙江城，西望长湖眼忽明。谁把烟雾都管领，却教荷桂
未忘情。

粤中山水尽精神，最爱西湖景物新。恰似东家贤妻子，隔墙相望
不相亲。[2]

此即前述许多文人所应和的《怀西湖二绝句》，抒发其对西湖景物的无限思绪，备受赞誉。李堂在《缘庵诗话》中特别述及与崔氏的交往，并收录该二绝，论其"句颇不

1 ［朝鲜］崔斗灿：《乘槎录》，《燕行录全集》第68卷，第486页。
2 ［朝鲜］崔斗灿：《乘槎录》，《燕行录全集》第68卷，第469页。

落凡近”[1]。没有亲眼目睹西湖之荷桂，崔斗灿在二诗中所写的其实是对过去阅读所得情景的感发。有在定海的经历，崔氏曾向与之交游的江南文人提及，希望找机会游览西湖，但却未能如愿[2]。尽管如此，双方以西湖景物为中心的诗文唱和并未受到影响，十九天留下了百余首相关诗作，多数为中国文献所未记载，十分难得。西湖景物亦成为崔斗灿在杭州与当地文人诗文交往的重要纽带。

由上述分析可见，《乘槎录》大量篇幅记述崔斗灿沿途与各地文士诗文唱和、书画相赠、共作笔谈的情景，尤其是在定海和杭州与当地名士的交游，充分展现出 19 世纪初漂流到浙江的朝鲜文人加入当地文士雅集，与他们吟诗作文、倾盖笔谈的生动画面。凭借着对浙江景物的熟悉和优秀的汉诗文水平，朝鲜漂流人崔斗灿一时成为当地文人诗文雅会的中心人物，这不仅基于共同的汉文化背景，而且有赖于当地从官员到普通文人对朝鲜半岛礼仪之邦的认同和对朝鲜文人的友善。崔斗灿回国后，也因此“常想周游江南”，于是在大丘江南坪盖了数间草屋，名“江南亭”，并在那里生活直到病逝[3]，对江南可谓魂牵梦萦。

小结

明清浙江和朝鲜半岛之间的漂流民是有直接往来两地之经历的群体，就文献记录而言，明代两地漂流民在朝鲜与中国沿海地区之间的漂流民中占比较高，清代占比虽然相对较低，但是留下记录的漂流民事件明显增加，可见两地漂流民也不少。通过这些漂流民的亲历描述，明清时期的朝鲜士人得以了解浙江风物。一方面，浙江船或者浙江人漂流到朝鲜半岛沿海后，朝鲜官员或文人通过接触和询问这些漂流民，获取了浙江当时的地理情况、风土人情、经济状况，乃至海防情况等信息；另一方面，漂流到浙江沿海的朝鲜人通过亲身游历以及与浙人的直接交往感受浙江的自然景观、社会经济和文化生态，并将其所见所闻带回朝鲜半岛。在此过程中，无论是明代还是清代，无论是官方还是民间，浙江和朝鲜半岛沿海对于对方的漂流民都予以积极救助，态度友好、接待周到，尤其是朝鲜漂流民来到浙江，对浙江的赞美和认同都是由衷而发，一些文化程度较

---

1 《缘庵诗话》记该二绝为《题寺楼壁》，诗句与《乘槎录》略有不同，疑《乘槎录》有改动。“嘉庆庚辰夏，朝鲜国孝廉崔斗灿，同人航海遇风，飘至明州，有司抚恤，将送归国，寓杭州仙林寺楼。余慈伯偕予访之。崔见赠云：‘西湖诚胜概，东国是吾家。百嶂地蒸雾，双林天雨花。乘槎同汉使，博物异张华。幸有新知乐，自无大蠹嗟。’又《题寺楼壁》云：‘篮舆薄晚入江城，西见重阳耿忽明。谁把烟霞都管领，却教荷桂未忘情。越中山水尽精神，最爱明湖景物新。却似东家贤处子，隔墙相望不相亲。’句颇不落凡近。”〔清〕丁丙：《武林坊巷志》第 7 册，第 461 页。
2 参见［朝鲜］崔斗灿：《乘槎录》，《燕行录全集》第 68 卷，第 495 页。
3 ［朝鲜］崔斗灿：《江海乘槎录》附录，《墓碣铭》，第 188 页，韩国国立中央图书馆藏本。

高的文人还与当地文士赋诗笔谈，交往甚欢。虽然朝鲜文人熟悉有关江南以及浙江的大量诗词和记录、对当地风物有所了解，但是亲历者的记录显然更具实感，此类记录之大量传抄影响着朝鲜文人对浙江的认识。

第三章

明清朝鲜士人和
浙江学人的交往

明清中国和朝鲜建立了典型的册封朝贡关系，大量定期、不定期的朝鲜朝贡使臣来往于中国和朝鲜。明代早期因定都南京，朝鲜使臣或陆路或海路短期往来南京。移都北京后，朝鲜使臣则主要通过陆路往来北京。所以除了部分漂流民，朝鲜士人几乎无法游历浙江。尽管如此，因有不少浙江学人居留在北京等地为官、赶考或探亲，故朝鲜使臣在往来北京途中和在北京停留期间得与他们直接交往，尤其在明清交替之后，这种交往带有政治和文化情怀；甚至在回国后，一些使臣和学人之间还继续着书信往来，其友情甚至延续到双方后人。典型者如著名的"严洪之交"，即洪大容在北京与"钱塘三士"（严诚、潘庭筠、陆飞）的交往。本章主要利用朝鲜文集、燕行录资料以及韩国国立首尔大学奎章阁、崇实大学韩国基督教博物馆等机构所藏《中朝学士书翰》《燕杭诗牍》《缟纻集》等尺牍资料，同时参照中国地方志、人物传和相关文集等，展现朝鲜士人与浙江学人诗文相赠、倾盖笔谈以及尺牍往来之情状。

第一节　明代朝鲜使臣和山阴士人吴大斌

有明一代，自永乐十九年（1421）迁都北京后，朝鲜使臣长期从陆路入贡，即"自鸭绿江，历辽阳、广宁，入山海关，达京师"[1]。明天启元年（即朝鲜光海君十三年，1621），由于后金势力在辽东地区的兴起，朝鲜入明的陆上贡道被堵，使臣不得不走海路。四月，进香陪臣李必荣一行"以辽道阻绝，乞舟东归。总督文球以扬州援辽水兵沙船给治，厚为咨送"[2]。七月，敕使刘鸿训"由（朝鲜）安州登舟……至海口……越泊铁山……至旅顺……退泊平岛……至登州"[3]。八月，明政府正式"令改朝鲜贡道，自海至登州"[4]。于是登州成为朝鲜使臣海路朝天的重要驿站。

这条海路延续了八年，直到 1629 年改以辽东的觉华岛为登陆地，不过因为觉华岛登陆多有危险，实际上到 1630 年还有朝鲜使臣到达登州。从明代朝鲜使臣的纪行文献来看，这一时期，使臣来时在登州停留 10 天左右[5]，部分使臣和浙江文人吴大斌的交往即在此时。吴大斌（1556—1632），字叔和，号晴川，为浙江绍兴山阴州山吴氏家族二支三分七世孙[6]。其玄外孙、吏部员外郎何天宠曾为之作小传云：

> 公生而岐嶷，六岁而孤，天资高迈，能博闻强识。幼应童子试，不售，乃弃举业，肆力于六经子史及兵法律例诸书，悉穷其奥。事母至孝，兄弟友于婚娶毕，乃喟然叹曰："家贫不为禄仕，何以容亲？"留仲弟镇川公事母，偕季弟越川公遨游海内，以冀其遇。至辽左，遂寓居焉，凡族人有志四方者多往归之。公尚经术重然诺，凡辽左知名之士被其容接，如登龙门云。初谒宁远伯李公，抵掌而谈天下，旁若

1　《大明会典》第 105 卷，朝贡一。

2　《明熹宗实录》第 9 卷，"天启元年四月丙申"条。

3　《明熹宗实录》第 12 卷，"天启元年七月庚戌"条。

4　《明史》第 320 卷，外国一。

5　如 1623 年，赵㴐一行人于九月二十六日泊登州，十月初九发往黄县，共停留 12 天；同年，李民宬一行人于六月十三日到登州，二十四日离发黄县，共停留 11 天。目前可知的停留时间最长的是 1624 年洪翼汉一行，其为上任新官遍谒诸神庙所耽搁，共停留 17 天。参见杨雨蕾：《登州与明代朝鲜使臣——以"朝天录"为中心》，收于陈尚胜主编：《登州港与中韩交流国际学术讨论会论文集》，山东大学出版社，2005 年，第 158—172 页。

6　〔清〕吴国梁等纂修：《山阴州山吴氏族谱》二支三分，第 19 页，清道光十九年（1839）木活字本。

无人。宁远公遇之如上宾，诸上宾诸当事，莫不欲延公为幕，莫可得也。万历丙辰，辽左失守，公遂浮海抵登州，守土者闻公至，咸以机务就问，公为之规画井井，无不切中时弊，惜不能用。无何，登州为孔帅所陷，欲劫公以去，公曰："吾家世清白，岂可从污就辱而已？汝等偕死无益，盍各为计。"遂绝食十一日，临诀嘱子侄辈曰："吾死，若等以抚榇出郭事告之，必不阻，因而为归计可也。"公官东宁镇抚，不屑就吏，故其绩不传。宠母吴安人属公家孙媛，而宠实公家外孙，故得备闻公之行实如此云。[1]

由上述小传可知，吴大斌自小多磨难，但天资甚高。少时应童子试未中，转而研读经史、兵法、律例等书籍。后至辽东发展，和宁远侯李成梁（1526—1615）往来并得其青睐，曾授辽东东宁镇抚但并未就职。万历四十四年（1616）辽东失守，吴大斌渡海到登州，曾为登州巡抚孙元化（1581—1632）出谋划策。崇祯五年（1632）孔有德（1602—1652）降清后攻陷登州，强迫大斌效力于他，大斌不从，绝食而亡。其事迹亦见于乾隆《绍兴府志》，列于人物志"忠节"条[2]。

州山吴氏家族为山阴世家，明末家族势力强盛，万历年间官至蓟辽总督、兵部尚书的吴兑（1525—1596，字君泽，号环洲）是一支大分第八世的标杆人物，广为人知。不过在明朝和朝鲜的关系史上，尤值得关注的是二支三分八世孙吴宗道（1553—？）[3]，即吴大斌之堂侄。吴宗道，号石楼，在万历援朝之时为随征策士，任经略宋应昌标下参谋官，后任经略题授的武职流官，以"指挥"身份与经历、守备等官持令行事，或称"都指挥使"。申钦在《天朝诏使将臣先后去来姓名》中记载："吴宗道，字汝行，号石楼，浙江绍兴府山阴县人，由武举出身。癸巳（1593）以后，久驻我国，深知事情，每陈说于上司。丁酉（1597），又属邢军门仍统水兵而来。戊戌（1598）回，己亥（1599）又来。"[4]虽然在时任辽东巡按的熊廷弼看来，吴宗道是利用辽东危机而获得军官身份的"游徒"之一，熊氏因此加以弹劾，但是在朝鲜朝野，吴宗道却被广为赞赏。壬辰倭乱期间，他参与了明朝与日本的和谈，后期则就明朝援军撤留之事为朝鲜出谋划策。《朝鲜王朝实录》记录了他致朝鲜君臣的多件书帖，江华岛上的碑林博物馆中也留有其纪功碑，即《钦差都司石楼吴公宗道清白保民去思碑》。[5]

吴大斌和吴宗道的叔侄关系，朝鲜使臣应有相当了解。在这一时期循登州路线前往

1 〔清〕吴国梁等纂修：《山阴州山吴氏族谱》，叙传记略，第12—13页。
2 〔清〕李亨特修，平恕、徐嵩纂：乾隆《绍兴府志》第55卷，人物志十五。
3 〔清〕吴国梁等纂修：《山阴州山吴氏族谱》二支三分，第33页。
4 〔朝鲜〕申钦：《象村稿》第39卷，志，《天朝诏使将臣先后去来姓名》，《韩国文集丛刊》第72册，第275页。
5 相关研究参见杨海英：《东征故将与山阴世家——关于吴宗道的研究》，《纪念王钟翰先生百年诞辰学术文集》，中央民族大学出版社，2013年，第160—173页。

明朝朝贡的朝鲜使臣中，李民宬（1570—1629）是最早与吴大斌有交往的一位。李民宬，字宽甫，号敬亭，天启三年（1623）作为奏闻使行书状官出使明朝。使行从六月十三日在登州上岸，到二十三日离开前往黄县，在登州共停留了十一日。李民宬在《癸亥朝天录》中记载，六月二十一日，"吴相公大斌送示诗稿，乃与登州兵宪及乡绅所相唱和者，请依韵见掷"[1]，于是李氏"遂次以遗之"，包括《登州竹枝歌三绝，次石楼台韵》《次吴晴川弭灾增祉诗卷韵》《又次吴晴川韵（病中伏诵盛什，有禅趣，想于此个门中有得力处，敢用本色语，录奉二首，以求印可）》《次石楼游蓬莱阁韵》共四章七首[2]。

李民宬在《癸亥朝天录》中写吴大斌生平："吴公号晴川，越州山阴人，故游击宗道之族父也。宗道东征时以都司来驻我国，宣庙见其揭帖亟加称赏，命承文院裒集前后之揭缮写以进，后终于镇江尤吉。晴川来从镇江，今寓登州之开元寺，与田一井、刘国缙、陈梦琛为吟楔，重厚温雅且有诗声，见重于士大夫。"[3]可知李民宬十分了解吴大斌和吴宗道的关系，对吴大斌也推崇有加。其《次吴晴川弭灾增祉诗卷韵》诗云："建牙方俟紫泥除，领得貔貅捣碛庐。地别华夷元有在，天生贤杰意何如。行佩汉家金铸印，伫看长狄骨专车。未谙跃马前程远，始信虚中术亦疏。"[4]该诗充分反映出面对后金威胁时同为汉家的无奈。后大斌将此和诗"通示此城缙绅士大夫，皆敛衽敬服"，于是大叹"我中国能有几人哉，非敢面誉冒言也。因以蓬莱阁图见遗"。[5]从中亦可见出吴大斌对朝鲜文人汉文化水准的认同。

李民宬之后，与吴大斌有诗文交往的包括1626年圣节兼谢恩陈奏行的两位使臣，以及1630年冬至使行的两位使臣（参见表3-1），其中金尚宪与之诗文唱和最为丰富。金尚宪（1570—1652），朝鲜安东人，号清阴，有东方大儒之称。宣祖庚寅年（1590）进士，仁祖朝任大提学、礼曹判书。他对明朝感情甚深，丙子（1636）时得知王廷与清签订和议，手裂国书痛哭，后入太白山不返。为此，清廷以"斥和"之罪将其拘留在沈阳达三年之久。1645年，顺治大赦天下，金尚宪得随昭显世子回国。回国后，他继续坚持对明义理论，积极支持孝宗筹谋北伐清朝。他的事迹颇受关注，直到18世纪末，在中朝两国都还被作为坚持义理思想的典型而广受称赞。

1　［朝鲜］李民宬：《癸亥朝天录》，《燕行录全集》第14卷，第327—328页。
2　七首诗收录于李民宬《燕槎唱酬集》，《燕行录全集》第14卷，第99—104页。
3　［朝鲜］李民宬：《癸亥朝天录》，《燕行录全集》第14卷，第327—328页。
4　［朝鲜］李民宬：《癸亥朝天录》，《燕行录全集》第14卷，第100—101页。
5　［朝鲜］李民宬：《癸亥朝天录》，《燕行录全集》第14卷，第328页。

表3-1　吴大斌在登州与朝鲜使臣交往一览表

交往时间	交往的朝鲜使臣	朝鲜使臣的身份	交往内容	文献来源	备注
1623 年	李民宬	奏闻行书状官	诗文往来	李民宬《癸亥朝天录》	
1626 年	金尚宪	圣节兼谢恩陈奏行副使	诗文往来	金尚宪《朝天录》	
1626 年	金地粹	圣节兼谢恩陈奏行书状官	诗文往来	金地粹《朝天录》	与金尚宪一同使行。
1630 年	崔得海	赍咨使	诗文往来	崔得海《乘槎录》	1629 年出行，未能到北京。
1630 年	高用厚	冬至行正使	诗文往来	高用厚《朝天录》	

金尚宪于天启六年（1626）作为圣节兼谢恩陈奏行副使出行，并留下《朝天录》。此行于八月三日宣沙浦发船，八月十五登庙岛，不日到达登州，在登州停留约20日。《朝天录》大多为诗作，中有《次吴晴川绝句二首》《吴晴川携酒来访，招伶人侑觞，晴川酒酣闻歌，泣下沾襟，即席口占以赠》《次吴晴川大斌韵三首》《吴晴川恳求除字韵，次赠二首》和《发登州留别吴晴川》等多首在登州与吴大斌唱和的诗句，颇能得见双方交往的情形和心境。例如在《次吴晴川绝句二首》中，大斌诗曰：

> 凄凄切切不胜情，恍惚梅花弄月明。莫问故乡音信断，东风一夜到边城。
> 久矣深闺避少年，自甘陋质冷花钿。无端又作邯郸妇，粉黛迎人只自怜。

金尚宪和道：

> 离居悄悄易伤情，更值清秋月正明。何处西风吹玉笛，一时流恨满江城。
> 自惜娉婷二十年，有钱无意买金钿。芳心独伴梅花在，不向东风任受怜。[1]

面对后金势力占据辽东的时局，避难于登州的吴大斌满怀感伤，也无时不在怀念着辽东的人和物；而远离家人、历尽海上艰辛到达登州的金尚宪也充满思乡之情。不仅如此，作为同样受到后金威胁的朝鲜王朝的使臣，金尚宪的忧愤之情自不待言，故双方的

1　［朝鲜］金尚宪：《朝天录》，《燕行录全集》第 13 卷，第 280—281 页。

唱和带着类似的忧伤和悲愤。

诗歌唱和之外，金尚宪还为吴大斌《辽海遗踪》作后序：

> 昔丁令威弃家登仙，千载然后归，其身与心固已俱化矣。夫世代迁易，人终寿考，自然之理，少号旷达者，犹不留戚焉。顾丁仙乃不能无情，必翔回鸣号而去，哀音遗响，至今尚有余感。岂乡井之念，神仙所不免欤？况于身心未化也，世代未迁也，人民非考终也。承平百年，一朝沦没，膻裘易衣冠，亲戚死原野，并与崩城败瞽而无一在者。思欲一往临睨，而不能奋飞。其视丁仙之日，复如何耶？吁亦戚矣。辽之与鲜，隔一衣带，同仁之内，四海兄弟。今见吴晴川先生《辽海遗踪》一编，抚迹起兴，增豪剧俊。咏其诗，想其境，感慨怀旧，自不觉潸焉泣涕。岂当时预知今日之变，而若有所启发，俾补辽志之亡欤？亦异矣哉。方今圣德日新，群贤辅佐，殊方不庭，自格于两阶之下。彼蕞尔丑虏，假气游魂，可不日而扫除矣。晴川公涉登溟抵辽岸，彷徨啸咏于华表之墟，重赋遗踪，播之远近，不佞当沥酒而遥贺焉。虽然登高能赋，可以为大夫。岂有有才如晴川，而终屈于圣明之世者乎？将见朝廷举宾王，幕府采柏者，以禅庙算而赞武功。献平辽之雅，配诗人之美，丹青竹帛，永图不朽。故里遗踪，又奚暇寻也。此则天下之同庆，非不佞所独私贺者，斯拱以俟之耳。[1]

《辽海遗踪》一编，今虽未见遗存，但从上述金尚宪的序文中可知，该编是吴大斌回忆辽东旧迹写下的诗文集，描绘了辽东曾经的美景、美物、美人，并由此抒发其无限思念和感怀。金尚宪"咏其诗，想其境，感慨怀旧，自不觉潸焉泣涕"。相似的处境使得双方的交往颇能相契。再看金尚宪《发登州留别吴晴川》一诗：

> 会稽山水秀而清，清淑之气钟豪英。中有玉立晴川翁，长身白眉仍青瞳。意气峥嵘隘区宇，才华俊逸凌徐庾。汉代相如差可伍，燕家郭隗何须数。金台已墟梁苑空，万里飘飘客辽东。辽东城入犬羊天，避地东牟又三年。他乡为容风俗薄，故国思归音信隔。筐里诗篇富恒溢，床头酒钱贫屡缺。世上不乏有心人，一朝契合如有神。三韩使节蓬莱岛，倾盖论交一倾倒。把君之袂执君手，为君沽酒向君寿。君不见，东京名士梁伯鸾，栖栖庑下饥且寒。君不见，四海文章李谪仙，

---

1 参见［朝鲜］金尚宪：《朝天录》，《燕行录全集》第13卷，第281—283页。

白首长歌行路难。当时富贵谁记某,独有斯人名不朽。请君尽醉扫苛
礼,人生落地皆兄弟。明朝别后燕山道,黄叶白云愁欲老。[1]

双方基于同样境遇下的相互推重、倾盖论交的兄弟之情跃然纸上。

在金尚宪与吴晴川唱和的诗句中,尤为值得一提的是《次吴晴川大斌韵三首》中的
第一首《庙岛停舟》:

澹云轻雨小姑祠,佳菊衰兰八月时。机石近依牛女渚,桂花低映
广寒枝。梦回孤枕鲸涛撼,风散遥空雁列差。无限旅愁消不得,喜君
诗句慰羁离。[2]

该诗是和吴大斌诗韵而作[3],后清朝著名诗人王士禛(号阮亭,又号渔洋山人,
1634—1711)在《戏仿元遗山论诗绝句》中直接引用了其"澹云轻雨小姑祠,佳菊衰兰
八月时"一句并盛赞"果然东国解诗声",使得此诗在中朝两国广为流传[4]。1766 年,洪
大容燕行时和金在行(字平仲,号养虚)在琉璃厂第一次遇到严诚和潘庭筠,严诚即
问及金尚宪,并示以收录其诗的王渔洋之《感旧集》[5]。纪昀(字晓岚,1724—1805)于
1790 年与朝鲜使臣柳得恭(号泠斋,1748—?)交往时,曾有诗《送朝鲜使臣柳得恭归
国》云:

古有鸡林相,能知白傅诗。俗原娴赋咏,君更富文词。序谢三都
赋,才渐一字诗。惟应期再至,时说小姑祠。[6]

纪昀诗中的"小姑祠"即指上述金尚宪之诗句。1790 年出使的徐浩修在热河与铁
侍郎交往时也谈到该诗句[7];而朴趾源入清朝贡与俞世琦笔谈时也论及于此[8]。成海应(字
龙汝,号研经斋、兰室,1760—1839)曾有言:"近者东人诗句为中国传诵者,唯清阴
金先生小姑祠一绝。天启六年,辽左路梗,先生由海路朝天。至登州,与吴大斌、戚祚
国、李衡、张一亨及其子延登字济美相识。大斌号晴川,越人,久居辽东,避乱来住登

1 [朝鲜]金尚宪:《朝天录》,《燕行录全集》第 13 卷,第 289—290 页。
2 [朝鲜]金尚宪:《朝天录》,《燕行录全集》第 13 卷,第 283 页。
3 吴晴川原诗为:"千里孤舟傍岛祠,潮平沙畔月明时。使衔王命芝为检,旅梦乡园菊满枝。天外节旄清海怪,云边楼阁望鳞差。
  临流欲洒河山泪,感慨非关怆索离。"[朝鲜]金尚宪:《朝天录》,《燕行录全集》第 13 卷,第 284 页。
4 王士禛《戏仿元遗山论诗绝句三十二首》之二十九:"'澹云微雨小姑祠,菊秀兰衰八月时。'记得朝鲜使臣语,果然东国解声
  诗。"[清]王士禛著,[清]惠栋、金荣注:《渔洋精华集注》第 2 卷,齐鲁书社,1992 年,第 256 页。
5 [朝鲜]洪大容:《湛轩燕记》,《燕行录全集》第 43 卷,第 14—15 页。具体内容参见本章第二节"乾净衕笔谈"中的相关内容。
6 [清]纪晓岚:《纪晓岚文集》第 1 册,孙志中等校点,河北教育出版社,1995 年,第 523 页。此诗在柳得恭《并世集》中题为
  《庚戌秋送惠风检理东归》,其中"惟应期再至"作"惟应传好句"。[朝鲜]柳得恭:《并世集》第 2 卷,《燕行录全集》第 60
  卷,第 133 页。
7 [朝鲜]徐浩修:《燕行纪》,《燕行录全集》第 51 卷,第 58—59 页。
8 朴趾源记俞氏字式韩,号黄圃。笔者在中国史料中未找到此人之相关材料,疑其只为一般文人,并非朴氏所疑"为潘庭筠、李调
  元、祝德麟、郭执桓诸名士也"。[朝鲜]朴趾源:《热河日记》,朱瑞平校点,上海书店出版社,1997 年,第 264 页。

州。"[1] 可见一直以来，金尚宪作为汉诗水平优秀的朝鲜文人代表，确为明清学人所关注和称赞，无怪乎纪昀有"吟诗最忆海东人"之叹[2]。

除了金尚宪，吴大斌还与同使行的书状官金地粹（号苔川，1585—1636）有诗文交往。金地粹在其《朝天录》中有《同清阴次吴晴川自嘲韵》[3]《长歌行赠吴晴川》二诗，其中《长歌行赠吴晴川》云：

> 辽河之水日夜流，壮士击剑蓟门秋。秦皇筑后城雄古，唐帝征余边草愁。少年豪气君不除，生来不愿富民侯。一日辞家向北方，骏马长鸣发南州。山阴路接金陵驿，河阳岸尽邯郸陌。由来此地盛繁华，桃叶青青柳花白。只喜飞出柴荆塞，非关附度黄沙碛。阵氛沉沉朔野茫，都护筵中剑歌长。满堂谁识孟劳贵，任他飘沦古狱旁。行寻废寺宿寒雨，过吊荒陵悲夕阳。郎今辽上胡寇居，若亦避寇东牟乡。东牟海市天下奇，蓬莱仙人多见之。观奇访道且可乐，犹自舍情知为谁。御史魂飞太子河，牛毛岭前将军死。有时飒飒北风吹，壮胆轮囷成坐起。人生相会本不期，见我一出临海诗。诗辞激昂感慨多，皓首襄颜非旧时。山川悠远白云飞，何处清秋无别离。若在尊前须痛饮，慎莫轻言其友知。[4]

从长歌当中，我们颇能感受到使臣在明与后金交战之际的愤懑和豪情。的确，后金势力强大，明在辽东战场可谓屡战屡败；在此种形势下，尽管陆上贡道被堵，朝鲜使臣却不畏海路艰险，依旧定期入明朝贡，这实乃一种情感的指向，即对明朝的尊崇和对后金发动战事的愤恨。明清交替时期，两国文人诗文来往中最重要的内容便是抒发这种情感。

金尚宪之后，可知与吴晴川有交往的还有崇祯二年（1629）前往明朝的赍咨使崔得海（字大容，号默守堂，1587—1641）。崔得海在朝鲜仁祖反正即位后（1623—1649年在位）曾任安边府使，负责为驻守在皮岛对抗后金势力的毛文龙部提供军粮。1629年，袁崇焕诛杀毛文龙，为此，朝鲜王朝派出崔得海作为赍咨使前往明朝，协调两国的军事关系。一行人进入登州的情形较为特殊，因为此时朝天使臣的海上贡道已改在觉华岛登陆。从崔得海的《东槎录》可知，使团于这一年九月出发，船只因风浪无法在觉华岛登陆，不得已到登州上岸。他们在登州停留的时间较长，因为临时改道必须通报明廷，在得到允许后才能入京，而最终一行人并未得到允准，直到第二年三月才海路回国。因为

1　[朝鲜]成海应：《研经斋全集·外集》第36卷，《风泉杂志》，《韩国文集丛刊》第277册，第91页。
2　《纪晓岚文集》第1册，第530页。
3　[朝鲜]金地粹：《朝天录》，《燕行录全集》第17卷，第21页。
4　[朝鲜]金地粹：《朝天录》，《燕行录全集》第17卷，第64—65页。

停留的时间较长，崔得海在登州与不少文人交往唱和。

《东槎录》收录了崔氏与当地 12 位文人的往来诗作，其中与吴晴川的唱和也是最多的，包括《次赠吴晴川》《吴晴川来访送酒，因谢二首》《次吴晴川辽海遗踪八首》《晴川示以瞻斗韵，次程求正》《晴川以捷音告喜赋诗和求》《吴晴川次求和，因谢》《次梁之垣赠吴晴川二首》《谢吴晴川雪上来访二首》《谢晴川送南果》《次晴川黄佃韵》《次吴大斌立春》《次赠别吴晴川》《次吴大斌送默守崔学士归国》和《次吴大斌赠别崔学士二首》，共有 25 首，双方来往十分密切，可谓惺惺相惜。崔得海的《次赠吴晴川》[1] 依据金尚宪《赠吴晴川》诗韵而作，可见其和金尚宪带有类似的心境。崔得海在辞别吴大斌回国时写道：

> 愁怀谁问讯，风雪浩然巾。地隔言虽异，心同道已亲。分襟明月
>
> 夕，回首落花春。圭璧盈行橐，应惊海外人。[2]

这种心同道亲的情感贯穿在崔得海与吴大斌等多位中国文人的诗文唱和中[3]。

文献记录中最后一位和吴大斌有诗文唱和的朝鲜文人是崇祯三年（1630）的冬至使高用厚（字善行，号晴沙、瑞石，1577—1652）。从高用厚的《朝天录》来看，其于该年七月前往北京，第二年六月回国，路线似乎较为复杂，虽或经由辽东，但来往均曾到达登州，与当地文士相唱和，其中当然包括吴大斌。双方的唱和发生在高氏离开登州泛海回国之际，因此既有伤感，也有飞鸿传情之祈望。大斌的《送高晴沙还国》诗曰：

> 伊人凌海去，望望水云东。巨舰驱恬浪，轻帆试快风。旌旗浮鸭
>
> 绿，烽燧息狼红。命复贤王后，缄书付一鸿。

高用厚则和诗《登州海上，奉次吴晴川大斌赠别韵》曰：

> 好在晴川老，吾今指海东。重逢难卜日，怅别更临风。远岛伤心
>
> 碧，朝霞映水红。秋来倘相忆，一札寄飞鸿。[4]

---

1 ［朝鲜］崔得海：《乘槎录》，《燕行录全集》第 17 卷，第 555—556 页。
2 ［朝鲜］崔得海：《乘槎录》，《燕行录全集》第 17 卷，第 604 页。
3 ［朝鲜］崔得海：《乘槎录》，《燕行录全集》第 17 卷，第 534—614 页。
4 ［朝鲜］高用厚：《朝天录》，《燕行录全集》第 16 卷，第 146—147 页。

第二节　18世纪中叶洪大容等与钱塘三士

一、洪大容等人的燕行

洪大容，字德保，号湛轩，朝鲜英祖七年（1731）三月出生于忠清道天原郡（今韩国忠清南道天安市），本贯咸镜道南阳郡（今朝鲜半岛咸镜南道南阳郡），为朝鲜王朝两班贵族世家族孙。其祖父洪龙祚（1686—1741）曾任司谏院大司谏、忠清道观察使等职，父亲洪櫟（1708—1767）也曾出任全罗道罗州牧使，"二世俱以才闻……德保诸父兄弟，治博士业，亦有以文词著名"[1]，洪大容则"自十数岁，有志于古学，誓不为章句迂儒，而兼慕军国经济之业，累举不中"[2]，后便断念于科场。

大容才识过人，早年问学于金元行（字伯春，号渼湖，1702—1772），学习孔孟程朱之道，后因追求实学实用，不满于空洞的研究，与其师分道而去；与此同时，受西学影响，他还潜心于天文宇宙之学，与朋友一起自制浑天仪等多种天文仪器，提出"地转说"、宇宙无限等思想。[3]"象数名物，音乐正变，研究覃思，妙契神解；天文躔次，日月来往，象形制器，占时测候，不爽毫厘。"[4]朴趾源在《洪德保墓志铭》中这样评价他："通敏谦雅，识远解精，尤长于律历，所造浑仪诸器，湛思积虑，创出机智。"[5]

朝鲜英祖四十一年（1765）冬，三十六岁的洪大容以子弟军官的身份，跟随作为冬至谢恩使行书状官的叔父洪檍（字幼直，1722—1809）入燕朝贡。此行正使为顺义君李烜（1712—？），副使为礼曹判书金善行（字述夫，号休休先生，1716—1768），以子弟军官身份出行者除了洪大容还有金善行的堂弟金在行（字平仲，号养虚，1722—？），此外还有正使军官嘉善前金使李基成（1712—？）。该使行于十一月二十七日渡鸭绿江，十二月二十七日至北京，第二年（1766）三月一日踏上回程。关于此次燕行，洪大容留下的《湛轩燕记》详细记录了其旅途见闻及交往等。

1　［朝鲜］洪大容：《湛轩书》附录，《湛轩洪德保墓表》，《韩国文集丛刊》第248册，第321页。
2　［朝鲜］洪大容：《湛轩书》外集第1卷，《与汶轩书》，《韩国文集丛刊》第248册，第127页。
3　김태준，『홍대용 평전』，민음사，1986.
4　［朝鲜］洪大容：《湛轩书》附录，《湛轩洪德保墓表》，《韩国文集丛刊》第248册，第321页。
5　［朝鲜］朴趾源：《燕岩集》第2卷，《洪德保墓志铭》，庆熙出版社，1966年，第51页。

使团在北京共停留 62 天，其间洪氏"庶几遇逸事奇人，访问甚勤"[1]，并有交谈，《湛轩燕记》中的《吴彭问答》《蒋周问答》《刘鲍问答》等都是据此留下的记录。当时入京参加礼部会试的钱塘文人严诚（字力暗，号铁桥，1732—1767）、潘庭筠（字兰公、香祖，号秋庿、德园，1742—? ）、陆飞（字起潜，号筱饮，1719—? ）三学士就曾与洪氏及上述其他五位使团成员多次笔谈，交往甚欢，其中尤以洪大容、金在行与三学士的交往、笔谈为最多。三学士当时下榻于正阳门外乾净衙（今前门外甘井胡同）的"天升店"，双方在这里有多次笔谈。洪氏回国后，整理其交往及笔谈记录而成《乾净衙会友录》，后名为《乾净笔谭》[2]，收于其《湛轩燕记》。此后一年，双方多有书信往来，洪大容的《杭传尺牍》《古杭赤牍》以及朱文藻所编《日下题襟集》等文献都收录了这些书信。下文将主要利用这些资料试图展现洪大容等人在北京以及回国后与钱塘三士的交往。

二、在北京与钱塘三士的交往

洪大容等人与钱塘三士的交往始于使团正使军官李基成入琉璃厂寻购眼镜。洪大容记载："二月初一日，正使裨将李基成为买眼镜，往城南琉璃厂，市中遇二人。仪状极端丽如文人，皆戴眼镜。基成请曰：我欲买眼镜，市上无真品，愿买足下所戴。一人曰：何用言买？即解而与之。基成酬之以价而不受，拂衣而去。基成追问其居，自云浙江举人，方僦居正阳门外乾净胡同。是夕，基成持眼镜来，具道其故，求花笺于余，将以酬报也。明日基成果寻往其居，并扇、墨、丸剂以赠之，皆辞谢，然后受之。复以羽扇、笔墨、茶烟诸种报之。基成归，盛言二人礼制恭，而言貌高洁，非俗儒等辈。人求见士，此不可失也。"[3]李基成在琉璃厂偶遇的二人即严诚和潘庭筠，虽然洪大容对基成所言存疑："浙江在京南四千里，夫四千里而趋名利，其志可知，何足与语哉"[4]，但第二天还是和李基成、金在行"约与共往见之"，双方一面如旧，之后又有多次往来和笔谈。（参见表 3-2）

1　[朝鲜]洪大容：《湛轩燕记》，《燕行录全集》第 43 卷，第 12 页。

2　根据夫马进的研究，现存崇实大学国基督教博物馆的《乾净衙会友录》即洪大容回国后整理而成的最初版本，而《湛轩燕记》所收录的《乾净笔谭》则是洪大容后来为公开出版而编辑的定本，至于《湛轩书》中的《乾净衙笔谈》则是洪大容五代孙洪荣善于 1939 年编辑的版本。笔者曾部分对照了《乾净笔谭》和《乾净衙笔谈》，认同夫马进之观点，故相关讨论主要利用《湛轩燕记》所收录的《乾净笔谭》来展开。参见［日］夫马进著，伍跃、凌鹏译：《朝鲜燕行使与朝鲜通信使》，商务印书馆，2020年，第 344—347 页。

3　[朝鲜]洪大容：《湛轩燕记》，《燕行录全集》第 43 卷，第 12—13 页。

4　[朝鲜]洪大容：《湛轩燕记》，《燕行录全集》第 43 卷，第 3 页。

表3-2 洪大容、金在行等人在北京与钱塘三学士交往一览表

交往时间（均在1766年）	交往地点	清朝文士	朝鲜学人	备注
二月初一	琉璃厂	潘庭筠、严诚	李基成	李基成因寻购眼镜初识二人。
二月初三	乾净衕天升店	潘庭筠、严诚	洪大容、金在行、李基成	五人谈及各自家世、地理、人文、阳明学等，李基成先辞归。
二月初四	朝鲜馆（南馆）	潘庭筠、严诚	洪大容、金在行、朝鲜三使	共进午餐，谈及衣冠、语音、琴乐等。
二月初五至初七		潘庭筠、严诚	洪大容、金在行、朝鲜三使	书信往来，互赠礼物。
二月初八	乾净衕天升店	潘庭筠、严诚	洪大容、金在行	谈及诗文、西林先生、佛学、朱子学等，互赠礼物。
二月初九至十一日		潘庭筠、严诚	洪大容、金在行	书信往来，互赠礼物。
二月十二日	乾净衕天升店	潘庭筠、严诚	洪大容	谈及衣冠、明末史事、清阴先生、兵书、女子改嫁等。金在行随使团往观西山。
二月十四日至十五日		潘庭筠、严诚	洪大容、金在行	书信往来。
二月十六日	乾净衕天升店	潘庭筠、严诚	金在行	谈及诗文。洪大容为衙门所阻，不得出馆。
二月十七日	乾净衕天升店	潘庭筠、严诚	洪大容、金在行	谈及儒释道、天主教、钱谦益、科举、衣冠等。
二月十九日、二月二十一日		潘庭筠、严诚	洪大容、金在行	书信往来。
二月二十三日	乾净衕天升店	潘庭筠、严诚、陆飞	洪大容、金在行	谈及朱子学等。互有赠语，陆飞赠诗稿、书画。
二月二十四日至二十五日		潘庭筠、严诚、陆飞	洪大容、金在行	书信往来。
二月二十六日	乾净衕天升店	潘庭筠、严诚、陆飞	洪大容、金在行	叙别，谈及衣冠、朱子学、阳明学等。
二月二十七日至二十八日		潘庭筠、严诚、陆飞	洪大容、金在行	书信往来，互赠礼物。

　　由上表可见，自二月初三洪大容等人前往乾净衕天升店与潘、严两人相见笔谈始，到三月一日使团离开北京，近一个月的时间中，几乎每天双方都有交往；朝鲜方面主要

是洪大容和金在行，清朝钱塘三学士中，起初是潘庭筠和严诚，陆飞后来才加入。他们或相见笔谈，或书信往来、互赠礼物。洪大容如此记录他们第一次见面的情形：

> 余曰：两位尊府在浙省何县？严君曰：同住杭州钱塘。余目诵：楼观沧海日。严君继诵：门对浙江潮。潘君闻平仲之性，问曰：君知贵国金尚宪乎？余曰：金是我国相公，能诗能文，又有道学节义。尊辈居八千里外，何由知之耶？严君即持一册子示之，题云《感旧集》。盖清初有王渔洋者，集明清诸诗，而清阴以朝天时路出登莱，与其人有唱酬，故选入律绝数十首。余乃曰：我们此来非偶然也。但初入中国，言语不相接听，请为笔谈。两人许诺，即铺纸砚于小桌上。[1]

上文可见洪大容熟知唐代宋之问《灵隐寺》一诗，而上节所提及的金尚宪在登州与山阴士人吴大斌往来唱和之诗也多为钱塘士人所了解。因此双方初见，寥寥数语便意气相投。笔谈后，彼此则更有"天涯知己，爱慕无穷"[2]之感，此后双方便寻求各种机会相见作谈，"接席论心，证交丁宁"[3]。

钱塘三士中，严诚在当地有一定知名度。他出生于文人之家，天资颖异，14岁时曾为家计服习市易，但依然勤于读书。严诚师从钱塘孙建（字卓如，号双树）、郑江（字玑尺，号筠谷，1682—1745）两先生，并习诗于沈超（号畊寸）门下。21岁那年（1752），严诚赴童子试，列郡庠；34岁时（1765）参加秋试，得中举人；丙戌年（1766）前往北京参加会试，未中。丁亥（1767）春，赴闽，不幸染疾，卒于乾隆三十二年（1767）十一月五日。严诚"性高旷，不受羁束……其行事落落不求人知"，同时"工诗善画"，在杭州时常参加"西溪吟会""培风吟会""瓣香吟会"等诗社的创作活动，其诗文作品有《小清凉室遗稿》，颇受清代文人的赞赏。严诚去世后，友人朱文藻整理其遗稿，编有《严铁桥全集》，其中就包括严诚与洪大容等朝鲜文人往来的诗牍。[4]（图3-1，图3-2）

1　［朝鲜］洪大容：《湛轩燕记》，《燕行录全集》第43卷，第14—15页。
2　［朝鲜］洪大容：《湛轩燕记》，《燕行录全集》第43卷，第23页。
3　［朝鲜］洪大容：《湛轩书》外集第1卷，《与陆筱饮飞书》，《韩国文集丛刊》第248册，第103页。
4　参见刘婧：《清人严诚的生平、文学活动及著述》，收于〔清〕朱文藻编，刘婧校点：《日下题襟集》，上海古籍出版社，第155—171页。

图3-1　洪高士小像（严诚绘）　　　　图3-2　金秀才小像（严诚绘）

相较严诚，潘庭筠和陆飞的生平资料较少。据《两浙輶轩续录》记载，潘庭筠为"乾隆戊戌（1778）进士，官陕西道御史，著《稼书堂遗集》。《杭郡诗续辑》：德园，少年美姿容，有璧人之目，官侍御，后里居养亲，主讲万松书院，长斋学佛，喜从方外游。"[1]《国朝御史题名》记述潘庭筠于乾隆五十五年（1790）"由翰林院编修考选陕西道御史"[2]。至于陆飞，《两浙輶轩录》记其乃"乾隆乙酉（1765）解元，著《筱饮斋稿》"，并引《随园诗话》和《梧门诗话》言其"性高旷，善画工"，"工诗兼工绘事，为庄滋圃先生器赏，诗酷似竹垞检讨"[3]。

从留下的笔谈和书信内容来看，洪大容、金在行与钱塘三士所交谈的内容广泛而深入，话题涉及诗画、儒释道、朱子学、阳明学、天主学、科举、地理、风俗等，甚至论及当朝国事以及为人处世的态度。尽管在当时的清朝社会，文人多有禁忌，但双方在知遇情谊下的言谈颇能不顾时忌、襟怀坦诚。以衣冠之制为例，二月初四在朝鲜馆，潘庭筠见洪大容之穿戴，曰："制度古雅"，而当洪氏以"皆是明朝遗制"作答时，两君皆颔之。当庭筠再问到朝鲜王朝的朝服、国王的冕冠等，洪氏称此类衣帽在清朝场戏中可见。"兰公曰：场戏有何好处？余（洪氏）曰：不经之戏，然窃有取焉。兰公曰：取何事？余（洪氏）笑而不答。兰公曰：复见汉官威仪。即涂抹之。余笑而颔之。"[4]此话题带来的心照不宣的思明情绪着实令人感叹。

于是在二月十二日，洪大容独自前往天升店与潘、严两人会面笔谈，"彼此极言无讳"而又谈及衣冠之制：

<hr/>

1　〔清〕潘衍桐撰：《两浙輶轩续录》第12卷。
2　〔清〕黄叔璥撰：《国朝御史题名》乾隆五十五年，清光绪刻本，第36页。
3　〔清〕阮元辑：《两浙輶轩录》第31卷。
4　〔朝鲜〕洪大容：《湛轩燕记》，《燕行录全集》第43卷，第28页。

余曰：中国非四方之宗国乎？君辈非我辈之宗人乎？见君辈之鞭丝，安得不使我腐心而烦冤乎？两生相顾错愕无语。兰公又戏云剃头甚有妙处，无梳髻之烦、爬痒之苦。科头者想不识此味，故为此语也。……余曰：网巾虽是前明之制，实在不好。力暗曰：何故？余曰：头戴马尾，岂非冠履倒置乎？力暗曰：然则何不去之？余曰：安于古常，且不忍忘明制耳。余又曰：妇人小鞋始于何代？兰公曰：此无明证，但传云始自南唐李窅娘。余曰：此亦不好。余尝云网头缠足乃中国厄运之先见者。力暗颔之。兰公曰：余尝取优人网巾细着之，甚不便。余戏之曰：越人无用章甫。两生大笑，亦有愧色。……余又曰：十年前关东一知县遇东使，引入内堂，借着帽带，与其妻相对即泣。东国至今传而悲之。力暗垂手默然。兰公叹曰：好个知县。又曰：苟有此心，何不弃官去？又曰：此亦甚不易。吾辈所不能，何敢责人？皆愀然良久。[1]

借衣冠之制，洪大容表达了对明朝的批评和怀念，对此严、潘两人也是感同身受，故颇能心领神会。

笔谈期间双方的观点也存在分歧，例如对于朱子学和阳明学的看法并不相同，并互有异议和辩论，相关内容将于第五章详述，但这并未影响他们的情谊，双方依然是倾盖如故、快意畅谈，也难怪金在行在二月十九日写给严诚、潘庭筠的书信中感叹"以有限之晷，欲叙无涯之怀"[2]。离别时，双方更是依依不舍，金在行在二十七日送给潘庭筠的信中写道："终晷叙话，畅叙极矣！分手之怀，愈切愈难，甚矣！"[3] 二十八日，潘庭筠致洪大容曰："竟永别耶！竟不得再晤耶！此生已休，况他生耶！……虽然交诚深也，别诚苦也。肝肠今日不断，明日必断也。即今明以后竟永不断，亦偶幸耳，而可断之道仍在也。呜呼！复何言哉！鸭绿江水急，千万珍重！"[4]

在洪大容看来，钱塘三学士可谓颇具个性。他写陆飞为"奇士"：

筱饮为人短小，状貌丰伟。喜言笑，杂以谐谑；善饮酒，饮终日不乱。诗文书画，俱极其高妙，惟任真淘写而已，不事雕饰以求媚于世，亦未尝以此加诸人。天性不拘小节，非醇乎儒者。虽然，豪而有制，不至于纵；旷而有节，不至于荡。即杯樽谐笑之际，亦温润简

1 ［朝鲜］洪大容：《湛轩燕记》，《燕行录全集》第 43 卷，第 75—77 页。
2 ［朝鲜］洪大容：《湛轩燕记》，《燕行录全集》第 43 卷，第 135 页。
3 ［朝鲜］洪大容：《湛轩燕记》，《燕行录全集》第 43 卷，第 221 页。
4 ［朝鲜］洪大容：《湛轩燕记》，《燕行录全集》第 43 卷，第 238—239 页。

重，甚有贵人气象。不特二人者之所仰重，其器量风味，可谓间世之
奇士也。[1]

写潘庭筠为"翩翩佳子弟"：

> 秋庵年最少，萧洒美姿容。性颖发，好谐谑。词翰英达，操笔如飞，
> 直翩翩佳子弟尔。气味昭朗，对人开心见诚，不修边幅为可爱也。[2]

严诚则是"喜之深而谓其可与友者"：

> 铁桥瘦削多骨格，英特峻洁，傲视一世。及其闻善言而见善行，
> 爱好之出于至诚。才识超诣，信笔成文，辞理畅快，灿然如贯珠，其
> 志亦未尝以此自多也。铁桥才高识敏，于王、陆及佛学，皆已遍读之
> 而穷其说矣，其得之于心学亦不浅矣。今则自谓无所好，而亦不能无
> 宿处之难忘，未知早晚成就将何以究竟也。铁桥始闻余论斥王、陆及
> 佛学，颇有不悦之色。当其时有问而多不肯答，有答而多不肯详，间
> 以玩世不恭之语。观其意，盖嫉世之不识何状而徒人云亦云者也。是
> 以于余颇有傲色，此其气质之偏处。虽然，余之所以喜之深而谓其可
> 与友者，亦以此也。其后见余之议论平淡务实而不事浮躁矫激之习，
> 然后亦以余为异于纷纷之辈，而情好日密矣。[3]

另一方面，洪大容也特别指出他们同作为浙人的风采，并反思明清交替以来朝鲜人
之自大和陋习：

> 此三人者，其资性虽不同，才学有短长，要其内外一致，心口相
> 应，无世儒龌龊粉饰之态则一也。三人者，虽断发胡服，与满洲无
> 别，乃中华故家之裔也。吾辈虽阔袖大冠，沾沾然自喜，乃海上之
> 夷人也。其贵贱之相距也，何可以尺寸计哉？以吾辈习气，苟易地
> 而处之，则其鄙贱而辌轹之，岂啻如奴仆而已哉！然则三人者之数
> 面如旧，倾心输肠，呼兄称弟，如恐不及者，即此气味，已非吾辈所
> 及也。
>
> 阳明亦浙人也。浙人多袭其风采，语及宋儒，辞气过于轻快。是
> 以余于铁桥，或以此规之，铁桥不以余为非也。东儒之崇奉朱子，实

1　[朝鲜]洪大容：《湛轩书》外集第3卷，《乾净录后语》，《韩国文集丛刊》第248册，第173页。
2　[朝鲜]洪大容：《湛轩书》外集第3卷，《乾净录后语》，《韩国文集丛刊》第248册，第174页。
3　[朝鲜]洪大容：《湛轩书》外集第3卷，《乾净录后语》，《韩国文集丛刊》第248册，第173页。

非中国之所及。虽然，惟知崇奉之为贵，而其于经义之可疑可议。望风雷同，一味掩护，思以箝一世之口焉。是以乡愿之心望朱子也，余窃尝病之。及闻浙人之论，其过则过矣。惟一洗东人之陋习，则令人胸次洒然也。[1]

洪大容因此感叹："中国之人才多出于南方，南方之人才，多出于江浙。盖山川之明秀，地理有不可诬也。"[2]

三、回国后与钱塘三士等人的书信往来

乾隆丙戌（1766）三月一日，洪大容、金在行随使团离开北京，三月九日出山海关，四月十一日渡鸭绿江，五月初二归乡[3]。回到故乡后，洪大容和钱塘三士继续保持着书信往来。现存洪大容《杭传尺牍》《古杭赤牍》《燕杭诗牍》《乾净附编》《乾净后编》[4]以及朱文藻所编《日下题襟集》等文献收录了部分相关书信，为方便说明，综合制表如下[5]：

表3-3　洪大容归国后与钱塘三士等人书信往来一览表

序号	发信时间	发信人	题名	收信时间	收信人	文献来源	备注
1	1766年七月	洪大容	《与陆筱饮飞书》	不详	陆飞	《杭传尺牍》	请出使的朝鲜历官附去。
2	1766年七月（待考）	洪大容	《七月寄铁桥》（《与严铁桥诚书》）	1766年十一月二十四日	严诚	《日下题襟集》《杭传尺牍》	同上
3	1766年七月（待考）	洪大容	《与潘秋庿庭筠书》	不详	潘庭筠	《杭传尺牍》	同上，请徐光庭再转。
4	1766年七月（待考）	洪大容	《与徐朗亭光庭书》	不详	徐光庭	《杭传尺牍》	徐氏为潘庭筠表兄。
5	1766年八月初一	严诚	《丙戌秋与养虚、湛轩书》（《湛轩养虚金尊兄案下》）	1766年十二月	洪大容、金在行	《日下题襟集》《古杭赤牍》《乾净后编》	

1　[朝鲜]洪大容：《湛轩书》外集第3卷，《乾净录后语》，《韩国文集丛刊》第248册，第174页。
2　[朝鲜]洪大容：《湛轩书》外集第3卷，《乾净录后语》，《韩国文集丛刊》第248册，第173页。
3　[朝鲜]洪大容：《湛轩书》外集第1卷，《与潘秋庿庭筠书》，《韩国文集丛刊》第248册，第103页。
4　《杭传尺牍》收录在洪大容《湛轩书》（1939年由洪大容五代孙洪荣善编辑家藏稿本出版）中；《古杭赤牍》为原札，藏于崇实大学韩国基督教博物馆，收录在该馆于2018年影印出版的《中士寄洪大容手札帖》中；《燕杭诗牍》为哈佛燕京图书馆藏本；《乾净附编》和《乾净后编》为抄本，也收藏在崇实大学韩国基督教博物馆，于2018年由该馆分别影印出版。
5　参见[清]朱文藻编，刘婧校点：《日下题襟集》，上海古籍出版社，2018年；[韩]郑珉：《中士寄洪大容手札帖》，载《崇实大学韩国基督教博物馆所藏中士寄洪大容手札帖》，崇实大学韩国基督教博物馆，2018年，第15—26页。

续表

序号	发信时间	发信人	题名	收信时间	收信人	文献来源	备注
6	1766 年八月二十一日	潘庭筠	《湛轩养虚金兄案下》	1766 年十二月	洪大容、金在行	《古杭赤牍》《燕杭诗牍》《乾净后编》	
7	1766 年八月	徐光庭	《湛轩先生启》	1766 年十二月	洪大容	《古杭赤牍》《燕杭诗牍》《乾净后编》	潘氏书信由徐氏转送。
8	1766 年九月（待考）	洪大容	《与秋庫书》	不详	潘庭筠	《杭传尺牍》	托朝鲜冬至使行附去。
9	1766 年九月（待考）	洪大容	《与筱饮书》	不详	陆飞	《杭传尺牍》	
10	1766 年九月初十	洪大容	《九月十日与铁桥》（《与铁桥书》）	1767 年七月（闰月）（待考）	严诚	《日下题襟集》《杭传尺牍》《燕杭尺牍》	附《书后别纸》《又发难二条》和《书后附四言诗九章》
11	1766 年九月（待考）	洪大容	《又与九峰书》（《与严九峰果书》）	1767 年七月	严果	《日下题襟集》《杭传尺牍》	严果为严诚兄。
12	1767 年正月（待考）	洪大容	《与筱饮书》	不详	陆飞	《杭传尺牍》	
13	1767 年正月（待考）	洪大容	《与秋庫书》	不详	潘庭筠	《杭传尺牍》	附《明记辑略辨说》《洪花浦奏请日录略》
14	1767 年正月	洪大容	《与铁桥书》	不详	严诚	《杭传尺牍》	外呈《圣学辑要》一部四本
15	1767 年正月初七	陆飞	《湛轩贤弟启》	1768 年五月	洪大容	《古杭赤牍》《燕杭诗牍》《乾净后编》	
16	1767 年九月初一	严诚	《铁桥丁亥秋答书》	1768 年五月	洪大容	《日下题襟集》《古杭赤牍》《乾净后编》	附《南闉寓馆简寄湛轩二首》《与秋庫书》。为第10 封信答书。
17	1767 年九月	严果	《湛轩先生启台》	不详	洪大容	《古杭赤牍》《燕杭诗牍》《乾净后编》	
18	1767 年十二月初一	陆飞	《湛轩贤弟书》	1769 年五月	洪大容	同上	附《哭铁桥》

序号	发信时间	发信人	题名	收信时间	收信人	文献来源	备注
19	1768 年正月二十五日	朱文藻	《朱朗斋戊子正月寄湛轩书》	1778 年七月	洪大容	《日下题襟集》《古杭赤牍》	附《追次铁桥韵奉寄湛轩》
20	1768 年春	潘庭筠	《湛轩先生手启》	1768 年五月	洪大容	《古杭赤牍》《燕杭诗牍》《乾净后编》	
21	1768 年五月至八月	洪大容	《与秋庼书》	不详	潘庭筠	《杭传尺牍》	洪氏得知严诚逝去。
22	1768 年五月至八月	洪大容	《与筱饮书》	不详	陆飞	《杭传尺牍》	
23	1768 年八月	洪大容	《与九峰书》	1769 年冬	严果	《日下题襟集》《杭传尺牍》	附有《戊子中秋寄哭铁桥文》
24	1768 年八月	洪大容	《与严老先生书》	不详	严诚父亲	《日下题襟集》《杭传尺牍》	
25	1768 年八月	洪大容	《与严秀才书》	不详	严昂	《日下题襟集》《杭传尺牍》	严昂为严诚之子。
26	1768 年十二月（待考）	洪大容	《与秋庼书》	不详	潘庭筠	《杭传尺牍》	
27	1769 年二月初一	潘庭筠	《湛轩先生礼席》	1769 年五月	洪大容	《古杭赤牍》《燕杭诗牍》《乾净后编》	
28	1770 年十二月十五日	严果	《九峰庚寅十二月答书》	1778 年五月	洪大容	《日下题襟集》《古杭赤牍》	附《九峰追次铁桥韵，寄湛轩》
29	1774 年六月十五日	严果	《湛轩先生手启》	1778 年七月	洪大容	《古杭赤牍》《燕杭诗牍》《乾净后编》	通过邓师闵转送。
30	1774 年六月	严昂	《湛轩老伯大人安启》	1778 年七月	洪大容	《古杭赤牍》《燕杭诗牍》《乾净后编》	
31	1777 年二月（待考）	潘庭筠	《湛轩大兄先生书》	1777 年三月	洪大容	《古杭赤牍》《燕杭诗牍》	
32	1778 年	洪大容	《与严昂书》	不详	严昂	《杭传尺牍》	
33	1778 年	洪大容	《与严九峰书》	不详	严果	《杭传尺牍》	
34	1778 年	洪大容	《答朱朗斋文藻书》	不详	朱文藻	《杭传尺牍》	

由上表可见，洪大容在回国两个月后便分别给三学士致信，在信中表达了别后的伤感和思念。他在给陆飞的信中写道："今遇如此好师友，不能长备使令卒承裨益。得之偶然，失之忽然。乍喜乍恨，适足以供造物者之戏噱，不亦悲乎。"[1] 他又在给严诚的信中说："相别已五月于兹矣！向来种种悲欢，殆若一场梦事。人生离合，从古何限。但其会合之迹，未闻有如吾辈之奇者也。离索之忧，未闻有如吾辈之苦者也。然则安得不使我怊怳蕴结，愈久而愈切耶……其感古伤今，一切可喜可悲之迹，何处而不思吾力暗也。万里嗣音，千古所无。苟其不断，岂非奇绝。若或一断，势不可复续。此其情理之苦，定当十倍于分袂之怀矣。如之何？如之何？"[2] 洪氏在给潘庭筠的信中亦感叹："呜呼！乐莫乐兮新相知，悲莫悲兮生别离！"[3]

有如此感受者并非只是洪大容。金在行在丙戌年（1766）十月给三学士的信中写道："秋已尽矣，不审金尊起居何如？而桂籍瀛馆，谁最上居？暨高驾尚在燕邸否？愚兄东归之后，杜门息影，百念却灰，所怀伊人只隔西湖之上者已。"[4] 而三学士的心境也是同样的。就在洪大容给三学士写出第一封信后不久，严诚、潘庭筠和徐光庭也分别有信寄给洪大容和金在行。在信中，严诚一开始就感叹："燕山判袂，黯然销魂。寤寐追思，恍如一梦。"后又言："秋风送爽，命侣遨游，登高邱而望远海，即不禁东向长怀，悢悢含涕。此情此景，想两兄实同之也。嗟乎嗟乎！奈何奈何！"[5] 潘庭筠也在信首写道："分袂京华，音尘遂绝，怀思无端，忧心未已遥想。"[6]

在双方看来，书信往来可以缓解思念以及延续这段友情和交流。洪大容在希望潘庭筠的表兄徐光庭帮助转交书信的文中写道："至谊铭心，无以为报，惟有尺素嗣音，稍可慰天涯愿言之怀。且今天下一统，海内同胞书牍寄信，初无法禁。粤自明朝故事具在，但人心难测，俗情多猜，其势不可以广烦耳目，必得一静细好心期者，乃可以居间斡旋，无致疏漏。侧闻座下脱略小嫌，不惮身任其事，高风古谊，令人感服。慈凭历官之便，略寄信息，望须讨便付送。"[7] 潘庭筠则有意"考核东方文献，辑成一书"，向洪大容求取崔瀣（字彦明）《东人之文》以及《三纲行实》等书籍，还寄送了记录杭州西湖胜景的《湖山便览》两册[8]。

从洪大容信之内容看，首次的四封信由出使清朝的朝鲜历官带入，第二次则是通过朝鲜入清的冬至使行。朝鲜燕行使臣是两地文人得以保持书信往来和礼物互赠的最重要的媒介。双方互通尺素，不仅互诉思念之情，而且多有诗文之交和学术之论。从表 3-3

1　［朝鲜］洪大容：《湛轩书》外集第 1 卷，《与陆筱饮飞书》，《韩国文集丛刊》第 248 册，第 103 页。
2　［朝鲜］洪大容：《湛轩书》外集第 1 卷，《与严铁桥诚书》，《韩国文集丛刊》第 248 册，第 103 页。
3　［朝鲜］洪大容：《湛轩书》外集第 1 卷，《与潘秋庫庭筠书》，《韩国文集丛刊》第 248 册，第 103 页。
4　［清］朱文藻编，刘婧校点：《日下题襟集》，第 70 页。
5　〔清］朱文藻编，刘婧校点：《日下题襟集》，第 70 页；《崇实大学韩国基督教博物馆所藏中士寄洪大容手札帖》，第 258—260 页。
6　《崇实大学韩国基督教博物馆所藏中士寄洪大容手札帖》，第 261 页。
7　［朝鲜］洪大容：《湛轩书》外集第 1 卷，《与徐朗亭光庭书》，《韩国文集丛刊》第 248 册，第 103 页。
8　《崇实大学韩国基督教博物馆所藏中士寄洪大容手札帖》，第 262—264 页。

中可见，从开始通信，到 1778 年洪大容收到朱文藻、严果和严昂的信件回复，洪氏不仅和钱塘三士有书信往来，而且在严诚去世后，还与严诚的家人和朋友多次书信往来，延续着双方的相契之情。其中尤值得提及的是，朱文藻在严诚去世后，将钱塘三学士和朝鲜使臣交往的诗文和书信编辑成《日下题襟集》，并寄与洪大容。

朱文藻（1735—1806），字映漘，号朗齐，是严诚的同乡、友人和学问同仁。他精于六书金石之学，又通史学，兼工诗文，著述颇丰。得大学士王杰引荐，朱氏曾入京参加《四库全书》的编校工作；又作为阮元的幕宾，参与编纂《山左金石志》，并参加了阮元主持的《两浙輶轩录》的编写工作。他所编辑的书籍还包括嘉定《余杭县志》、康熙《仁和县志》等。乾隆丁亥（1767）十二月，他将收集到的钱塘三学士和朝鲜使臣双方诗文编辑而成《日下题襟合集》。在序文中，朱文藻详细说明其编辑缘由：

> 十月既望，铁桥疾亟旋里，两旬而没。易箦之日，招余坐床底，被中出洪书令读之，视眼角，泪潸潸下。又取墨嗅之，爱其古香，笑而藏之。时已舌僵口斜，手颤气逆，不能支矣。悲夫！今犹子奏唐，收拾遗稿，乞余编次，余感铁桥弥留眷眷之意，因先取其所存诸人墨迹编录一册。[1]

正是痛心于好友英年早逝，以及感动于双方的相知相契之情，朱文藻编录了这本诗文集。第二年（1768）春，他特别致信洪大容，表达了自己的这种心境，告知这本诗文集的编录情况，并希望与其相交，"足下求道既深，则知人必审，文藻之为人，足下虽未会面，自可览书而得其概，如非可交之人，竟置之不理可也，若能不在弃置之列，则将来发书，乞惠一函，以永新好"[2]。然而直到十年后，洪大容才收到这封信。尽管如此，洪大容从潘庭筠信中得知严诚去世后，在戊子（1768）中秋致信严果的同时，也寄送了自己编辑的《铁桥诗札》（《铁桥遗唾》），并希望获得铁桥的诗文集。在严果收到后，朱文藻又将之补入之前所编的《日下题襟合集》，后名为《日下题襟集》，纳入其所编《铁桥全集》中[3]。（图 3-3）

1　〔清〕朱文藻编，刘婧校点：《日下题襟集》，第 1—2 页。
2　〔清〕朱文藻编，刘婧校点：《日下题襟集》，第 139 页。
3　刘婧：《〈日下题襟集〉的成书及传入朝鲜的过程》，〔清〕朱文藻编，刘婧校点：《日下题襟集》，附录一，第 183—184 页。

图3-3　《日下题襟集》（《铁桥全集》第4册，韩国国立首尔大学藏本）

　　根据朱文藻的序文，《日下题襟集》之编辑完成于庚寅（1770）十二月立春日，第二年严果"赴北闱，曾携带铁桥遗集并附答书，置行笥中。终以无便觅寄，仍密归装"[1]。直到四年之后（1774），严果收到洪大容"去冬所寄手书一函"[2]，该信乃是通过居住在河北三河县的孙有义（字心裁，号蓉州）辗转送到。于是严果又致信洪大容，"奉上铁桥诗文，并《日下题襟集》一格抄录，共装五册……外有铁桥遗照册页一本，亦附上。其朱朗斋戊子奉书一函，并果庚寅前书，虽已纂入《题襟集》中，原书今亦附上，希一并收览"[3]。通过孙有义和邓师闵，这封信以及所附书信最终在1778年朝鲜李德懋出使北京时携回。

　　现存《日下题襟集》共有抄本4种，分别收藏在韩国檀国大学渊民文库、韩国国史编纂委员会图书馆、韩国国立首尔大学中央图书馆和美国哈佛大学燕京图书馆。其中渊民文库藏本曾是洪大容后人收藏，当为严果送去的抄录本，后曾为韩国藏书家李家源所藏，而其他3种则是该本的重抄本[4]。它们不仅是这段友情的重要见证，也是清代中国和朝鲜半岛两地文化交流的典范，为朝鲜文人所重。与此同时，这部诗文集也在浙江广为流传。可知中国现存《日下题襟合集》的抄本有3种，分别收藏于北京大学古籍部、中国国家图书馆和上海图书馆，其抄录者或曾经的藏家都是浙江人[5]。正是通过这种持续的书信往来，浙江和朝鲜半岛两地被紧紧地联系在一起。（图3-4，图3-5）

1　《崇实大学韩国基督教博物馆所藏中士寄洪大容手札帖》，第392页。
2　《崇实大学韩国基督教博物馆所藏中士寄洪大容手札帖》，第393页。目前未发现该信之留存。
3　《崇实大学韩国基督教博物馆所藏中士寄洪大容手札帖》，第395—396页。
4　刘婧：《〈日下题襟合集〉与〈日下题襟集〉的传抄本》，〔清〕朱文藻编，刘婧校点：《日下题襟集》，附录一，第195—199页。
5　刘婧：《〈日下题襟合集〉与〈日下题襟集〉的传抄本》，〔清〕朱文藻编，刘婧校点：《日下题襟集》，附录一，第189—195页。

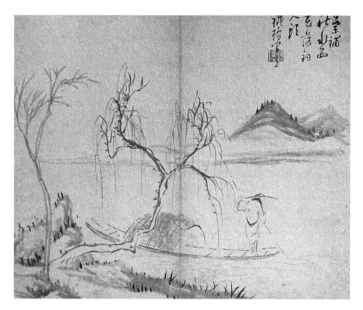

图3-4 《秋水钓人图》（严诚绘，韩国涧松美术馆藏）

图3-5 《高士读书图》（潘庭筠绘，韩国涧松美术馆藏）

第三节　18世纪后期朴齐家等实学者与浙江学人

一、朴齐家等人的燕行和交往

18 世纪后半叶，朝鲜半岛出现了实学派文学的四位代表人物：李德懋、朴齐家、柳得恭和李书九。李德懋（1741—1793），字懋官，初字明初，号青庄馆、炯庵、雅亭、蝉橘堂、端坐轩等。他"外若简澹，中实和易，博学嗜古，善谈文章……纵览群籍，淹贯该洽，尤精《尔雅》《说文》之学"[1]。朴齐家（1750—1805），字在先、次修、修其，号楚亭、苇杭道人、贞蕤居士等。他擅长诗文，诗多描写自然景色及抒发胸怀，在 19 岁时便出版诗集，清人李调元（1734—1802，字羹堂、杭塘，号雨村）称其"才情蓬勃，上探骚选，旁采百家"，并赞其文辞"有如粲如星光，如贝气，如蛟宫之水焉；有如黯如屯云，如久阴，如枯腐，如熬燥之色焉；有如春阳，如华川者焉"[2]。（图3-6）

图3-6　朴齐家（罗聘绘）

1　［朝鲜］李书九：《惕斋集》第 9 卷，《李懋官墓志铭》，《韩国文集丛刊》第 270 册，第 199—200 页。
2　［朝鲜］朴齐家：《贞蕤阁集》序，《韩国文集丛刊》第 261 册，第 441 页。

柳得恭（1748—1807），字惠风，一字惠甫，号泠斋、泠庵、歌商楼、古芸堂。李调元评其"颀然玉貌，温雅成性，澹然无累，劬心坟素，落笔可传，长于诗学"[1]，又赞其诗"才气纵横，富于书卷，如入五都之市，珍奇海错，无物不有。加以天姿胜人，锻炼成奇，故足令观者眩目"[2]。李书九（1754—1825），字洛瑞，号惕斋、姜山、席帽山人、素玩亭、绿天馆，有王室血统，先祖是朝鲜宣祖（1567—1608年在位）庶子仁兴君李瑛（1604—1652）。其历任成均馆典籍、礼曹正郎、司谏院正言、吏曹佐郎、司宪府持平、司宪府大司宪等职，"其文学精炼，经术淹雅，综理事务，才识兼优，而尤以廉约称，民望攸属"[3]。

四人都是著名实学派学者朴趾源（字仲美，号燕岩，1737—1805）的学生，李德懋著有《雅亭遗稿》《青庄馆全书》等；朴齐家有《贞蕤诗集》《贞蕤文集》《北学议》等；柳得恭有《泠斋集》《并世集》《古芸堂笔记》等；李书九有《惕斋集》等。他们主张实事求是的文学观念，其诗文作品大多描写自然景色以及抒发胸怀，也包括一些反映农民贫困和权贵之贪婪腐败的作品[4]。四人合刊的《四家诗》收录诗歌399首，是朝鲜王朝后期一部影响较大的汉诗选集。丁酉（1777）春，柳得恭的叔父柳琴（字弹素，1741—1788）入燕时，曾将《四家诗》（又被称为《韩客巾衍集》）赠给清学者李调元和潘庭筠，四人的诗歌也因此为清人所了解和关注。

四人中，除了李书九，其他三人都是奎章阁首任检书官[5]，负责图书的收集、编纂和刊印等工作，且都有出使清朝的经历，其中以朴齐家出使的次数最多，共有四次。第一次是1778年与李德懋一起作为谢恩陈奏行书状官沈念祖的随员入燕。使团于三月十七日自汉城出发，五月十五日入北京南馆，在京逗留一个月后，六月十六日自北京出发踏上回程，闰六月十四日渡鸭绿江回到义州。此行李德懋撰有《入燕记》，正使蔡济恭著有《含忍录》。第二次是1790年与柳得恭一起作为万寿节进贺行副使徐浩修的随员入燕。使行于六月二十二日渡鸭绿江，七月十五日到达热河，在热河祝寿完毕后于二十一日出发，二十六日到圆明园寓馆，驻留二十九日，八月二十日到南馆，停留十三日，九月初四启程回国，十月十日渡鸭绿江。关于此次燕行，副使徐浩修留有《燕行纪》，柳得恭写有《滦阳录》，朴齐家则留下一些燕行诗，收录在其《贞蕤阁诗集》中。第三次出使则在1790年十月回国后不久，朴齐家"复以赍表官，升军器正，再赴燕京"[6]。此行当为十月二十一日出行的冬至兼谢恩行，使团于十一月二十三日渡鸭绿江，十二月

---

1 ［朝鲜］李德懋：《青庄馆全书》第19卷，《雅亭遗稿》卷十一，《韩国文集丛刊》第257册，第266页。
2 ［朝鲜］柳得恭：《泠斋集》，《韩国文集丛刊》第260册，第3页。
3 《朝鲜纯祖实录》第27卷，"纯祖二十五年十月乙卯"条。
4 宋寯镐，『朝鲜朝後期四家詩에 있어서 實學思想의 檢討』，최철，와，편，『조선조 후기문학과 실학사상』，정음사，1987，pp. 69-100.
5 奎章阁首任检书官共四位，另一位是徐理修。
6 ［朝鲜］朴齐家：《贞蕤阁诗集》第3卷，［韩］李佑成编：《楚亭全书》（上），亚细亚文化社，1992年，第337页。

二十二日到达北京,在京停留月余,于第二年(1791)正月二十四日离京,三月初七日渡江回国,正使为金履素(字伯安,号庸庵,1735—1798),正使随员金士龙(正中)撰有《燕行日记》[1],朴齐家《贞蕤阁集》中也留下了部分有关此次出使的燕行诗。1801年,朴齐家又一次与柳得恭一起作为谢恩使团随员赴燕。使团于三月初三渡鸭绿江,四月初一入燕京。关于此行,朴齐家有部分燕行诗收录于《贞蕤阁集》中,而柳得恭则著有《燕台再游录》。

几次入燕,朴齐家、李德懋和柳得恭与诸多清朝文人都有直接交流,朴齐家之子朴长馣(1780—? ,字香叔,号贞碧、小蕤)后将他们为清朝文士所作的小传以及朴齐家燕行期间与清朝文人往来的诗文和笔谈资料编纂成《缟纻集》共2册6卷[2]。学者根据该文献以及上述燕行录的记载,统计出朴齐家4次出使所交流过的清朝人士(含以书信或诗文联系的清朝文人3人)共有168名,朴氏是18世纪结识清朝文人数量最多的朝鲜文人。[3]柳得恭出使清朝期间交流过的清朝文人则有99人[4],李德懋所交流过的也有27人[5]。这些清朝文人中不乏浙江学人,通过交往,他们对浙江以及浙江文人有了更多的了解和认识。现将可考的朴齐家、李德懋、柳得恭等人在燕行期间交往的浙江学人列表如下[6]:

表3-4　朴齐家、李德懋、柳得恭等所交往浙江学人一览表

序号	浙江学人	朝鲜文人	交往时间、地点	交往内容	文献来源
1	潘庭筠,钱塘人,举人	朴齐家、李德懋、柳得恭	1778年五月至1778年六月;1790年至1791年,北京	笔谈诗文、书籍等,诗文唱和、赠诗文、赠物等	《入燕记》《缟纻集》《贞蕤阁集》《泠斋集》《并世集》《滦阳录》
2	祝德麟,海宁人,进士、翰林院庶吉士、编修	朴齐家、李德懋、柳得恭	1778年五月至1778年六月;1790年,北京	笔谈诗文、互赠诗文、赠书	《入燕记》《缟纻集》《贞蕤阁集》《并世集》
3	查祖馥,海宁人,诸生	李德懋	1778年六月,北京	赠物	《入燕记》
4	马照,浙江诸生	李德懋	1778年六月,北京	(待考)	《入燕记》
5	沈心醇,海宁人,诸生	朴齐家、李德懋、柳得恭	1778年六月,北京	笔谈文章	《入燕记》《缟纻集》《并世集》

1　[朝鲜] 金士龙:《燕行日记》,《燕行录全集》第74卷。
2　稿本收藏在美国哈佛燕京学社,1992年韩国亚细亚文化社将其影印出版,收录于 [韩] 李佑成编:《楚亭全书》(下)。
3　徐毅:《十八世纪中朝文人交流研究》(上),中华书局,2019年,第438页。
4　包括柳得恭于1778年闰六月作为问安行书状官随员出使沈阳时交往的清人。参见徐毅:《十八世纪中朝文人交流研究》(上),第463页。
5　参见徐毅:《燕岩师门与清文人交流长编》,载氏著《十八世纪中朝文人交流研究》(下),第715—729页。
6　本表参考了徐毅《燕岩师门与清文人交流长编》(载《十八世纪中朝文人交流研究》下册)的部分内容,同时根据《缟纻集》、相关燕行录资料以及《两浙輶轩录》等文献制作而成。

序号	浙江学人	朝鲜文人	交往时间、地点	交往内容	文献来源
6	鲍紫卿，钱塘人，山东督抚何裕城女婿	朴齐家、李德懋、蔡济恭、沈念祖等	1778 年五月，通州附近	笔谈、互赠礼物、赠诗	《入燕记》《含忍录》《缟纻集》
7	胡迥恒，浙江文人	朴齐家、李德懋	1778 年（月份待考），丰润县	借宿、题诗	《缟纻集》《热河日记》
8	章煦，钱塘人，内阁中书	朴齐家	1790 年五月，热河	笔谈	《缟纻集》
9	阮元，曾任浙江巡抚	柳得恭	1790 年，北京	笔谈	《泠斋集》《并世集》
10	孙衡，仁和人，内阁中书，孙士毅次子	朴齐家	1790—1791 年，北京	书信往来，赠诗	《缟纻集》
11	冯应榴，桐乡人，给事	朴齐家	1790—1791 年（待考）	（待考）	《缟纻集》
12	张伯魁，海盐人，甘肃平凉知府	朴齐家	1790—1791 年（待考）	诗文往来	《缟纻集》
13	蔡炎林，湖州人，宁远州佐	朴齐家	1790—1791 年（待考）	诗文往来	《缟纻集》《贞蕤阁集》
14	杨绍恭，山阴人，文士	朴齐家	1790—1791 年	（待考）	《缟纻集》
15	陈希濂，钱塘人，举人	朴齐家、柳得恭	1790—1791 年；1801 年	书信往来	《缟纻集》《燕台再游录》
16	陈鳣，海宁人，进士	同上	1801 年三月至四月，北京	笔谈时事、音韵、诗文等，赠诗、赠物等	《缟纻集》《贞蕤阁集》《燕台再游录》
17	崔琦，钱塘人，琉璃厂聚瀛堂主人	同上	1801 年	购书，笔谈时事，赠物等	《缟纻集》《燕台再游录》
18	裴镛，钱塘人，文人	同上	1801 年	赠诗	同上
19	朱镐，钱塘人，文人	同上	1801 年	赠诗、论诗	同上
20	毛祖胜，钱塘人，文人	同上	1801 年	赠诗	同上

续表

序号	浙江学人	朝鲜文人	交往时间、地点	交往内容	文献来源
21	孙琪，钱塘人，文人	朴齐家、柳得恭	1801 年	赠诗	《缟纻集》《燕台再游录》
22	虞衡，浙西人，文人	朴齐家	1801 年	赠诗	《缟纻集》
23	陈文述，钱塘人	朴齐家	1801 年	（待考）	《缟纻集》

上表中可以看到，朴齐家等人在燕行期间所交往的浙江学人有官员也有一般文人，其交往内容包括互赠诗文、诗歌唱和、笔谈时事、诗文、音韵等，以及赠送书籍、纸扇、笔、纸、药等物品。交往过程中，有时还会涉及浙江景物，如 1778 年朴齐家第一次出使期间，使团在通州和山东督抚何裕成之女婿、钱塘人鲍紫卿结识，正使蔡济恭知其是钱塘西湖人，便"问西湖胜览"，并有《通州曲》一首："第一船横夕照间，鲍家才子笑开颜。只缘惯住西湖曲，还说西湖似等闲。"[1]朴齐家也"以东扇书赠一律"，诗曰："有客乘舟到夕阳，自言嫁娶住苏杭。南朝寺外钟声远，西子湖头树影长。万里生涯春水宅，一天魂梦白鸥乡。三韩使者肠堪断，回首烟波入杳茫。"[2]他们对西湖的向往可见一斑。

二、朴齐家、李德懋、柳得恭与潘庭筠、祝德麟的交游

早在丁酉（1777）春，"柳琴弹素随谢恩使入燕。弹素奇士也，欲一交天下文章博洽之士。尝于端门外，见羹堂仪容甚闲雅，直持其襟请交，遂画砖书其姓名及字。羹堂一见投契，称其名字之甚奇"[3]，于是两人得以相交。柳琴入燕，携带所编《韩客巾衍集》[4]，将其赠与李调元并求序文和评点，后经李调元介绍，潘庭筠也得见此集，为之作序并作评点。潘庭筠在序文中写道：

> 余丙戌春获交洪湛轩、金养虚[5]两先生，软尘寓屋，笔谈甚欢。湛轩笃信程朱之学，躬行实践，不欲以时鸣。养虚之诗，清远闲放，往往可传，其胸次亦磊落不群。判别以来，毕生无再见之期，并息耗未通者数载矣。藏于中心，唯增怅叹而已。昨于李吏部雨村斋头，得读柳君弹素所录海东四家之诗，多刻画景物、摅写襟抱、妍妙可喜之

---

1 ［朝鲜］蔡济恭：《樊岩先生集》第 13 卷，《含忍录》（上），《韩国文集丛刊》第 235 册，第 251 页。
2 ［朝鲜］朴齐家：《缟纻集》（上），第 1 卷，《赠紫卿》，［韩］李佑成编：《楚亭全书》（下），第 49 页。
3 ［朝鲜］李德懋：《青庄馆全书》第 35 卷，《清脾录》卷四，《韩国文集丛刊》第 258 册，第 57 页。
4 有关《韩客巾衍集》的现存版本可参见史倩男：《〈韩客巾衍集〉整理与研究》，延边大学中国古典文献学硕士学位论文，2018 年。
5 原文误为金养灵。

作。讽诵数四，不忍释手。余虽未悉四人之生平，而因诗以想其为人
大抵皆高旷恬淡之士也。[1]

序文写于丁酉（1777）元夕后两日，在朴齐家等人燕行之前，潘庭筠通过《韩客巾衍集》阅读到他们的诗词，多有赞评。实际上，早在 1769 年，他在写给洪大容的信中就提到自己在北京从朝鲜使臣李廷爕（字白石，号牛峰）处已得见"李德懋炯庵《蝉橘堂浓笑》一卷"，"未知炯庵为何如人，足下曾识面否？卷中多高旷清妙之语，想亦一隐君子也"。[2] 关于潘庭筠与洪大容、金在行的天涯知己之交，上节已有详述；从双方笔谈和通信内容中可知，潘氏对东国（朝鲜）文献十分关注。潘庭筠于乾隆三十四年（1769）中举，两年后（1771 年）由内阁中书入直，作此序时为文渊阁检阅充方略馆总校馆四库全书分校馆内阁中书舍人。在序文中，潘氏尤为感怀十年前和洪大容、金在行的交游，读到四家诗，不由"怅触于怀"[3]，甚至向柳琴提出将洪大容弟洪葆光诗、金在行诗和四家诗合一集为"东方竹溪之六逸"[4]。

柳琴回国时带回潘庭筠的序文和赞赏，此后李德懋和朴齐家均致信潘庭筠以表感激和仰慕之情。两人在信中都提及洪大容与钱塘三学士的交往，称通过他们的交谈记录及诗文墨迹，早已与潘氏神交达十年，得潘氏对自己诗文的评点，即以"知音""同心之友"称之，李德懋对此赋诗《题香祖评批诗卷》一首："专门汉魏损真心，我是今人亦嗜今。晚宋晚明开别径，兰公一语托知音。"[5] 潘氏回复后，李德懋又有二次致信，双方均表达了"神交弥挚"之情，李德懋还多向潘氏求教史事、诗文、书籍等[6]。至于柳得恭，虽然没有发现其燕行前致潘庭筠的书信，但双方无疑有所往来。柳得恭在《题二十一都怀古诗》中有言："是岁（1778），懋官、次修入燕，手抄一本，寄潘香祖庶常。"[7] 而潘氏在读《洌上周旋集》后，作序并致书柳得恭[8]。

祝德麟（1742—1798），字趾堂，号芷塘，浙江海宁人，其父祝懋英（1708—1774）敕封儒林郎，晋赠奉直大夫翰林院编修、提督陕西学政。德麟少时聪慧，李调元称其

---

1 ［朝鲜］柳琴编：《巾衍集》，潘庭筠序，韩国国立中央图书馆藏本，古贵本 3642—20，第 4—5 页。
2 《崇实大学韩国基督教博物馆所藏中士寄洪大容手札帖》，第 306 页。
3 ［朝鲜］柳琴编：《巾衍集》，潘庭筠序，韩国国立中央图书馆藏本，第 6 页。
4 唐开元二十五年（737），李白移家东鲁，与山东名士孔巢父、韩准、裴政、张叔明、陶沔在泰安府徂徕山下的竹溪隐居，世人皆称他们为"竹溪六逸"。他们寄情山水，高风绝尘，颇得景仰。
5 ［朝鲜］李德懋：《青庄馆全书》第 11 卷，《雅亭遗稿》卷三，《韩国文集丛刊》第 257 册，第 189 页。
6 "钱香树先生大夫人陈氏，画法可仿，元明以来何人耶？与赵义淑孰优？海内书林画苑第一名品，篆隶楷草为谁？山水人物为谁？花草翎毛为谁？冷吉臣、珏石之画，果居何品？当今学者，大醇无疵，如李榕材、陆稼书两先生者，为几人耶？陆王之说，其果小息耶？汤潜庵先生之学，无乃小进于陆王耶？先生充编辑四库全书之官云，四库之名，如唐所定经史子集、甲乙丙丁之次序耶？大抵编次，如丛书俾海收其全书耶？几部而几卷耶？既包罗天下之书，则海外之书如朝鲜、安南、日本、琉球之书，亦为收入耶？若然，则略示其目录，如何？朝鲜之书，开雕于中国者，如《高丽史》《东医宝鉴》等书以外，复有几种耶？我国崔淀《杨浦集》，见于《佩文斋书画谱》引用，未知至今行世，而先生亦尝见之耶？宋徐兢《高丽图经》，有刊行否？先生亦见之否？朝鲜则无之耳……"［朝鲜］李德懋：《青庄馆全书》第 19 卷，《雅亭遗稿》卷十一，《韩国文集丛刊》第 257 册，第 262 页。
7 ［朝鲜］柳得恭：《泠斋集》第 8 卷，题《二十一都怀古诗》，《韩国文集丛刊》第 260 册，第 118 页。
8 "丁酉春，家叔入燕时，序《巾衍集》。戊戌夏，懋官、次修入燕定交，又序《洌上周旋集》，遂致书于我。"［朝鲜］柳得恭：《滦阳录》第 2 卷，金毓黻编：《辽海丛书》第 1 册，辽沈书社，1984 年，第 327 页。

有"神通之名，风姿韶秀若处子"[1]。乾隆二十五年（1760），德麟中举，第二年会试及第，1763 年考取进士，选翰林院庶吉士，散馆授编修。乾隆四十二年（1777）奉命典试福建，后又奉命督学陕甘。祝德麟著有《悦亲楼诗集》《外集》和《庚云初集》等，其诗"以性灵为主，亦能趋遣故实"[2]。和潘庭筠一样，祝德麟也早在 1777 年就阅读过《韩客巾衍集》中的诗作，其《洌上周旋集》序有云："丁酉（1777）四月，同年李雨村吏部携柳弹素所纂《韩客巾衍集》示余，即得，尽读李炯庵、朴楚亭、柳惠风、李姜山四家之诗矣。"[3]

正是如此，当朴齐家等人到达北京时，其与潘庭筠、祝德麟的见面交往便水到渠成，所谓"十余年来信息相闻，天涯旧识也"[4]。通过梳理李德懋《入燕记》、柳得恭《滦阳录》《燕台再游录》《并世集》、朴齐家《贞蕤阁集》以及朴长馣《缟纻集》等文献的相关记载（参见表 3-5），我们可以看到，除了 1801 年出使没有材料记录双方在北京有交游之外，朴齐家等人的前三次燕行，都和潘庭筠有过见面交往，其中朴齐家、李德懋与潘氏明确的交往笔谈分别有 5 次和 6 次，柳得恭有 1 次。笔谈的内容十分广泛，叙旧之外，多谈论诗文，还涉及皇帝姓氏、禅学、书目等，颇有惺惺相惜之感。此外，其间潘庭筠受请为《洌上周旋集》、李德懋诗集、朴齐家《明农初稿》作序，双方还多有唱和以及礼物相赠。

延续了洪大容与钱塘三学士的知契之情，双方的交往也是情深意切。李德懋第三次访潘庭筠之馆时，"时颇静寂。论文章，绰有来历，犁然相契。其曰，诗文贵雅驯，当从唐以前文字，虽用唐以后事，择而用之可也。因手书余之堂额'青庄馆'，笔势端正。又撰余诗集序以赠之。遣辞清妙，但有脂粉气。与东方人相交，情甚敦挚，有恋恋不能相舍之意"[5]。李德懋之诗《有怀潘秋庳》云："翰苑名流即马枚，鲰生何幸共衔杯。从今海左开文运，自古江南出异才。白云诗声增价返，青云气义结多来。源言没齿无相忘，玄宴佳篇一诺裁。"[6]双方之交往，自然也曾关涉潘庭筠的家乡杭州，柳得恭有和潘庭筠诗云："何年桃柳句，怊怅忆杭州。塞雁书初寄，林莺语复流。青山同客梦，芳草古离愁。忽若千秋上，无因续壮游。"[7]如此一番往来，拉近了双方的情感距离。

潘庭筠对朴齐家等人也是充满感情。庚戌年（1790）八月，柳得恭与朴齐家到北京，此时庭筠"方深居谢客，挂观音像，朝夕顶礼。言及时事，果约弥深"[8]。有缘的是，

1　〔清〕李调元：《淡墨录》，辽宁教育出版社，2001 年。
2　徐世昌：《晚晴簃诗话》，华东师范大学出版社，2009 年。
3　〔朝鲜〕朴齐家：《缟纻集》（上），第 1 卷，《洌上周旋集》序，〔韩〕李佑成编：《楚亭全书》（下），第 213 页。
4　〔朝鲜〕柳得恭：《滦阳录》，金毓黻编：《辽海丛书》第 1 册，第 327 页。
5　〔朝鲜〕李德懋：《青庄馆全书》第 67 卷，《入燕记》（下），《韩国文集丛刊》第 259 册，第 227 页。
6　〔朝鲜〕李德懋：《青庄馆全书》第 11 卷，《雅亭遗稿》卷三，《韩国文集丛刊》第 257 册，第 198—199 页。
7　潘庭筠原诗："人生几夕夕，留滞尚皋州。月是千山隔，星仍万户流。浙灯乡国梦，鲁酒岁时愁。耿耿高堂烛，频年忆远游。"见〔朝鲜〕柳得恭：《泠斋集》第 2 卷，《次潘秋庳中书元夕韵》，《韩国文集丛刊》第 260 册，第 34 页。
8　〔朝鲜〕柳得恭：《滦阳录》，金毓黻编：《辽海丛书》第 1 册，第 327 页。

他们在"八月十三日，太和殿宴礼"时，"相逢于午门前"，"引席并坐，谈笑叙旧"[1]，可谓欢畅，甚至令满族人颇感惊异[2]。关于此次相逢，柳得恭写道："人海人城拟一寻，传闻御史礼观音。端门执手猜相觇，谁识平生一片心。"[3] 朴齐家也有诗句论及。而庭筠得以"重晤次修"，还特别作诗三首怀念与之有深交的洪大容、金在行和李德懋三位朝鲜友人。[4]

表3-5　朴齐家、李德懋、柳得恭与潘庭筠、祝德麟在北京交游一览表

序号	交游时间	交游地点	浙江学人	朝鲜文人	交游内容	备注
1	1778年五月二十三日	潘庭筠寓舍	潘庭筠	李德懋、朴齐家	笔谈，内容不详	
2	1778年五月二十七日	潘庭筠寓舍	潘庭筠	李德懋	笔谈皇帝姓等	
3	1778年五月二十八日	祝德麟家	祝德麟	朴齐家、李德懋	笔谈，内容不详	通过李鼎元相见
4	1778年五月二十九日	崇文门外法藏寺	潘庭筠	李德懋	笔谈，内容不详	
5	1778年六月初六	潘庭筠寓舍	潘庭筠	李德懋	笔谈文章等	潘为李诗集撰序并赠之
6	1778年六月初九	祝德麟家（待考）	祝德麟	朴齐家、李德懋	笔谈诗韵，朴、李得祝之小照	沈心醇同在
7	1778年六月十一日	潘庭筠寓舍	潘庭筠	朴齐家、李德懋	笔谈文章、叙别	沈心醇同在
8	1778年六月十三日	（待考）	潘庭筠	朴齐家、李德懋	叙别	
9	1778年六月十五日	祝德麟家	祝德麟	朴齐家、李德懋	叙别	
10	1790年八月	（待考）	潘庭筠	朴齐家	笔谈，内容不详	
11	1790年八月	（待考）	祝德麟	朴齐家	祝有诗册相赠	
12	1790年八月	午门前	潘庭筠	柳得恭	谈笑叙旧	太和殿宴礼时相见
13	1790年十二月（待考）	观音寺	潘庭筠	朴齐家	笔谈友人、禅学，赠诗，和诗	

1　［朝鲜］柳得恭：《滦阳录》，金毓黻编：《辽海丛书》第1册，第327页。
2　［朝鲜］柳得恭：《滦阳录》，金毓黻编：《辽海丛书》第1册，第327页。
3　［朝鲜］柳得恭：《滦阳录》，金毓黻编：《辽海丛书》第1册，第327页。
4　三首诗分别为："不见炯庵逾十载，□人常在海东头。诗名官职今何似，要是新罗第一流"；"耳根久断湛轩琴，愁绝城连海上心。闻有嗣人能述作，好将缦缦继清音"；"金生豪气洗酸寒，酒后常欹缩布冠。如此翩翩书记手，不教两度入长安"。［朝鲜］柳得恭：《并世集》第1卷，《燕行录全集》第60卷，第80页。

就祝德麟而言，虽然不如潘庭筠和朝鲜文人交往笔谈之频繁，但祝氏与他们的交流同样富有深度和情谊。1778年朴齐家、李德懋燕行，时德麟正服母丧，李调元之从弟李鼎元（字墨庄）"复以《泖上周旋集》相质，余（德麟）受而读之"[1]。德麟于五月二十八日在家中与朴、李相见笔谈，六月初八为《泖上周旋集》作序，在序中，德麟如此评论朝鲜四家："炯庵赡而肆，楚亭苍而润，惠风逸而妍，姜山谐而畅。"[2]六月初九，朴、李再次到德麟家相见笔谈，德麟同乡沈心醇（字匏尊）也在场，双方多次讨论到诗韵[3]。德麟并有小照送朴、李两人。

1790年六月，朴齐家第二次过鸭绿江燕行，祝德麟当年三月"有详校文溯阁四库书之役"[4]，携长子志箕前往沈阳。朴齐家得知后，有《怀芷塘》诗曰"我行指口外，芷堂方住沈。恨未上文溯，共君河朔饮。但闻褫官级，未必镌诗品"[5]，表达了自己未能在沈阳和德麟相见的遗憾。七月十五日，德麟从沈阳回到北京，在京停留一月有余，于八月二十七日携家南下[6]，朴齐家一行于七月二十六日从热河到京，双方于是有了见面交流的机会，德麟有诗册赠与朴齐家，"朴秘校过访，且有意求诗，遂捡古今体录成一册，奉赠。归途对景怀人，亦可想见揽辔豪吟胸次也"[7]。《缟纻集》和《并世集》分别收录了祝德麟的8首诗和15首诗，为双方的友情留下了注脚。

三、朴齐家、柳得恭与陈鳣的交流

陈鳣（1753—1817），字仲鱼，号简庄，又号河庄，浙江海宁人。清代著名藏书家，曾与本地学者吴骞以及江苏著名藏书家黄丕烈等人过从甚密。"嘉庆元年（1796），举孝廉方正，督学阮元称浙中经学鳣为最深，手摩汉隶'孝廉'二字以颜其居，复为书'士乡堂'额以赠。"[8]陈鳣于经史百家无不综览，尤精于训诂，对音韵学深有研究，有《论语古训》《礼记参订》《简庄疏记》《经籍跋文》《说文正义》等60余种论著。他还是一个金石学家，曾筑果园于峡石山麓，藏金石数百种，著有《松砚斋随笔》。[9]嘉庆三年（1798），陈鳣中举人，嘉庆六年（1801）进京参加六年一次的大挑[10]，因此得遇作为朝鲜谢恩使团随员入燕的朴齐家和柳得恭。

1　［朝鲜］朴齐家：《缟纻集》（下），第1卷，《泖上周旋集》序，［韩］李佑成编：《楚亭全书》（下），第213页。
2　［朝鲜］朴齐家：《缟纻集》（下），第1卷，《泖上周旋集》序，［韩］李佑成编：《楚亭全书》（下），第213页。
3　［朝鲜］李德懋：《青庄馆全书》第67卷，《入燕记》（下），《韩国文集丛刊》第259册，第228页。
4　［清］祝德麟：《悦亲楼诗集》第21卷，《和芷房行役沈阳初发雨宿烟郊作兼示容斋二首》。
5　［朝鲜］朴齐家：《缟纻集》（上），第1卷，祝德麟，［韩］李佑成编：《楚亭全书》（下），第47页。
6　［清］祝德麟：《悦亲楼诗集》第21卷。
7　［朝鲜］朴齐家：《缟纻集》（下），第1卷，祝德麟，［韩］李佑成编：《楚亭全书》（下），第203页。
8　《清史列传》第69卷，《儒林传》（下），中华书局点校本，第5557页。［清］阮元：《定香亭笔谈》，载氏著《文选楼丛书》第2卷，第23页，清嘉庆五年刊本。
9　参见陈鸿森：《清儒陈鳣年谱》，《（台湾）"中研院"历史语言研究所集刊》，第六十二本第一分册。
10　大挑是清乾隆十七年（1752）以后为了让举人出身的士人有较宽出路的政策，在考过三次会试而不中的举人中进行挑选，得一等者以知县用，得二等者以教职用。大挑每六年举行一次。

关于双方的交往，陈鳣在为朴齐家《贞蕤阁集》所作的序文中写道："嘉庆六年三月，余举进士游都中，遇朝鲜国使臣朴修其检书于琉璃厂书肆，一见如旧相识。虽言语不通，各操不律书之，辄相说以解。检书通经博古，工诗文，又善书法，人有求，则信笔立书所作以应。时余同年友嘉定钱君既勤继至，既勤克承家学，著述甚伙。检书偕同官柳君惠风亦闳览多闻，卓然儒雅。四人者赏奇析义，舐墨濡毫，顷刻尽数纸。"[1] 可见琉璃厂书肆乃双方初识之地，双方一见如故，以笔谈交流，其时与陈鳣一起的还有嘉定人钱东垣（字既勤，号亦轩）。东垣为钱大昕弟钱大昭之子，嘉庆三年举人，官浙江松阳县知县[2]。

陈鳣的序文记述了两次与朴齐家的相会，初见时论及文辞之义，再见时朴氏"赠以东纸折扇、野笠、药丸，余即赋诗四章志谢，副以楹联碑帖及拙著《论语古训》，几乎投缟献纻之风焉"[3]。朴氏出示其《贞蕤阁集》，并请陈鳣作序。陈鳣"读之洋洋洒洒，如登高山、临沧海，骤然莫测其崇深。盖余从事于声音、文字、训诂，已历多年，意有所会，辄疏记之。近年性渐忽忘，未敢自信。今阅检书之作，先得我心之所同然，不觉兴感交集"，并称赞"其中考证之作，酬唱之篇，云流泉涌，绮合藻抒，粲然具备"。在序文最后，陈鳣还这样写道："而朝鲜古称君子之国，检书皇华载命，周爰咨诹，不愧九能之目。将见斯编一出，流布风行，脍炙人口，咸知崇实学尚风雅，无间于绝域遐陬。岂不盛哉！岂不快哉！"[4] 双方笔谈时，朴齐家评陈鳣"学本宋儒，诗近宋体……诗有仙气，字在欧、褚之间"，坦言"与阁下晤谈，如见古之贤大夫"，"每日以得见公为快，但恐别后何以为情"。陈鳣则感慨道："先生（朴氏）将俎豆于九州，何待域外之名耶！"[5] 双方相互推重，交流十分投合。离别时，二人也颇为依依不舍，陈鳣有《嘉庆六年夏四月既望，奉送贞蕤词伯荣旋二首，即求是正》：

> 王会重开职贡图，使臣拜受圣恩殊。星轺三入中华地，风雅群推东国儒。满载奇书归乐浪，长驱宝马走玄菟。到时料得传佳话，投赠诗章遍上都。
>
> 攀条言别意缠绵，双鲤迢迢怅各天。半月交情成莫逆，一编文字有深缘。可怜我本奇男子，得遇如君上界仙。不觉相看频洒泪，未知后会定何年。[6]

和朴齐家一样，柳得恭与陈鳣的交流也是十分投缘，双方连日约在琉璃厂五柳居交

1 ［朝鲜］朴齐家：《贞蕤阁集》序，陈鳣序，《韩国文集丛刊》第 261 册，第 596 页。
2 ［清］赵尔巽撰：《清史稿》第 481 卷，《儒林传二》。
3 ［朝鲜］朴齐家：《贞蕤阁集》序，陈鳣序，《韩国文集丛刊》第 261 册，第 596 页。
4 ［朝鲜］朴齐家：《贞蕤阁集》序，陈鳣序，《韩国文集丛刊》第 261 册，第 596 页。
5 ［朝鲜］朴齐家：《缟纻集》（上），第 3 卷，陈鳣，［韩］李佑成编：《楚亭全书》（下），第 123—124 页。
6 ［朝鲜］朴齐家：《缟纻集》（下），第 3 卷，陈鳣，［韩］李佑成编：《楚亭全书》（下），第 318 页。

谈，"横书竖书"，十分畅快。柳得恭有感于仲鱼学问的广博和专精，评价道："纪晓岚云近来风气趋《尔雅》《说文》一派，仲鱼盖其雄也"[1]。并有诗云："考古家分讲学家，迩来风气变中华。说文尔雅休开口，陈仲鱼来诵不差。"[2]而仲鱼也兴奋于柳氏"所答或中其义"，常能引发同感，甚至以"尔我皆东夷也"[3]来论。《燕台再游录》中记载了颇多双方笔谈的具体内容，涉及朝鲜半岛所习之经学、东国舆地、音韵学、川楚匪乱等，颇为深入，如论及音韵学时，二人谈道：

> 仲鱼曰：贵处尚音学否？（柳得恭）答：系是绝学。古人亦云我辈数人定则定矣。仲鱼曰：珙师三十六字母，贵处可通否？答：亦可通，然戴东原之说则云，学者但讲求双声，不言字母，可也。大抵读若最古，而实简捷。仲鱼曰：字母二字本不通。今之直音某，即古之读若也。东原门下有王君念孙、段君玉裁，曾知其人否？王君注《广雅》甚精，段君有音均表。余曰：音随时代而变，《公羊传》"登来者"，"得来之"也。又《管子》齐桓公与管仲登台，口开而不合，东郭邮知其伐莒，今以东音读之，登、得初声相同，莒为开口声，以华音读之不然，岂非东人尚守古音，而中国则变欤？仲鱼曰：似或有如是者。[4]

作为考证学的重要内容，音韵学在清代大为发展。从上文对谈可知，柳氏对清朝这一学问颇有认识，不仅如此，他还提出了东国语音似尚守古音的看法，并得到了陈鳣的认同。之后两人又谈到《说文长笺》之谬说以及顾亭林在考误时的一些错处[5]，而柳氏竟能指出这些错处的原因，难怪陈鳣对其大加赞赏，双方交流十分投机。

谈到川楚匪乱时，两人不由关注起朝鲜半岛和浙江的紧密联系：

> 川楚匪乱，仲鱼却不讳。座无他人时，书示曰：天下将大乱矣。余曰：吾是海外人，于我何关。仲鱼曰：浙省乱，则贵处何如？余曰：此则可忧，浙与我隔一海故耳，未知浙省亦有变否？仲鱼曰：去年海寇作梗，抚台阮公击破之。然至今海面未靖，各处海防甚严。余曰：阮公庚戌年中一晤，亦见其车制考，乃能办贼，可谓文武全才。

1　[朝鲜] 柳得恭：《燕台再游录》，金毓黻编：《辽海丛书》第 1 册，第 338 页。
2　[朝鲜] 柳得恭：《泠斋集》第 5 卷，《咏燕中诸子》，《韩国文集丛刊》第 260 册，第 91 页。
3　[朝鲜] 柳得恭：《燕台再游录》，金毓黻编：《辽海丛书》第 1 册，第 338 页。
4　[朝鲜] 柳得恭：《燕台再游录》，金毓黻编：《辽海丛书》第 1 册，第 338 页。
5　"仲鱼曰：《说文长笺》谬说居多，亭林言之详矣。余曰：顾先生亦有错处。仲鱼曰：所论《说文》及石经最谬。余曰：亭林未见秦中石本，只取书坊陋本为说。其所见《说文》乃五百韵谱，非真本也。其论《广韵》亦非全本，东原言之颇详。东原先生是大通人。余曰：然亭林偶一见差耳，如此公者古今几人。仲鱼曰：佩服之至。"见 [朝鲜] 柳得恭：《燕台再游录》，金毓黻编：《辽海丛书》第 1 册，第 338 页。

仲鱼曰：此吾座师，有石刻小像，吾作赞，当奉示。余曰：海寇是何
等寇？仲鱼曰：皆渔户也。[1]

双方的交谈颇少禁忌，相互倾心。离别时，陈鳣也有两诗奉送柳得恭，表达了其惜
别之情，诗曰：

东方君子国，职贡入京师。不贵文皮美，唯称使者诗。客愁三月
暮，交恨十年迟。此去应回首，关山落月时。
中朝传盛德，异域尽来宾。况尔超群望，从游得两人。白驹空欲
絷，黄海渺无津。行矣风波慎，怀哉一寄鳞。[2]

---

1 ［朝鲜］柳得恭：《燕台再游录》，金毓黻编：《辽海丛书》第 1 册，第 338 页。
2 ［朝鲜］朴齐家：《缟纻集》（下），第 3 卷，陈鳣，［韩］李佑成编：《楚亭全书》（下），第 319 页。

第四节　19世纪中叶申锡愚、朴珪寿与浙江文士

一、申锡愚、朴珪寿等人的燕行

申锡愚（1805—1865），字圣如，号海藏，历任艺文馆检阅、司谏院正言、龙冈县令、弘文馆校理、杨州牧使、成均馆大司成、吏曹参议、左承旨等职，"甲寅（1854），拜同知春秋馆事，弘文馆提学兼经筵日讲官，吏曹参判汉城左尹，差司译院提调。乙卯（1855）冬，出为庆尚道观察"，后官至司宪府大司宪。锡愚仪表堂堂，"家庭诗礼，早有服袭。天人性命，盖尝究心。沉潜义理，愿学圣贤，尝为文以荐晦庵之书……其为文章，必根据经传，雄浑浩噩。文苑诸公，皆推为大家手。所著述有《海藏文稿》若干卷，有读其文者曰：神采风韵，自露于吟咏著述之间"[1]。

1860 年，申锡愚被任命为冬至兼谢恩行正使出使清朝，使行副使为徐衡淳（字穉平，号汉山，1813—1893），书状官为赵云周（字歧瑞，号兰畦，生卒年不详）。一行人于当年十一月二十六日渡鸭绿江，十二月二十日到达北京玉河馆，在京停留月余，于第二年二月初六离京，三月初二渡鸭绿江回国。关于此次使行，申锡愚著有《入燕记》[2]。根据《入燕记》的记载，申锡愚等三使居留北京期间，与王拯、王轩、冯志沂、董文涣、沈景成、程恭寿、赵光、李文源、沈秉成等 20 余位清朝文人有书信交流或笔谈，回国后，他和部分学人继续尺牍往来，其中就有浙江学人沈秉成、程恭寿等人。此行副使徐衡淳三年后（1864）作为谢恩使第二次到北京，又和沈秉成等人再次见面交谈。

朴珪寿（1807—1877），初字桓卿，号桓斋，后改字瓛卿，号瓛斋。他出生于名门潘南朴氏，祖父即著名的朝鲜实学者朴趾源。珪寿幼承家学渊源，饱读儒家经典，"文理透悟，日诵千言，十四五文词大进"[3]。1848 年，珪寿科举及第，后历任司谏院正言、兵曹正郎、龙岗县令、扶安县监、弘文馆修撰、同副承旨、司宪府大司宪、吏曹参判、

1　参见［朝鲜］申锡愚：《海藏集》第 18 卷，谥状（朴珪寿撰），《韩国文集丛刊》（续）第 127 册，第 644—646 页。
2　《入燕记》现存两个版本，其一收录在奎章阁藏申锡愚《海藏集》第 15、16 卷中，其二为奎章阁藏单本《入燕记》（共 2 册）。
　　김명호，『海藏 申錫愚의「入燕記」에 대한 고찰』，『고전문학연구』32, 2007, pp. 465-488.
3　［朝鲜］朴珪寿：《瓛斋集》序，行状（朴瑄寿撰），《韩国文集丛刊》第 312 册，第 314 页。

弘文馆大提学、奎章阁提学等，官至右议政，著有《瓛斋集》《尚古图会文义例》《居家杂服考》等。朴珪寿所生活的时代正是中国和朝鲜半岛社会剧变的时代，他提倡"经世致用""利用厚生"，主张开放通商、自立自主，是19世纪中叶朝鲜半岛开化思想的先驱，被认为是朝鲜半岛集结"北学派和开化派的中心人物"[1]。（图3-7）

图3-7　朴珪寿

朴珪寿共有两次出使清朝的经历。第一次是在1861年年初，时清朝已与英法签订《北京条约》，前一年（1860）英法联军攻入北京的混乱局面已有所稳定，得知此情况后，朝鲜王朝便派遣问安使行入清问安，并欲打探消息。此行朴珪寿任副使，正使为赵徽林（后改名赵秉徽，字汉镜，号秋潭，1808—1874），书状官为申辙求（字轸明，号眉南，1804—？），一行人于正月十八日从汉城启程，三月十六日到达北京，因咸丰帝于去年避难热河还未回京，一行人欲前往热河问安，但未能如愿。使行于五月初离开北京，在京停留约一个半月，在此期间，朴珪寿与董文涣、沈秉成、王轩、王拯、黄云鹄、冯志沂等人多有交流，尤其和沈秉成的交往最深，回国后还有多封书信往来。

朴珪寿的第二次燕行是在十年以后，即同治十一年（1872）五月，这一年同治大婚，朴珪寿被任命为进贺兼谢恩正使第二次出使清朝，副使为成彝镐（字惇五，号贞宪，1817—1895），书状官为姜文馨（字德辅，号兰圃，1831—？）。此行于七月初二离开首都汉城，九月十五日前到达北京，十一月初离开北京，在京停留近两个月。关于此次出使，朴珪寿在写给其弟朴瑄寿的信中称："今行不以游览为事，只欲结识中原名士。而旧交诸人皆不在京，惟研樵之弟文灿在矣。大婚在九月十五日，其前朝士皆无暇相

1　参见［韩］金明昊：《19世纪朝鲜实学的发展和瓛斋朴珪寿》，载中国实学研究会编：《中韩实学史研究》，北京：中国人民大学出版社，1998年，第241—242页。

从。及到十五以后，或于班次逢人，或有闻名先来馆中相访者，或于他座证交者。自一面以上，统计可八十余人，亦云广交游也。"[1]除了上述第一次燕行所交往的董文焕之弟董文灿，朴珪寿此次交流的清朝文人还有彭玉麟、崇实、万青藜、吴大澂等人[2]。

二、申锡愚与程恭寿、沈秉成等人的交往

申锡愚《入燕记》中收录了其燕行期间写给清朝文人的 34 封尺牍，涉及交往的清人共 22 位，其中浙江文人有 4 位，即钱塘（今杭州）人程恭寿（字容伯，晚号人海）、归安（今湖州）人沈秉成（字仲复，号听蕉，自号耦园主人，1823—1895）、钱塘人洪昌燕（字敬传，号张伯，1820—？）和桐乡青镇（今乌镇）人严辰（原名仲泽，字缁生，号达叟，1822—1893），申锡愚写给程恭寿书信 4 封，沈秉成 3 封，洪昌燕和严辰各 1 封。其中，申氏与程恭寿和沈秉成之交往尤为值得关注。

程恭寿乃"道光己亥（1839）举人，二十年（1840）六月由刑部主事入直官光禄寺少卿"[3]，"性喜结纳，善清谈，书法在北海（李邕）、南宫（米芾）之间，都中盛称之"[4]，光绪十九年（1893）因私自抄录传播所查办案件而被革职[5]。早在入燕之前，申锡愚就对程恭寿颇为钦慕，与之神交。入京后，申氏于十二月二十八日便致书程恭寿，迫切希望与之结识、交流：

> 锡愚左海下士，头白始入中国，或见辽野之旷阔、医巫之演迤。及至皇京，观山川清淑、城阙神丽，心目固足快畅，而犹有所结塞不解。若将孤负夙昔之志者，以未及结识名士，受知大家故也。下执事华闻雅誉，远播外国，久已钦诵。方域有限，若霄汉之不可梯接。抵京之后，窃拟函遂御李之愿，非徒使事为先。自念远踪，素乏雅契，怀刺门墙，实涉唐突，所以不敢即进。昨呈金邵亭容蟠之书，而适又值驾。呈书迷纲，不得替达鄙诚，达宵耿耿不能安眠。谨具书牍，先此仰浼，惟执事进退之。[6]

信中所提及的金邵亭即金永爵（字德叟，号邵亭、存春轩，1802—1868），曾于1858 年作为朝鲜谢恩兼冬至行副使入清，在京停留期间与程恭寿多有交往[7]，回国后仍与

1　〔朝鲜〕朴珪寿：《瓛斋集》第 8 卷，《与温卿》，《韩国文集丛刊》第 312 册，第 457 页。
2　参见王元周：《朴珪寿的燕行经历与开化思想的起源》，《韩国研究》第 10 辑，2010 年，第 7—9 页。
3　〔清〕梁章钜纂，朱智续撰：《枢垣记略》第 19 卷，第 3 页，清光绪元年（1875）刊本。
4　〔清〕潘衍桐编：《两浙輶轩续录》第 37 卷，第 9 页。
5　〔清〕王先谦：《东华续录》，第 17 页，清光绪刻本。
6　〔朝鲜〕申锡愚：《海藏集》第 15 卷，《入燕记》（上），《韩国文集丛刊》（续）第 127 册，第 564 页。
7　김명호，「金永爵의 燕行과『燕臺瓊瓜錄』」，『漢文學報』19, 2008, pp. 989-1023.

之继续通信。《邵亭文稿》收录有金永爵的《与程容伯恭寿书》[1]，疑为金氏在北京时所作书信，信中详细论说了当时清朝和朝鲜王朝所面临的强敌，尤其表达了对"俄夷"所造成威胁的担忧，可知双方的交流内容颇关注时事。《中朝学士书翰集》中另存有两通程恭寿于庚申年（1860）写给金永爵的书信，分别写在正月和七月，其时已是金永爵一行回国的第二年。在信中，程恭寿言及交游者的讯息、诗文以及时事等，对金氏托人带来的书籍等礼物表示感谢，并"寄去四川嘉定绸一端，广砚一方，吾杭龙井茶两瓶，湖笔十管"等，程氏还对龙井茶作了特别说明："龙井在吾里城西西湖湖南山，乡人来，间以所产茗相馈。遗论以名围中石窦乳泉何如，但吾乡都用沸水沃沃，不用古人煎茶法也，以其味薄耳。"[2]程氏馈赠家乡之物，可见双方情谊之真，这也令申氏对杭州有了直接的了解。

通过金永爵，申锡愚得以了解并拜访程恭寿。锡愚出行前，金永爵有《寄赠申海藏尚书锡愚赴燕》诗曰："昔闻张水屋，燕市遇松园。侠薮层云起，朋樽古义敦。风流销岁月，文字溯渊源。宅相今持节，逢人访后孙。翠微贤太史，心契托春帆。与我修侨札，于君证籍咸。神交违会合，仙路隔尘凡。果巷遗孤在，相逢泪满衫。"[3]诗中的"松园"即申锡愚外祖父金履道（号松园居士），1791年作为谢恩兼冬至行正使、其兄长金履素的随员出使清朝，与张道渥（字水屋，号竹畦，1757—1829）见面交流，此行即前述朴齐家作为随行的第三次出使入燕。金士龙在其《燕行日记》中记载，"（十二月）二十七日……松园游琉璃厂，逢张水屋"[4]。之后金履道与张道渥有多次笔谈，并以书画相赠。此外，金履道还与朱熹之后、浙江人朱景贵有过多次笔谈[5]。而前诗中的"翠微贤太史"则是指申锡愚的从叔父申在植（字仲立，号翠微，1770—？），他是洪大容孙洪良浩的外叔父，曾于1836年作为冬至兼谢恩使行正使燕行，与不少清人有交往[6]。洪良浩燕行时曾与纪昀交好，申在植燕行时，纪昀虽早已逝去，申氏却依然心契有加。

正是受前辈和友人之影响，申锡愚在北京滞留期间，颇致力于结识清朝文人。在致信程恭寿后的除夕日，锡愚便前往其家中拜访，适逢恭寿出外，便"与其子笔谈"。初四日，"少卿来访于中和局，余与副三行人同为出见"，双方笔谈甚欢，论及使臣之行程、此前与朝鲜使臣交往之清朝学人及其后人、清朝的内忧外患以及前朝鲜使臣金正喜（秋史）、金永爵等。"鄙生修禊中人，咸不乐荣进，只以书史文墨自娱。故获闻中州有下执事，争欲一交。未能入中国者，愿得公只字，皆出于倾慕之至。未审并世文章大家，如执事为几公耶！公居天下胜地，名流今古辈出。以俺所闻，张水屋道渥、严铁桥

1　［朝鲜］金永爵：《邵亭文稿》第1卷，《与程容伯恭寿书》，《韩国文集丛刊》（续）第126册，第365—366页。
2　［朝鲜］金永爵，金弘集编：《中朝学士书翰集》，高丽大学中央图书馆华山文库藏本。
3　［朝鲜］金永爵：《邵亭文稿》第2卷，《寄赠申海藏尚书锡愚赴燕》，《韩国文集丛刊》（续）第126册，第343—344页。
4　［朝鲜］金士龙：《燕行日记》，《燕行录全集》第74册，第425页。
5　［朝鲜］金士龙：《燕行日记》，《燕行录全集》第74册，第425—427页。
6　［朝鲜］任百渊：《镜语游燕日录》，《燕行中交游中国人物名单簿记》，高丽大学中央图书馆薪庵文库藏本。

诚、潘香祖庭筠皆江浙先贤……”[1]申氏表达了朝鲜文人对中国文士，尤其是名流辈出的浙江学人的仰慕，希望能寻得其后人，再续前缘。

申锡愚于二月离开北京，途中遇见了前往北京的问安使朴珪寿一行，朴珪寿是锡愚和金永爵的好友，申氏于是特别致信程恭寿：

> 锡愚白少卿执事，订交无几。一别千古，念之伤心。第属国之士，于大方君子，不以分别为怅，惟以获交为幸。怅颍之言，不须提也。行到中途，遇本国别使之行，三人俱极一代之选，而副行人朴珪寿，即向所呈地势仪铭著述人也，弟及邵亭之切友也，必当造门请见，执事亦必倒屣相迎矣。才见所著，旋遇其人，事非偶然，恨不致身于毫墨周旋之间。得闻绪言，因褫修函，幸赐覆教。[2]

申锡愚在表达离别感伤的同时，也尤以与程恭寿“获交为幸”，他特别向程氏引荐了朴珪寿，希望可以延续文士之交。朴珪寿到北京后，因此和程恭寿有交流和书信往来，双方还以礼物相赠[3]。回国三年后，申锡愚和程恭寿还保持着通信，“北游结识之盛，尚不能忘”[4]，告知对方自己的近况，并互赠礼物，表达了惺惺相惜、难以相忘之友情。

和程恭寿不同，申锡愚和沈秉成之初识是在北京琉璃厂偶然相遇。沈秉成（1823—1895），原名秉辉，字仲复，号听蕉，自号耦园主人，归安（今湖州）人，为咸丰丙辰（1856）进士，改庶吉士，授编修。官至安徽巡抚，署两江总督，同治十一年（1872）出为苏松太兵备道，任内劝民植桑育蚕，著有《蚕桑辑要》。1873 年，沈氏在上海创设诂经精舍，关注西学，培养后生学习。沈秉成家门儒雅，先祖沈炳震（字寅驭，号东甫，1679—1737）为乾嘉时期的史学家，著有《二十一史四谱》《新旧唐书合钞》等；继室严永华（字少蓝，1836—1891）为浙江桐乡人，出身书香门第，工诗善画，著有《纫兰室诗钞》《鲽砚庐诗钞》等。沈秉成藏书超万卷，喜金石字画，所藏皆为精品。其致仕后寓居苏州，筑成耦园，“鲽砚庐”为其书楼之名。在耦园，沈秉成常与俞樾、李鸿斋、吴云、郑文焯、顾文彬、潘祖荫、曹元忠、潘遵祁等学者名流、书画金石名家、鉴藏家们鉴赏金石古器、书法名画等，探研学问，考订文字。近代书画篆刻大师吴昌硕与沈秉成亦有金石之交，先后为其治印十余方，并撰有《沈秉成传略》[5]。（图 3-8）

1 ［朝鲜］申锡愚：《海藏集》第 16 卷，《入燕记》（下），《韩国文集丛刊》（续）第 127 册，第 592 页。
2 ［朝鲜］申锡愚：《海藏集》第 15 卷，《入燕记》（上），《韩国文集丛刊》（续）第 127 册，第 565 页。
3 参见［朝鲜］朴珪寿：《瓛斋集》第 10 卷，《与程容伯恭寿》，《韩国文集丛刊》第 312 册，第 487 页。
4 ［朝鲜］申锡愚：《海藏集》第 9 卷，《与程少卿书》，《韩国文集丛刊》（续）第 127 册，第 359 页。
5 沙匡世校注：《吴昌硕石交集校补》，上海书画出版社，1992 年。

图3-8 《吴中七老图》之沈秉成

申锡愚到北京后不久就前往琉璃厂，在文华堂书肆和沈秉成邂逅，"忽遇仁兄，清仪雅采，便令人钦服。不知不觉之中，向前肃揖，使他人当之，岂不瞠骇者几稀矣。兄乃欣然迎接，如旧相识，是固由于容蓄雅量，亦未必非夙缘所凑"[1]，二人可谓一见如故。当时和沈秉成同行的还有河南道御史谢增（字普斋，号梦渔，1813—1880）父子。双方笔谈时，申锡愚特别问及对方来书肆所求书目，并和沈秉成约定于大年初三在会同馆外中和局再见[2]，后沈秉成在其寓所八咏楼中宴请申锡愚、徐衡淳、赵云周三使，董文涣（初名文焕，字尧章，号研秋、研樵、砚樵，1833—1877）亦受邀参加[3]。从现存申锡愚在北京时的两封《与沈翰林秉成书》的内容来看，可知双方书信往来并互赠礼物，尤其是申锡愚大约了解到沈秉成喜欢收藏文房诸品，因此特别赠送朝鲜半岛土产纸墨，他还引经据典地说明高丽纸墨之佳处，并为其弟求秉成之墨宝[4]。

回国后，申锡愚和沈秉成继续着书信往来、诗歌唱和及文物相赠，《海藏集》收录三件申氏归国后写给沈秉成的书信，其中最后一封写于壬戌年（1862）十月十五日，已是两人在北京交游的第三年。申氏在信中写道：

> 仲夏，老兄春槎寄答盛函，次第远坠。带惠之品，一一照录拜
> 领，兼承答家弟书及物，感激倾喜，如何尽喻。有便则兄必寄书来，

1 〔朝鲜〕申锡愚：《海藏集》第15卷，《入燕记》（上），《韩国文集丛刊》（续）第127册，第566页。
2 〔朝鲜〕申锡愚：《海藏集》第16卷，《入燕记》，《韩国文集丛刊》（续）第127册，第591页。
3 〔清〕董文涣：《琴泉亭记》，〔清〕董文涣编著，李豫、〔韩〕崔永禧辑校：《韩客诗存》，书目文献出版社，1996年，第267页。
4 〔朝鲜〕申锡愚：《海藏集》第15卷，《入燕记》（上），《韩国文集丛刊》（续）第127册，第567—568页。

辄以佳种伴之。弟则不能然，岂弟之爱兄不及兄之念弟而然也。良由
穷命病状，忽忽无乐，舭墨心倦，寻襦亦疏也。兄庶谅此，必垂恻伤
也。弟于中国，交游亦不为不多，独于老兄，殆有天缘。岁暮燕市人
海之中，一揖便托知己。此生此乐，何可忘旃。特因交游稍广，归期
甚忙，不能专意谈讨，益开胸中之茅塞。一别三载，不可复会，每思
重理北辕，握叙于文燕茗会之席。形拘势掣，未易能办，徒增怅恼，
奈何奈何……[1]

可见自京城离别之后，沈秉成和申锡愚还多有书信和赠物往来，并延及锡愚之弟，二人
可谓知己之交。

从三封信函的内容看，沈秉成赠有"书卷、墨迹、琉璃钟、灵壁石"，并为锡愚
之"琴泉"书室撰写楹联、匾额等，申锡愚的赠物则包括"《金刚山图》一本，《无喧
阁雅集图》一本，乌晶砚山一座，出新罗古都，东制文王鼎一座"等。申锡愚专门作
《新罗真兴王北狩碑考》，向沈秉成求教。不仅如此，锡愚还积极引荐同道中人和沈秉
成相识，将赵冕镐（字藻卿，号玉垂、怡堂，1803—1887）之书牍转与沈秉成以促成
两人之神交："玉垂二牍，亦为仰呈。玉垂赵冕镐藻卿，弟之姨从兄也，文雅清恬，不
喜与俗士游，素慕中华名士，但无梯入都。弟受老兄对联以传之，则歆艳诵慕，欲订
神交。有此仰溷，幸垂轸鉴，赐以覆教焉。"[2] 得此书牍后，沈秉成特别"送睨一对联，
联长竟壁，作楷草长句，句曰：随遇自生欣，暖日和风入怀抱；静观可娱意，崇兰幽竹
有情文"[3]。与此同时，申锡愚在北京因沈秉成而结识董文涣，又通过董文涣遍交诸名
士，并写下《日下交游录》[4]。两人的交游带动了 19 世纪中叶一批中朝文人之间的交往。
如下元圭（1837—？）于 1865 年随谢恩兼冬至使行赴清时，见到沈秉成后，留下了
《沈仲复秉成观察》一诗："沈公人中龙，风雷动百变。彩笔题仙籍，清珮下金殿。开
口无鄙言，意气生顾盻。一麏出南州，惠风清海甸。莫学谢永嘉，山水事游衍。"[5]

三、朴珪寿与沈秉成之证交

朴珪寿与沈秉成之相交虽然源于申锡愚的书信，但双方的交游时间似更绵长，内容
也更为丰富，今根据《瓛斋集》《砚樵山房日记》《韩客诗存》等文献记载，将双方交游
涉及的内容（包括相互赠书题语、诗文唱和，以及书函往来等）列表如下：

1 〔朝鲜〕申锡愚：《海藏集》第 9 卷，《与沈翰林仲复书》，《韩国文集丛刊》（续）第 127 册，第 356 页。
2 〔朝鲜〕申锡愚：《海藏集》第 9 卷，《与沈翰林仲复书》，《韩国文集丛刊》（续）第 127 册，第 355 页。
3 〔朝鲜〕赵冕镐：《玉垂集》第 30 卷，《题沈仲复秉成所书珠联后》，《韩国文集丛刊》（续）第 126 册，第 233 页。
4 参见〔清〕董文涣：《琴泉亭记》，载〔清〕董文涣编著，李豫、〔韩〕崔永禧辑校：《韩客诗存》，第 267—273 页。
5 〔清〕董文涣编著，李豫、〔韩〕崔永禧辑校：《韩客诗存》，第 80 页。

表3-6　朴珪寿与沈秉成交往一览表

序号	交往时间	交往地点	交往内容	文献来源	备注
1	1861 年三月二十八日	慈仁寺（内有顾亭林祠）	拜祭顾亭林、会饮、唱和	《瓛斋集》《韩客诗存》	清人董文涣、王轩、黄云鹄、王拯同在。
2	1861 年春	松筠庵	拜祭杨继盛、会饮、作书画为赠	《韩客诗存》《韩客文存》	清人董文涣等同在。
3	1861 年春	沈秉成寓楼	赠书题语	《瓛斋集》	
4	1861 年四月二十八日	沈秉成寓楼	小饮、唱和、笔谈	《瓛斋集》《韩客诗存》	正使赵徽林、书状官申辙求以及清人董文涣、王轩、冯志沂、王拯同在。
5	1861 年五月初六	沈秉成寓楼（待考）	告别	《瓛斋集》	王轩、董文涣同来，并诵赠书绝句。
6	1861 年八月		朴氏致函	《瓛斋集》	朝鲜宪书使携去，信函今未见。
7	1861 年十月二十一日		朴氏致函	《瓛斋集》	《与沈仲复秉成》（辛酉）
8	1861 年冬旬		沈氏回书	《瓛斋集》	朝鲜宪书使携回，信函今未见。
9	1861 年春夏		沈氏答书	《瓛斋集》	信函今未见。
10	1861 年闰八月十九日		朴氏致函	《瓛斋集》	《与沈仲复秉成》（壬戌），朝鲜宪书使携去。
11	1861 年冬（待考）		朴氏致函，并送拓本《重峰遗墟碑》《真澈禅师碑》	《瓛斋集》《砚樵山房日记》	《与沈仲复秉成》一函由朝鲜使臣李景人、金小棠携去，于 1862 年正月十七日送达。
12	1862 年春		沈氏回函	《瓛斋集》	朝鲜贡使携回，信函今未见。
13	1862 年三月（待考）		朴氏致函，附《怀人图》	《瓛斋集》	《与沈仲复秉成》
14	1862 年十月二十七日		朴氏致函	《瓛斋集》	《与沈仲复秉成》（癸亥）
15	1865 年正月初四		朴氏函至	《砚樵山房日记》	朝鲜使臣李菊人携来，信函今未见。
16	1867 年正月初九		朴氏函至	《砚樵山房日记》	朝鲜使臣携来，信函今未见。
17	1872 年冬		朴氏致函	《瓛斋集》	《与沈仲复秉成》（壬申）

不过，上表应非两人交游的所有内容。朴珪寿壬申年（1872）第二次燕行，但此次未能如愿和秉成相会，因而颇为伤感，他在《与沈仲复秉成》该信中写道："我先有书，未得回音，自此鱼雁莫凭五六年。神交虽不在楮墨问存，亦安得不依依黯黯。今兹来日下，闻断弦已续，掌珠可爱，殊慰远友之望。驻节上海，想此地方繁靘少暇，读书受用，正在盘错，幸勉之。务余能不倦饮酒赋诗否？倘复有筹海文字，此为实用。瓛卿今日望吾兄在此不在彼也，弟再到而不逢旧识，抚念感慨……"[1] 由此可知在五六年前，两人当有书信往来。根据董文涣《砚樵山房日记》记载，同治二年（1863）、同治三年（1864）、同治四年（1865），沈秉成都曾与入燕的朝鲜使臣见面、交游[2]，收到使臣带来的朴氏信函，应都有回函。

在与沈秉成的交游中，尤其受到关注的是朴珪寿在京参加由董文涣和沈秉成召集的慈仁寺"顾祠"春祭活动。慈仁寺位于北京外城，清初，寺周围书铺林立，顾炎武曾寄居在此。道光年间，何绍基（字子贞，号东洲，1799—1873）和张穆（字诵风，号石州，1805—1849）等人筹资在此修建了顾亭林祠（图3-9），之后每年春秋此地都会举办拜谒祭祀活动，即所谓"顾祠修禊"，以示对顾炎武实事求是、经世致用的思想和行为的推崇。参加此次拜谒的还有王轩（字霞举，号青田、顾斋，1823—1887）、黄云鹄（字翔云、缃芸、缃云等，1819—1898）、王拯（字定甫，号少鹤，1815—1876）等人。祭祀之后，他们聚集在禅房饮酒作诗，"相与论古音之正讹、经学之兴衰，盖俯仰感慨，而乐亦不可胜也"[3]。其时朴珪寿"以一诗呈诸君求和"，诗中写道：

> ……天缘巧凑合，期我禅房幽。相揖谒先生，升堂衣便抠。笾实荐时品，爵酒献东篘。须臾微雨过，古屋风飕飕。纤尘浥不起，轻云澹未流。高槐滋新绿，老松洗苍虬。福酒置中堂，引满更献酬。求友鸟嘤嘤，食萍鹿呦呦。……[4]

从中颇能得见双方交游之自然相通、逸兴旷达。

1 ［朝鲜］朴珪寿：《瓛斋集》第10卷，《与沈仲复秉成》，《韩国文集丛刊》第312册，第486页。
2 〔清〕董文涣编著，李豫、〔韩〕崔永禧辑校：《韩客诗存》，《〈砚樵山房日记〉手稿中朝鲜人资料》，第323—338页。
3 ［朝鲜］朴珪寿：《瓛斋集》第11卷，《题顾祠饮福图》，《韩国文集丛刊》第312册，第512页。
4 ［朝鲜］朴珪寿：《瓛斋集》第3卷，《辛酉暮春二十有八日，与沈仲复、董研秋两翰林，王定甫农部，黄翔云、王霞举两库部，同谒亭林先生祠，会饮慈仁寺。时冯鲁川将赴庐州知府之行，自热河未还，后数日追至，又饮仲复书楼。聊以一诗呈诸君求和，篇中有数字叠韵，敢据亭林先生语，不以为拘云》，《韩国文集丛刊》第312册，第356页。

图3-9　顾亭林祠（慈仁寺，旧称报国寺）

　　"顾祠修禊"后，朴珪寿"复集松筠庵拜树山[1]先生栗主"[2]。松筠庵位于北京宣武门外达智桥胡同，是明嘉靖年间杨继盛（字仲芳，号椒山，1516—1555）的故居。杨继盛为明朝著名谏臣，曾因上疏揭露平虏大将军仇鸾（1505—1552）暗通鞑靼而被治罪，贬官至陕西狄道。仇鸾被弹劾而亡后，杨继盛受到重用回京，后又因弹劾内阁首辅严嵩而被投入死牢，受尽酷刑。他曾上《请诛贼臣疏》，历数严嵩"五奸十大罪"，临刑赋诗曰："浩气还太虚，丹心照千古。生平未报恩，留作忠魂补"[3]，为人所敬仰。隆庆即位后，追赠其太常少卿，谥号"忠愍"，予以祭葬。朴珪寿于松筠庵召友拜祭杨继盛，可见其对士人气节的赞赏。目前可知参加聚会的有董文涣、黄云鹄，二人各作书画为赠；朴珪寿则作《怀人图》，"且以诗系其上"，董文涣"即题句答之"，并"藏之中笥，以代异日乡思之券"[4]。没有记载显示沈秉成参与了此次聚会，不过朴氏回国后，特别把请人描绘的《顾祠饮福图》（一名为《怀人图》）寄给沈秉成[5]，此图容后再论。

　　在京期间，朴珪寿还多次前往沈秉成寓楼。四月十八日，沈秉成在寓楼召集了朴珪寿以及诸好友雅会，时朝鲜正使赵徽林、书状官申辙求以及清人董文涣、王轩、王拯、冯志沂（字述仲、鲁川，1814—1867）等人同在，众人对饮赋诗，唱和笔谈。沈秉成和董文涣在《咏楼联句，用韩孟会合韵，招同人饯朝鲜朴瓛斋仕郎、赵秋潭、申眉南侍

1　当为"椒山"之误。
2　〔清〕董文涣编著，李豫、〔韩〕崔永禧辑校：《韩客诗存》，第280页。
3　《明史》第219卷，列传九十七。
4　〔清〕董文涣：《朝鲜使朴瓛斋召集松筠庵谏草堂小饮》《书朝鲜朴瓛斋怀人图后》，〔清〕董文涣编著，李豫、〔韩〕崔永禧辑校：《韩客诗存》，第184、280页。
5　参见〔朝鲜〕朴珪寿：《瓛斋集》第10卷，《与沈仲复秉成》，《韩国文集丛刊》第312册，第486页。

御、宋竹阳进士》之开头联句云："曲高和斯寡，别多情愈重。忆共韩客醉，犹余吟兴勇……"[1]朴珪寿则有言："倾倒清昼谈，酒醋仲复楼。"[2]双方之情义可见一斑。朴珪寿临别时，"沈君出《笠泽丛书》二本"，考虑到朴珪寿"年老视眊"，他还特别"择其字大而精好者题赠"，朴珪寿尤为感动，依沈氏"为他日相思展卷替面"之请，在另一本上题语，并"写江湖小景主宾拱揖之容"一幅，于上题诗曰："天阔江空境有余，赠书图就意何如？中间拟筑松毛屋，伴钓春风笠泽鱼。"沈秉成"大乐之，因指'笠泽鱼'三字，歔欷久之"，为此朴氏不无感慨，"盖时事多虞，情有所不能掩者也"[3]。

朴珪寿回国后，和沈秉成等人继续书信往来，在互赠诗文、讨论学问的同时，更是时常回忆和梦见他们相聚的情景，于是他"命画史绘《顾祠饮福图》，其貌写诸君，悉由余心想口授"，"卷中之人，展纸据案，援笔欲书者，户部郎中王拯少鹤也。把蝇拂沉吟有思者，兵部郎中黄云鹄缃云也。立而凝眸者，翰林检讨董文涣研樵也。持扇倚坐者，庐州知府冯志沂鲁川也。坐鲁川之右者，翰林编修沈秉成仲复也。对鲁川而坐者，兵部主事王轩霞举也。据案俯躬而微笑者，朝鲜副使朴珪寿瓛卿也。鲁川时赴热河未还，为之补写焉"[4]。在该图题文中，他感慨道："聚散离合，理所固有，若心性则无间于山海之间矣！笃于友朋者，皆自知之。"此图当即为前所提及的寄给沈秉成的《怀人图》，他期望沈氏收到图后，能够请人帮助修改不甚相像的人物容貌，并展示给当时聚会之诸君，得到他们的诗文识语，如此可"作传世之宝"[5]，从而"大慰天涯故人之望"[6]。

在朴珪寿所交往的诸多清朝文士中，沈秉成无疑是与其感情最深厚的一位，这与沈秉成的气性颇有关联。朴珪寿曾写信给好友申耆永（字穉英，号汕北，1805—1884）："曩岁弟于燕中，友归安沈秉成仲复甚善，为我说浙西山水之胜，赠我《陆鲁望集》[7]，要我作赠书图。图成余题诗曰：天阔江空境有余，赠书图就意何如？中间拟筑松毛屋，伴钓春风笠泽鱼。仲复为之叹息。盖聊复漫辞属意而已，安有伴钓笠泽之道哉。平生丘壑梦想，惟在上游佳处，非直清流高峰。映带逶复，晨夕往还，最多素心人故尔。"[8]可见两人之心性相通。看到沈秉成当年所赠之《笠泽丛书》，珪寿不无感伤："余与沈君游最多，乐不可胜。每阅此卷，陈迹如昨，不觉销魂黯然耳！"其弟朴瑄寿对这段友情总结道：

1　〔清〕董文涣编著，李豫、〔韩〕崔永禧辑校：《韩客诗存》，第 181 页。

2　[朝鲜]朴珪寿：《瓛斋集》第 3 卷，《辛酉暮春二十有八日，与沈仲复、董研秋两翰林，王定甫农部，黄翔云、王霞举两库部，同谒亭林先生祠，会饮慈仁寺。时冯鲁川将赴庐州知府之行，自热河未还，后数日追至，又饮仲复书楼。聊以一诗呈诸君求和，篇中有数三字叠韵，敢据亭林先生语，不以为拘云》，《韩国文集丛刊》第 312 册，第 356 页。

3　[朝鲜]朴珪寿：《瓛斋集》第 3 卷，《题手画赠书图》，《赠别沈仲复》，《韩国文集丛刊》第 312 册，第 357 页。

4　[朝鲜]朴珪寿：《瓛斋集》第 11 卷，《题顾祠饮福图》，《韩国文集丛刊》第 312 册，第 512 页。

5　[朝鲜]朴珪寿：《瓛斋集》第 10 卷，《与沈仲复秉成》，《韩国文集丛刊》第 312 册，第 485 页。

6　[朝鲜]朴珪寿：《瓛斋集》第 11 卷，《题顾祠饮福图》，《韩国文集丛刊》第 312 册，第 512 页。

7　当即为前《笠泽丛书》，陆鲁望即陆龟蒙，字鲁望，唐代农学家、文学家，《笠泽丛书》为其自编杂文集。

8　[朝鲜]朴珪寿：《瓛斋集》第 9 卷，《与申穉英》，《韩国文集丛刊》第 312 册，第 468 页。

尽东南之美，倾盖如旧。文酒雅会，殆无虚日。气味相投，道谊相勖。沈仲复（秉成字）常称璷卿之言如出文文山、谢叠山口中，使人不觉起敬，其见推服如此。公东还以后，语到昔日交游之盛，辄叹想不已。[1]

小结

明清朝鲜士人与浙江学人的交往，不仅发生在朝鲜士人作为使臣前往北京的途中或在京停留之际，而且还延续至使臣回朝鲜半岛之后，甚至扩展到双方的亲友，成就一段佳话，也加深和推动了明清中朝学人之间的互动和交流。双方的交往，往往相互推重、文气相投、相知相契。明末朝鲜使臣在登州与山阴士人吴大斌的诗文往还，充满着双方面对后金占领辽东的心同道亲之情。18世纪中叶以来，华夷之辨下洪大容、金在行与严诚、潘庭筠、陆飞钱塘三士，朴齐家、李德懋、柳得恭与祝德麟、陈鳣等浙江文士的诗文唱和以及涉猎广泛的学术交流，饱含政治和文化关怀。19世纪中叶，申锡愚、朴珪寿与浙江文人程恭寿、沈秉成的交游则蕴含着更多学术和精神的相通。虽然交往的时代背景和社会环境各有不同，但朝鲜使臣对以杭州为代表的浙江风物皆充满向往，对浙江士人的文化底蕴和精神气质充满敬意，而浙江文人总是以平等之心、开放之举、和善之意与远道而来的朝鲜文人交游。双方心同理同，跨越地域的界限和语言的障碍，以共同的政治取向、价值理念和情感世界为基础，唱和诗文、交流学术，彰显出东亚汉字文化圈下"情"的诗意和世界。在朝鲜士人看来，浙江文人是中国传统文化的代表，秉承着儒家精神，与此同时，浙江文士也赞赏朝鲜文人正心诚意的儒学风范，双方的交往是一个时代文人交往的典范。

---

1 ［朝鲜］朴珪寿:《瓛斋集》序,《节录瓛斋先生行状草》（朴瑄寿撰，金允植删补），《韩国文集丛刊》第312册，第315—316页。

第四章

明清朝鲜文人的
浙江印象

明清时期，"浙江"作为行政区划的名称正式出现，基本承袭的是宋代两浙路的地理空间（不包括苏南），属于元代江浙行省的行政区域（设有浙东海右道和江南浙西道）。和宋元时期不同，明清大部分时间都实行海禁政策，除了第二章提及的崔溥、崔斗灿等漂流人，大多数朝鲜文人难有机会亲身来到浙江，然而他们的文集中不乏关于浙江地区的诗文，尤以杭州西湖为多。"浙江"作为一个行政地理空间，其区域范围、地理景观以及文化特点在朝鲜文人的印象中形成并逐渐清晰。本章主要利用朝鲜文集以及部分"燕行录"文献，说明明清时期朝鲜文人笔下的浙江及其自然、人文景观的特点，以及由此反映出的不同时代朝鲜文人对浙江的认识。

第一节　关于浙江的空间认识

一、明清浙江的行政区划

元末天下大乱，龙凤四年（1358）十二月，朱元璋占领婺州，丙戌，"置中书分省于婺州"[1]，设浙东分省，治宁越府，后改为金华府；至正二十三年（1363）二月戊寅，又命移置省治于严州；至正二十六年（1366）九月，朱元璋势力占领杭州；十二月，罢浙东分省，开浙江等处行中书省于杭州，置浙江行省，治在杭州[2]，"浙江"作为高层行政区划名称正式登场。1368年，朱元璋称帝，国号大明。洪武初仍循元制，以中书省及行中书省分统府州县；洪武九年（1376）六月，改行中书省为承宣布政使司，浙江行省即为浙江承宣布政使司，不过民间俗称甚至官方公文往来通常还称浙江省。清代沿袭明制，为浙江省，治在杭州。

明清浙江省的辖区范围基本较稳定。明初，浙江省只领杭州及杭州以南共九府，即杭州、严州、金华、处州、衢州、明州（洪武十四年，即1381年改名宁波）、绍兴、台州、温州。考虑到浙江行省辖域太小，洪武十四年（1381），浙江北部原属京师的湖州、嘉兴两府改隶浙江，由此浙江共领十一府。浙江省的辖境就此确定，入清后亦未有变，唯有道光二十三年（1843），原属宁波府的定海县升为定海直隶厅[3]，至此浙江省领十一府及一直隶厅，直至清亡。需要指出的是，明代高层政区三分其权，都指挥使司、布政使司与按察使司三司并立，三司所统之地域范围有时并不一致，但浙江省三司统辖范围一致。清代改以浙江巡抚为省最高行政长官，曾一度设置浙江总督，又改浙江巡抚为浙江总督，但时间不长，基本上还是浙江巡抚统辖地方行政。

1　《明太祖实录》第6卷，"龙凤四年十二月丙戌"条。
2　周振鹤主编，郭红、靳润成著：《中国行政区划通史·明代卷》，复旦大学出版社，2007年，第151页。
3　《清宣宗实录》第388卷，"道光二十三年正月丙辰"条。

二、朝鲜半岛古舆图中的浙江

朝鲜半岛古舆图中少有专门的浙江省图，其所绘制的浙江通常出现在世界地图或中国地图中。现存朝鲜半岛最早的单幅世界地图是 1402 年制作的《混一疆理历代国都之图》，该图的地理范围横跨亚非欧大陆，除了中国之外，东部绘制出日本、朝鲜半岛，西部绘制出非洲大陆和欧洲地区，北部到大泽（今贝加尔湖）以北一线，大陆南部海域则绘出渤泥、古里门、马八儿等诸多岛屿，是集当时中国、伊斯兰世界和朝鲜半岛的地理知识绘制而成，今原本不知去向，唯有四幅摹本存于日本。虽然这是一幅展现明初大一统景象的世界地图[1]，但是根据权近的跋文，这幅地图的中国部分乃是根据元代李泽民《声教广被图》和清浚的《混一疆理图》绘制而成。从图中所绘来看，在浙江范围内，主要绘制的行政地名也是元代江浙行省辖属下的路州府以及部分县，图上还没有出现"浙江"这一地名。

就现存资料而言，直到 16 世纪，"浙江"才作为行政名称出现在朝鲜半岛古舆图上。今收藏在高丽大学仁村纪念馆的《混一历代国都疆理地图》主要绘制了中国和朝鲜半岛，该总图是明嘉靖五年（1526）《杨子器跋舆地图》重绘本的朝鲜增绘本，大约制作于 16 世纪中叶。这幅地图所绘制的浙江和《杨子器跋舆地图》重绘本基本相同，十分清晰地绘制了浙江的地方行政空间，在内涂有红色的圆框中标出了"浙江"、治所"杭州"及其附郭"钱塘"和"仁和"，十一府则以内涂白色的圆框标明，另外以方框标绘出县，还在沿海的宁波、台州和温州以菱形框标绘出不与府州县同治的卫所，其中尤以宁波和台州一带的卫所标绘得最多。该图之后，分别绘制于 16 世纪末和 17 世纪中叶的《华东古地图》和《王泮题识舆地图朝鲜摹绘增补本》都与《混一历代国都疆理地图》的地理范围基本相同，绘制浙江时也不仅绘出府州县，而且标有卫所，《王泮题识舆地图朝鲜摹绘增补本》甚至绘有部分巡检司。这当然和所摹绘的明代地图有关，也说明当时朝鲜半岛对浙江沿海军事要地亦有所认识。

1666 年，时任工曹正郎的金寿弘（1601—1681）绘制了《天下古今大总便览图》，这是少数具有明确制作时间的朝鲜王朝时期的舆地总图，主要绘制了中国和朝鲜半岛。和前述地图主要绘制行政地名不同，这幅地图不但绘制出了浙江十一府，并且在各府中，除了列出少量县，还绘有重要的山岳、河湖等自然景观和历史人物、古地名等人文景观。例如在杭州，县级政区仅列出钱塘、余杭和临安，但其他内容却包括西湖、天目山、褚遂良、许远、孤山林逋居、八月十八浙江潮壮景和朱烈女缢死。西湖和天目山作为杭州府的代表性地理景观，自然无须多言；而在人文方面，除了"朱烈女缢死"典故不详，其他人物都是唐宋时期杭州府著名的节义文士；此外，浙江潮所具备的人文意义

1　参见杨雨蕾：《〈混一疆理历代国都之图〉的图本性质和绘制目的》，《江海学刊》2019 年第 2 期。

将于本章第四节详述。整体来看，图中所列的浙江人文景观较多关注于当地历史上重要的政治人物、文化人物以及代表着忠节精神的景物和人物。《天下古今大总便览图》依据的是明代较为流行的舆地总图，自 1666 年刊刻后，其在朝鲜半岛又被多次刻印[1]，无疑影响了朝鲜士子对浙江地域的印象。

18 世纪朝鲜舆地总图所描绘的浙江，可从《天下舆地图》和《天下大总一览全图》中窥见。这两幅图虽绘于清代，但其中国部分依然基本展现为明代的行政地理空间。《天下舆地图》作于 1747 年，图上部的大段文字列出了明代两京十三布政使司及其所属府、州，部分都司，卫所，宣慰司、安抚司等，各省附有地理地势以及相关古地名情况的说明文字，各府、州、都司、卫所、宣慰司等下则有该地到北京、南京的距离；其中浙江省列出十一府，各府下有到北京和南京的距离，以及需要缴纳的税粮。地图上则详细标绘了重要山川、县级政区、沿海卫所等。

《天下大总一览全图》藏于韩国中央图书馆，绘制时间大体在 17 世纪中叶到 18 世纪中叶。相比《天下舆地图》，《天下大总一览全图》的地理信息较为简洁，各省仅绘有府以及重要山川。就浙江省而言，除了绘出十一府外，还特别绘出湖州府的安吉县。安吉县在明武宗正德元年（1506）升为州，领有孝丰县，清乾隆三十九年（1774）复降为县。浙江境内绘出的山脉包括天目（山）、会稽（山）、四明（山）、天台（山）、金华山、仙都（山）、雁荡（山），水系则有浙江、金溪、剡溪、永嘉江和安固江（即飞云江）。

到了 19 世纪，朝鲜半岛出现了比较完整的反映清代中国行政地理空间的舆地总图，如《舆地全图》。《舆地全图》是世界地图，其绘制的地理范围包括亚洲、欧洲、非洲以及澳大利亚，据推测是 19 世纪中叶之后的作品[2]。该图绘制出清朝内地十八省和东北、青海、新疆、西藏等边疆地区，其中对内地十八省的绘制最为详细，所绘内容包括府、州、部分县和一些山川名。图上部的"中朝各省外藩程里"记录了清十八省治所所在地、东北三将军等地距离京师的距离；下部的"乾隆新疆西域诸部"则列出了新疆西域诸部到京师的距离。这幅地图当参照了以西方经纬线法绘制的《大清统属职贡万国经纬地球式》，但还是延续着传统以中国为中心的行政地图的绘制手法。就浙江省而言，《舆地全图》标绘出了十一府、定海（厅）和杭州二附郭县，除此之外，还特别绘出天台（山），以及沿海的观海（卫）和昌国。

上述观海（卫）和昌国并非清代地名。观海卫是明洪武二十年（1387）为抵御海上倭寇而在宁波慈溪县沿海设立的重要海防卫所，清代改为永义乡。昌国其名则最早出现在北宋熙宁六年（1073），王安石任鄞县县令时，奏请将县治搬至位于今舟山群岛的旧

1　杨雨蕾，「金壽弘의『天下古今大摠便覽圖』板本 研究」，『한국고지도연구』3(1)，2011，pp. 1-16.
2　오상학，『조선시대 세계지도와 세계인식』，창비，2011，pp. 358-359.

翁山县地，名为昌国，"意其东控日本，北接登莱，南连瓯闽，西通吴会，实海中之巨障，足以昌壮国势焉"[1]。元朝至元十五年（1278），昌国因"海道险要""户口倍增"而升县为州，名昌国州。明洪武二年（1369）改昌国州为昌国县。洪武二十年（1387）撤昌国县，并入定海县。从《舆地全图》特别标绘出这两个地名可知，尽管清代朝鲜半岛和浙江之间的海上往来有限，但是绘图者依然关注着浙江作为沿海地区的军事意义。而图上错将宁波和昌国同绘于东部的海岛上、定海和观海（卫）同绘于沿海陆地上，则可见这个时期的绘图者并不十分确定清代浙江的行政地理区划，沿袭了前朝的了解和认识。

以上的朝鲜舆地图基本上有明清地图作为蓝本。除此之外，朝鲜半岛还出现了颇具特色的地图集，通常有"地图帖""地图帐"之称，盛行于18世纪到19世纪上半叶，现存的此类刻本和绘本相当多。这种地图集所收录的地图虽然数量不等，但最常见的是13幅，即天下图、中国图、日本图、琉球图、朝鲜图各1幅，再加上朝鲜八道地图。其中，天下图以圆形者最为普遍，有不少单张流传，广泛收藏于世界各地。圆形天下图通常包括四部分，中心是内大陆，向外依次是内海、环大陆（即外大陆）、外海。环大陆上都是想象的国名，如无肠国、大人国、火山国等；内海上有一些真实的国名，如日本、琉球、真腊等，但大部分和环大陆上的国名一样纯属假想；内大陆标绘出"中国"，通常位于中心或略偏东，标注在圆形符号内，除此之外，内大陆还注有朝鲜、安南、大宛、大幽国等国名，并绘出黄河、黑水、昆仑、衡山等山川，其中在东部沿海特别绘出了天台（山）。

再说地图帖中的中国图，该图东至朝鲜半岛、日本、琉球，西到昆仑山、岷山，西北标绘有西域、吐蕃、匈奴等，北部绘出长城以北如阴山、贺兰山等，南部海洋则标出琼州岛、崖山岛。此外，陆地上的河流主要是黄河、长江及其部分支流，行政区划基本上还是明十五省，即两京十三布政使司的格局，其他标绘出的内容还有湖泊、山脉、古地名、一些人文景观以及各省到北京的距离等。这类地图颇为简洁，浙江省的内容通常只有：杭州、宁波、四明、台州、湖州、钱塘、天台（山）、会稽（山）、鉴湖，并有"至北京四千二百里"字，部分仅绘出杭州、宁波、台州和湖州四府。钱塘为杭州附郭县，也是杭州的古称。四明是山名，也是宁波府的别称，因四明山在宁波境内而得名，如宋有乾道《四明图经》，元有延祐《四明志》，清有《四明志补》等。有些图中"四明"附近并没有如同天台和会稽那样绘出山形，所以此处之"四明"当意为宁波之别称。就浙江境内而言，这些地区显然是朝鲜人所关注的重点地区。

---

1 〔元〕冯福京修，郭荐纂：大德《昌国州图志》第1卷，《宋元方志丛刊》影印本，第6064页。

三、朝鲜文人对浙江地理之认识

明清时期的朝鲜文人说起"浙江"时，或用其本义，即作为河流名，即今之钱塘江，如丁寿岗（1454—1527）[1]在其《枕流堂赋·次李经历君度韵》中有"轻浪洒溅分湿衣。如登灵隐寺之上兮，门对浙江"[2]的诗句；但在大多情况下，朝鲜文人口中的"浙江"是指这一行政区划。从上述朝鲜古舆图中所绘制的浙江来看，明清朝鲜文人对于浙江的地理方位、其与京城的距离应较清晰。如金景善（1788—1853）曾于1832年作为冬至兼谢恩使团书状官出使，在其使行录《燕辕直指》中十分明确地记录了浙江省与京师的距离、四至八到、府州县的数量以及税粮等：

> 距京师南三千二百里，东西八百八十里，南北一千二百八十里。东界海，西界安徽，南界福建，北界江苏。领府十一，州一，县七十六。额征杂税银共三百五十四万七千三百余两，漕米六十七万八千二百余石，仓谷一百五十二万九百余石。[3]

可见到了19世纪上半叶，朝鲜半岛对浙江省行政地理之认识已经颇为全面。只是明清交替之后，朝鲜人眼中的中国行政区划在很长一段时间内仍然保留了明朝的部分内容，如18世纪的《天下舆地图》就绘制出不少浙江沿海卫所，《天下大总一览全图》中特别绘出安吉（州），以及19世纪《舆地全图》绘出观海（卫）。从这些例子中都可以看到朝鲜半岛对明代浙江行政地理认识的延续，也可以看到朝鲜半岛十分关注浙江作为沿海地区所具有的军事海防职能。

这一现象与明代浙江和朝鲜半岛的关系有关。翻查《朝鲜王朝实录》可以发现，其对明朝浙江的记载多集中在两个方面：一是漂流船（人）；二是晚明抗倭时的浙江兵。有关漂流船（人）的记载，本书第二章已作说明。明代因为实行海禁政策，官方自浙江到朝鲜半岛的海上通道不存，然而因为洋流所形成的天然通道，船只又很容易漂流至对方境内，因此漂流船民反而成为了解对方的重要渠道。

明前期漂流至朝鲜半岛的浙江船民主要有两类，其一是洪武、永乐时期海运漕粮到北方的浙江卫所的官船；其二是自洪武至宣德间被倭寇掳掠后又得以逃脱的浙江漂流民。明初为了解决北方战争供给，继续实行元代的漕粮海运政策，洪武元年（1368）二月，太祖诏汤和还明州，造海舟漕运北征粮饷[4]。此后，浙江不断海运漕粮到北方。虽然明太祖在洪武三十年（1397）诏令第二年停止辽东海运[5]，但实际上直到疏通大运河的永乐

---

1 丁氏曾在成化十七年（1481）以正朝使团书状官身份出使明朝。
2 ［朝鲜］丁寿岗：《月轩集》第1卷，《枕流堂赋》，《韩国文集丛刊》第16册，第180页。
3 ［朝鲜］金景善：《燕辕直指》第6卷，《十九省道里财赋》，见《燕行录全集》第71卷，第170页。
4 《明太祖实录》第30卷，"洪武元年二月癸卯"条。
5 《明太祖实录》第255卷，"洪武三十年十月戊子"条。

十三年（1415），明朝廷都一直在推行辽东海运。所以，在《朝鲜王朝实录》的记载中，这个时间段内漂流到朝鲜半岛的浙江漂流船多是沿海卫所运送漕粮到北方的官船（参见表2-1），所涉及的相关卫所包括观海卫、金乡卫、绍兴卫、处州卫、昌国卫等。而就第二种情况而言，据史料记载，"倭乱"早在元末就时有发生，明初情况更为严重，尤其在浙江沿海多有骚扰之举，一直延续到成化年间。《朝鲜王朝实录》记录了不少被倭寇掳掠后又得以逃脱的浙江漂流民。对于这些漂流船民，朝鲜王朝政府通常首先验明其身份，之后通过各种渠道转送其回国；而在此过程中，朝鲜半岛也得以了解浙江的情况。

相比漂至朝鲜半岛沿海的浙江船民，史料所记载的明代前期漂到浙江沿海的朝鲜船民则较为有限。据《朝鲜王朝实录》记载，成化五年（1469）十一月漂流到浙江的金盃回一行在浙江经过多次盘查后被送到北京，之后被安排和朝鲜使臣一起回国[1]。另外还有因留下《漂海录》而闻名的崔溥一行。如第二章所述，弘治元年（1488）正月，崔溥从济州岛乘船前往全罗道罗州赴父丧，途中遭遇风暴，在海上漂流13日后到达浙江台州临海县，经浙江各级官府验明身份后，一行人经由大运河被移送至北京，后陆路通过辽东回到朝鲜半岛。《漂海录》记述了崔溥此行的经历见闻，尤其是十分详细地记录了其上岸后被浙江沿海卫所详加盘查的情况，同时还记述了所经交通和浙江地景，极大影响了朝鲜半岛对浙江的认识，相关内容后文还会涉及。

有关漂流民的记载一直延续到明末，到万历年间，朝鲜半岛文献出现了不少有关浙江兵、浙兵的记载。"浙兵"最早是指明代嘉靖年间东南抗倭时期由戚继光、谭纶等人训练出来的军队，其兵源主要来自浙江宁波、绍兴、台州、温州、金华、衢州等地，训练有素，军纪严明，能使用多种火器，有着强大的作战能力，在"嘉靖大倭乱"中颇有功绩，因而声名远扬。隆庆初年，谭纶和戚继光先后北调为蓟辽总督和总兵官，镇守北部长城沿线。考虑到当地士兵数量不够、训练不足，难以应战，二人报请朝廷从浙江调拨士兵，之后不断从浙江招募士兵前往北边戍守和作战，这些士兵又被称为"南兵"，后设立南兵营。虽然南兵不完全是从浙江招募的士兵，但绝大多数是浙江兵。到了万历初年，南兵更番戍守更是成为定制。

万历二十年（1592），"壬辰倭乱"爆发，朝鲜王朝政府向明朝求助，明朝政府一方面加强沿海防御，另一方面决定派出军队援朝，其中南兵作为精锐之师，陆续被征调到辽东和朝鲜半岛，不仅承担了后方防御任务，更是援朝作战的先锋部队。朝鲜半岛战争期间，明朝兵部不断直接从浙江本省大规模征调南兵，尤其是金华义乌兵。实际上，早在万历二十年（1592）十月，兵部就有令，"宜行浙江抚臣选募义乌、东阳劲兵数千听遣"[2]，之后更是大量招募浙江义乌兵。曾是蓟镇南兵主将，后先后为游击将军、御寇总

---

1 《朝鲜成宗实录》第2卷，"成宗二年正月八日辛巳"条。
2 《明神宗实录》第253卷，"万历二十年十月丁酉"条，第4708—4709页。

兵官的吴惟忠（号云峰，1533—1611）便是义乌人，此外还有王必迪、胡大受、叶邦荣等诸多来自义乌的将领和士兵，战功赫赫[1]。当然除义乌兵之外，还有不少浙江兵来自浙江其他地区，例如神机营副总兵骆尚志就来自浙江绍兴。浙江兵不仅包括陆兵，而且还有为数众多的水兵。丁酉再乱时，陈璘统帅水师前往作战，据《朝鲜王朝实录》记载，万历二十六年（1598）三月，明朝调集水兵两万余人，其中游击李（季）金领浙兵三千三百，游击沈茂所领浙兵有三千一百[2]。

虽然在朝鲜半岛作战的南兵并不完全来自浙江，但朝鲜人多将南兵等同于浙兵。如朝鲜相臣柳成龙说到南兵时，曾概括道："所谓南兵者，乃浙江地方之兵也，其兵勇睿无比，不骑马，皆步斗，善用火箭、大炮，刀枪之技，皆胜于倭。头戴白幡巾，身以赤白青黄为衣，而皆作半臂，略与本国罗将之衣相近，真皆敢死之兵。"[3]万历二十二年（1594）十月，备边司在启文中也特别提到："浙兵之强，甲于天下，至今所恃以御倭者，不在于燕、代，而在于江南。"[4]万历二十四年（1596），李好闵在《请兵粮奏文》中强调："复破此贼（指日本倭兵），非得浙兵不可。"[5]可见浙江兵在朝鲜王朝时代一直都以正面形象示人，他们英勇无畏，灵活善战，纪律严明，可堪信任。在朝鲜人的认知中，浙江也因此成为和朝鲜半岛并肩作战、积极抗倭的重要区域。

当然除此之外，浙江之山川秀丽、人文荟萃也为朝鲜人所认同和景仰。1599年四月，朝鲜半岛战争已经结束，游击水兵李天常（号灵峰）就水兵撤回一事向朝鲜宣祖奏告，《朝鲜王朝实录》记录了双方的对话，其中天常道："贵国风土，胜于浙江，耕种之习，亦与浙中无异。"宣祖答道："小国风土，乌得与浙江比乎？"[6]从宣祖的回答中，已然可见朝鲜人对浙江风土的推崇。李天常是浙江绍兴府人，他的比拟自然也令宣祖欣喜，或许正因如此，该对话才被特别记录下来。更为直接的称颂则如裴龙吉（号琴易堂，1556—1609）在其赞扬吴惟忠的《天将吴侯颂德碑铭》序文中写道："侯名惟忠，字汝孝，云峰号也，浙江金华府人。尝闻浙江山川最为秀丽，而又居离明之方，是必光岳之精，偏钟于侯，以为天朝之所登庸。天其或者出将入相之责，将在于侯乎？"[7]

到了清代，朝鲜人更为认可浙江的山川秀丽、人文昌盛。诚如第三章所论，洪大容于1765年燕行时，在京城遇到钱塘三士（即潘庭筠、严诚和陆飞），洪氏问："浙江山水何如而能人才辈出如是耶？"兰公（潘庭筠）曰："南边山明水秀。"[8]洪大容此问并非纯属恭维，浙江山水秀丽造就其英才辈出，这无疑是双方的共识。洪大容后又提及：

1 杨海英：《域外长城：万历援朝抗倭义乌兵考实》，上海人民出版社，2014年，第30页。
2 《朝鲜宣祖实录》第98卷，"宣祖三十一年三月甲寅"条。
3 ［朝鲜］柳成龙：《西崖集》第10卷，《答金士纯书》（癸巳二月），《韩国文集丛刊》第52册，第207页。
4 《朝鲜宣祖实录》第56卷，"宣祖二十七年十月乙丑"条。
5 ［朝鲜］李好闵：《五峰集》第12卷，《请兵粮奏文》，《韩国文集丛刊》第59册，第503页。
6 《朝鲜宣祖实录》第112卷，"宣祖三十二年四月甲申"条。
7 ［朝鲜］裴龙吉：《琴易堂集》第6卷，《韩国文集丛刊》第62册，第125页。
8 ［朝鲜］洪大容：《湛轩书》外集第2卷，《乾净录后语》，《韩国文集丛刊》第248册，第130页。

"中国之人才，多出于南方。南方之人才，多出于江浙。盖山川之明秀，地理有不可诬也。"[1] 在朝鲜士人的心目中，浙江并非局限于山川秀丽，而是自然地理和人文景观相辅相成。

这种认知或来自朝鲜使臣和浙江文人的交往，或来自传入朝鲜半岛的浙江文献。李海应（字圣瑞，号东华，1775—1825）于1804年燕行，在北京停留期间，与浙江嘉兴人陈洪墀（字范川，1758—？）等人约在乐志轩，酬酢甚欢，陈即自言："浙江山川秀丽，人文最盛。"[2] 李氏又到王棻（字柘庭）家中，遇到其内弟刘绍叔（号引泉，1771—？），刘询问他："江浙胜景可能一游乎？"李海应答道："只就旧书卷中，略知其某处。而局局海陬，鹏图莫展，往往驰神，亦欲得宗少文卧游法，而犹未易也。"刘又问："《西湖志》尊处有否？"李海应答曰："常一览过。"[3] 《西湖志》即明朝田汝成的《西湖游览志》，早在明末就已传入朝鲜半岛，如朝鲜文人申钦（字敬叔，号敬堂，1566—1628）有《题西湖志后》一诗："钱塘清赏世间无，南北高峰里外湖。安得来生作湖长，放游如白又如苏。"[4]

作为整体景观的浙江，与朝鲜文人所向往的江南颇具共性，或者说浙江常常是作为江南的一部分存在于朝鲜人的心目当中。"江南"作为一个地理名词，在中国历史上所代表的区域范围多有变化，而且还具有经济、文化方面的丰富内涵。"江南不但是一个地域概念——这一概念随着人们地理知识的扩大而变易，而且还具有经济含义——代表一个先进的经济区，同时又是一个文化概念——透视出一个文化发达的范围。"[5] 明代之所以将苏、松、常、嘉、湖五府列为"江南"经常性的表述对象，就是因为这些地区的经济发展已在全国获得了独一无二的地位，备受国家重视。清代虽然一度改南京为江南省，但在多数情况下，所谓江南一般就是指五府地区，有时亦指杭、嘉、湖、苏、松、常、镇七府[6]。

朝鲜半岛早在新罗时期就对江南有所认识，只不过当时的"江南"意指扬州。高丽时期，一方面受到元末明初文人的影响，另一方面出于自己的游历经验，李齐贤、郑梦周、李穑等朝鲜文人提及江南时已是指江浙一带。到了朝鲜王朝时期，与江南相关的作品越来越丰富，朝鲜人对于江南的认识也渐趋清晰。在明代朝鲜文人的心目中，今江苏长江以南、浙江是江南的重要地区，其中尤以苏州、杭州最令身在海东的朝鲜文人所向往。崔溥是极少的在朝鲜王朝时代能够亲身游历江南的士人，他于1488年漂流到浙江台州，之后一路北上，途经宁波、绍兴、杭州、嘉兴、苏州，感叹"自古天下以江南为

1 ［朝鲜］洪大容：《湛轩书》外集第2卷，《乾净录后语》，《韩国文集丛刊》第248册，第173页。
2 ［朝鲜］李海应：《蓟山纪程》，《燕行录全集》第66卷，第344—345页。
3 ［朝鲜］李海应：《蓟山纪程》，《燕行录全集》第66卷，第332—333页。
4 ［朝鲜］申钦：《象村稿》第19卷，《韩国文集丛刊》第71册，第486页。
5 周振鹤：《释江南》，载氏著《随无涯之旅》，生活·读书·新知三联书店，1996年，第334页。
6 冯贤亮：《史料与史学：明清江南研究的几个面向》，《学术月刊》2008年1月号，第135页。

佳丽地，而江南之中以苏杭为第一州”[1]。又如李廷龟（字圣徵，号月沙，1564—1635）
于 1598 年出使明朝，途经山海关时遇“南国莫秀才”求诗，于是书赠三首，其一云：
“家在江南佳丽地，苏堤烟月几经过。何缘一舸随君去，共赏西湖十里荷”[2]，由此可见
一斑。

　　到了清代，因为清初江南省的存在，朝鲜文人或以江南指代江南省。如 1791 年燕
行的金正中曾与不少清朝文士有过交流，在其《燕行录》最后列出的交往名单中，徽商
程嘉贤就被记录为江南人，文中也常以“江南名士”称之[3]，另外则有记为浙江人的士
人，如朱景贵等[4]。尽管如此，文人言及江南的繁盛富庶时并未忘记杭州。由于朝鲜文人
熟知一些歌咏江南的唐宋诗词，故其言说江南之美景时常常是苏杭并称。朴思浩在《燕
行行纪》中提及江南时，虽然多以之为行政区划，但与丁卯桥谈及江南名胜时则言：
“曾于东坡诸名人记迹，夙知苏杭之景物，东国人于天下名胜，首称江南所以然也。”[5]这
里的江南并不限于江南省的区域范围，而是包括杭州。其实一直以来，杭州都被朝鲜文
人视作典型的江南地区，西湖之美也随着田汝成《西湖游览志》的传入和西湖图的盛行
而备受朝鲜文人推崇[6]，还因此引发了一股“江南热”[7]。

　　朝鲜文人对于江南的认识和向往远不只是江南的柳、烟雨、春色以及女子。如果说
明代朝鲜文人对中国江南的歌咏主要是受唐诗宋词和中国文献有关描述的影响，更是对
江南柔美风情的感怀和愁绪，那么到了清代，这种情感则增添了怀念明朝的内容，融入
了不少政治和文化色彩[8]。朝鲜孝宗年间（1650—1659）官至领议政的金堉（字伯厚，号
潜谷，1580—1658）在清兵入关的甲申年（1644）三月曾写下《哀江南赋》，用以表达
其面对明亡的感伤之情。赋文前他这样写道：“大明太祖都南京。我国越海朝聘，谓天
朝为江南。太宗迁于北京，而仍以江南称，盖狃于旧也。今而哀之，作此赋。”[9]很明显，
此时的江南在朝鲜文人的心目中已隐然具有天朝大明的象征意义。对于朝鲜文士而言，
山川秀丽、人文荟萃的江南是传承华夏文化之地，是寄托他们“尊明攘清”之情的地
域，更是他们寻觅知己之地。

1　［朝鲜］崔溥著，葛振家点注：《漂海录——中国行记》，社会科学文献出版社，1992 年，第 108 页。
2　［朝鲜］李廷龟：《戊戌朝天录》，《燕行录全集》第 10 卷，第 506 页。
3　金正中和程嘉贤的交流可参见王振忠：《琉璃厂徽商程嘉贤与朝鲜燕行使者的交往——以清代朝鲜汉籍史料为中心》，《中国典籍
　　和文化》2005 年第 4 期。
4　［朝鲜］金正中：《燕行录》，《燕行录全集》第 75 卷，第 308 页。
5　［朝鲜］朴思浩：《心田稿·燕蓟纪程》，《燕行录全集》第 86 卷，第 27 页。
6　参见［朝鲜］申钦：《象村稿》第 19 卷，《题西湖志后》，《韩国文集丛刊》第 71 册，第 486 页；第 36 卷，《书西湖游览志后》，
　　《西湖景图跋》，《韩国文集丛刊》第 72 册，第 216、223 页。
7　정민，「16·7 세기 조선 문인지식인층의 江南熱과 西湖圖」，『고전문학연구』22，2002，pp. 281-306.
8　参见杨雨蕾：《明清朝鲜文人的江南意象》，《浙江大学学报（人文社会科学版）》2010 年第 6 期。
9　［朝鲜］金堉：《潜谷先生遗稿》第 1 卷，《韩国文集丛刊》第 86 册，第 6 页。

第二节　江南之景物：杭州西湖

一、元代高丽文人的西湖印象

早在元延祐六年（1319）秋，随高丽忠宣王"降香"江南的李齐贤到杭州，曾有《宿临安海会寺》一诗：

> 梵宫台殿远嵯峨，沙步移舟夜始过。峡月转廊随响展，溪风入户动鸣珂。山因苏子知名久，树自钱王阅事多。陌上春归花寂寂，唯闻谷鸟和村歌。[1]

海会寺位于当时临安府临安县，五代吴越国时钱镠在此大兴土木，香火鼎盛，寺僧众多，梵音远播。宋代苏东坡任杭州知府时几次到此，叹"此乃人间绝胜之处"，留下了《宿海会寺》和《海会寺清心堂》二诗[2]。李齐贤此诗追忆往昔，颇有取东坡诗句之意，描绘出此地更阑人静之景。

李齐贤还曾论及鲜于枢的所谓《西湖曲》："鲜于枢《西湖曲》云：西湖画舫谁家女，贪得缠头强歌舞；又曰：安得壮士掷千金，坐令桑濮歌行露。宋亡，士族有以此自养者，故伤之也。"[3]实际上，鲜于枢该诗名为《湖上曲》："湖边荡桨谁家女，绿惨红愁问无语……安得义士掷千金，坐令桑濮歌《行露》。"鲜于枢的诗虽然意在西湖，但诗句中却没有直接表露。李齐贤的改动则将之明确化，特别言及西湖画舫，强调宋亡之悲叹，可见他对西湖诗词十分熟悉。元代为西湖赋诗的高丽文人还有李穀（字中甫，号稼

1　〔高丽〕李齐贤：《益斋乱稿》第1卷，诗，《韩国文集丛刊》第2册，第511页。
2　《宿海会寺》诗云："篮舆三日山中行，山中信美少旷平。下投黄泉上青冥，线路每与猿猱争。重楼束缚遭洞坑，两股酸辛饥肠鸣。北度飞桥踏彭铿，缘垣百步如古城。大钟横撞千指迎，高堂延客夜不扃。杉槽漆斛江河倾，本来无垢洗更轻。倒床鼻息四邻惊，纨如五鼓天未明。木鱼呼粥亮且清，不闻人声闻履声。"《海会寺清心堂》诗云："南郭子綦初丧我，西来达摩尚求心。此堂不说有清浊，游客自观随浅深。两岁频为山水役，一溪长照雪霜侵。纷纷无补竟何事，惭愧高人闭户吟。"见〔宋〕潜说友：咸淳《临安志》第83卷，海会寺。
3　〔高丽〕李齐贤：《益斋乱稿》第4卷，诗，《韩国文集丛刊》第2册，第537页。

亭，1298—1351），他曾入元为官，与许多元朝文士相交游[1]。他游历杭州，留下了多首赞美西湖的诗，如辛巳年（1342）六月十五日，李穀泛舟西湖，有《游西湖》诗云：

舟人见客竞来迎，笑指荷花多处行。此日湖流应更好，夜来山雨水添生。

清风不用玉壶迎，红日如催画舸行。欲识西湖奇绝处，夜深花睡暗香生。

龙舟几向此中迎，玉仗摋摋夹岸行。但道侧金开梵刹，谁知前席问苍生。

小儿安可折腰迎，高士多应掉臂行。湖上秋来花易落，人闲日出事还生。

晓日舟人似喜迎，晚来何事却催行。人情利尽皆如此，怅望西山暮霭生。[2]

甲申年（1344），江浙行省左丞相别尔怯不花（别哥不花）邀请了时在元大都的高丽使臣郑誧（字仲孚，1309—1345）游历杭州，李穀为此专门有《送郑仲孚游杭州谒丞相》诗五首：

丞相南辕政化新，爱民如子出天真。只嫌暑湿伤和气，赖有家家祝寿人。

行近江南景物新，六朝遗迹已迷真。圣元混一今无古，笑杀当时割据人。

西湖今古靓妆新，一见应知面目真。旧日诗仙曾到处，纷纷歌吹恼游人。

苏杭景入画图新，每恨传闻总失真。及子未还吾亦去，鸡林贾客尽诗人。

梅花风格几番新，俗物何曾解混真。为我一过和靖宅，能诗便是爱梅人。[3]

得知郑誧晴日出游西湖后，李穀"复作四首"，其中又有两首特别赞叹西湖之景：

西湖水满北山晴，山下乘舟湖上行。四面天机云锦烂，中心仙阁

1 参见［韩］裴淑姬：《宋元时期科举中的高丽进士》，《科举学论丛》2008年第1期；陈高华：《〈稼亭集〉〈牧隐集〉与元史研究》，载郝时远、罗贤佑主编：《蒙元史暨民族史论集》，社会科学文献出版社，2006年。
2 ［高丽］李穀：《稼亭先生文集》第16卷，《韩国文集丛刊》第3册，第198页。
3 ［高丽］李穀：《稼亭先生文集》第17卷，《韩国文集丛刊》第3册，第205页。

翠华明。白云杳杳遗弓恨，红日悠悠倚柱情。不可此间无好语，喜君
自昔有诗声。

> 水光山色弄微晴，好向西湖载酒行。已卧莲舟浮混漾，更鸣桂楫
> 击空明。恐君辜负同游约，举世奔忙各有情。他日相逢空大笑，此诗
> 荒涩不成声。[1]

以上诗篇均可见得高丽文士对杭州西湖及其周边景物的熟知、欣赏和认同。

二、明代朝鲜的"西湖热"

到了明代，朝鲜文人对西湖的赞美延续不绝，尤其是随着西湖图、杭州图和田汝成
《西湖游览志》等相关文献的传入（图4-1、图4-2），朝鲜半岛出现了一股"江南热"
甚至是"西湖热"[2]。早在15世纪后半叶，西湖图就已出现在朝鲜文人的诗中，徐居正
（1420—1488）之诗即为一例。徐氏曾在1450年与明朝敕使倪谦、司马恂相唱和，1452
年又作为谢恩使首阳大君的从事官出使明朝，之后又再度出使明朝（1460年）且多次
接待明朝敕使（1457年、1476年）。他当见过相关西湖图，因此留下《林和靖放鹤图》
诗云：

> 欲访西湖处士家，梅花淡淡竹枝斜。笼中有鹤须开放，已道山中
> 客到多。[3]

李宜茂（字馨之，1449—1507）有《书游西湖图上》：

> 西湖弄水洗尘冠，赢得官曹半日闲。忙里簿书无我阔，醉中觞咏
> 尽君欢。江山满目情难遣，鱼鸟忘形兴未阑。移上画图非好事，白头
> 归老要相看。[4]

该诗充分表达了作者览图之后渴望一睹西湖真容的心境。郑士龙（字湖阴，1491—
1570）曾于1544年出使明朝，因是陆路往来，未得亲临浙江。不过，据金得臣（字子
公，1604—1684）在《终南丛志》中的记述，郑氏在朝廷得见《西湖图》，"遂以手指点
曰：此灵隐寺也，此涌金门也，此东坡所筑之堤也，此钱镠之墟也，此赵昹之舍也，此
林处士之所舍也。历历若曾所目见"[5]。郑氏有《钱塘晚望》诗云：

1 ［高丽］李穀：《稼亭先生文集》第17卷，《韩国文集丛刊》第3册，第206页。
2 정민，「16·7 세기 조선 문인지식인층의 江南熱과 西湖圖」，『고전문학연구』22, 2002, pp. 281-306.
3 ［朝鲜］徐居正：《四佳诗集》第5卷，《林和靖放鹤图》，《韩国文集丛刊》第10册，第298页。
4 ［朝鲜］李宜茂：《莲轩杂稿》第2卷，杂诗类，《韩国文集丛刊》第15册，第308页。
5 ［朝鲜］金得臣：《终南丛志》，载蔡美花、赵季主编：《韩国诗话全编校注》第3册，人民文学出版社，2012年。

> 灵隐寺中鸣暮钟，涌金门外夕阳春。至今蚁垤封犹合，依旧灵胥
> 怒尚悁。湖舫客归花屿暝，苏堤莺掷柳荫浓。钱墟赵社都无所，却问
> 孤山处士踪。[1]

此诗当为观览《西湖图》所作，在朝鲜半岛流传甚广，甚至引发了文人们对诗句的讨论[2]，可见其影响之大。后沈光彦（号钝庵，1490—1568）还曾"寄送杭州西湖图"给郑士龙[3]。

杨士彦（字应聘，1517—1584）有《杭州图跋》云：

> 杭，东南都会，海徼雄藩，属县九，钱塘称臣。名山岳而周遭者
> 五十有五，天柱天目最高，带三江控七湖，庠序十二学，楼观二十
> 宫。茶帘酒旗，风扬苏小之宅。女墙雉堞，云蠹周王之城。灵胥怒
> 涛，卷青天而雪立。岳王忠愤，悬白日而霜飞。文正知州日，龟山
> 教化时，谁攀一枝雪，千里寄相思。昭来人物百二十，已往声名六万
> 年。安得当时谏议笔，为君更写一佳篇。[4]

跋文描述了杭州的地理位置、山川、庠序、楼观等，特别提及杭州重要的自然景观如浙江潮，以及与历史人物相关的人文景观等。

李好闵（1553—1634）有《杭州西湖图》一诗："迤逦西湖路，琼楼出柳梢。楼中有仙客，楼下俯虹桥。半夜骑丹凤，凌虚弄玉箫。天风飒然过，桂子月中飘。"[5]金玄成（字余庆，1542—1621）也有《杭州图》诗云："莫将吴越叹无已，都邑从来说二杭。一代繁华穷天下，四时箫鼓殷微光。龙飞凤舞山回势，桂子荷花曲度香。遗恨胥涛怕巉虓，向来三日避钱塘。"[6]李庆全（字仲集，1567—1644）亦有诗《杭州图》："杨柳依依二十桥，碧潭春水正迢迢。妆楼珠箔待新月，江畔家家吹紫箫。"[7]

1　[朝鲜]郑士龙：《湖阴杂稿》第4卷，应制录，《韩国文集丛刊》第25册，第139页。
2　[朝鲜]梁庆遇（字子渐，1568—？）记载："湖阴郑公《杭州图》诗颈联曰：'湖舫客归花屿暝，苏堤莺掷柳荫浓'，近世传诵。或曰：莺掷之'掷'字，未知古有否也。'莺飞柳上掷金梭'者，是儿童联句也，湖阴岂用此联句中文字耶，人多疑之。余阅唐百家，忘其名，有'林明露掷猿'之句，又杜诗《树鸡栅》诗曰：'织笼曹其内，令人不得掷。'盖掷者，跳掷也，足以破其疑矣。"见[朝鲜]梁庆遇：《霁湖集》第9卷，诗话，《韩国文集丛刊》第73册，第496页。
3　[朝鲜]郑士龙：《湖阴杂稿》第5卷，杂记日录，《韩国文集丛刊》第25册，第165页。
4　[朝鲜]杨士彦：《蓬莱诗集》第3卷，文，《韩国文集丛刊》第36册，第445页。
5　[朝鲜]李好闵：《五峰先生集》第3卷，五言律，《韩国文集丛刊》第59册，第357页。
6　[朝鲜]金玄成：《南窗杂稿》，七言律，《韩国文集丛刊》第5册，第178页。
7　[朝鲜]李庆泉：《石楼遗稿》第2卷，诗，《韩国文集丛刊》第73册，第327页。

图4-1 李嵩《西湖图卷》局部

除上述西湖图（杭州图）之外，如上节所提及，明代田汝成的《西湖游览志》和
《西湖游览志馀》也早在16世纪末传入朝鲜半岛。田汝成（1503—1557），字叔禾，浙
江钱塘县（今杭州）人，嘉靖五年（1526）进士。《西湖游览志》共24卷，初刻于嘉
靖二十六年（1547），以西湖名胜之山川地理为导引，详细记述西湖的山川地势、名胜
古迹以及历代诗咏、掌故等，初刻本之后，又有万历十二年（1584）、万历二十五年
（1597）等多个刻本。作为首部西湖游览志，该书极大地推动了晚明西湖旅游的兴盛[1]。
此后，田汝成又其子田艺蘅合作，著成《西湖游览志馀》共26卷；和《西湖游览志》
不同，该书以掌故逸闻为主，分门别类地记述了南宋临安（杭州）的民间故事、市井传
说以及趣闻轶事等。

图4-2 《今朝西湖图》局部（嘉靖《西湖游览志》）

朝鲜文人许筠（字端甫，1569—1618）曾于1615年八月作为冬至兼陈奏行副使出
使明朝，根据其在1596年写给郑涵冈的信可知，当时上述两书均已为许筠所得见[2]。申

1　马孟晶：《名胜志或旅游书：明〈西湖游览志〉的出版历程与杭州旅游文化》，《新史学》第24卷第4期，2013年，第93—
138页。

2　"志之凡例，欲据田汝成《西湖志》，阁下不欲之，奚哉？地里廨宇土产，闻命矣。以志馀载其事。吾自用吾法，慎毋过，何
如？"见［朝鲜］许筠：《惺所覆瓿稿》第20卷，《与郑涵冈》，《韩国文集丛刊》第74册，第307页。

钦（字敬叔，1566—1628）和明朝文士多有接触，1594年作为世子册封奏请使书状官出使明朝，1597年又作为明朝兵部尚书、蓟辽总督邢玠的朝鲜接伴使申点的从使官至辽阳凤凰；1601年十一月，被任命为明朝敕使顾天埈的平壤迎慰使；1609年正月，作为迎慰使在义州接待明朝敕使熊化和刘用，十二月，又作为世子册封奏请正使前往明朝。申钦赴燕期间，"得田叔禾《西湖志》，爱其事迹备具，山川临观之美，游戏咏歌之什，皆撷拾无一遗者。竣事东还，遂购小本，为橐里宝装。暨归，值官闲身暇，心未尝不志于亹亹，而几乎几案无他书矣。"[1] 在读《西湖游览志》后，申钦写下了"钱塘清赏世间无，南北高峰里外湖。安得来生作湖长，放游如白又如苏"[2] 的诗句，表达了对西湖风光的无限向往；读《西湖游览志馀》后，申钦又不由感叹："西湖，固天下佳境，而然非世平时康，则其何以得意于游赏，以成其乐也。彼生乎此地，而享太平之乐，以终其天年者，斯何人哉。余每览此未尝不掩卷长吁。"[3]

申钦之感叹实与其所经历的壬辰倭乱和朝鲜党争有关。壬辰倭乱结束后，申钦受宣祖之命整理明朝援助东征的史事，万历三十三年（1605）完成相关工作，具体内容包括"征讨曲折，将官往来年月，兵粮多少"，此番整理加深了申钦对这场战争的理解和感受。其《天朝诏使将臣先后去来姓名——记自壬辰至庚子》[4] 记录了诸多明朝援助东征的将领并为之列传，其中不乏有关南兵（浙江兵）内容；相对于北兵，申钦对浙江兵的评价明显更高。丙午年（1606）春，申钦"解兵部家居"，常常翻阅《西湖游览志》，并"掇其艳语为小集，命曰：卧游清赏，以便讽阅，而尚恨哀选太略，天葩国英，未尽归于采撷"。1613年，受"癸丑狱事"引发的党争所牵连，申钦被罢职，流放春川，于是"益无所事，日取志（即《西湖游览志》）自娱"，并编辑了若干篇书中的诗歌，"续之'卧游清赏'之后，称之曰：蓝田遗璧"[5]。

申钦在《蓝田遗璧》的跋文中写道：

> 自白香山、苏端明诸君子以下，宋末元李之鸣者太半焉。就征其迹，则俱是骚坛上客，衰世遗材。或落拓不谐于时，或秉节不屈于朝。既不能进而发舒其抱负，则宁退而混迹于倡楼酒肆之间。偎红倚翠，抹月批风，不知老之将至，而间有黍离悲思之徒，寻幽耽寂之侣。激昂忼慨，优游散佚，咸不失其性情，惟其寓意深，故摹写工；寄兴多，故措语绮。苟非地与人相得，其何能缋饰藻绘之至于斯耶？
> 其视当时之丰貂长组，带贝冠骏，厚自涂泽，病国殃民，而自以为得

1 ［朝鲜］申钦：《象村稿》第36卷，《蓝田遗璧跋》，《韩国文集丛刊》第72册，第221页。
2 ［朝鲜］申钦：《象村稿》第19卷，《题西湖志后》，《韩国文集丛刊》第71册，第486页。
3 ［朝鲜］申钦：《象村稿》第36卷，《书西湖游览志后》，《韩国文集丛刊》第72册，第216页。
4 ［朝鲜］申钦：《象村稿》第39卷，《天朝诏使将臣先后去来姓名》，《韩国文集丛刊》第72册，第269—291页。
5 ［朝鲜］申钦：《象村稿》第36卷，《蓝田遗璧跋》，《韩国文集丛刊》第72册，第222页。

志者，果竟何如也。抑又思之，人生宇宙，苟有会心，进退荣落自外
至者，皆秕糠土苴，成亦可也，亏亦可也，恃吾之良贵存焉。盈虚消
息，一听造物者主持，其不以琬琰而易羊皮也，明矣。西京旧令，业
市吴门，江左英豪托酒逃世，胥祠岳庙芬馥未沫，韩苑贾庄流臭犹
腥，兹其验也。余每历溯往古，缅想湖山，有时身留神往，仿佛步屧
于两峰三竺之中。而天香桂子，来袭于杖屦也。愈叹吾之生也晚，地
也偏，志大于古贤，迹局于末流。遇境则荒，对面则俗，求欲一开口
抒怀，流连光景如白如苏，胡得焉。使佛氏三生之说有凭。则令我他
日生于西湖，为西湖长足矣。古人有诗曰：人生只合老杭州；又曰：
一半勾留是此湖。讵非先获者欤？[1]

《蓝田遗璧》是申钦失意时辑录《西湖游览志》中的诗章乐府而成，在追忆白居易、
苏东坡等人之杭州行迹、吟诵其诗章乐府时，申氏不由感慨世事之难料、人生之跌宕；
与这些唐宋文人墨客一样，西湖山水成为了申氏失意时寄放情感之地。

随着西湖图（杭州图）和《西湖游览志》等文献在朝鲜半岛的不断传播，朝鲜文士
对杭州西湖一带的景物逐渐熟悉。裴龙吉（字明瑞，号琴易堂，1556—1609）壬辰倭乱
时曾加入鹤峰金诚一（1538—1593）组织的义兵抗倭，他虽然没有前往明朝的经历，但
无疑和浙兵有过往来，也因此留下了《赠浙江人》诗三首：

上国高明小国人，客轩相对笑谈温。他年何处相思切，岚卷青山
月一痕。

江南形胜擅西湖，和靖先生德不孤。更问苏堤杨柳树，至今依旧
带烟无。（右问西湖苏堤）

千载英灵白马潮，至今香火尚未消。栖霞岭与胥山庙，相距中间
几怒涛。（右问岳王、伍员庙远近）[2]

诗中对于孤山林逋遗迹、苏堤杨柳、白马湖（即西陵湖）、岳庙、伍子胥庙等西湖风景
如数家珍，可见以杭州西湖为代表的江南形胜已深入朝鲜士人之心。

三、清代朝鲜的西湖意象

清代朝鲜文士延续了对于杭州西湖形胜的美好想象，包括十里荷塘、三秋桂子、苏
堤杨柳、和靖梅花等（图4-3），于是当朝鲜使臣燕行期间遇到浙江人或经由浙江回还

1　［朝鲜］申钦：《象村稿》第36卷，《蓝田遗璧跋》，《韩国文集丛刊》第72册，第222页。
2　［朝鲜］裴龙吉：《琴易堂先生文集》第1卷，《赠浙江人》，《韩国文集丛刊》第62册，第32页。

148

的漂流民时，常常向他们询问浙江景致和人文景况。吴道一（字贯之，号西坡，1645—1703）有两次出使清朝的经历，一次是1686年以陈奏兼谢恩使书状官出使，另一次是1694年作为陈奏兼奏请使副使出使。第一次出使期间，吴道一行至距燕京不远的三河县，"村中有一秀才称各人来见，以文字酬酢。则答云本居浙江绍兴矣，为见其姊夫，来此才七朔，以书史为业。仍问余杭之胜，答云两浙间素号山水窟，触处皆佳，惟杭州涌金门外，风烟尤绝胜。仍亹亹谈江南胜致不已"[1]。洪命夏（1607—1693）1653年、1664年两次入燕，第二次入燕时，洪氏在京专门向"朝鲜被掳之人行商于南京者"询问有关地理景观，对方答曰："杭州亦往见之，则山明水丽，与我国江山无异。"[2]

图4-3　《苏堤春晓图》（清董邦达绘，台北故宫博物院藏）

1765年，洪大容一行燕行在京与钱塘三学士交往时，常问及杭州景观。副使金善行（1716—1768）"遍问中华山川名胜，往复殆数万言，茧纸亘丈者尽十余幅，而尤详于江浙等处。闻西湖之胜，叹羡不置，自恨不得生其地"，书状官洪檍（1722—1809）则向严诚索画，又题诗曰："十里荷花桂子秋，风流从古说南州。烦君细写湖山胜，挂向寒斋作卧游。"洪大容也曾向三学士索画以作"卧游"之方，回国后与严诚的信中提及此事："容平生颇喜游览山水，惟局于疆域，不免坐井观天。如西湖诸胜，徒凭传记，窹寐怀想。而自遭逢诸公以来，爬搔亦不自禁，顾此心一日之间不知其几回来往与雷锋断

1　［朝鲜］吴道一：《西坡集》第26卷，《丙寅燕行日乘》，《韩国文集丛刊》第152册，第511页。
2　［朝鲜］洪命夏：《燕行录》，《燕行录全集》第20卷，第325页。

桥之间矣。若赖诸公之力，摹得数十诸景，竟成卧游，则奚啻百朋之锡也。"[1]

金景善（1788—?）1832年作为冬至兼谢恩使行书状官出使清朝，在京期间，正有朝鲜漂人亦留馆，于是特别召之问询，留下《济州漂人问答记》。由问答记可知，漂人来自济州岛，行商出身，先是漂至琉球，之后随琉球贡使渡海到福建，再从福建一路经由浙江、江西、江苏、山东到达北京。漂人叙述其所经由之地时，言及杭州府的内容最多：

> 又行到杭州府，留数日，历览名胜。敬亭山，有谢眺梦儿亭。清戈江，有苏小妓楼。灵隐寺咏之问桂子之句，孤山里诵和靖梅花之诗。转到望海楼，护江堤，伍员庙，表忠观，癸辛街，天竺山，珠玑市，绮罗坊，涌金门，垂虹桥，水仙洞，玉女祠，黄鹂巷，乌鹊桥，净慈寺，宝石庵，玉泉庵，虎跑寺，冷泉亭，雷公塔，曲院，捍海堤，立马峰，天目山，岳王庙，销金锅，飞来峰，大板桥，红板桥，石镜山，衣锦城，大官山，功臣岑，将军树，女贞木，武都山，半云岩，药市，花肆，瀹花街，修义坊，水冰桥，东青门，卖菜市，打猪巷，泥路，花团，橘园亭，浑水闸，青果团，柑子园，清冷桥，熙春楼，三桥街，三元楼，四通馆，小偃门，后市寨，行春桥，北郭门，大通店，升旸宫，武林园，金文库，平康坊，抱剑营，漆器墙，沙皮巷，清河坊，巾子巷，太平坊，金波桥，狮子巷。庆华堂，驸马之古宅;元勋堂，功臣之旧处;万春堂，太子所居;眉寿堂，耆老所居，而今多荒废。其市物，以纱罗、酒器、冰盆、火箱、花牌、花架为贵;其歌馆，以清乐坊、八仙坊、珠子坊、潘家坊、水功局、美人局为称首，粉黛歌舞，佳冶窈窕;其酒楼，以和丰楼、和乐楼、中和楼、春风楼、太和楼、太平楼、西溪南楼、五间楼、赏心楼、康沈店、花月楼为第一，而酒名则以流香、凤泉、雪醖、珠泉、琼露、玉醅、海岳、春十洲、春乌、程兰渚为美酿。诸胜之中，以西湖、钱塘尤称绝胜。相距八十里，而各有十景。西湖十景，柳浪闻莺、花巷观鱼、两峰插云、三潭印月、曲院风荷、平湖秋月、南屏晚钟、雷峰夕照、断桥残雪、苏堤春晓，余则备悉于柳耆卿《望海潮》词。钱塘十景，西湖夜月、浙江秋涛、孤山霁雪、西峰白云、东海朝暾、北关夜市、九里云松、六桥烟柳、灵石樵歌、冷泉猿啸。大抵景物之供奇，沿路初

---

1 〔清〕朱文藻编，刘婧点校:《日下题襟集》，第25、41、120页。

见，不可以言语文字形容其万一也。[1]

虽然漂人也许并未去过上述所有地方，有些内容或亦只是听闻得来，但可以确定的是，杭州的美好景物多为朝鲜半岛上下所知晓和向往，也正因此，金景善听后"遂相顾嗟叹曰：人生见此，死亦无恨"[2]。如此心境亦见于孝明世子（1809—1830）的《西湖图墨》一诗：

> 品擅文房友，湖山梦画灵。抹浓云影活，纤巧斧痕停。累似层层塔，排如迭迭屏。此身能化鹤，飞到两峰青。[3]

其实，早在15世纪，朝鲜半岛本土也有"西湖"，即今首尔西麻浦西江一带。据姜希孟（1424—1483）所述，"西湖距都城不能十里，而山青水碧，形胜甲东方。湖之阳有断阜，状如鳌头，或号之曰蚕头焉。阜趾针湖，中势且高，湖中之胜，得其全焉。"[4]金守温（1409—1481）曾于1457年陪同明朝敕使陈鉴、高闰游览汉江西湖，留下如下诗句：

> 十里西湖画舸浮，使华行乐尽风流。清川芳草黄楼句，桂棹兰桡赤壁舟。诗酒可供宾主意，笙歌解破古今愁。江山如此人如玉，此会吾应说白头。
> 山光水色共浮浮，万顷澄波碧玉流。杜子秦淮题绣句，苏仙赤壁泛兰舟。樯帆鸥鸟来相近，笙管虬龙听亦愁。从此西湖留胜迹，燕山北望几回头。[5]

由上诗可见，金守温欣赏汉江西湖时并未联想到杭州西湖，而是想起秦淮风光与赤壁碧波。不过，同为陪同的徐居正笔下的汉江西湖就常带有杭州的印记，例如《麻浦泛舟》一诗云："西湖浓抹如西施，桃花细雨生绿漪。荡桨归来水半篙，日暮无人歌竹枝。二山隐隐金鳌头，汉江历历鹦鹉洲。夷犹不见一黄鹤，飞来忽有双白鸥。"[6]《西湖泛舟》则云："西子湖边十顷秋，雨奇晴好两清幽。风流小舫移时缆，楼外青山散不迟。"[7]这些诗篇无疑受到唐宋时期杭州西湖诗词的影响。

1 ［朝鲜］金景善：《燕辕直指》，《燕行录全集》第71卷，第278—282页。
2 ［朝鲜］金景善：《燕辕直指》，《燕行录全集》第71卷，第282页。
3 ［朝鲜］孝明世子：《敬轩集》第5卷，诗，《韩国文集丛刊》第129册，第570页。
4 《新增东国舆地胜览》第3卷，汉城府。
5 ［朝鲜］金守温：《拭疣集》第4卷，《丁丑年，陪明使陈内翰鉴高太常闰游于汉江，及杨花渡，船中次高韵》，《韩国文集丛刊》第9册，第117页。
6 ［朝鲜］徐居正：《四佳诗集》补遗一，《汉都十咏》，《韩国文集丛刊》第11册，第146页。
7 ［朝鲜］徐居正：《四佳诗集》第20卷，《西湖泛舟》，《韩国文集丛刊》第10册，第437页。

关于汉江西湖形胜，许穆（1595—1682）有记："三江之胜，西湖最大。汉水至露梁龙山，中分为二水。过西江龙首，复合流，浑浑泱泱。西注海门，高岸长洲，崛垒碛历，别岛沙渚弥漫。其鸟鸿雁、鴐鹅、鸥鹭、烛玉，其草蒹葭、菰芦、青蘋。牧人之犁牛牴羊，姜子之桑，医师莳药，渔子设网。临江绝景，宜于春渚，宜于月出，宜于浦雨，宜于暮雪。"[1] 这些景象与杭州西湖多有不同，但是随着 16 世纪以来"西湖热"的兴起，清代朝鲜文士便将汉江西湖比作杭州西湖，例如权万（字一甫，号江左，1688—1749）诗中有言："西湖形胜似杭州，溢眼繁华物货稠。亭观参差临水府，帆樯络绎接蚕头。长眉叟去有新月，深目人来余古邱。漠漠江南芳草绿，菱歌一曲解行舟。"[2]

1714 年，肃宗"命工画（杭州）西湖十景"并"求能诗者，使制十咏以进"，洪世泰（1653—1725，字道长，号沧浪、柳下居士）受命制成十咏[3]：

漠漠柳梢月，轻云弄春晓。已闻踏歌声，花底翻宿鸟。（苏堤春晓）　平湖一万顷，秋色浸空阔。遥看雁拖去，天际半明灭。（平湖秋色）　水暖花港深，群鱼争出戏。宜观不宜纶，须识放生意。（花港观鱼）　维舟柳岸侧，上有黄鹂语。只得隔树闻，不知在何处。（柳浪闻莺）　一片水中月，三潭照处同。谁知印无迹，非色亦非空。（三潭映月）　壁立几千仞，双峰云雾连。不缘深着地，何得便擎天。（两峰插云）　南屏月欲落，钟响出禅房。唤起孤舟梦，渔樵亦自忙。（南屏晓钟）　夕阳有远意，挂在西峰杪。孤霞一边开，鸟没天更香。（雷峰夕照）　十里铺一色，荷花高下红。香风吹不断，偏入棹歌中。（曲院风荷）　危桥横一水，半带残雪白。山僧时往来，犹得见行迹。（断桥残雪）

以上杭州西湖十景形成于南宋时期，最早见载于南宋祝穆的《方舆胜览》，此后便出现不少西湖十景图册，景名并不统一，如"雷峰夕照"有"雷峰落照""雷峰西照"之称，"曲院风荷"有"曲院荷风"之称等，直到康熙三十八年（1699），"圣祖仁皇帝南巡，驻跸西湖，并赐题咏，建亭勒石"[4]，钦定西湖十景，景名才基本统一。其中，康熙改"南屏晚钟"为"南屏晓钟"，而洪世泰十咏中亦题作"南屏晓钟"，可见肃宗此举或许正是受到了康熙钦定之影响。

非但如此，汉江西湖也形成了所谓"西湖十景"，即白石早潮、青溪夕岚、栗屿雨耕、麻浦云帆、鸟洲烟柳、鹤汀明沙、仙峰泛月、笼岩观涨、鹭梁渔钓、牛岑采樵十

1　[朝鲜]许穆：《记言》第 13 卷，栋宇，《乐悟亭记》，《韩国文集丛刊》第 98 册，第 80—81 页。
2　[朝鲜]权万：《江左先生文集》第 1 卷，《西湖舟中望露梁》，《韩国文集丛刊》第 209 册，第 61 页。
3　[朝鲜]洪世泰：《柳下集》第 5 卷，《西湖十景》，《韩国文集丛刊》第 167 册，第 401 页。
4　[清]穆彰阿撰：嘉庆《重修一统志》第 283 卷，杭州府，四部备要续编本。

景。徐命膺（1716—1787），字君受，号保晚斋，谥号文靖，曾于 1755 年作为陈贺兼谢恩使行书状官出使清朝，后"休官卜居于西湖之笼岩亭舍"[1]，"所暮朝者流峙，所上下者鱼鸟，无味之中至味存焉，遂分为十景，以各体赋其事"，写下《西湖十景古今体》共10 首，分别吟咏潮水、溪谷、云帆、烟柳等等[2]，展现了汉江西湖的景色。

清代朝鲜文人对杭州西湖的向往和赞叹中，还蕴含着对明朝的深切思念。如尹善道（1587—1671）在《钱塘春望》中写道："有客为眼不计脚，楚水吴山游衍身。东风芳草二三月，来到钱塘湖水滨。繁华不逐昔人去，绿柳烟花依旧春。缅怀当年抉目人，忠节凛凛磨苍旻。……黄粱在釜梦几回，辽鹤一声哀遗民。江山留与后人看，一剑游子空悲辛。三吴物色入望眼，独立湖上欹乌巾。芳洲花雨沸笙歌，万家帘幕春氤氲。兴亡往事置勿论，绿樽酩酊酬佳辰。钟鸣灵隐夕阳低，十里垂柳晴烟均。"[3]

金锡胄（字斯白，号息庵，1634—1684）曾于 1683 年随三年年贡行出使清朝，途经玉田县时，遇一王生备言西湖，于是作诗云："闻说西湖阅劫灰，江南何处不堪哀。销金锅里洗兵去，放鹤屿边饮马回。花柳六桥无旧树，烟霞三月有空台。施家昔日倾城色，争及无盐刻画来"[4]，借西湖之景表达了对明清易代之悲怆。

申琬（字公献，号绚庵，1646—1707）曾得见《西湖图》，遂感慨系之："适案有西湖图一幅，不知何人所作。密如牛毛，细若蚕丝。览不移晷，目力已废，阅未终卷，意马先驰。不费长房之术，而湖山之胜概，寺刹之壮观，人物之繁华，固在阿堵中。比若西子之写照，霓裳之按谱也。宗少文卧游之兴，岂浅浅哉。始知蜗牛之角，可以战蛮触；棘刺之端，可以刻木猴。信乎画工之妙也。昔闻柳学士耆卿西湖词，有三秋桂子十里荷花之语。金主亮见此诗，遂有立马吴山之意。窃意丑虏亦有投鞭饮马之志而写此为图，播于海外也。噫！余匏系偏邦，地已左矣。虽欲以青鞋布袜，徜徉于湖山之间，安可得也。且江南一片地，久为戎马之场，未知今日能保昔日之繁华耶？今观此图，不能无感。遂赋绝句六首，名之曰西湖词，专述游衍之事，盖有取于刘禹锡《竹枝词》之意云尔。"[5]其诗云：

> 草长烟堤柳色新，朝朝联队踏青人。香轮宝马追游处，湖上看花
> 定几巡。风送飞花逐马飞，春寒微透薄罗衣。金鞭留当谁家酒，落日
> 长堤驮醉归。草色萋萋望欲迷，画桥烟浅夕阳低。不知苏小家何在，
> 湖水东边凤岭西。六桥花柳涌金门，处处争游陌上辕。最是孤山奇绝
> 处，一枝梅影映黄昏。钱王庙下晴波阔，武穆祠前莎草新。堤边不辨

1　[朝鲜] 徐有本：《左苏山人文集》第 2 卷，《谨次王考文靖公西湖十景诗韵》，《韩国文集丛刊》第 106 册，第 25 页。
2　[朝鲜] 徐命膺：《保晚斋集》第 1 卷，《西湖十景古今体》，《韩国文集丛刊》第 233 册，第 75 页。
3　[朝鲜] 尹善道：《孤山遗稿》第 6 卷，《钱塘春望》，《韩国文集丛刊》第 91 册，第 473 页。
4　[朝鲜] 金锡胄：《捣椒录》（下），《燕行录全集》第 24 卷，第 130 页。
5　[朝鲜] 申琬：《绚庵集》第 1 卷，《题西湖图》，《韩国文集丛刊》第 47 册，第 201—202 页。

探春马，岸上多逢载酒人。月满缃帘花满楼，夜深闲却钿箜篌。春宵
一刻千金值，留得佳人字莫愁。

虽然这六首诗"专述游衍之事"，并无太多感念明朝的意味，不过在序文中，申琬感叹江南曾是明清交替的戎马之场，其观览《西湖图》之心境不言而喻，这首诗的象外之意也就不言自明。其又有诗赠与本居杭州西湖的华人姚承贵（时居于谭阳府），诗云，"饱闻提督威名久，今日欣看宅相贤。为客已从丁丑岁，相逢仍说壬辰年。西湖旧业应无在，南土新居亦有缘。一片神州戎马地，不堪回首更潸然"[1]，充满了对明朝的怀念之情。

1　［朝鲜］申琬：《绚庵集》第 1 卷，《赠华人姚承贵》，《韩国文集丛刊》第 47 册，第 203 页。

第三节　浙东之风气：宁波和台州

明代浙江临海人王士性（字恒叔，号太初，1547—1598）在其《广志绎》中这样描述浙江省的区域差异："杭、嘉、湖平原水乡，是为泽国之民；金、衢、严、处丘陵险阻，是为山谷之民；宁、绍、台、温连山大海，是为海滨之民。三民各自为俗，泽国之民，舟楫为居，间阎易于富贵，俗尚奢侈，缙绅气势大而众庶小；山谷之民，石气所钟，猛烈鸷愎，轻犯刑法，喜习俭素，然豪民颇负气，聚党与而傲缙绅；海滨之民，餐风宿水，百死一生，以有海利为生不甚穷，以不通商贩不甚富，间阎与缙绅相安，官民得贵贱之中，俗尚奢俭之半。"[1] 朝鲜士人对此亦有所了解，如洪大容从严诚处得知，浙东、浙西"中隔钱塘江，浙西之人文秀，浙东之人刚厉"；"杭嘉湖，谓之下三府，其地多秀民。宁绍等谓之上八府，其地多山，风俗椎鲁。今则宁绍亦多人物，而其余六府则人物少矣，今则谓之上六府云"。[2] 除了将浙江作为江南之地而加以描绘，朝鲜半岛文献中记述较多的浙江区域主要是杭州，尤其是西湖，其他则有台州、宁波、绍兴和湖州等地，这些地区颇可与前述朝鲜半岛"地图帖"中《中国图》所绘出的浙江重点区域相对应。

一、宁波（明州）

宁波在唐宋时被称为明州，元代改名庆元，明代为避国号又改名宁波，取"海定则波宁"之义，清代一直沿用此名。如第一章所述，明州是两宋时期对外交往的主要港口，尤其是高丽使臣和商人往来宋朝的主要集散地。宋使臣徐兢的《高丽图经》详细记载了从明州出发，经过舟山群岛北向横渡驶向黑山岛，然后由黑山岛到东北向后斜穿京畿湾、抵达外港碧澜渡的航程，《宋史》中也有类似记载。在元代，明州也是和高丽直接交往的重要港口。明清朝鲜士人熟知宁波是中国与朝鲜半岛海上交通的重要枢纽，是通过海洋与朝鲜半岛接连的区域，与朝鲜半岛关系密切。正如李晬光（1563—1628）在

1　〔明〕王士性撰，周振鹤点校：《广志绎》，中华书局，2006年，第263页。
2　［朝鲜］洪大容：《湛轩燕记》，《燕行录全集》第43卷，第191页。

《芝峰类说》中所言："自明州定海县，遇便风三日入洋，又五日抵黑山云。以此知我国南边，与中国之江浙，只隔一海而近矣。"[1] 丁若镛（1762—1836）也在《大东水经》中对此详加引述：

> 《宋史·高丽传》云："自明州定海县遇便风，三日入洋，又五日抵墨山（注：今罗州之黑山岛），入其境。自墨山过岛屿，徘徊礁石间，舟行甚驶，七日至礼成江。江居两山间，束以石峡，湍激而下，所谓急水门，最为险恶。又三日抵岸，有馆曰碧澜亭。使人由此登陆，崎岖山谷四十余里，乃其国都。"宋徐兢《高丽图经》云："宣和四年五月十三日，自明州定海县发船。六月初九日，次紫燕岛（注：今属仁川府）。十日，到急水门。其门不类海岛，宛如巫峡。山围屈曲，前后交错，两间即水道也。水势为山峡所束，惊涛迫岸，转石穿崖，喧豗如雷，虽千钧之弩，追风之马，不足喻其湍急也。由后抵蛤窟。十一日，至龙骨。十二日，随潮至礼成港……"《备考》云："以《宋史》观之，盖自明州放舟，直向我南海，到罗州之黑山岛，西北循海而至，入礼成江也。急水门，亦礼成江下流之称，与安岳、龙冈水会处不同。"[2]

宁波曾经是往来于中朝的朝鲜人离乡渡海、历尽艰辛而到达中国的上岸地，也是自中国返乡的启航地，它是希望之地，也是离别之地。如郑斗卿（1597—1673）《碧澜渡》一诗云：

> 碧澜渡口水扬波，霜落青枫秋色多。此去礼成江近远，渔人不解旧时歌。汉使乘槎此渡头，黑山迢递隔明州。桑田不变朝宗路，急水门前水急流。[3]

虽然写的是碧澜渡，诗中却不无心系明州之意。

不过，郑斗卿诗中的明州只存在于对过去的追忆当中，现实中的宁波是明代倭患之地，也是抗倭的前线。倭寇之患，自明初就比较严重，明太祖针对这种情况，在沿海地区加强海防，建立了较为严密的巡检制度，严格推行海禁政策。崔溥于1488年漂流到浙江时，首先到达当时属宁波府的"下山"岛，在此遭遇海贼而被劫掠一空，继续漂流三日后，才得以在台州府临海县登陆，又被疑为倭寇而受到多次盘查。崔溥的漂海经历

1　［朝鲜］李睟光：《芝峰类说》第2卷，地理部。
2　［朝鲜］丁若镛：《大东水经》第4卷，浿水三，《与犹堂全书》第6集第8卷，《韩国文集丛刊》第286册，第402—403页。
3　［朝鲜］郑斗卿：《东溟先生集》第2卷，碧澜渡，《韩国文集丛刊》第100册，第405页。

在朝鲜半岛流传甚广，只不过朝鲜士人多将其上岸地点误以为是宁波府，如《戊午党籍》[1]中这样描述崔溥的生平："崔溥，字渊渊，号锦南，罗州人。博闻强记，英杰不羁。成庙朝再登第，为弘文馆校理，奉使济州。船为风所漂，泊于中原浙江宁波府，边臣疑倭寇将杀之。溥应对捷给，得免。"[2]

明嘉靖二年（1523），日本大名细川氏和大内氏各自派遣使团到明朝，在宁波因勘合真伪引发冲突，祸及当地官民，此即"宁波争贡"事件，"两夷仇杀，毒流廛市"[3]。该事件导致朝鲜半岛全罗道、忠清道海岸均出现了为倭所掳后漂流至朝鲜半岛的明朝人，也有漂流至朝鲜半岛的日本人，朝鲜王廷对此十分关注，常讨论如何处理这类情况[4]。"宁波争贡"之后，明政府废除了福建、浙江的市舶司，断绝了明朝与日本的朝贡贸易关系。"宁波争贡"是嘉靖、隆庆、万历三朝倭寇之乱的导火索，宁波也作为抗击倭寇的重要地区而持续为朝鲜半岛所关注。李廷龟（1564—1635）1598年作为陈奏辩诬使行副使出使明朝，当时明朝兵部主事丁应泰两次参劾朝鲜王朝结党杨镐并通倭贼，该使行之目的即在辩明此事实为诬告。李廷龟在其所写《辩诬奏》中特别提及嘉靖时期倭寇作乱于宁波府之事[5]。

明清交替之后，宁波（明州）对于朝鲜士人而言，还承载着其对明朝的感念。李德懋于1778年燕行，在北京期间访求大量书籍，著有《明季遗民传》（后被命名为《磊磊落落书》）共十卷及补编二卷，收录明朝遗民共707人，其中就包括宁波人万泰。"万泰，字履庵，越东四明人也。举诸生，以端方称。崇祯丙子，举孝廉。国亡即弃举子业，闭户求天人之学。尝终日危坐，静思圣贤克己复礼，卒悟心性本原，故其诗文多出自性情。吴越学人，一时多从之。"书中特别收录万泰《寒松斋集》中的《明州佳咏》一诗："有客遥从燕市来，片帆东指越江开。侧身天地人千古，只眼风尘酒一杯。沧海横流难泛宅，孤臣恸哭独登台。最怜易水萧萧处，一曲骊驹不忍裁。"[6]朝鲜文士柳得恭（1748—1807）1778年随使臣到沈阳，经过鸭绿江时，留下一诗云："湾丝湾竹动新愁，冠绝平生是此游。朝雁飞低沙塞暮，草虫鸣切驿亭秋。茫然万里人归日，云是三韩地尽

1　燕山君四年（1498），士林派名臣金宗直的学生金驲孙编写《成宗实录》时，将金宗直的《吊义帝文》纳入书中，受到勋旧派柳子光等人的指责，认为该文影射朝鲜世祖篡位之事，士林派因此受到弹压和处罚，此即"戊午之祸"，崔溥因是金宗直门人而被流放。《戊午党籍》收录了当时受到迫害的士人。
2　［朝鲜］李鼋：《再思堂先生逸集》第2卷，事实摭录，《韩国文集丛刊》第16册，第685页；［朝鲜］权五福：《睡轩集》第3卷，戊午党籍，《韩国文集丛刊》第17册，第373页；［朝鲜］柳成龙：《西崖先生文集》第17卷，《睡轩集跋》，《韩国文集丛刊》第52册，第342页。
3　［明］张时彻纂修，周希哲订正：嘉靖《宁波府志》，天一阁藏本。
4　"委官南衮及禁府堂上李沆等启曰：'忠清道生擒唐人，必倭贼所抢掳出来者，而今于推问，匿不直承，是必与倭人同船出来时，多害我国人物，若直承则恐我国深治其罪。且宁波府倭变，匿不奏闻，则亦虑是府被罪也。当细问终始，然后闻于上国，事甚得宜。据倭人之供，穷诘，使不得隐讳何如？'传曰：'依启。'"《中宗实录》第49卷，"中宗十八年八月己亥"条。相关内容还可参见《中宗实录》第49卷，"中宗十八年八月庚子"条、"辛丑"条、"乙卯"条、"丙寅"条；第51卷，"中宗十九年九月癸亥"条；第54卷，"中宗二十年甲寅"条等。
5　［朝鲜］李廷龟：《月沙先生集》第21卷，《丁主事参论本国辩诬奏》，《韩国文集丛刊》第69册，第463—467页。
6　［朝鲜］李德懋：《青庄馆全书》第40卷，《磊磊落落书》卷五，《韩国文集丛刊》第258册，第162页。

头。天水相磨澄似镜，倚楼南望见明州。"[1]

二、台州（天台山）

台州地处浙江中部沿海，东濒东海，北靠绍兴、宁波，南邻温州，以境内天台山而得名。天台山是佛教天台宗的发源地，在唐代就有不少新罗僧人到此请益、聚居。宋元时期，更是有多位高丽高僧至此求法、弘法，为天台宗的发展和传播倾注了心血。明清时期，虽然朝鲜王朝以朱子学为治国理念，但天台山的风景与佛教文化依然为朝鲜士人所了解和认识。曹友仁（1561—1625）于1609年游览金刚山、寻访诸寺时，就将其与天台山相比，感叹"其雄蟠峭截之势，变动奇伟之状，宜不在于天台四明下矣"[2]。黄胤锡（1729—1791）在论及新罗僧人道诜（827—898）时，赞同《高丽史》所载其为唐僧一行门人的传说，同时强调一行曾"遇异僧于天台山国清寺，学九数，遂通易大衍法"[3]。

相较佛教文化，明清时期的朝鲜士人提到天台山时，似乎更关注其山川形胜。李象靖（1711—1781）在《海内奇观小叙》中写道："余素抱幽忧之疾，思欲自放于山水，以泻其胸次，而顾力未及。方域之内，犹未能尽履，况四海之内万里之远哉。每读古人书，如天台、雁荡、西湖、南岳之胜，如在天上，不可幸而睹，辄怅然太息以自悼也。"[4]李种徽（1731—1797）亦言"中国之山，即无论天台、峨眉、雁荡诸奇，楚越之间，寻常皋壤，拔地峭竖，石骨荦确，若此类甚多"[5]；又说："夫山，其体至重也。五岳八镇，俨然磅礴。而然必为之天台、雁宕、博罗、峨嵋、女几、三峻、崆峒、医无闾之巉峭戍削，而辅其雄焉。"[6]可见在朝鲜士人的心目中，天台山是中国山岳的代表之一。1790年，柳得恭作为进贺兼谢恩使行副使徐浩修的从官入燕时，曾在热河期间见到假山，专此赋诗一首："城郭楼台总可为，恨无天际数峰奇。始知芦箐含神变，碧秀天台雁宕姿。"[7]可见天台山、雁荡山之奇峰碧秀已深入朝鲜文人之心。

除此之外，天台山还被视为世外桃源、修道成仙之地。北宋时期，张伯端在天台山创立道教南宗；宋元时期，南宗十分兴盛。虽然到了明清时期，道教在天台山逐渐衰落，但是天台山作为道教名山已是广为人知。"天台山上落落松，其下漫说多仙踪。徂徕万株供寻尺，无人解玩冰雪容。岂如车辇独也青，一团羽盖千岁龙。不向世间管炎凉，好

1　[朝鲜]柳得恭：《泠斋集》第3卷，鸭绿江，《韩国文集丛刊》第260册，第48页。
2　[朝鲜]曹友仁：《颐斋集》第2卷，《金刚山诸峰改定名号记》，《韩国文集丛刊》第12册，第298页。
3　[朝鲜]黄胤锡：《颐斋遗稿》第23卷，《书白云秘笈》，《韩国文集丛刊》第246册，第521页。
4　[朝鲜]李象靖：《大山先生文集》第43卷，《海内奇观小叙》，《韩国文集丛刊》第227册，第324—325页。
5　[朝鲜]李种徽：《修山集》第1卷，《送人之蓬莱游序》，《韩国文集丛刊》第247册，第299页。
6　[朝鲜]李种徽：《修山集》第2卷，《明文选奇叙》，《韩国文集丛刊》第247册，第315页。
7　[朝鲜]柳得恭：《泠斋集》第4卷，《热河纪行诗》，《韩国文集丛刊》第260册，第75页。

占官道排严冬。"[1] 这是1572年郑维吉（1515—1588）作为明朝敕使及韩世能、陈三谟远接使时，与韩世能的唱和之作，诗中的天台山是多仙踪的无人之境。1692年，李瑞雨（1633—1709）作诗"送台州李使君，兼寄题国清寺"，诗曰："仙骨人间更主恩，台州终古是真源。灵芝五色生岩罅，羽士常时下洞门。建木千寻栖彩鸟，泉流界道饮玄猿。萧宫老释应无恙，为我相思寄一言。"[2] 此诗之书写对象虽仅言明为台州，但无疑指的就是天台山这一道家之山。

安锡儆（1718—1774）虽无燕行的经历，但因其感念明朝之意颇深，常常梦至中原大地。1746年，安锡儆写就《梦中到燕记》[3]，悲叹明清交替之后中原河山破碎，感慨明亡已有百年。他还梦见李世民和窦建德大战，自己又与商山二老人同游天台山，梦醒后作诗云：

> 风雨萧萧袭江关，悲歌岁暮多苦颜。秋月不开终夜黑，乱飞萤火荒草间。梦中如在黄河上，一望战地红斑斑。天地区区不盈眼，英雄卒卒未得闲。秦王方与夏王战，黄雀健举螳螂孱。秦夏得失等粪丸，可笑风云人争攀。四皓零落见两人，孤灯炯炯有旁瞷。秋清海阔老石高，与我同访天台山。[4]

通过回忆战争带来的死难，安锡儆感叹英雄争霸只是过眼烟云，唯有天台山才是海阔天空、远离尘世的修身养性之处。

早在东晋时期，永嘉太守孙绰（字兴公，314—371）游天台山时，就创作了著名的《游天台山赋》。他在序文中交代创作原因："天台山者，盖山岳之神秀者也。涉海则有方丈、蓬莱，登陆则有四明、天台。皆玄圣之所游化，灵仙之所窟宅。夫其峻极之状、嘉祥之美，穷山海之瑰富，尽人情之壮丽矣。所以不列于五岳、阙载于常典者，岂不以所立冥奥，其路幽迥。或倒影于重溟，或匿峰于千岭；始经魑魅之途，卒践无人之境；举世罕能登陟，王者莫由禋祀，故事绝于常篇，名标于奇纪。然图像之兴，岂虚也哉！夫遗世玩道、绝粒茹芝者，乌能轻举而宅之？非夫远寄冥搜、笃信通神者，何肯遥想而存之？余所以驰神运思，昼咏宵兴，俯仰之间，若已再升者也。方解缨络，永托兹岭，不任吟想之至，聊奋藻以散怀。"

---

1 ［朝鲜］郑惟吉：《林塘遗稿》（下），《傧接录》，《韩国文集丛刊》第35册，第459页。

2 ［朝鲜］李瑞雨：《松坡集》第7卷，诗，《韩国文集丛刊》第41册，第135页。

3 "崇祯纪元后再丙寅秋，余梦到燕。燕中廓然已墟矣，无城郭人烟。而弥望荒沙短草，惟鸣数条流水而已。行人曰：此易水也，此桑干河也。余顿足叹曰：将用铁骑三万，而未及蹴踏匈奴，血衅单于。奈何遽见此城空虚，无所快吾之心也。因惊悟而太息者良久。越四年庚午，梦又到燕蓟。风沙茫然，四顾无人，又喟然而觉。呜呼！大明，吾君也，其亡已百年，而九州岛无英雄奋义之士。朝鲜自圣祖宾天，大儒斥死。而满朝溺于宴安，没于货利声色，不复闻北伐之计。使彼虏肆然帝天下，其盘据幽、并，亦已固矣。匹夫感慨，独有窜身山海耳，区区发于梦寐者顾如此。吁可怜也！"见［朝鲜］安锡儆：《雪桥集》第4卷，《梦中到燕记》，《韩国文集丛刊》第233册，第498页。

4 ［朝鲜］安锡儆：《雪桥集》第1卷，诗，《梦见李世民与窦建德战，却在灯前有商山二老人，余请与同游天台山，遂起仍觉》，《韩国文集丛刊》第233册，第437页。

上述序文赞颂了天台山的神秀奇峻，表达出作者欲摆脱世俗羁绊、将人生寄托于此美景的愿望。赋中更是具体描绘了天台山景物之神奇、峻极、幽深、玄妙，步步深入，引人入胜。朝鲜文人对这篇赋文应该是十分熟悉的，宋时烈（1607—1689）在解释"赤城霞"时便引用了该赋："孙绰《天台山赋》云：赤城霞起而建标。朱书《札疑》云：赤城，天台山名，状如云霞。"[1]在解释"霞标"时，他也提到《天台山赋》中的这一句[2]。1867年，宋秉璿（1836—1905）西游黄海道之九月山[3]时，如此描述所见之景致："缘溪而入八九里，地势逶迤，水石滢洁，如入天台山，咏兴公之赋。屡憩清流暖翠之间，而影翠屏、涵虚潭，最为奇绝。"[4]此处"兴公之赋"即孙绰的《游天台山赋》。朝鲜文人对天台山的认识无疑是受到了孙绰赋文的影响。

当然，朝鲜士人对台州的认识并不只局限于天台山。早在16世纪初，谢铎、黄孔昭辑录台州名贤论谏疏奏的《赤城论谏录》就已传到朝鲜半岛并付刊印。1518年，金安国（1478—1543）作为谢恩使出使明朝，同年启请刊印使臣从明朝收买的部分书籍，其中就包括《赤城论谏录》。他在启议中写道："（《赤城论谏录》）乃皇朝谢先生铎与黄先生世显共裒集台州名贤论谏疏奏，虽不如历代名臣奏议之博，其所论谏皆有益治道，且可为人臣谏诤纳忠之法。"[5]可见台州名贤之谏诤纳忠是被金安国所认可的。

台州在明代是重要的御倭之地，也是朝鲜漂流民的上岸地，所以朝鲜士人对此地充满感情。且万历朝鲜半岛战争之时，有不少来自台州的浙兵将士援助朝鲜半岛抗倭。1597年，丰臣秀吉再次侵入朝鲜半岛，李山海（1539—1609）与时为明朝水陆两军监军的王士琦（1551—1618）多有交往。王士琦即台州临海县人，举事果断，有边才，为抗倭战争的胜利立下了汗马功劳。申钦的《天朝诏使将臣先后去来姓名》中有其小传："王士琦，字圭叔，号丰屿，浙江台州府临海县人，万历癸未进士。戊戌六月，以钦差御倭西路监军山东布政使司右参政出来。八月十九日南下，刘綎、陈璘皆辖焉。九月初六日，还王京，会军门议军事。二十六日，进住南原龙头山，督诸军催运粮……"[6]

战争结束后，李山海在《王按察别章》中写道："监军按察王老先生之来于我也，贱生以跛病不得随小邦诸大夫后，一望见光仪。然而每闻高风雅谊，未尝不竦然而起敬也。及其咨询原湿之余，深仁厚渥，足以使东民感戴不忘。而至于冒矢石、探虎穴，指挥廓清之功，在人耳目。辉映吾东者，将悠久而不朽，猗欤盛哉！"可见其对王士琦的景仰之情。李山海又"缀近体三首，录呈行轩。一以寓景仰不已之思，一以为观风采俗

1　［朝鲜］宋时烈：《宋子大全随札》第1卷，《随札》第2卷，《韩国文集丛刊》第116册，第277页。
2　［朝鲜］宋时烈：《宋子大全随札》第5卷，《随札》第47卷，《韩国文集丛刊》第116册，第360页。
3　九月山位于今朝鲜半岛黄海南道西北部，为朝鲜半岛名山，面积达110平方公里，以雄壮著称。"九月山自然保护区"于2003年被注册为联合国教科文组织的"国际生物圈保护区"。
4　［朝鲜］宋秉璿：《渊斋先生文集》第19卷，《西游记》，《韩国文集丛刊》第329册，第322页。
5　［朝鲜］金安国：《慕斋先生集》第9卷，《赴京使臣收买书册印颁议》，《韩国文集丛刊》第20册，第175页。
6　［朝鲜］申钦：《象村稿》第39卷，《天朝诏使将臣先后去来姓名》，《韩国文集丛刊》第72册，第283页。

之助云"。

> 积德名门绪业传，绿槐摇影荫堂前。星轺原湿初回日，藩国山河再造年。不分行台收鄙语，为因家赘托深缘。何方可化苏仙鹤，一揖天台水石边。
>
> 经年马首涨烟尘，干事归来鬓未银。蜀道行装伴琴鹤，颍川勋业冠麒麟。甘棠细雨藩京晚，玉节东风上国春。只为深恩缄骨髓，不应离别解伤神。
>
> 台州闻说近新安，三十年前识老韩。别后云山恼魂梦，屋梁霜月替容颜。人传下世犹难信，天欲匡时倘赐还。万里多情数行泪，临风遥寄死生间。[1]

可见朝鲜文人对台州满怀情谊，这里山川峻美，有和他们并肩作战、生死相伴的人物，令人向往。

一些漂流民在台州得到救助，因而对这一地的景物也有着特殊的感情，多有称赞。如崔溥漂流至台州临海县上岸，其《漂海录》如此描述台州："台州，古东瓯国之地，在闽之东越之南。而牛辖临海县，地又在台州东南绝徼。风气温暖，恒雨少日，实炎荒瘴疠之方。臣当正月而到，气候与三四月同。牟麦欲穗，笋芽方盛，桃杏满开。又山川高大，林薮屏翳，人物繁伙，第宅壮丽。别是一区天地也。"崔溥漂流至浙江的经历多为朝鲜士人所关注，"崔司谏溥，尝自耽罗漂海至台州。溯苏、杭而来，南人亦有问者"[2]。

三、浙东

浙东这一地域概念最早出现在唐肃宗（756—762年在位）时，乾元元年（758），"甲辰，置浙江西道节度使，领苏、润等十州，以昇州刺史韦黄裳为之。庚戌，置浙江东道节度使，领越、睦等八州，以户部尚书李峘为之，兼淮南节度使"[3]。此时江南东道分为浙江西道和浙江东道，也是后来藩镇时期所说的浙西镇和浙东镇。中晚唐时期，两镇并行发展；到了唐末五代，经吴越国的整合，其经济文化发展显著；北宋两浙路就是在这样的基础上发展起来，行政地理空间变化不大，到南宋则又分为两浙西路和两浙东路。元代江浙行省下设有浙东道，下辖庆元、衢州、婺州、绍兴、温州、台州和处州。

1 "隆庆丁卯，颍阳许阁老以诏使东来，贱生差都监官迎送鸭江，于今逾三十年矣。曩于使臣之行，时赐记问。自归新安，消息断绝，人传不一，未委存没。窃闻老先生家乡与彼相近，故第三律云。"［朝鲜］李山海：《鹅溪遗稿》第4卷，《南郭录》，《韩国文集丛刊》第47册，第523页。
2 ［朝鲜］金安老（1481—1537）：《希乐堂文稿》第8卷，古人于诗投赠酬答，《韩国文集丛刊》第21册，第452页。
3 ［宋］司马光等撰，［元］胡三省音注：《资治通鉴》第220卷，"乾元元年十二月"条，中华书局，1997年，第7063页。

明清时期，浙东虽然不再是行政区划，但其地域概念一直存在，从广义上包括了宁波、绍兴、台州、温州、金华和处州。

就朝鲜半岛而言，早在新罗时期，崔致远的诗文中就常出现"浙东"一词。崔致远（857—？）于868年入唐，又于874年进士及第，曾任溧水县尉、淮南节度使从事官，其诗文涉及浙东的事件和官员等[1]。元代忠宣王和李齐贤等人曾游历浙东，如闵思平（1295—1359）的《呈益斋》一诗中云："行遍峨嵋与浙东，华人咸仰号扬风。几思文定鬓丝白，每梦忠宣泪血红……"[2]此处"浙东"当即元代之浙东道。高丽文士李穑的诗词中也多次提到"浙东"，如"闻说江南至浙东，行人坐啸笋舆中。寻僧处处长松雨，访友家家垂柳风"[3]，"江南"和"浙东"相对应，分别指当时江浙行省下辖的江南浙西道和浙东海右道；又如"渺渺张槎万里天，浙东看尽好山川。携来若海直如奋，惆怅司成已上仙"[4]，诗中的"若海"即胡若海，据《高丽史》记载，恭愍王十三年（1364）六月，"乙卯，明州司徒方国珍遣照磨胡若海偕田禄生来献沉香、弓矢及《玉海》《通志》等书[5]。时方国珍占据的宁波、台州和温州均属元代浙东道，诗中的"浙东"当是此意。

明清时期，朝鲜文士虽然不十分明确浙东的地域范围，但应知晓宁波、台州、绍兴三地隶属浙东。1714年，田万英在为先祖田禄生（1318—1375）所写的行状中，特别提到田禄生曾于1363年"修聘浙东"，时台州、宁波和温州为方国珍所占据，如田万英所按："《纲鉴会纂》曰，时方国珍据台州。台州属浙东。"田万英又根据《高丽史》的记载，论及第二年（1364）"先生还明州，司徒方国珍遣照磨胡若海，偕来献沉香、弓矢及《玉海》《通志》等书"，并特别作按语："明州属浙东。"[6]又如崔溥到西兴驿时有如下记述："绍兴府，即越王旧都。秦汉为会稽郡，居浙东下流。府治及会稽，山阴两县及绍兴卫之治，卧龙山，俱在城中。"[7]这里的"浙东"当指浙东运河所覆盖的地区，自然包括绍兴府。1537年，丁焕（1497—1540）出使明朝，根据其《朝天录》，其在京城见到的翰林院"神童"即为"浙东绍兴府人"[8]。

明清朝鲜文集中多次出现的"浙东"，常与南宋淳熙八年（1181）朱熹出任浙东常平茶盐公事时的事迹有关。当年浙东一带水灾不断，造成严重饥荒，宰相王淮荐举朱熹出任浙东常平茶盐公事，专事赈灾事宜。朱熹于八月上任后，了解各地情况，筹备钱

1　参见［新罗］崔致远：《桂苑笔耕集》第11卷，《告报诸道征促纲运书》，《韩国文集丛刊》第1册，第60—61页；《答襄阳郡将军书》，《韩国文集丛刊》第1册，第65—66页；等等。
2　［高丽］闵思平：《及庵先生诗》第5卷，《呈益斋》，《韩国文集丛刊》第3册，第85页。
3　［高丽］李穑：《牧隐诗稿》第19卷，诗，《金刚山释来言，今秋山中皆言先生必至，一粲之余，吟成二首》，《韩国文集丛刊》第4册，第234页。
4　［高丽］李穑：《牧隐诗稿》第31卷，诗，《张方平尚书久不见，今日临门，喜而志之》，《韩国文集丛刊》第4册，第452页。
5　［朝鲜］郑麟趾编纂：《高丽史》第40卷，"恭愍王十三年六月乙卯"条。
6　［朝鲜］田禄生：《野隐先生逸稿》第6卷，附录，《野隐先生历官略》，《韩国文集丛刊》第3册，第418页。
7　［韩］朴元熇校注：《崔溥漂海录校注》，第54页。
8　［朝鲜］丁焕：《桧山先生文集》第2卷，《朝天录》，《韩国文集丛刊》第2册，第216页。

款，积极推行荒政，奏劾救灾不力的官员。朝鲜王朝既以朱子学为治国理念，因此对于朱熹在浙东的事迹多有记述。例如，李滉（号退溪、陶山，1501—1570）的退溪学被称为朝鲜朱子学，李氏如此记述朱熹这一行迹："先生尝提举浙东常平茶盐公事，实监司黜陟之任。故谦言叨冒举刺，举言陟，刺言黜也。然其时荐人，亦以公论所在公荐之，不敢因私嘱而荐人，以应付人情也。荐人谓之举削，亦所未详。"[1]又有宋时烈将"浙东之谕"解释为"朱子提举浙东时，以救荒七事条陈"[2]。朝鲜文士还特别关注朱熹任上劾奏台州知州唐仲友之事，多有论及[3]，正祖大王（1776—1800年在位）甚至注意到闽版朱熹著作中未收录此"台州奏状"，因而令内阁下谕，命入燕朝贡的使臣访求记录有这一内容的所谓"真本"[4]。

　　明清朝鲜士人所谓的"浙东"基本局限于宁波、台州和绍兴三地，这三地是御倭之地，也是援朝抗倭兵将的重要来源地。安重观（1683—1752）在送别出使日本的通信使洪纯甫的序文中，曾以浙东为日本之地理方位参照："姜沆《看羊录》则曰，据倭人之言，疑在我国之东北，与稳庆等地相直。而《王弇州集》，倭寇必以东北风，来犯浙东。东北风每盛于清明重阳两节后，故中国之防倭，以四五月为大汛，九十月为小汛。其国正在中国与我邦之东北。"[5]洪大容在和严诚说到浙东时，即问："戚将军防倭处，是浙东耶？"又说，"万历东征，专赖浙兵。"[6]可见在明清时期的朝鲜士人眼中，浙东不仅是朱子实行荒政之地，也是抗倭兵将辈出之地。

　　唐代，元稹被贬出任越州（即今绍兴）刺史兼任浙东观察使时，有诗《以州宅夸于乐天》云："州城回绕拂云堆，镜水稽山满眼来。四面常时对屏障，一家终日在楼台。星河似向檐前落，鼓角惊从地底回。我是玉皇香案吏，谪居犹得往蓬莱"，描写了其越州州宅之地势高峻、背山面水，以及居于其间的快乐心情。1687年曾作为冬至谢恩使行副使出使清朝的任相元（1638—1697）在读元稹此诗后，"步其韵"曰："屏山一叠万红堆，栏下滩声静自来。境僻不嫌稀簿领，官清还有好池台。睡阑山鸟捎花去，衙罢渔舟带月回。解诵浙东才子句，铺张枉已拟蓬莱。"[7]如果说江南是作为浙江的共性存在，那么浙东则是作为浙江不同于江南的个性存在。

1　[朝鲜]李滉：《退溪先生文集》第11卷，《答李仲久问目》，《韩国文集丛刊》第29册，第312页。
2　[朝鲜]宋时烈：《宋子大全随札》第4卷，《随札》第32卷，《韩国文集丛刊》第116册，第332页。
3　[朝鲜]田愚：《艮斋先生文集》前编第3卷，《答某官》，《韩国文集丛刊》第332册，第115页；[朝鲜]奇大升：《高峰先生论思录》卷上，十七日，《韩国文集丛刊》第40册，第150页；等等。
4　"台州奏状不载于闽版，且如陆王之帖、梅花之赋，逸而不列。先儒不云乎：'穷壤弥道，凝之则存乎人。'今行进贺副使之特授者，以其素娴于编书，且与诸臣偕闻编辑之本意也。使行入燕之后，另购《大全》真本与《语类》各本。上价既承筵勅，与副使悉心觅来，令内阁下谕。"[朝鲜]正祖：《弘斋全书》第29卷，纶音四，《命使行购朱夫子书真本纶音》，《韩国文集丛刊》第262册，第485页。
5　[朝鲜]安重观：《悔窝集》第4卷，《送通信使洪纯甫启禧序》，《韩国文集丛刊》第65册，第331—332页。
6　[朝鲜]洪大容：《湛轩书》外集第3卷，《乾净衕笔谈》，《韩国文集丛刊》第248册，第164页。《乾净笔谭》则无此内容。
7　[朝鲜]任相元：《恬轩集》第4卷，诗，《昔元微之在浙，以州宅夸乐天，今步其韵》，《韩国文集丛刊》第148册，第139页。

第四节　浙江潮之认识

浙江潮，即钱塘潮，是钱塘江注入东海时，在杭州湾入海口形成的海潮。其形成一方面是受到海洋潮汐作用的影响，另一方面是杭州湾钱塘江口喇叭口形状的特殊地形所导致。钱江大潮的汹涌壮丽早在唐宋时就已闻名，并成为当时杭州人在中秋节前后的一大乐事（图4-4）。宋代苏轼的《八月十五看潮》组诗中就有"万人鼓噪慑吴侬，犹似浮江老阿童。欲识潮头高几许，越山浑在浪花中"之句，元代叶颙的《浙江潮》亦有"滔天浊浪排空来，翻江倒海山为摧"之句。通常农历八月十八日前后是浙江潮的最佳观潮日，所谓"八月十八潮，壮观天下无"。南宋观潮以江干至六和塔、凤凰山、吴山为最佳处，但随着地理位置的变迁，明代观潮点开始东移，以海宁盐官为观潮第一胜地。明代田汝成的《西湖游览志馀》进一步将"浙江秋涛"（图4-5）纳入"钱塘十景"，使浙江潮景观得到更为广泛的传播。

图4-4　《月夜观潮图》（南宋李嵩绘，台北故宫博物院藏）

图4-5 《浙江秋涛图》（清李卫修，傅王露纂《西湖志》）

一、恢宏壮阔的浙江潮

潮汐这一自然现象在三面临海的朝鲜半岛并不鲜见，但朝鲜文人在提到潮水时，常常言及与浙江潮相关的话题。如权擘（1520—1593）在《慎大夫听潮堂》诗中提到"潮来浪卷雪，势若山岳倾"，不觉"初疑浙江魂，怒气随风生。"[1] 安敏学（1542—1601）在季夏之时观大江飞涨、狂涛怒吼，写下"无乃子胥千古恨未泄，浙江怒涛相荡激"[2] 的诗句。具鉴（1614—1683）则有诗题为"海门听潮"，为"养闲堂八景"之一[3]，具氏在诗中却感叹："浙江千古灵胥怒，壮观同称八月潮。"[4] 又如金昌翕（1653—1722）在江原道江陵府镜湖新亭[5] 见"月皎潮生，雁声无数"，赋诗曰："潮连浙江涨，雁向楚云呼。"[6]

浙江潮以壮观著称，这也是朝鲜文人长期以来的普遍认知。1628年十月，郑经世（1563—1633）经筵日讲，在回答仁祖（1623—1649年在位）有关潮汐的提问时，便言"天下惟浙江潮水甚盛"[7]。后来丁若镛（1762—1836）受到西学影响，分析海潮成因时，

---

1 ［朝鲜］权擘：《习斋集》第1卷，《慎大夫听潮堂》，［韩］韩国民族文化推进会编：《韩国文集丛刊》第38册，景仁文化社，1991年，第29页。

2 ［朝鲜］安敏学：《枫崖先生集》第1卷，《观涨》，《韩国文集丛刊》第51册，第563页。

3 养闲堂何在已不详，但根据具鉴出生且长期生活于汉阳可推测，该地或位于汉江附近；海门听潮之外，其他七景为：三角朝岚、深秋暮雨、鳌头落照、凤翔归帆、平沙落雁、烟朝牧笛、月夜渔歌。

4 ［朝鲜］具鉴：《明谷先生文集》第2卷，《养闲堂八景》，《韩国文集丛刊》第33册，第45页。

5 镜湖即镜浦，位于江陵府东北十五里。"浦之周二十里，水净如镜，不深不浅，才没人肩背，四面中央如一。西岸有峰，峰上有台，台畔有炼药石臼。浦之东口有板桥，曰江门桥。桥外竹岛，岛北有白沙五里。沙外沧海万里，直望日出，最为奇胜。亦曰镜湖。有亭，我太祖、世祖尝巡幸，驻驾于此。"［朝鲜］卢思慎等编著：《新增东国舆地胜览》第44卷，《江原道》，明文堂，1994年，第786页。

6 ［朝鲜］金昌翕：《三渊集》第16卷，诗，《镜湖留李万甫（宜禄）新亭，月皎潮生，雁声无数》，《韩国文集丛刊》第165册，第332页。

7 《仁祖实录》第19卷，"仁祖六年十月丙申"条；［朝鲜］郑经世：《愚伏先生别集》第3卷，《经筵日记》十月初九，《韩国文集丛刊》第68册，第450页。

认为"近于赤道者，其潮势盛。远于赤道者，其潮力微。吕宋之潮，高于粤东。粤东之潮，高于浙江"[1]。朝鲜文人写潮水之汹涌，常以浙江潮作为对比。如黄俊良（1517—1563）于二乐楼观涨，有诗云："经旬梅雨积江皋，转石崩山卷海涛。已把雄观倾八九，浙江巫峡浪非高。"[2] 权好文（1532—1587）于"东台"观潮涨，写下了"莫道浙江轰霹雳，壮观应落此高台"[3]的诗句。任叔英（1576—1623）的《观涨》诗形容潮水"怒击已班巫峡水，狂奔尤齿浙江潮"[4]。金世濂（1597—1673）亦有《观涨》诗云："积雨波涛涨，怀山浸赤霄。如观广陵曲，似对浙江潮。"[5] 1638年，李海昌（1599—1655）因为主张营救金尚宪而被流配到庆尚道盈德郡，在当地海门观潮时，写下了"观夫波声汩起，宛对浙江之潮"[6]的诗句。

明清朝鲜文人其实并无机缘一睹浙江潮的实况。1492年，崔溥在忠清道保宁城抚夷亭观景时，不时将之与其漂海浙江期间的见闻相对照，"今观乌圣诸山，与会稽四明，如弟昆焉。安眠形势，与台州之海门，竞雌雄焉。海浦帆樯，有同京口之会。鳅潮蹴天，大胜浙江之观"[7]，力赞此处江潮胜过浙江潮。然而崔溥在杭州西兴驿时，虽知此地为"杭州人每于八月十八潮大至，触浪观潮之处也"[8]，但由于当时未到观潮时节，崔氏只见钱塘江水"平衍广阔"，并未目睹潮起潮落。

事实上，朝鲜文人主要是通过中国文人的诗作来了解浙江潮之盛景。唐宋以来，描绘浙江潮的诗歌着实不少，如唐代李白《横江词》："海神东过恶风回，浪打天门石壁开。浙江八月何如此，涛如连山喷雪来。"孟浩然《与颜钱塘登樟亭望潮作》："百里闻雷震，鸣弦暂辍弹。府中连骑出，江上待潮观。照日秋空迥，浮天渤解宽。惊涛来似雪，一座凌生寒。"宋昱《樟亭观潮》："涛来势转雄，猎猎驾长风。雷震云霓里，山飞霜雪中。"宋代苏轼《观浙江涛》："八月十八潮，壮观天下无。鲲鹏水击三千里，组练长驱十万夫。红旗青盖互明末，黑沙白浪相吞屠。人生会合古难必，此情此景哪两得。愿君闻此添蜡烛，门外白袍如立鹄。"以及释文珦《钱塘江潮》"初闻万马声，渐觉似长城。远自三山起，高连两岸平。凌风添怒势，映日作虚明。若是吴胥魄，如何渡越兵"等。通过比喻、衬托等文学手法，这些诗作充分呈现了浙江潮的汹涌壮阔。

受其影响，朝鲜文人也多将雷震、狂风、骤雨、暴雪等自然天象之恢宏壮阔与浙江潮的"声势浩大"联系起来。如林悌（1549—1587）夜宿高亭，闻大风呼啸，赋诗曰：

1　［朝鲜］丁若镛：《与犹堂全书》第1集，《诗文集》第22卷，《海潮对》，《韩国文集丛刊》第281册，第478页。
2　［朝鲜］黄俊良：《锦溪先生集》第2卷，《二乐楼观涨，次诸生韵》，《韩国文集丛刊》第37册，第27页。
3　［朝鲜］权好文：《松岩集》第2卷，《东台观涨》，韩国国学振兴院藏本。
4　［朝鲜］任叔英：《疏庵先生集》第2卷，《观涨》，《韩国文集丛刊》第83册，第418页。
5　［朝鲜］金世濂：《东溟先生集》第3卷，《观涨》，《韩国文集丛刊》第100册，第427页。
6　［朝鲜］李海昌：《松坡集》第1卷，《秋日游海门序》，《韩国文集丛刊》第28册，第237页。
7　［朝鲜］崔溥：《锦南先生集》第1卷，《抚夷亭记》，《韩国文集丛刊》第16册，第369页。
8　［韩］朴元熇校注：《崔溥漂海录校注》，第56页。

"朝风吹怒觉亭高，倒海掀山气势豪。梦作扁舟五湖客，浙江秋雨夜闻潮。"[1] 狂风使作者联想到浙江潮，有所思因而有所梦。李殷相（1617—1678）东楼看雨，见风雨交加，寒意逼人，不禁感慨："野色远迷吴苑夕，潮声寒卷浙江秋。"[2] 如果说以上两者皆为间接联想，那么崔锡鼎（1646—1715）形容大雪纷飞之情状时，则是直接以浙江潮作比，"狂于落絮迷隋岸，壮似奔潮卷浙江"[3]；又如洪奭周（1774—1842）所思的中秋浙江潮即是"雪屋掀天风雷吼"[4]。浙江潮作为一种自然景观，着实已成为恢宏壮阔、无所约束的化身。

不仅如此，和中国文人一样，朝鲜文人同时也将浙江潮的声势浩大、肆意奔腾作为声音景观加以描述。如丁若镛之诗句"轰驱忽似浙江潮，六鹢退飞旗央央"[5]，即是以潮声比喻隆隆车船声。又如李埈（1560—1635）《孔明庙柏》中描绘孔明祠的荒凉，"寥落荒祠古郡城，森森翠柏拂檐楹。含凄风自虬鳞起，倒影云随羽盖生。黛色浑疑巫峡暝，寒声不辨浙江鸣"[6]，将寂寥的"寒声"与浙江潮的轰鸣声作对比，从而表现寒声的内在张力。此外，朝鲜文人还用反向对比来说明浙江潮的声势浩大。如金相进（1736—1811）拜候渼江金元行（1702—1772）时，渼江先生患耳聋，自言："耳边不闻人语，惟闻浙江涛。"[7] 郑在裴（1781—1858）感叹年老不济时，亦言"眼横衡岳雾，耳聒浙江涛"[8]。

浙江潮之"澎湃"甚至还被用来形容文风之浩荡。如金昌翕与鱼有凤（1672—1744）谈论朝鲜半岛的文风时，即以浙江潮作喻：

> 吾儒文字，大抵说事多而说理少。虽其说性说命，而文则温顺。此则开口谈天，发之以奇辞怪调，或不能句者有之，所以为难解也。若其结撰之妙，无中生有，则如灵蜃嘘气，构起百层楼阁，忽焉风卷而去，只是一碧晴空。又如浙江潮至，浩漾澎湃，若腾三军之装而轰辐万两，俄然退阵，但见万顷澄洋，不见涯涘。其倏忽变化，神于捭阖，有如是者。[9]

可见在朝鲜文人笔下，浙江潮之恢宏壮阔、恣意澎湃不仅仅是自然景观，同时也是一种声音景观，一种文化景观。

1　[朝鲜] 林悌：《林白湖集》第 2 卷，《夜风宿高亭》，《韩国文集丛刊》第 58 册，第 271 页。
2　[朝鲜] 李殷相：《东里集》第 1 卷，《东楼看雨》，《韩国文集丛刊》第 122 册，第 382 页。
3　[朝鲜] 崔锡鼎：《明谷集》第 4 卷，《后闲居录》，《韩国文集丛刊》第 153 册，第 506 页。
4　[朝鲜] 洪奭周：《渊泉集》第 4 卷，《宪仲考三百六十日故事为一卷，命曰书林日纬，约昆季知旧，各赋十日》，《韩国文集丛刊》第 293 册，第 99 页。
5　[朝鲜] 丁若镛：《与犹堂全书补遗》，《射蛟浔阳江喜舳舻千里》，韩国国立首尔大学奎章阁藏本。
6　[朝鲜] 李埈：《苍石集》第 3 卷，《孔明庙柏》，《韩国文集丛刊》第 64 册，第 256 页。
7　[朝鲜] 金相进：《濯溪集》第 7 卷，《渼江语录》，《韩国文集丛刊》第 94 册，第 489 页。
8　[朝鲜] 郑在裴：《慎窝集》第 1 卷，《偶吟遣怀》，《韩国文集丛刊》第 117 册，第 216 页。
9　[朝鲜] 金昌翕：《三渊集》第 21 卷，《答鱼有凤》，《韩国文集丛刊》第 165 册，第 430 页。

二、伍子胥和浙江潮

吴伟业（1609—1672），字骏公，号梅村，明末清初著名诗人、江左三大家之一。他的《沁园春·观潮》词如此描绘钱塘江潮的壮观景象："八月奔涛，千尺崔嵬，眷然欲惊。似灵妃顾笑，神鱼进舞；冯夷击鼓，白马来迎。伍相鸱夷，钱王羽箭，怒气强于十万兵。峥嵘甚，讶雪山中断，银汉西倾……"[1] 词中的河神冯夷、伍相伍子胥、钱王射潮都是由浙江潮引发的意象，其中伍子胥受到了朝鲜文人的特别关注。

伍子胥是先秦时期的重要人物，其事迹在历史文献中多有记载和演绎，其忠烈直谏、忍辱负重、机智勇武、坚忍不拔的形象流传甚广。伍子胥与浙江潮之间的联系可见于《史记·伍子胥列传》：伍子胥忠勇直谏，被吴王夫差赐死，死前嘱咐舍人抉其眼于吴东门之上，以"观越寇之入灭吴"，"吴王闻之大怒，乃取子胥尸盛以鸱夷革，浮于江中。吴人怜之，为立祠于江上，因命之胥山"[2]。伍子胥尸体被抛钱塘江，这就是两者关系的来源。《吴越春秋·夫差内传》则进一步神化抛尸一事，"乃弃其躯，投之江中。子胥因随流扬波，依潮来往，荡激崩岸"，于是伍子胥与浙江潮有了关联。《越绝书·越绝德序外传记》中亦述此事："王使人捐于大江口。勇士执之，乃有遗响。发愤驰腾，气若奔马；威凌万物，归神大海；仿佛之间，音兆常在。后世称述，盖子胥水仙也。"伍子胥因此被塑造为潮水之神[3]。

以上诸文献中，《史记》是明清时期朝鲜科举的重要典籍，《吴越春秋》《越绝书》亦在朝鲜半岛流传，伍子胥的故事因此为朝鲜文人所了解。据《朝鲜王朝实录》记载，早在1451年，文宗大王和经筵官就已对"夫差放杀子胥"一事展开过对谈[4]。明清时期朝鲜文人对伍子胥故事的关注有三个方面：一是伍子胥父兄被杀后，他未听从父亲生前之劝说而逃离楚国，伺机报仇；二是他逃入吴国后率军队灭楚，并挖掘楚平王墓，又鞭其尸；三是他直言劝谏吴王，却被吴王夫差赐死。对于前两点，朝鲜文人多加以道德指责，而对第三点则多加赞赏[5]。因此，朝鲜文人主要关注的是第三方面，即伍子胥敢于直谏吴王的一面。

15世纪，朝鲜文人金时习（1435—1493）作长篇《胥山赋》，感慨伍子胥蒙冤而去，称颂其直言劝谏的品格及其忠魂壮志：

> 胥山苍苍，东吴故疆。临浙江之怒涛，姑苏屹乎其旁。爰有古

1　〔清〕吴伟业：《沁园春·观潮》，闫彦、朱明尧主编：《钱塘江潮诗词集》，浙江大学出版社，2012年，第193页。

2　〔汉〕司马迁：《史记·伍子胥列传》，中华书局，1982年，第2180页。

3　参见虞海娜：《试论伍子胥文化意象》，华东师范大学硕士学位论文，2012年。

4　"御经筵讲《大学衍义》，至夫差放杀子胥，上谓经筵官曰：'予尝读史，但见越王乞哀于吴，以保其国，未闻与范蠡纳降为臣之语。今集贤殿所上《兵要草》有纳降之语，何所据乎？'检讨官成三问对曰：'臣考《左传》《国语》，无有此语，但《吴越春秋》有之。'上曰：'是书浮夸无实，不足取信。故已于《兵要草》削之。'"见《朝鲜文宗实录》第7卷，"文宗元年四月癸未"条。

5　参见黄智咏：《"伍子胥故事"在朝鲜半岛的传播与接受》，北京大学硕士学位论文，2014年。

庙，栋宇荒凉。丹青剥落，黯淡莫章。淡烟枯草，寒云老树。山岧岚
兮天碧，波澎湃兮日暮。纸钱翻兮乌鸦飞，箫鼓促兮狐狸走。父老携
扶，郎姥笑语。尸祝升降，罗列樽俎。答以福厘，报以椒糈。尔乃神
踞于床，鬼呵其傍。耸长剑兮列戟，扬华旌兮焚香。塑像髵髯，丹涅
其颜。气状俨然，发上冲冠。犹存伐越之壮忿，不胜存吴之长叹。岂
非所谓吴伍员之庙貌，而其忠魂壮志历千载不爽，而莫之刊者乎。至
若愤越怜吴，哀谗忧国，惜壅君之不识，怨贪人之罔极。伤指之冤，
内蓄于寸赤。受赂之嗔，常填于膈臆。虽颈胆离于镯镂，而志气则不
断也。形骸包于鸱夷，而精神则不散也……嗟夫！心触于物，或悲或
悦。物感其心，有通有窒。无乃浙江之潮弩而尤聒，钱塘之堤楗而愈
决者，尽是谏臣伍子……[1]

赋中的胥山即杭州吴山，古庙为民间所称伍公庙或伍公祠，根据《史记》记载，后
者早在春秋战国时就已设立。"宋大中祥符间，赐额祠庙曰'忠清'，封英烈王。绍兴
三十年，改'忠壮'。嘉熙间，海潮大溢，弥望七八十里，隤为洪流，京兆赵与欢祷于
神，水患顿息，乃奏建英卫阁于庙中。"[2] 该庙毁于元末，又重建于明代。而从赋中"浙
江之怒涛""浙江之潮弩"可知，金时习深知伍子胥和浙江潮的关联，在赋末还对伍子
胥的故事加以评论：

愚论之。伍子胥叛其本国，为他国之谋臣。至于鞭其君尸，虽报
父兄之仇，欲速行之为美，其悖于天理者太过。然竟极谏夫差，遇谗
至死而不悔。豫让叛其本主，而事其主之仇，其行似薄。然不忘智伯
国士之遇，而欲报知己之仇，至再至三而不已。此二人者于平王、范
氏，如叛主犬豕。于夫差、智伯，如疾风劲草。故朱子记于《小学》，
勿论其他，但取可善于此而已。狄仁杰巡抚河南，奏毁淫祀尽而置伍
员庙不毁者，嘉其忠烈。使后世碌碌庸臣以二心事君者之戒，岂不美
哉。后之观者，舍短取长，趋迹取善而已。[3]

在金时习看来，虽然伍子胥叛离楚国、灭楚鞭尸的行径有悖情理，但其"极谏夫
差，遇谗至死而不悔"之举，与豫让"不忘智伯国士之遇"的忠烈行为同样，符合朱子
所推崇之大义，因而值得推崇。林悌（1549—1587）曾写下《愁城志》一文，以神仙
鬼怪记述自古以来忠义、壮烈、无辜、别离之人。其中，伍子胥被列入壮烈门，"疾雷

1 ［朝鲜］金时习：《梅月堂文集》第22卷，《胥山赋》，《韩国文集丛刊》第13册，第408—409页。
2 〔明〕田汝成辑撰：《西湖游览志》，上海古籍出版社，1958年，第151页。
3 〔明〕田汝成辑撰：《西湖游览志》，上海古籍出版社，1958年，第151页。

一声，阴风惨惨，当先一人，乘白马横属镂，怒气如浙江潮急，乃是生全忠孝伍子胥也"[1]，可见伍子胥被归为"生全忠孝"之人。南龙翼（1628—1692）有《咏史·伍子胥》云"忠孝双全死亦安，壮心宁怕剑光寒。夫差幪冒真堪笑，目抉东门已快观"[2]，同样是以"忠孝双全"来评价伍子胥。

在朝鲜文人的描述中，汹涌澎湃的浙江潮是由伍子胥身死引发的"怒"和"怨"。"伍胥怒涛"是极为常见的表达，前述林悌所言"怒气如浙江潮急"亦是此意。尹安性（1542—1615）有《浙江闻少海唱》云"汀洲朝暮怒涛生，白马时时来又去"[3]，石之珩（1610—?）之《浙江潮》言"万古英雄泪，奔流作海潮。横江长吼怒，暮暮又朝朝"[4]，李尚馨（1585—1645）之《浙江潮》云"忠臣死作不平潮，郁结千秋怨未消"[5]等。怒怨交织的浙江潮屡见于朝鲜文人之诗文，又往往带出伍子胥生前生后事，暗含着对时事的感叹。

1680年，申晟（1628—1687）作为谢恩兼陈奏使行副使出使清朝，并撰有《燕行录》。燕行途中，他常生出对明清交替以及战争悲苦的感伤。在丰润县时，申氏听闻书状官述说战争期间季文兰家破人亡之事，不由感慨道："海内丧乱，生民罹毒，闺中兰蕙之质亦未免沦没异域。千古怨恨，不独蔡文姬一人而已。"[6]其《读伍胥传》诗云："镯镂光寒壮士摧，浙江潮水怒成雷。可怜墓梓无人树，已见东门越寇来。"[7]这里虽以浙江潮比伍子胥之悲壮与怨怒，但更多是对吴王不纳谏言、终致灭亡的悲叹。本来随着伍子胥的故去，其一时之怒怨只能存在于文本当中，但江潮有信、千年不息，朝代兴亡亦周而复始，故而伍子胥的忠愤怒怨如同浙江潮水千载难消。朴弘美（1571—1642）之《浙江潮》写道："忠愤千秋尚未消，年年鼓作广陵潮。长鲸喷薄霾寒日，白马奔腾挟迅飙。终日大声吹谷岸，有时高浪蹴云霄。凭君遮莫穷余怒，吴越兴亡已寂寥。"[8]洪命元（1573—1623）之《浙江潮》亦言："鸱夷遗恨托江潮，白马雷奔暮又朝。大海元通开辟水，怒涛偏入古今谣。三吴舟楫愁难过，万里鱼龙伏不骄。愤气千年犹可息，稽山霸业已寥寥。"[9]二诗大约都是由此而发的感叹。

三、伍胥怒涛：忠魂不灭

伍胥怒涛还引发了朝鲜文人进一步的思索，即感叹忠言逆耳，感叹吴国之亡，感叹

---

1 ［朝鲜］林悌：《林白湖集》第4卷，《愁城志》，《韩国文集丛刊》第58册，第320页。
2 ［朝鲜］南龙翼：《壶谷集》第7卷，《伍子胥》，《韩国文集丛刊》第131册，第133页。
3 ［朝鲜］尹安性：《冥观遗稿集》第4卷，《浙江闻少海唱》，《韩国文集丛刊》第5册，第244页。
4 ［朝鲜］石之珩：《寿岘集》（上），《浙江潮》，《韩国文集丛刊》第31册，第323页。
5 ［朝鲜］李尚馨：《天默先生遗稿》第1卷，《浙江潮》，《韩国文集丛刊》第21册，第562页。
6 ［朝鲜］申晟：《燕行录》，《燕行录全集》第22卷，第480页。
7 ［朝鲜］申晟：《汾崖遗稿》第4卷，《登州录》，《韩国文集丛刊》第129册，第392页。
8 ［朝鲜］朴弘美：《灌圃先生文集》（上），《浙江潮》，《韩国文集丛刊》第17册，第104—105页。
9 ［朝鲜］洪命元：《海峰集》第2卷，《浙江潮》，《韩国文集丛刊》第82册，第204页。

何不归隐了去。李震白（1662—1707）在《属镂无眼不识人》中写道："斯人一去太阿倒，越胆已悬吴薪枯。剑兮何为害忠良，剑兮何不诛奸谀。"[1] 李忔（1568—1630）《浙江潮》曰："鸱夷魂魄犹应在，帻帽君王倘见招。若使当年容直谏，姑苏未必草萧萧。"[2] 金麟厚（1510—1560）之《宦海》则云："面对龙颜婴逆鳞，汨罗怀沙岂其罪。潮头怒气浙江水，至今冤愤流千载。遐荒海裔或老死，亦是昔日调鼎鼐。凤池恩波有不终，毕竟颠亡何所待。终不如云山石室卧穷年，薄田躬耕终不馁。提妻挈子物外游，放浪泉石搴兰茝。行身济世亦攸贵，岂必妄动生尤悔。"[3] 然而这样的感慨不免消极，因此朝鲜文人更多是以伍胥怒怨作为道德教化的典范。

伍子胥生前敢于直谏，因此被朝鲜文人视为忠烈而倍加推崇；其死后又化为潮神，借潮水抒发怒与怨，其恨可谓亡国之恨，亦可谓忠。伍子胥生为忠臣，死作忠魂，因此朝鲜文人在写浙江怒潮时，伍子胥多以"忠魂"的形象示人。如黄㦿（1604—1656）之《浙江潮》："壮志难从属镂消，忠魂不逐革囊漂。肯同精卫填深海，却托江神作怒潮。"[4] 俞场（1614—1690）之《读史》亦有"忠魂化作浙江涛"[5] 之句，南龙翼则言"忠魂尚吼浙江潮"[6]。伍子胥的"忠"因浙江潮的千年不息而愈显珍贵。从这一角度看，经历了宋元之变的中国文人艾性夫的《观潮》诗中"世间亡国知多少，谁似灵胥恨未灰"[7] 一句最为直白。

朝鲜文人之所以在浙江潮的多种意象中最为关注伍子胥，乃是由于其所展现出的忠节。中国诗词中有关伍胥潮的常见典故如白马潮、白马素车、鸱夷等，均可见于朝鲜半岛诗文。朝鲜文人对唐宋以来中国文人咏浙江潮的诗文十分熟悉。崔演（1503—1549）的《次林士遂（亨秀）见寄咏雪诗三十韵》中有"八月浙江潮满壑"一句，并自注："李白诗：'浙江八月何如此，潮似连山喷雪来'；韩文公雪诗：'胥怒浪崔嵬'……"[8] 此外，唐代宋之问《灵隐寺》中的"楼观沧海日，门对浙江潮"一句尤为朝鲜文人所熟知。洪大容首见钱塘三士时，得知三人居钱塘后，洪氏即诵"楼观沧海日"，严诚续诵"门对浙江潮"，双方不禁宛然。[9] 正祖《弘斋全书》中亦有"鹫峰门对浙江潮，直欲横流泛石桥"[10] 一句，当亦源于宋之问此诗。在明清燕行使臣所传入朝鲜半岛的汉籍中，中国历代名家诗文集不可不谓重要。[11] 而朝鲜文人如此熟悉中国文人关于浙江潮的诗文，延

1　[朝鲜] 李震白：《西岩遗稿》（下），《属镂无眼不识人》，《韩国文集丛刊》第36册，第73页。
2　[朝鲜] 李忔：《雪汀集》第3卷，《浙江潮》，《韩国文集丛刊》第15册，第499页。
3　[朝鲜] 金麟厚：《河西先生全集》第4卷，《宦海》，《韩国文集丛刊》第33册，第78页。
4　[朝鲜] 黄㦿：《漫浪集》第4卷，《浙江潮》，《韩国文集丛刊》第103册，第421页。
5　[朝鲜] 俞场：《秋潭集》卷之一，《读史》，《韩国文集丛刊》第33册，第104页。
6　[朝鲜] 南龙翼：《壶谷集》第9卷，《读史诗长篇》，《韩国文集丛刊》第131册，第189页。
7　[宋] 艾性夫：《观潮》，《钱塘江潮诗词集》，第46页。
8　[朝鲜] 崔演：《艮斋先生文集》第2卷，《次林士遂（亨秀）见寄咏雪诗三十韵》，《韩国文集丛刊》第32册，第30页。
9　[朝鲜] 洪大容：《湛轩燕记》，《燕行录全集》第43册，第14—15页。
10　[朝鲜] 正祖：《弘斋全书》第2卷，《有人自枫岳归，以关东图屏示余，书其屏以还》，载《韩国文集丛刊》第262册，第35页。
11　参见杨雨蕾：《燕行与中朝文化关系》，上海辞书出版社，2011年，第140—141页。

续其中的意象也是理所当然。

伍子胥之外，与浙江潮有关的历史人物还有五代吴越国王钱镠，后者以射潮留名。自宋以来，该典故屡见于中国文人的咏潮诗，虽然朝鲜文人也有所涉及，如赵龟命（1693—1737）之《题郑元伯浙江观潮图》言"浙江怒涛，秦皇帝之所畏而避，而镠也乃能射退之，想潮神亦老惫尔"[1]，但与有关伍子胥的咏潮诗文相比，其数量远远不及。究其原因，乃是伍子胥所彰显的"忠"的道德内涵尤为朝鲜士人所看重。朝鲜王朝以朱子性理学为治国理念，尤其强调节气、忠义。譬如被誉为朝鲜半岛性理学鼻祖的郑梦周以身殉节，其节义在朝鲜王朝备受推崇；又如朝鲜世祖大王取代其侄子端宗的王位后，尽管后来是世祖的后人延续王位，但并没有影响忠于端宗、不事二君的"生六臣"与"死六臣"事迹的流传[2]。曹春茹、王国彪在探讨朝鲜诗家对明清中国诗歌的评价时，即指出朝鲜文人的评判有鲜明的儒学化特色，特别强调"文以载道"，即"以儒家的政治、道德教化为最高标准，注重诗歌的讽刺、谏诫、颂美的创作功用"[3]。除了评判之外，朝鲜文人在创作诗歌时也同样重视道德内涵。

浙江潮中的伍子胥，常与首阳山的伯夷叔齐、汨罗江的屈原相提并论。如郑希良（1469—? ）的《虚庵集·泰定琴》中所写："夷齐枯死骨峥嵘，屈子餐菊心苍凉。独鹤栖松晓梦清，叫彻空山山鬼惊。佳人千里向胡塞，健夫十年戍边城。浙江秋水浪拍天，怒涛起立龙蛇颠。"[4]联系这三者的就是与亡国交织在一起的"忠"，可见浙江潮与首阳山、汨罗江一样，都是忠节之象征，浙江潮也得以运用于更宽泛的语境。其实，浙江潮所展现的"忠心不改"的精神甚至胜过首阳山与汨罗江，毕竟只有浙江潮信千年不息。如果说有明一代，朝鲜文人对伍子胥忠魂不灭的赞颂只是儒学的忠义道德观之体现，那么明清交替之后，这种道德观则有了更为现实的处境，即朝鲜文人与伍胥之魂实处于类似境况。尊明是朝鲜王朝的底色，其君臣士人忠于明朝且渴望恢复大明江山，因此伍子胥的忠义之魂就成为他们的精神寄托。

明亡于甲申年（1644），但朝鲜半岛早在丙子年（1636）就已被迫转而朝贡当时尚在关外的清朝。这一年，为了解决入关的后顾之忧，皇太极兵围朝鲜国王所在的南汉山城，迫使朝鲜半岛投降、向清纳贡称臣，朝鲜半岛称之为"丙子胡乱"。当是时，70岁的金宁（1567—1650）组织义兵，"誓赴斗死。至主屹下，闻已讲和。痛哭而归，愤欲蹈海"[5]，又作《愿蹈东海》一文，以明其志：

1　［朝鲜］赵龟命：《东溪集》第6卷，《题郑元伯浙江观潮图》，《韩国文集丛刊》第215册，第133页。
2　"生六臣"是以"不事二君"辞官退隐、永不出仕世祖的六位大臣，包括金时习、成聃寿、元昊、李孟专、赵旅、南孝温六人；"死六臣"是因密谋恢复端宗王位而死于大义的六位大臣，即成三问、朴彭年、河纬地、李塏、俞应孚和柳诚源。
3　参见曹春茹、王国彪：《朝鲜诗家论明清诗歌》，中央编译出版社，2016年，第467页。
4　［朝鲜］郑希良：《虚庵先生续集》第1卷，《泰定琴》，《韩国文集丛刊》第18册，第49页。
5　［朝鲜］郑宗鲁：《立斋先生别集》第6卷，《避峰先生行状》，《韩国文集丛刊》第254册，第456页。

东周落日将没于虞渊，我心孔悲。西夷余种欲帝于天下，予将焉归。宁将未死之此身，愿蹈东海之惊波，冲涛怒浪，溘死而沦亡，不忍见强秦之制命于中华。生当姬辙之既东，身际王纲之解纽。尊周室攘夷狄，是予所抱。扶大义立王道，亦予所志。痛矣！文教之丧天。悲哉！礼义之坠地。纵横诸国，功利当时。三纲沦没，九法陵夷。独立宇宙，慷慨不歇。时愤世悯，抑郁而内激，亦可伤心而切骨。柏翳旧封，左衽之遗蘖，又何图帝；以诈力违仁义，只上首功。彼时人虽曰侯服，以蛮夷肆然为帝，予何忍腼面以事。尔虽诱我以尊秦，我之心则周耳。尔虽威我以臣事，我之志则义耳……东溟一隅，是我死所。碧波千寻，我将归去。生而为秦，岂若死周。生而屈膝，岂若捐躯。此身虽朽，扶夏之一念不朽。此身虽死，抑戎之一心不死。昭乎心上之经义，怒涛平地。烈乎胸中之正分，洪波坦道。海之水连于浙江，可与子胥魂而同游。海之水接于汨罗，可与屈原魂而共藏。饿死全节，岂必首阳。不仕以义，不须汶上。东海倾波，此羞难雪。周其沦丧，我何臣仆……[1]

金宁此文强调"尊周攘夷"，在明清的对立语境中，大明即是华夏，尊明即是尊周。意欲赴死明志的金宁以为自己忠于大明的气节可与伍子胥、屈原以及夷齐比肩，但其实伍子胥面对的吴与越、屈原所面对的楚与秦、夷齐所面对的商与周并无华夷之别，金宁所借重的是伍胥、屈原、夷齐的忠义，并将此引申到"尊周攘夷"的语境之中，于是伍胥怒涛被解读为尊奉华夏的忠心之举。

洪锡箕（1606—1680）的表述则更为直接。在洪氏所处的17世纪后半叶，一方面是朝鲜孝宗大王高举北伐清朝的旗号，积极筹备光复大明；另一方面又适逢康熙朝三藩之乱，吴三桂起兵抗清。在不少朝鲜儒士眼中，吴三桂有光复大明之志[2]，洪锡箕亦认为吴三桂"虽有毁城纳贼之罪"，但"若诛未央坐帝之胡酋，返崖海孤寄之宋舟，则其功亦大矣"，因此洪氏慨然作《拟告天下檄》，抒春秋大义，文中有言："浙江涛怒，伍胥横戈。不惟忠灵义魄之与同仇，抑亦岳祗渎神之所共佑。"[3] 此后，洪锡箕十分关注中原战况，听闻吴三桂北上节节胜利，便作《喜报》一诗："肃气行秋助北征，威声先已震燕京。蔽天旌旆东南路，驾海楼船百万兵。岘首风高羊祜殿，浙江涛怒伍胥迎。中原妇孺犹思汉，早晚金台一扫清。"[4] 诗中的伍子胥俨然成为尊华攘夷的忠义之士，势必借潮

1 ［朝鲜］金宁：《遯峰先生文集》第1卷，《愿蹈东海》，《韩国文集丛刊》第15册，第140—141页。
2 参见孙卫国：《大明旗号与小中华意识——朝鲜王朝尊周思明问题研究（1637—1800）》，商务印书馆，2007年，第376—380页。
3 ［朝鲜］洪锡箕：《晚洲遗集》第1卷，《尊周录·拟告天下檄》，《韩国文集丛刊》第31册，第32页。
4 ［朝鲜］洪锡箕：《晚洲遗集》第1卷，《尊周录·喜报》，《韩国文集丛刊》第31册，第36页。

水之力引领义军北伐成功。

当然伍子胥的忠义同时也带有一丝故国难复的悲凉情绪。一些燕行使臣在访问大明故都时，亦流露出此种感伤。康熙三十六年（1697），书状官宋相琦（1657—1723）燕行到北京后，即写下《燕京感怀》，诗云："燕市子规残血怨，浙江精卫暮潮愁。骚人莫作招魂赋，定逐崖山捧日舟。"[1] 朝鲜使臣在昔日明朝都城、华夏中心回忆起浙江潮时，与伍胥忠魂之愁怨产生了强烈的共鸣。

明清朝鲜文人虽无机会亲眼观览浙江潮，但是得益于传入朝鲜半岛的相关作品，他们的诗文中亦不乏浙江潮的身影。从恢宏壮阔、气势磅礴的代名词，到伍子胥敢于直谏、忍辱含冤、忠孝双全的精神象征，朝鲜文人笔下的浙江潮不仅是自然景观，而且是声音景观、文化景观，更是怒、怨情绪之表达，相关书写充满了对忠义气节的推崇和敬仰。而明清交替之后，这种推崇和敬仰又往往带有朝鲜文人特有的尊明、思明的色彩，彰显出朝鲜社会传统的"尊王攘夷"的华夏文化中心观念，浙江潮于是成为一股文化力量深入朝鲜半岛传统文化的精神世界。在朝鲜文人的作品中，写沉冤忍辱时有伍胥忠魂，写悲愤抗争时也有伍胥忠魂。或是纯粹的历史感伤，或是以古喻今，浙江潮伴随着伍子胥的忠魂深入朝鲜文人的心中。因为忠义，伍子胥的形象对于浙江潮格外重要；因为忠义，浙江潮备受瞩目。无论是壮阔的景观，还是忠烈的意象，浙江潮都已经融入明清朝鲜半岛的儒家精神之中，超越了明清地域文化的色彩，成为东亚海域世界的一种文化象征。

小结

万历癸巳（1593）春，朝鲜士人李廷龟（1564—1635）作为选讲官文学之士，到当时援朝抗倭的明朝经略兵部左侍郎宋应昌幕下，与宋本人及其幕下多人相交往唱和，其诗《赠金华老人葛亮》云："平生每想江南好，荷桂仙区首独回。今日逢君如旧识，满川明月说天台。"[2] 又有赠金华秀才的《钱塘歌》云：

> 尔家何在钱塘隅，钱塘形胜天下无。繁华佳丽擅东吴，四明天目
> 真仙区。山河控带旧雄都，赤城霞气连苍梧。三秋荷桂十里湖，烟雨
> 楼台如画图。珠帘晴卷十字衢，处处青帘开酒垆。浙江潮声卷地枢，

1　[朝鲜] 宋相琦：《玉吾斋集》第 2 卷，《燕京感怀·其八》，《韩国文集丛刊》第 171 册，第 270 页。
2　[朝鲜] 李廷龟：《月沙先生集》第 1 卷，《三槎酬唱录》，《韩国文集丛刊》第 69 册，第 246 页。

八月壮观何其娱。雷公咆哮岛屿驱，壮志千载如须臾。苏堤桥断暗新蒲，钱氏台残迷绿芜。地灵人杰信不诬，毓秀往往生名儒。看君骨格清且癯，碧眼红颊仍霜须。吴门几日隐屠沽，髣髴高阳之酒徒。相逢逆旅一胡卢，译语才传情共孚。新诗且复缀骊珠，山水清谈至日晡。闻来顿觉旧痾苏，恍入西湖游小孤。不知身在海外封疆殊。可怜亡国一大夫，迹阻偏裔空长吁。时危碌碌未捐躯，白首金马惭鹓趋。长怀远游胆常粗，几年春草悲穷途。江南佳境梦空纡，栖屑兵尘成老枯。只今天子做唐虞，一挥神戈文德敷。鲸鲵行复就王诛，海外苍生拯炭涂。梯航戎羯与蛮胡，一视内外均冶模。我欲从今学弃襦，青鞋藤杖与子俱。历尽四百八十之浮屠，西登太白唤洪卢。共折琼草游蓬壶，翱翔云外弄麻姑。俯视人间岁月如隙驹，霞车羽盖飘飘乎。[1]

　　诗中李廷龟极力称赞钱塘形胜，包括西湖荷桂、四明天目、天台赤城、浙江潮声等。作为江南佳境，钱塘地灵人杰，是名儒所居之地，也是义士频出之所，曾与朝鲜半岛携手同舟、保家卫民。这些诗句集中表现了朝鲜文人对浙江的印象，在朝鲜文人眼中，浙江不仅风景秀丽，而且经济发达、人文荟萃，是朝鲜文人的向往之地和心灵慰藉之所，甚至是遭遇困境时寄放情感之地，是他们的精神家园。

1　［朝鲜］李廷龟：《月沙先生集》第 1 卷，《三槎酬唱录》，《韩国文集丛刊》第 69 册，第 246—247 页。

第五章

明清朝鲜文人对
浙江学术的认知

南宋以来，浙江地区经济文化发展迅速，人才辈出，出现了不少重要的思想家及其学术流派，包括朱熹的理学，陆九渊的象山学派，郑伯熊、薛季宣、陈傅良、叶适等人的永嘉学派，陈亮的永康学派，以及吕祖谦的金华学派等。明代出现了王阳明及其阳明心学，刘宗周及其蕺山学派等。明末清初，西学传入，实学兴起，到了18世纪，注重考经证史的汉学蓬勃发展起来，极大地影响了浙江学人。除此之外，黄宗羲、万斯同、全祖望、章学诚等人的史学贡献亦不可小觑。本章将主要利用朝鲜文集来分析朝鲜文人笔下的浙江学术，探讨朝鲜文人是如何评述浙江重要学术人物和学术思想的，从而深入理解朝鲜文人对浙江的认识以及明清时期中国与朝鲜半岛的文化联系。

第一节　朝鲜文人笔下的"浙学"

"浙学"是一个历史概念，自宋代到明清乃至近代，其内涵不断丰富变化，在不同的历史阶段，此概念所指称的对象各有不同。最早提出"浙学"这一概念的就是朝鲜文人所尊奉的朱熹。朱熹将以吕祖谦、陈亮、陈傅良、叶适等为代表的南宋浙东"事功之学"界定为"浙学"，并三次批评"浙学"之"多尚事功"，"事功"这一特点也大致反映出了南宋浙江儒学的共性。从学术史的角度看，"浙学"的这一基本内涵之后相对稳定，但随着浙江学术不断变化发展，"浙学"这一概念有普泛化的倾向，扩大为浙东学术乃至浙江学术之指称。[1]

朝鲜文人则基本延续朱熹的说法，对"浙学"持批判态度。李恒老（1792—1868）于《玉山讲义句解》中写道："务为简约指陆学，急于功利指浙学。"[2] 田愚（1841—1922）在《答金骏荣》中亦有言："《语类》论浙学之弊，以为浑厚，是可做便做，不计利害之谓。"[3] 此处的《语类》即《朱子语类》。南宋学术有三股势力：朱熹所代表的"理学"，浙东的"事功之学"即"浙学"，还有陆九渊的"心学"。朱熹对"浙学"和"心学"多有批判，有时对"浙学"的批评更甚于"心学"："陆氏之学虽是偏，尚是要去做个人。若永嘉、永康之说，大不成学问，不知何故如此？"[4] 虞云国对此评论道，永嘉、永康学派的代表人物叶适、陈亮在朱熹看来"恐怕连'做人'的资格都没有"。[5]

朝鲜文人颇得朱熹之意。宋时烈（1607—1698），字英甫，号尤庵、华阳洞主等，是朝鲜王朝中期的儒学大家，他研读朱熹著作，"言必称朱子"，强调尊周义理，是明清交替之后"尊明攘清"的代表人物，去世后被尊为"宋子"。崔慎（1642—1708）在为宋时烈所作的祭文中写道："念昔象山，自禅而来。浙学功利，丑陋可欸。晦父深忧，

1　参见董平：《"浙学"概念及其学术内涵之我见》，《浙江社会科学》2017年第9期，第7—10页；钱茂伟：《论浙学、浙东学术、浙东史学、浙东学派的概念嬗变》，《浙江社会科学》2008年第11期，第87—93页。
2　〔朝鲜〕李恒老：《华西集》第23卷，《玉山讲义句解》，《韩国文集丛刊》第305册，第117页。
3　〔朝鲜〕田愚：《艮斋集》前编第5卷，《答金骏荣》，《韩国文集丛刊》第332册，第223页。
4　〔宋〕朱熹：《朱子语类》第122卷，中华书局，1994年，第2957页。
5　虞云国：《细说宋朝》，人民出版社，2002年，第523页。

辟之不置。"[1] 可见宋时烈与崔慎完全接受朱子对"浙学"的批判。李宜显（1669—1745）在《陶峡丛说》中亦曰：

> 朱子同时，陆子静兄弟主禅学，吕东莱兄弟主史学，陈同父主功利之说。朱子既痛加掊击，书札中陆、陈、吕、刘问答可见，见于《语类》者亦多。学者究观于此，亦可以长其知见矣。朱子忧吕、陈过于陆，有曰："伯恭门人却有为同父之说者，二家打成一片可怪。"又曰："江西之学只是禅，浙学却专是功利。禅学，后来学者摸索一上，无可摸索，自会转去。若功利则学者习之，便可见效，此甚可忧。"其忧及世道，可谓至切矣。[2]

又如金砥行（1716—1774）《答任稚共》中言："故如浙学之差，朱子犹必与之力辨深斥，不以平日朋友之好，而少有原假于吕伯恭。"[3]

朝鲜文人在批判"浙学"之时，往往特别提及吕祖谦及其史学，认为"浙学"之流弊与吕氏推重史学有关。如正祖（1776—1800 年在位）有云："有周文武成康以后，皆非有道之世。齐晋之得失，何足论。吕成公居浙江，主张史学，此浙学之所以见黜于朱子者。"[4] 研学经史的尹行恁（1761—1801）在其《薪湖随笔》中写道："若吕氏则经史并用，故博而不精，其弊也至于科举之学。淳熙中所谓浙学，是吕氏之学也。东莱居浙，故谓之浙学。"[5] 这些认识当然是受到了朱熹的影响。朱熹曾如此评价吕祖谦所编撰的编年体史书《大事记》："伯恭《大事记》甚精密，古今盖未有此书，若能续而成之，岂非美事？但读书本自不多，加以衰老昏愦，岂复能办此事？世间英俊如林，要必有为之者。但恐其所谓经世之意者，未离乎功利术数之间，则非笔削之本意耳。"在朱熹看来，吕祖谦后学的功利与吕祖谦对史学的关注是分不开的："伯恭无恙时爱说史学，身后为后生辈糊涂，说出一般恶口小家议论。贱王尊霸，谋利计功更不可听。"[6]

总之，明清朝鲜文人笔下的"浙学"局限于朱熹对南宋浙东事功之学的定义，更多是基于朱熹论述的批判性认识，而非中国学界语境下的普泛化概念。本章称"浙江学术"而不是"浙学"，就是为了避免与朝鲜文人的"浙学"概念相混淆，我们所要讨论的是朝鲜文人视野下的明清浙江学术。

1 ［朝鲜］崔慎：《鹤庵集》第 5 卷，《韩国文集丛刊》第 151 册，第 293 页。
2 ［朝鲜］李宜显：《陶谷集》第 28 卷，《韩国文集丛刊》第 181 册，第 444 页。
3 ［朝鲜］金砥行：《密庵集》第 6 卷，《韩国文集丛刊》第 83 册，第 283 页。
4 ［朝鲜］正祖：《弘斋全书》第 125 卷，《季氏篇》，《韩国文集丛刊》第 265 册，第 581 页。
5 ［朝鲜］尹行恁：《硕斋别稿》第 14 卷，《韩国文集丛刊》第 288 册，第 96 页。
6 参见王宇：《道行天地：南宋浙东学派论》，中国社会科学出版社，2012 年，第 151—152 页。

第二节　朝鲜文人对阳明学的认识

一、阳明学的传入及对王阳明的评价

阳明先生王守仁（1472—1528）出生于浙江绍兴府余姚县，他在世时，其著作《传习录》已有刊刻并传入朝鲜半岛。《传习录》最早刊刻于1518年，而朝鲜文士朴祥（1474—1530）于1521年作《辨王阳明守仁传习录》[1]，可知当时《传习录》已在朝鲜半岛流传。另金世弼（1473—1533）有和朴祥诗，论及王阳明及其《传习录》：

> 阳明老子治心学，出入三家晚有闻。道脉千年传孔孟，一毫差爽亦嫌云。紫阳人去斯文丧，谁把危微考旧闻。学蹈象山多病处，要君评话复云云。木铎当时余响绝，一编传习亦多闻。前头取舍吾心孔，□□西河学僭云。[2]

金世弼于1518年冬作为圣节使出使明朝，或许正是他将刚刚刊刻的《传习录》带入了朝鲜半岛并加以研读。诗中可见二人对阳明心学的批判，强调其与朱子学相背离。而在金净（1486—1521）看来，他们已将阳明学和禅学联系在一起[3]。

金世弼和朴祥之后，越来越多的朝鲜文人读到《传习录》并对之加以批判[4]，其中以退溪李滉（1501—1570）尤甚。李滉最迟在1566年撰写了《传习录论辨》，视阳明学为异端，逐条批判《传习录》。李滉认为王阳明的学说承自陆九渊："陈白沙、王阳明之学，皆出于象山，而以本心为宗，盖皆禅学也。"[5] 李滉之后，虽然也出现了信奉阳明学的人物，如南彦经（1528—1594）、许筠（1569—1618）、张维（1587—1638）、崔鸣吉（1586—1647）、郑齐斗（1649—1736）及其"江华学派"等[6]，但是"异端""禅学"

1　参见《朝鲜通史（第三卷）》，延边大学出版社，2013年，第315页。
2　［朝鲜］金世弼：《十清先生集》第2卷，《又和讷斋》，《韩国文集丛刊》第18册，第221页。
3　"王阳明（守仁）文字，东来未久，东儒莫知其为何等语。先生与金十清（世弼公硕）见其《传习录》，斥谓禅学。"［朝鲜］朴详：《讷斋集》附录第2卷，叙述，《韩国文集丛刊》第19册，第106页。
4　参见周振鹤：《朱子学与阳明学在晚明中国和朝鲜的交错影响》，《长水声闻》，第291—292页。
5　［朝鲜］李滉：《退溪集》第41卷，《韩国文集丛刊》第30册，第419页。
6　参见［韩］琴章泰著，韩梅译：《韩国儒学思想史》，中国社会科学出版社，2011年，第162—171页。

仍然是评价阳明学的常用词[1]。对此琴章泰认为："阳明学一经传入，就被正统主义学风批判为与道学背道而驰的异端，这种正统主义学风也是朝鲜王朝儒学最重要的特点。"[2]关于阳明学在朝鲜半岛的影响，尹丝淳曾总结道："阳明学由于程朱学者的阻碍在朝鲜（半岛）并没有广泛流传，一直处于微势。"[3]

朝鲜文人对阳明学说的具体批评大致有以下几个方面。李滉以朱子学性理论批判阳明的"心即理"之说，认为此说为禅学，同时还反对阳明主张的"知行合一"："阳明之见，专在本心，怕有一毫外涉于事物，故只就本心上认知行为一而衮合说去。若如其说专事本心而不涉事物，则心苟好好色，虽不娶废伦，亦可谓好好色乎？心苟恶恶臭，虽不洁蒙身，亦可谓恶恶臭乎？阳明亦自知其说之偏，故以不分知行为知行本体，以分知行为私意隔断。然则古圣贤为知行之说者，皆私意耶？"[4]李滉之后学则直接针对与朱子学背道而驰的"致良知"。柳成龙（1542—1607）为李滉门人，曾在1569年作为圣节使行书状官出使明朝，并在北京与国子监太学生就阳明学展开辩论。1604年，柳成龙读《阳明集》后写道："阳明，与朱子学背驰，大要只在于'致知格物'四字上，别立意见。朱子谓人心之灵，莫不有知。天下之物，莫不有理。使人即物穷理，以致其知。阳明则以为理在吾心，不可外索。其论学，一以良知为主。"[5]

批评阳明学为"异端"的同时，朝鲜文人也连带着批评王阳明及其诗文。如李滉称王阳明"学术颇忒，其心强狠自用，其辩张皇震耀，使人眩惑而丧其所守，贼仁义乱天下"[6]，无疑是出于对阳明学的不满。许篈于1574年出使中国，在辽东正学书院与4位生员论争时，如此批评王阳明："公所谓文章事业，仆亦未之闻也。其事业，指破灭宸濠一事乎？此战之捷，亦守仁仗皇灵而能胜耳。"[7]他在夏店与国子监生叶本争论时，又批评王阳明心术不正："而《大学章句》，尤其所吃紧着力者也，阳明则乃敢辄以私意，改定章句，妄肆诋诃，无所不至。且刻朱子像，置诸左右。读朱子书，一有不合，则起而杖之云。此何等气象，而何等举措乎？此其为学，固不必深辨，而可见其心术也。"[8]显然他也是站在批判阳明学说的立场上对阳明之为事为人持负面评价。

不过，随着朝鲜文人对王阳明的生平事迹及其他著作有了更多了解，相关评价也出现了变化。尤其是明清之后，朝鲜文人对阳明先生的诗文、功业和精神有了越来越多的

1　如安鼎福（1712—1791）言"王阳明大倡儒学，而其实异端"（参见安鼎福：《顺庵集》第17卷，《韩国文集丛刊》第230册，第143页）；朴胤瑞（1754—1819）言"明朝学者王阳明、陈白沙、罗整庵之属，学业非不高矣，见识非不博矣，而终是以陆家机栝，背驰于朱门成法，卒为异端之归"（朴胤瑞：《讷庵集》第3卷，《韩国文集丛刊》第103册，第64页）；李瀷（1662—1723）言"王阳明，释氏之流也"（李瀷：《弘道遗稿》第10卷，《韩国文集丛刊》第54册，第376页）；等等。
2　［韩］琴章泰著，韩梅译：《韩国儒学思想史》，第161页。
3　［韩］尹丝淳著，邢丽菊、唐艳译：《韩国儒学史》，人民出版社，2017年，第258页。
4　［朝鲜］李滉：《退溪集》第41卷，《传习录论辨》，《韩国文集丛刊》第30册，第418页。
5　［朝鲜］柳成龙：《西崖集》第2卷，《韩国文集丛刊》第52册，第47页。又如洪汝河（1620—1674）《题阳明集后》有言"学问工程有阶梯，莫须辛苦说良知"（参见洪汝河：《木斋集》第1卷，《韩国文集丛刊》第124册，第339页）等。
6　［朝鲜］李滉：《退溪集》第41卷，《韩国文集丛刊》第30册，第419页。
7　［朝鲜］许篈：《荷谷集》，《荷谷先生朝天记》（上），《韩国文集丛刊》第58册，第424页。
8　［朝鲜］许篈：《荷谷集》，《荷谷先生朝天记》（中），《韩国文集丛刊》第58册，第446页。

正面评价，如李德懋评价阳明"诗亦秀拔，如披云对月，清辉自流"等。[1] 此外，朝鲜文人的诗歌标题中频繁出现"阳明韵"[2]，即依照王阳明诗歌之韵作和诗，可见朝鲜文人对王阳明诗歌很是欣赏。李植（1584—1647）在谈"作文模范"时说道："大明之文有二道，方逊志、王阳明最为中正，乃韩、欧之类也。"[3] 蔡济恭（1720—1799）在《御定千古百选议》中也认为"皇明诸家，当以方逊志、王阳明为首"[4]。朝鲜正祖（1750—1800）的《弘斋全书》中亦引用文人之语以示对阳明文章的肯定，如"明文章则当以王阳明为第一"（李昆秀语），"明三百年，作家辈出，而绝无好个文章，惟王阳明当属第一"（南公辙语）。[5]

对于王阳明的功业和精神，金榦（1646—1732）评论道："阳明擒宸濠、灭藤蛮，其勋业卓然可观。"[6]《弘斋全书》引南公辙语评价道："其气象也文章也事功也，当作有明第一人物。"[7] 金砥行（1716—1774）虽然否定其学术，但也说："阳明精神气魄，固为千万人之秀。"[8] 许愈（1833—1904）亦讥讽王阳明之学，但从他征引陈建"阳明文章功业，尽足以名世"[9] 之语可以得见当时朝鲜文人对阳明文章与功业的态度。柳麟锡（1842—1915）一方面强调阳明学术不可取："道岂阳明辈人之所可知乎？阳明而知道，孰不知道！"另一方面，他又承认王阳明"文章轰烨，功业彪炳"[10]。当然这样的肯定并没有影响朝鲜文人对阳明学的否定，有时反而提醒他们须更为警惕阳明学的流毒。任圣周（1711—1788）就说："阳明、白沙，虽是异端，自是魁杰人物。其言多新奇高妙，有足以耸动人，不然则何能使举世靡然，至今余波浩浩也。盖其用意最深处，即是去道最远处；下语最妙处，即是流害最毒处。"[11]

1　［朝鲜］李德懋：《青庄馆全集》第24卷，《编书杂稿》卷四，《韩国文集丛刊》第257册，第377页。参见曹春茹、王国彪：《朝鲜诗家论明清诗歌》，中央编译出版社，2016年，第111—115页。

2　如李民宬（1570—1629）《敬亭集·钓突泉次王阳明韵》；李海昌（1599—1655）《松坡集·次王阳明南庵韵》；金寿恒（1629—1689）《文谷集·渡碧波津次阳明韵漫吟》；韩元震（1682—1751）《南塘集·次王阳明良知咏韵四首》；金镇商（1684—1755）《退渔堂遗稿·夜梳头次王阳明谪居元夕韵》《住郊一旬，不得人见，留疏将归。胸中若有慨然不豫者，适箫客李德万来见，携到望北亭，使吹一曲，又一慨然。用阳明妙高台韵写怀》；赵普阳（1709—1788）《八友轩集·次义卿景美步阳明韵三首》；李最中（1715—1784）《韦庵集·茅谷见访拈阳明韵》；金龟柱（1740—1786）《可庵遗稿·得山楼夜拈阳明韵二首》；李明五（1750—1836）《泊翁诗钞·拈阳明韵》；姜献奎（1797—1860）《农庐集·除夕次王阳明韵》；等等。

3　［朝鲜］李植：《泽堂集》第14卷，《韩国文集丛刊》第88册，第519页。

4　［朝鲜］蔡济恭：《樊岩集》第29卷，《韩国文集丛刊》第235册，第565页。

5　［朝鲜］正祖：《弘斋全书》第161卷，《韩国文集丛刊》第267册，第148、193页。

6　［朝鲜］金榦：《厚斋集》第39卷，《韩国文集丛刊》第156册，第74页。正德十四年（1519），宁王朱宸濠（1476—1521）在南昌发动叛乱，波及江西北部及南直隶西南一带，时王阳明任赣南巡抚，组织力量后，很快平定了此次叛乱。

7　［朝鲜］正祖：《弘斋全书》第173卷，《韩国文集丛刊》第267册，第382页。

8　［朝鲜］金砥行《密庵集》第6卷，《韩国文集丛刊》第83册，第289页。

9　"王阳明守仁为学，以致良知为主。且言不思善不思恶时，认本来面目。阳明之学，先儒多非之，不须更辨。而陈清澜建尝言，阳明文章功业，尽足以名世，不须讲学。盖如此辈人，其功名盛矣，而又欲掠取讲学之美名。所谓得陇复望蜀者也。'不须讲学'云云亦足以发千古之笑也。"［朝鲜］许愈：《后山集》第11卷，《韩国文集丛刊》第327册，第266页。

10　［朝鲜］柳麟锡：《毅庵集》第53卷，《韩国文集丛刊》第339册，第451页。

11　［朝鲜］任圣周：《鹿门集》第10卷，《韩国文集丛刊》第228册，第208页。

二、阳明学在明朝

在朝鲜文人看来，阳明学在明代是显学，横流泛滥。一方面，明朝不时派遣敕使到朝鲜半岛，朝鲜文人在和他们的接触中得知了不少阳明学的情况，敕使中甚至有阳明学者；另一方面，明代朝鲜使臣往返北京，接触了不少信奉阳明学的中国文人，与之辩论期间亦得以了解阳明学。王阳明于嘉靖七年（1528）病逝，到了隆庆元年（1567），王门弟子御史耿定向上《应明诏乞褒殊勋以光圣治疏》，请以王守仁从祀，之后魏时亮（1529—1591）、恽绍芳等均上疏支持王守仁从祀。尽管也有不少反对的声音，但是到了万历十二年（1584），王守仁终得以从祀孔庙。1567年，魏时亮作为明敕使带着隆庆帝登基的诏书出使朝鲜半岛，之后阳明学者欧希稷（1568年出使）、韩世能、陈三谟（1573年出使）等均曾出使朝鲜半岛，虽然没有详细的双方在朝鲜半岛时进行阳明学交流的记载，但是朝鲜文人对他们的学术倾向应该是了解的。如李滉就多次提及魏时亮的阳明学主张，而1573年出使明朝的书状官李承阳也说："中朝有邪臣魏时亮，请以王守仁从祀文庙……"[1]

在朝鲜使臣方面，柳成龙于1569年出使北京，与国子监太学生对话："近日中朝道学之宗为谁？"太学生答道："王阳明，陈白沙也。"[2]1574年，许筬（1551—1588）到北京的时候，关于王阳明从祀孔庙的争论正十分激烈，许筬沿途与多位推崇阳明学的文人交流后，不由感叹："由此观之，则今之天下，不复知有朱子矣。邪说横流，禽兽逼人，彝伦将至于灭绝，国家将至于沦亡。"[3]虽然他在通州遇见的陕西人王之符排斥王学，但许筬也明白这并非多数："方今人人皆推王氏之学，以为得千古之秘，而之符独排之，可谓狂流之砥柱也。余行数千里，始得此人，岂非幸哉。"[4]尹根寿（1537—1616）于1589年第二次出使明朝时，就阳明先生已配享孔庙一事和国子监学正陆光祖多有辩论，后来又书信往来继续讨论，表示不满，并强调朝鲜不会依照明朝的做法从祀阳明于文庙。[5]

明清交替之后，尊崇大明是朝鲜文人的底色，但朝鲜文人对于明代后期学术尤其是阳明学之泛滥依旧批评不绝。金楺（1653—1719）有云："王阳明之徒，主张陆学，撑眉弩眼，力攻格致之说，而一世靡然。故大明之世，终无真儒矣。"[6]李万敷（1664—1732）说："明儒诸说，勘看一过，其努眼竖眉，胡叫乱唤，欲超过程朱之上者，无不宗诸阳明。其流祸遗毒，甚于洪水猛兽。"[7]鱼有凤（1672—1744）为尹根寿《月汀集》

1 《朝鲜王朝宣祖实录》第7卷，"宣祖六年十一月丁酉"条。
2 ［朝鲜］柳成龙：《西崖集》，《西崖先生年谱》第1卷，《韩国文集丛刊》第52册，第497页。
3 ［朝鲜］许筬：《荷谷集》，《荷谷先生朝天记》（上），《韩国文集丛刊》第58册，第425页。
4 ［朝鲜］许筬：《荷谷集》，《荷谷先生朝天记》（中），《韩国文集丛刊》第58册，第448页。
5 ［朝鲜］尹根寿：《月汀先生别集》第1卷，《韩国文集丛刊》第47册，第318—319页。
6 ［朝鲜］金楺：《俭斋集》第31卷，《韩国文集丛刊》第50册，第637页。
7 ［朝鲜］李万敷：《息山集》第8卷，《韩国文集丛刊》第178册，第209页。

作跋时，也说："盖皇朝学术，自王阳明、陈白沙以来，专主陆氏，恣为荒唐诐僻之说，一世学士大夫靡然从之，而几有以易天下矣。"[1] 吴熙常（1763—1833）更是批评道："大抵明儒规模力量，已不及于宋时诸子，而自占地步则殆欲突过之。故论理论学，类皆喜为创新，径趋简捷，不肯俯守程朱成训，朴实理会。于是白沙、阳明之徒，乘时闯起，鼓倡异说，天下靡然。间虽有以正学自好者，亦多不能自拔习气，毕竟渐染异说而不自知焉。所以有明数百年，学术分裂，醇儒绝罕也。"[2]

于是与反思明亡的中国文人一样[3]，朝鲜文人也将明亡与阳明学之泛滥联系在一起，并由此上升到异端亡国论："呜呼，邪说异端之害人，岂止洪水猛兽也哉。其流之祸，必使夷狄乱华。故申韩作而吕政继周，老佛炽而五胡沉陆。陆子静打顿悟之学，则金辽祸中国。王阳明唱良知之论，则元清承帝统。"[4] 韩元震（1682—1751）则将阳明学泛滥的始作俑者归于明太祖朱元璋，他说："特以皇祖以开创之主，首斥朱子，以为天下之训。遂使天下学士大夫靡然背正而趋邪，世道沦丧，人类糜烂，其祸至于今未已也。然则皇朝扫除元秽，不过为一时之功。毁斥朱子，乃为万世之害。功不足以掩过也。"[5] 在许多朝鲜士人看来，明太祖对朝鲜半岛有"大造之恩"，因此韩元震贬斥朱元璋遭到了不少批评，但是也有支持者。如洪直弼（1776—1852）将朱元璋与汉高祖作比较，认为他们同样得位正当，但汉高祖崇祀孔子，享国四百年，高皇帝朱元璋"首斥朱子之学，欲黜孟氏之享。遂使天下士大夫，靡然背正而向邪。至有如白沙、阳明者出，而猖狂喧豗，思有以易天下。流弊漫漫，莫可救遏。此则高皇帝恐不得辞其责，而亦有愧于汉祖者大矣"[6]。

出于这样的认知，朝鲜文人颇有自豪感。明代朝鲜文人许箓与王之符交谈时即言："在高丽朝，有郑梦周首明大道，为东方理学之祖。至我朝则有金宏弼、赵光祖、李彦迪、徐敬德诸先生，皆超然独得于简编之中，造诣深纯，践履笃实。至于近世，有退溪先生李滉，为学一以朱子为师，动静语默，出处进退，皆与之暗合。"[7] 清代不少朝鲜文人更是由此认为道统已在朝鲜半岛。如宋时烈言："且夫自朱子以后，中朝之道学，分裂岐贰。阳明、白沙之徒，以荒唐隐僻之说，思有以易天下。而洙泗洛闽之宗脉，晦塞而不传。此其害甚于洪水猛兽之祸矣。独我东土，择之也精，守之也专，讫无支分派别之惑。"[8] 李显益（1678—1717）有云："吾朱子，仲尼后一人也，日月谁敢逾乎？然王

1　[朝鲜]尹根寿：《月汀先生别集》第1卷，鱼有凤跋，《韩国文集丛刊》第47册，第332页。
2　[朝鲜]吴熙常：《老洲集》第8卷，《韩国文集丛刊》第280册，第162页。
3　参见梁启超：《中国近三百年学术史》，中国人民大学出版社，2012年，第4—7页。
4　[朝鲜]权访：《鹤林先生续集》第1卷，《韩国文集丛刊》第97册，第387页。
5　[朝鲜]韩元震：《南塘集》第17卷，《韩国文集丛刊》第201册，第404—405页。
6　[朝鲜]洪直弼：《梅山集》第5卷，《韩国文集丛刊》第295册，第137页。
7　[朝鲜]许箓：《荷谷集》，《荷谷先生朝天记》（中），《韩国文集丛刊》第58册，第447页。
8　[朝鲜]宋时烈：《宋子大全》第154卷，《韩国文集丛刊》第113册，第308页。

阳明者出，而中国学者，骎骎向变，大半为江门矣，独我东人知有朱子而已。"[1] 吴光连（1689—1745）也说："程朱以后，道学大明，极盛而衰理也。明兴二百年间，陆说大行，其不染葱岭，薛文清一人而已。白沙阳明之学，波荡天下，而不能渡鸭江而东。静庵之天资高明，退溪之造诣纯深，中朝所未有也。是殆天运之循环，而谓之吾道之东可也。"[2] 可见，朝鲜文人自我塑造的道学正统形象与其正统心态不无关联，辟王学也因此在朝鲜半岛成为主流。直到18世纪朝鲜半岛实学思想出现，这一心态才逐渐发生一些变化。

三、阳明学在浙江

明代后期，阳明学十分流行，而就地域而言，浙江的情况似乎更甚，朝鲜文人对此尤为关注。1573年，即许篈、赵宪（1544—1592）出使明朝的前一年，时任浙江监察御史的阳明学门人谢廷杰上《崇祀大儒以明正学以育真才以隆圣泽疏》，认为"孔、孟、周、程之后所谓大儒，未有过于守仁者"，要求将王阳明与薛瑄一起从祀孔庙[3]，类似上疏的还有陕西监察御史李颐、江西巡抚徐栻等。许篈、赵宪在前往北京途中遇见国子监生叶本，双方谈及王阳明从祀的问题。叶本为浙江仁和县人，特别告知许篈、赵宪一行人谢廷杰上疏一事："今年浙江巡按御史论其学真，足以得往古不传之秘，宜从祀孔子庙廷。"[4] 遇见叶本前，许篈等人在辽东正学书院还遇到了贺盛时、贺盛寿、魏自强、吕冲和四位生员，其中前三人是河南人，吕冲则是吕祖谦之后。[5] 四人强调阳明学非伪学，面对许篈对于"致良知"的责难，他们泛泛回应："学以良知良能为说，非有心得者，其孰能知之。所闻不若所见之为真，诸君特未之察耳。"[6]

相比而言，叶本的回答则颇具体深入："承教谕阳明之学为近于禅者，以其独言良知而未及于良能故也。良知即体，良能即用，岂不以体立而用自行乎？若禅则外身心事物，而流于空寂矣，阳明亦建有许多事功。可见要识阳明，须于其似禅而非禅者求之，若中庸所谓诚则明矣。此言何谓也？惟其高出于人一步，就以禅拟之耳。至若谓不合吾意者，虽以孔子之言不信。此亦自信以理之意而极言之，非自外于孔子也。若孟子所谓圣人复起，必从吾言，则孟子之心亦未始平矣。故当以意逆志，不可以文害辞也。本亦浅陋，习于章句之末，圣学渊源，毫未之有得也。"[7] 许篈因此认识到浙江文士对阳明学

---

1 ［朝鲜］李显益：《正庵集》第17卷，《韩国文集丛刊》第60册，第502页。
2 ［朝鲜］吴光连：《药山漫稿》第11卷，《韩国文集丛刊》第210册，第510—511页。
3 〔明〕吴亮辑：《万历疏钞》第35卷，谢廷杰：《崇祀大儒以明正学以育真才以隆圣泽疏》；《明神宗实录》第9卷，"万历元年正月戊戌"条。
4 ［朝鲜］许篈：《荷谷集》，《荷谷先生朝天记》（中），《韩国文集丛刊》第58册，第445页。
5 ［朝鲜］赵宪：《重峰集》第10卷，《朝天日记》，《韩国文集丛刊》第54册，第357页。赵宪与许篈同时来京，赵宪的记载更为简略，但也部分补充了许篈记载之缺失。
6 ［朝鲜］许篈：《荷谷集》，《荷谷先生朝天记》（上），《韩国文集丛刊》第58册，第425页。
7 ［朝鲜］许篈：《荷谷集》，《荷谷先生朝天记》（中），《韩国文集丛刊》第58册，第445页。

的认知和把握颇为深入，故颇认同“南人皆尊阳明”的说法[1]。

朝鲜文人对于明代浙江阳明学的认识还来自于宋应昌、袁黄二位阳明学者在朝鲜半岛招请讲学之事。宋应昌（1536—1606），浙江仁和人，壬辰倭乱爆发后，为兵部右侍郎以经略赴任朝鲜半岛，是对倭作战的核心人物。袁黄（1533—1606），浙江嘉善人，时为兵部主事，宋应昌上疏将其调至朝鲜半岛。宋应昌和袁黄都是阳明学者，在朝期间，他们积极招请讲学[2]。宋应昌在讲学期间积极宣扬阳明学，与朝鲜文人也多相辩驳。对此，朝鲜士人李廷龟（1564—1635）有记：“经略礼遇甚隆，军务之暇，间日相接，辄讲大学旨义。盖天朝多尚陆氏之学，经略学于王阳明之门，欲观我国学尚。每于讲时，力诋程子以‘亲民’作‘新民’之误。至曰《大学》一篇大义，都在‘亲民’上。余等极陈朱、陆之辨。”[3]而对于袁黄提请讲学一事，朝鲜方面由于考虑到其学术取向，即“袁尽力排程朱之学，其说专主禅陆”，便婉转地加以拒绝：“今者邦国垂亡，上下惶惶。凡在陪臣，久困行间。平日所知，失亡殆尽，不得细绎旧闻以求正于有道。伏愿老爷俯鉴微悰，哀而怜之。讲学之事，请俟他日。”[4]可见对于浙兵，朝鲜朝野充满感激，然而对于浙兵将领执着于阳明学说这一点，朝鲜文人则有着不甚认同的另一番复杂心情。

在朝鲜文人看来，一方面，王阳明本人出生在浙江；另一方面，就整体而言，相对于北方人，南方人更崇尚阳明学，其中又以东南为盛。如徐宗泰（1652—1719）所言：“万历间，阳明近溪之学，尤盛于东南，靡然归趋。”[5]明代朝鲜文人似乎还没有特别关注阳明学的区域性，直至明清交替之后，朝鲜文人对于浙中王学的认知才更具有浙江的地域色彩。

清代学者黄宗羲在《明儒学案》中以师承的地域为界线，将阳明学派粗略分为浙中王学、江右王学、南中王学、楚中王学、北方王学、粤闽王学、泰州王学七派[6]。浙中王学是指与王阳明同为浙江人的王学传人，代表人物是阳明弟子王畿（1498—1583）和钱德洪（1496—1574），分别代表所谓“良知现成”派和“事上磨练”派。王畿，字汝中，号龙溪，浙江山阴人，自1523年受业阳明先生以来，是阳明最为赏识的弟子之一。他发展了王阳明的“四句教言”[7]，提出“四无之说”，认为“心意知物只是一事。若悟得心是无善无恶之心，则意、知、物俱是无善无恶”[8]。钱德洪，本名宽，以字行，号绪

1 ［朝鲜］许筠：《荷谷集》，《荷谷先生朝天记》（中），《韩国文集丛刊》第58册，第458页。
2 参见周振鹤：《朱子学与阳明学在晚明中国和朝鲜的交错影响》，《长水声闻》，第290—300页；焦堃：《宋应昌朝鲜讲学活动考——阳明心学在域外的一次“外王”实践》，《文史哲》2022年第1期，第77—88页。
3 ［朝鲜］李廷龟：《月沙集》第19卷，《韩国文集丛刊》第69册，第436页。
4 ［朝鲜］于成浑：《牛溪集》第6卷，《韩国文集丛刊》第43册，第156页。又见周振鹤：《长水声闻》，第297页。
5 ［朝鲜］徐宗泰：《晚静堂集》第11卷，《皇明名臣录》，《韩国文集丛刊》第163册，第240页。
6 〔清〕黄宗羲：《明儒学案》（修订本），中华书局，2008年。
7 又被称为“四句教”：“无善无恶心之体，有善有恶意之动，知善知恶是良知，为善去恶是格物。”
8 〔明〕王畿：《王龙溪先生全集》第1卷。

山，浙江余姚人，1521年受学于阳明先生。他坚持王阳明的"四句教言"，强调"事上磨练"，注重"为善去恶"的修炼功夫。朝鲜文人中，最早提到王畿和钱德洪的是朴世采（1631—1695），其于1691年作《王阳明学辨》寄给推崇阳明学的郑齐斗（1649—1736）。在文中，朴世采以朱子学立场对阳明学加以辩驳，不仅提到了作为阳明弟子的王畿、钱德洪的言论，还引用了孙奇逢（1584—1675）在《理学宗传》中有关王畿、钱德洪学术主张的内容[1]，不过都是为了批驳阳明的"致良知"之说。

朝鲜文人对以王畿、钱德洪等人为代表的浙中王学的认识更多是来自于明末清初黄宗羲《明儒学案》的记述。黄宗羲是浙江余姚人，《明儒学案》成书于1676年，1695年全书刊印，是明代学术思想发展的集大成之作。黄宗羲尊崇阳明学，该书列出十九学案，核心是王阳明的《姚江学案》及王门诸学案，篇幅几乎占全书一半，而所涉人物中，浙江人士的比例颇高。除《浙中王门学案》五卷外，《泰州学案》《甘泉学案》《附案》中均有浙江人士的身影[2]。《明儒学案》具体何时传入朝鲜半岛不详，但李德懋的《磊磊落落书》、成海应（1760—1839）的《皇明遗民传》均引用了该书。朝鲜文人通过阅读《明儒学案》了解明朝文人和学术，但因为其书以阳明学及其后学为中心，故而多为朝鲜文人所批评。如田愚在其书信中说"黄宗羲所编《明儒学案》，时有异论，不可使后生观之"，又在别处说："近见黄宗羲所编《学案》，则明儒之背驰程朱者，例多为心性一理人物异性之论。"[3]

对于《明儒学案》中所列出的阳明学七派，朝鲜文人最关注泰州与浙中两派。金永爵（1802—1868）有言："王阳明倡良知之说，辑《晚年定论》一书，龙溪、心斋、近溪、海门之徒，从而衍之，教弛俗败，鬼怪百出，比之于洪水猛兽，其祸尤烈。"[4]这里的心斋、近溪、海门分别为王艮、罗汝芳、周汝登的号，三人在《明儒学案》中列于泰州学派，其中王艮被认为是泰州学派的创始人。金永爵在此将浙中学派和泰州学派并而论之。又如活跃于1835至1849年间的李圭景（生卒年不详）在《朱子晚年定论辨证说》中写道："王门高弟为泰州王艮、龙溪王畿二人。泰州之学一传而为颜山农均，再传而为罗近溪汝芳、赵大洲贞吉。龙溪之学一传而为何心隐，再传而为李卓吾贽、陶石篑望龄。"[5]其亦将泰州和浙中列为阳明后学最重要的两派。当然，这样的叙述显然是受到黄宗羲《明儒学案》的影响，李圭景在另一处就直接引用了黄宗羲《泰州学案》的"阳明之学，有泰州、龙溪而风行天下，亦因泰州、龙溪而渐失其传"[6]一语展开论述。

1　［朝鲜］朴世采：《南溪集》第59卷，《韩国文集丛刊》第140册，第220—226页。
2　参见钱明：《浙中王学研究》，中国人民大学出版社，2009年，第63页。
3　［朝鲜］田愚：《艮斋集》前编第9卷，《答林炳志》，《韩国文集丛刊》第332册，第422—433页；前编第8卷，《与朴元镐》，《韩国文集丛刊》第332册，第343页。
4　［朝鲜］金永爵：《卲亭稿》第1卷，《韩国文集丛刊》第126册，第363页。
5　［朝鲜］李圭景编著：《五洲衍文长笺散稿》第32卷，《朱子晚年定论辨证说》，明文堂，1982年，第903页。
6　［朝鲜］李圭景编著：《五洲衍文长笺散稿》，李氏生卒年不详，大概活跃于1835至1849年间；［清］黄宗羲：《明儒学案》，第703页。

同时，朝鲜文人还将《明儒学案》中一些泰州学派的浙江籍学人归入浙中学派。宋秉璿（1836—1905）在《随文杂识》中写道："阳明一传为王畿，再传为周汝登、陶望龄，三传为陶奭龄。讲学多以因果为说，纯是释氏而服儒衣者也。刘念台宗周亦阳明渊源，而特忧之，专以诚意为主，而归功于慎独。力挽其弊，以救末流之狂澜。使越中学者，变其趋向，其功亦不少矣。"[1] 这里的周汝登、陶望龄、陶奭龄、刘宗周均为浙江人。周汝登（1547—1629），字继元，别号海门，是浙江嵊州人；陶望龄（1562—1609），字周望，号石篑，是浙江会稽人；陶奭龄（1571—1640），字君奭，一字公望，号石梁，乃陶望龄之弟。《明儒学案》将周汝登、陶望龄列入泰州学派，不过朝鲜文人则根据籍贯将其归为浙江学人，即所谓乱"越中"学术之辈。这也从一个侧面反映出朝鲜文人对浙江阳明学尤为关注。

朝鲜文人对于王畿等浙江阳明后学的批评甚为用力，认为其"援儒入禅"，与禅学走得太近。如金迈淳（1776—1840）就借顾炎武的言论批评了"明末龙溪王畿、绪山钱德洪辈以禅窜圣之弊"[2]。又如金正喜（1786—1856）批评清代彭绍升（1740—1796）[3] 的文字是"阳明一派之直欲援儒入释，又有甚于王龙溪、陶石篑辈矣"[4]，可见他对彭绍升、王畿、陶望龄之学术的批评态度。前述宋秉璿更是直言其"纯是释氏而服儒衣者也"。《明儒学案》中亦记述了刘宗周（1578—1645）对王畿的批评："龙溪孜孜学道八十年，犹未讨归宿，不免沿门持钵。习心习境，密制其命，此时是善是恶？只口中劳劳，行脚仍不脱在家窠臼，孤负一世，无处根基，惜哉！"[5] 田愚对此印象深刻[6]。刘宗周学王阳明，提倡"诚敬"为主，"慎独"为功。黄宗羲、陈确、张履祥、陈洪绶、祁彪佳等著名学者与气节之士均出其门下，世称"蕺山学派"。金永爵认为刘宗周"与龙溪、石篑之徒，恣睢棒喝者有异"[7]，是将刘宗周区别于之前的浙江阳明后学。明清之际，阳明后学刘宗周为朝鲜文人所格外关注，自然也影响了朝鲜文人对浙江王学的认识，具体内容留待下节再论。

1　［朝鲜］宋秉璿：《渊斋集》第 17 卷，《韩国文集丛刊》第 329 册，第 289 页。
2　［朝鲜］金迈淳：《台山集》第 17 卷，《韩国文集丛刊》第 294 册，第 607 页。
3　彭绍升，号二林居，素习陆九渊、王守仁之学，著有《二林居集》等多部著作。
4　［朝鲜］金正喜：《阮堂全集》第 3 卷，《韩国文集丛刊》第 301 册，第 71 页。
5　［明］黄宗羲：《明儒学案》，中华书局，2008 年，第 8—9 页。
6　［朝鲜］田愚：《艮斋集》前编第 4 卷，《韩国文集丛刊》第 332 册，第 153 页。
7　［朝鲜］金永爵：《卲亭稿》第 2 卷，《韩国文集丛刊》第 126 册，第 374 页。

第三节　朝鲜华夷之辨下的浙江学术

一、明清交替时期浙江的忠义之士

明清交替，忠义气节成为秉承"尊周攘夷"观念的朝鲜士人尤为关注的议题。洪直弼就十分推崇明朝的节义：

> 节义之盛，莫京于皇明壬午。为建文死者以万计……而皆视死如归，湛宗而不恤。甲申下从毅皇者，范景文等二十七人。弘光、隆武、永历三朝，卿士立懂者三千五百三十七人，士民效节者一千七百二十八人。剃发令下，全家死者亦不计其数，即载籍所未有也。盖太祖创业，毅宗殉社，俱得其正。故上行下效，捷于影响，是所谓风草之偃也。然溯本而论之，则程朱倡明正学，彰君臣父子之伦，知亲上事长之义，以致然耳。[1]

在他看来，明朝文士的节义是前所未有的，其原因在于程朱理学的长期教化。然而在另一方面，洪直弼又直言明朝自"白沙、阳明者出，而猖狂喧豗，思有以易天下。流弊漫漫，莫可救遏"[2]。两者无疑存在一定的矛盾。推崇朱子、排斥阳明学的洪直弼自然不能将忠义精神与阳明学相联系。在朝鲜文人看来，忠义精神是朱子学的重要价值观念，其与阳明学总是存在隔阂。其实洪直弼所面对的矛盾，同样存在于明清交替时期的浙江地区。

如前文所述，朝鲜文人笔下的明代浙江是阳明学昌盛之地，然而同时也是忠义之士辈出之地。明末浙江的抗清运动如火如荼，死节之士不在少数，尤其是浙东地区。洪大容曾评论元代儒臣许衡（1209—1281）"不能随世显晦，既不从崖山之舟，又无浙东之行"[3]。"崖山"指代的是死节，"浙东"代表的是抗争，由此可见朝鲜文士对浙东人士抗

1　［朝鲜］洪直弼：《梅山集》第 52 卷，《韩国文集丛刊》第 296 册，第 586 页。

2　［朝鲜］洪直弼：《梅山集》第 5 卷，《韩国文集丛刊》第 295 册，第 137 页。

3　［朝鲜］洪大容：《乾净衕笔谈》，《韩国文集丛刊》第 248 册，第 141 页。《乾净笔谭》无此记录。

争的认识和关注，"浙东"已成为忠义精神的象征。在成海应看来，明清交替之后大量出现的明遗民尤值得尊敬："以死报国者，多慷慨决烈，取办于俄忽之间。若守志而不事二姓者，能始终不以祸福死生为顾虑，而愈益励操不移，比之暂时捐生以取义者，为尤难。"[1] 成海应因此作《皇明遗民传》，自言收录"遗民凡五百三十五人"，若包括附记的子弟、门生，据孙卫国统计，可达 625 人 [2]。其中，据笔者粗略统计，浙江籍的有 141 人，可见浙江人士占比之高。

朝鲜文人在褒扬明清交替时期浙江忠义之士的同时，也积极收集和阅读他们的文集，以便更好地了解他们。在此过程中，朝鲜文人对于浙江学术也有了更为全面的认识。下面以刘宗周、吕留良两人作为具体个案加以说明。作为明清交替时期广为人知的两位浙江忠义之士，刘宗周和吕留良的学术取向不同，入清后的处世方式也有所不同，朝鲜文人对他们的不同评价一方面可以揭示其对浙江学术认识的变化，另一方面也显露出朝鲜文人的价值取向和学术观念。

二、刘宗周及其学术

刘宗周（1578—1645），字起东，号念台，晚号克念子，浙江山阴人。万历二十九年（1601）进士，天启元年（1621）任礼部主事，天启四年（1624）为右通政，后因上疏弹劾魏忠贤等被革职为民。崇祯元年（1628）为顺天府尹，后历任工部侍郎、吏部侍郎，官至左都御史，其间又因上疏被削职。1644 年，李自成率军攻破北京，福王建立南明政权，刘宗周复为左都御史；面对混乱局面，他上疏革弊，第三次被革职回乡。1645 年五月，清兵攻破南京，六月杭州失守，刘宗周听到消息，绝食殉国。他说："至于予之自处，惟有一死。先帝之变，宜死；今上蒙难，监国纳降，又宜死。不死，尚俟何日？世岂有偷生御史大夫乎？"[3]

作为为明朝殉难的忠臣，刘宗周在清朝受到广泛的尊崇。《明史》将刘宗周和抗清失败、宁死不降的黄道周（1585—1646）列在同一卷，最后赞曰："刘宗周、黄道周所指陈，深中时弊。其论才守，别忠佞，足为万世龟鉴。而听者迁而远之，则救时济变之说，惑之也。《传》曰：虽危起居，竟信其志，犹将不忘百姓之病也。贰臣有焉，杀身成仁，不违其素，所守岂不卓哉！"[4] 此外，《明儒学案》最后一卷专列刘宗周《蕺山学案》，从而使刘宗周的生平事迹和学术观点为朝鲜文人所了解。不仅如此，刘宗周所撰的《人谱》也传入朝鲜半岛，金永爵还专门写过《念台人谱跋》[5]，田愚也曾向友人推荐

1　[朝鲜] 成海应：《研经斋全集》第 31 卷，《皇明遗民传序》，《韩国文集丛刊》第 274 册，第 187 页。
2　参见孙卫国：《大明旗号与小中国意识——朝鲜王朝尊周思明问题研究（1637—1800）》，商务印书馆，2007 年，第 325 页。
3　〔明〕刘宗周撰：《刘子全书》第 40 卷，刘汋《先君子蕺山先生年谱》，第 64 页，清乾隆四十二年（1777）山阴刘毓德刻本。
4　《明史》第 255 卷。
5　[朝鲜] 金永爵：《邵亭稿》第 2 卷，《韩国文集丛刊》第 126 册，第 374 页。

此书[1]。

朝鲜文人高举大明旗号，尊明攘清，自然十分推崇刘宗周之忠节。如金锡胄有言："念当中朝板荡之日，尚不乏忠义之士。如史可法、瞿式耜、刘宗周、黄道周诸人，尤为烈烈。某尝以为可法之忠，不下于宗忠简。式耜之才，有过于文信国。至于宗周、道周二大夫生平终始，又即苏氏所谓平居而忘躯犯颜，临乱而徇义守死者也。"[2] 成海应在《明季诸臣赞》中将"左都御史刘宗周"列在第六位，赞曰：

> 念台之学，唯敬与诚。范彼禅悦，趋我正程。在家温温，在朝铮铮。事不谋利，直不为名。无隐而犯，帝怒是撄。胡不究用，王室以倾。徒步荷戈，偕我友生。臣称草莽，刺天蚊虻。出没白刃，咸输以情。谁秉国政，唯铖与英。南都蒙尘，维杭被兵。老臣一死，若是光明。[3]

成海应不仅称赞其志节品行，而且也论及刘宗周的学术取向，只是未多加评价。

关于刘宗周的学术渊源，师从刘宗周的黄宗羲在《明儒学案》中有言："先生起自孤童，始从外祖章颖学，长师许敬庵，而砥砺性命之友则刘静之、丁长孺、周宁宇、魏忠节、先忠端公、高忠宪。始虽与陶石梁同讲席，为证人之会，而学不同。"[4] 黄宗羲明确指出，刘宗周师承许孚远（字孟中，号敬庵，1535—1604），为阳明学一脉，但和陶奭龄有着不同的学术观点。实际上，如上节所述，刘宗周对于阳明后学多有批评，认为"姚江之后流于佛、老"，对于浙中王学更是颇有微词。对此，朝鲜文人予以一定认可，认为刘宗周与"与龙溪、石篑之徒，恣睢棒喝者有异"[5]，虽然是"阳明渊源"，但看穿了阳明学为禅的一面，因此"专以诚意为主，而归功于慎独，力挽其弊，以救末流之狂澜，使越中学者，变其趋向，其功亦不少矣"[6]。

不过刘宗周毕竟属于阳明学学统，而朝鲜文人对此也有清晰的认识。如田愚对刘宗周的学术有着较为系统全面的分析和理解，强调其阳明学的本质。他尤其关注刘宗周有关"心"与"性"的论述："昔明儒刘念台，直气伟节，冠于当世。然尝曰：吾儒亦本心，是出于阳明之传也。"[7] 又说："明刘念台力主王学，而其言曰：洁净精微，极天下之尊而莫之或撄者，其惟心乎？"[8] 他还说："刘念台亦王氏私淑，推心字为极天下之尊，而掩蔽了性字。"[9] 在田愚看来，"本心之与本理，其分如水火薰莸之不可以相混也"[10]，"性"

1　[朝鲜]田愚：《艮斋集》后编续第6卷，《韩国文集丛刊》第336册，第274页。
2　[朝鲜]金锡胄：《息庵遗稿》第8卷，《韩国文集丛刊》第145册，第235—236页。
3　[朝鲜]成海应：《研经斋全集》第33卷，《韩国文集丛刊》第274册，第227页。
4　〔清〕黄宗羲：《明儒学案》第62卷，《蕺山学案·易篑语》，第1548页。
5　[朝鲜]金永爵：《邵亭稿》第2卷，《韩国文集丛刊》第126册，第374页。
6　[朝鲜]宋秉璿：《渊斋集》第17卷，《韩国文集丛刊》第329册，第289页。
7　[朝鲜]田愚：《艮斋集》后编第7卷，《答权载玑》，《韩国文集丛刊》第334册，第358页。
8　[朝鲜]田愚：《艮斋集》后编第20卷，《中庸记疑》，《韩国文集丛刊》第335册，第400页。
9　[朝鲜]田愚：《艮斋集》前编第9卷，《答李起焕》，《韩国文集丛刊》第332册，第409页。
10　[朝鲜]田愚：《艮斋集》后编第7卷，《答权载玑》，《韩国文集丛刊》第334册，第358页。

才是"理",刘宗周"或贬性在心下,而恶闻朱、宋性为身主之训,则将不免与释氏同其条贯矣"[1],可见刘宗周无疑属阳明学一派,和朱子学有根本的差异。

田愚认为,刘宗周所特别强调的"诚意""慎独"是受到了崇仁学派胡居仁(字叔心,号敬斋,1434—1484)的影响。具体来说,刘宗周所言"意为心之主宰,不属动念;诚意之外,更无正心工夫"是受到胡敬斋"意者,心有专主之谓"的影响[2],"其(刘宗周)以诚意、慎独为主者,语虽出于曾思,而意实背乎程朱。盖以意字为主宰,而不涉动念。指独字为道体,而无与为对。是亦本于心理之绪余,而戾于庸学之原指者也"[3]。田愚虽然认可刘宗周"诚意慎独"之学对于浙中王学有"救正之功",但是强调其"与朱子异"[4],刘宗周此论本于"意为主宰",却与朱子《大学集注》不同,刘氏反"谓朱注误"[5],令人无法接受。

刘宗周晚年有言:"为学之要,一诚尽之矣,而主敬其功也。敬则诚,诚则天,若良知之说,鲜有不流于禅者。"[6]他认识到阳明良知之说易与禅学合流,因此学者要从心学中摆脱出来。田愚称其为"最后定见",认为由此可见刘宗周对阳明学的背离,并提出将"一诚"改为"明诚"更好[7]。在田愚看来,刘宗周"如非临终'诚为学要良知流禅'一语,几不免为圣门异人矣"[8],又说"惜其觉之之晚也"[9]。在《答金明益》一信中,田愚概括了他对刘宗周学术的认识:

> 念台虽以诚意为主,然以意为主宰,而不信《大学章句》。又其为说,每主心即理。至其临终,始揭诚敬为标准,而谓良知之说,为流于禅,可谓稍救王学之弊矣。然格致一款,又似不甚主张,无乃未尽善耶?[10]

所以,在朝鲜文人看来,虽然刘宗周对阳明学有所修正,但是依然在根本认识上与朱子学不同,应属阳明学一派。同时,通过阅读《明儒学案》,他们认为黄宗羲作为刘宗周的门人,没有悟得其师对阳明学之修正,因此朝鲜文人对刘宗周后学的学术取向也多有批评。如田愚就说:"岂念台平日教得人,以心为极天下之尊,以致良知为功夫之则,而门人辈习闻其言,乐其简径,苦其诚敬而然欤?"[11]尽管如此,这些批评并不影响

1 〔朝鲜〕田愚:《艮斋集》后编续第5卷,《赠郭泰钟》,《韩国文集丛刊》第336册,第209页。
2 〔朝鲜〕田愚:《艮斋集》前编第1卷,《答赵圣皋》,《韩国文集丛刊》第332册,第44页。
3 〔朝鲜〕田愚:《艮斋集》前编第9卷,《答李起焕》,《韩国文集丛刊》第332册,第409页。
4 〔朝鲜〕田愚:《艮斋集》前编第9卷,《答李起焕》,《韩国文集丛刊》第332册,第409页。
5 〔朝鲜〕田愚:《艮斋集》后编续第1卷,《韩国文集丛刊》第336册,第14页;《艮斋集》后编第19卷,《大学记疑》,《韩国文集丛刊》第335册,第387页。
6 〔清〕黄宗羲:《明儒学案》第62卷,《蕺山学案·易篑语》,第1548页。
7 〔朝鲜〕田愚:《艮斋集》前编第12卷,《怵言》,《韩国文集丛刊》第333册,第36页。
8 〔朝鲜〕田愚:《艮斋集》前编第9卷,《答李起焕》,《韩国文集丛刊》第332册,第409页。
9 〔朝鲜〕田愚:《艮斋集》前编第12卷,《怵言》,《韩国文集丛刊》第333册,第36页。
10 〔朝鲜〕田愚:《艮斋集》后编续第1卷,《韩国文集丛刊》第336册,第14页。
11 〔朝鲜〕田愚:《艮斋集》前编第12卷,《韩国文集丛刊》第333册,第36页。

朝鲜文人对黄宗羲等人传承刘宗周之"忠义"精神的赞扬。如洪直弼记载黄宗羲在"皇朝屋社之后，犹不忘恢复，乞兵于海外藩国，至于日本而极矣。时运已舛，事功罔就。然其心则日星，未可以成败论者也。为皇明自靖，与谢皋羽、郑思肖诸贤并传于永世者也"[1]。李德懋撰《磊磊落落书》时，"翻阅群书，编辑明末遗民"[2]，收录了刘宗周门人共 11 人。成海应《皇明遗民传》亦收录刘宗周门人 10 人，并因王毓蓍（字元祉，？—1645）为明死节而将之另置于《明季书稿》[3]；此外还收录了黄宗羲门人 2 人[4]。由此可见，在朝鲜文人看来，明清之际，浙江阳明学依然盛行，不少阳明学者同时也是令人敬仰的忠义之士。

面对这样的情形，不少崇尚朱子学的朝鲜文人也不再像退溪先生那样将是否坚持朱子学作为判断个人品节的标尺，而是将学术取向和忠义气节作一定切割，并强调忠义气节更值得推崇。早在 17 世纪，李选（1632—1692）就如此评价黄道周（1585—1646）："于崇祯间以道学直节，负海内重望。及其永历丙戌以身殉国，则其所树立，辉映宇宙，实与庐陵丞相媲美千古。"至于黄道周宗陆王之学，李选认为"此则明儒例套。然尊尚博约之学，亦不浅鲜，非如阳明力为左右者"[5]，强调学者尊阳明学并不影响其忠义气节。他还指出刘宗周"平生本末，亦与石斋同"[6]。到了 19 世纪，赵秉德（1800—1870）直言："《明儒学案》末，刘宗周号念台，虽是阳明之学，而其人则可用，毕竟立节于隆武之世。"[7]朴性阳（1809—1890）在《皇明诸君子赞》的小序中说，"大节有亏，学术混杂，门路不正者"不取，而刘宗周列于诸君子中，可见朴性阳对其学术有着一定程度的认可。朴氏赞曰："深山巨泽，龙虎不测。雪虐风饕，后凋松柏。义炳陆奏，理赜濂图。立帜东林，结缨南都。"[8]所以，尽管刘宗周在学术上被归为阳明一派，但并非属"学术混杂，门路不正者"，因此不影响朝鲜文人对其极尽称赞，毕竟朝鲜文人认识到是否秉承朱子学固然重要，但忠义气节更显珍贵。

三、吕留良及其学术

吕留良（1629—1683），字庄生、用晦，号晚村等，浙江崇德（今属桐乡）人。他出生于仕宦家庭，祖上在明朝世代为官。明亡后，吕留良及其家人散尽家财，积极参加

1　［朝鲜］洪直弼：《梅山集》第 16 卷，《韩国文集丛刊》第 295 册，第 384 页。
2　［朝鲜］朴趾源：《燕岩集》第 3 卷，《炯庵行状》，《韩国文集丛刊》第 252 册，第 69 页。
3　参见［朝鲜］成海应：《研经斋全集》第 36 卷，《韩国文集丛刊》第 274 册，第 284—287 页。
4　即万斯大、万斯同。李德懋《皇明遗民传》有"斯大"，但未言其是黄宗羲门人。万斯同则未见收录，屈广燕认为是李德懋和成海应两人就万斯同入京修《清史》一事存在认知差异，当有误。参见屈广燕：《19 世纪前后朝鲜士人对浙东学术的认知：以宋、明遗民传为中心》，《宁波大学学报（人文科学版）》2016 年 1 月，第 63—67 页。
5　［朝鲜］李选：《芝湖集》第 4 卷，《韩国文集丛刊》第 143 册，第 397—398 页。
6　［朝鲜］李选：《芝湖集》第 4 卷，《韩国文集丛刊》第 143 册，第 398 页。
7　［朝鲜］赵秉德：《肃斋集》第 12 卷，《韩国文集丛刊》第 311 册，第 255 页。
8　［朝鲜］朴性阳：《芸窗集》第 11 卷，《韩国文集丛刊》第 129 册，第 402—403 页。

抗清活动，失败后一度流亡。顺治十年（1653），吕氏参加科举考试成为诸生，两年后因拒绝应举被革去秀才。康熙十七年（1678）、十九年（1680），清廷下诏征辟博学鸿儒，留良拒不出仕，后削发为僧，法名耐可。吕留良博学多才，年轻时学习"四书"，读朱熹《四书集注》便崇信之。他精治"四书"，详辨夷夏之别。明清交替之后，他和江南明遗民颇多来往，与钱谦益、黄宗羲、黄宗炎等人熟识，尤其与黄宗羲多有学术辩驳。其著述被辑入《吕晚村先生文集》《东庄吟稿》等。

雍正六年（1728），湖南人曾静（1679—1736）游说川陕总督岳钟琪反清，被告发下狱，拘讯中他供认其行为是受到吕留良著作中反清言论的影响。雍正大怒，认为吕留良的华夷思想和反清言论影响甚广。第二年，雍正将自己与曾静就吕留良相关言论的问答之词编为《大义觉迷录》，令曾静现身说法，批判吕留良之言论，吕留良之言论也因此广为传播。与此同时，雍正大兴文字狱，烧毁吕留良遗著。1733 年，正值吕留良去世后 49 年，雍正下诏定其为"大逆"之罪，吕留良及其子吕葆中惨遭开棺戮尸，子吕毅中斩立决，孙辈被流放宁古塔为奴，另外还牵连不少好友。此案即著名的"吕留良曾静案"，延续时间长、受牵连人员多，因此影响甚巨，朝鲜文人对此也多有关注和评说。

早在该案发生前，朝鲜文人就已对吕留良有所了解。1712 年，金昌业随行出使中国，回程中在孤家子与申之淳、金应濂、郭垣等人笔谈时，问道："近时文章道学，为世所推者几人？"答曰："王础生、吕晚村，浙江人，皆有《四书汇通解》行世。癸丑年状元韩炎，号元少。又有许元。"[1] 任适（1685—1728）与漂流到朝鲜半岛的福建人问答时，问道："即今文章有擅名于天下者耶？"福建人答曰："当今之世，文章著于外者，金圣叹、李卓吾、林西仲、吕晚村四位老先生……"[2] 由此可见，朝鲜文人当时已从清人处或多或少了解到了吕留良之文章学术。早期朝鲜文人多从李沛霖（字岱云）编撰的《朱子四书异同条辨》中阅读到吕留良有关"四书"的论述。如金昌缉（1662—1713）有《李沛霖〈四书异同条辨〉辨》，专门提到吕留良的辨疟病之喻[3]；李显益（1678—1717）在《论中庸辨说》中也提及上述金昌缉所论及的吕留良之说，并加以评论，此外还对吕留良有关戒惧、慎独的观点作了评说[4]。前述任适与福建漂流民的问答中也提到了李沛霖的《朱子四书异同条辨》[5]。

李沛霖的《朱子四书异同条辨》早在康熙四十七年（1708）就已传入朝鲜半岛。闵静能（1659—1720）1708 年作为三节年贡行正使出使中国，在此之前，金榰写给闵氏的书信中已提及《朱子四书异同条辨》："有李沛霖者尝著一书，名曰《四书朱子异同条

1　［朝鲜］金昌业：《老稼斋燕行日记》，《燕行录全集》第 33 卷，第 391—392 页。
2　［朝鲜］任适：《老隐集》第 3 卷，《韩国文集丛刊》第 66 册，第 396 页。
3　［朝鲜］金昌缉：《圃阴集》第 5 卷，《韩国文集丛刊》第 176 册，第 438 页。
4　［朝鲜］李显益：《正庵集》第 9 卷，《论中庸辨说》，《韩国文集丛刊》第 60 册，第 373—383 页。
5　［朝鲜］任适：《老隐集》第 3 卷，《韩国文集丛刊》第 66 册，第 395 页。

辨》，前此数辈使行，贩买到来，见礼书李振裕者序其首而书'康熙四十四年'，则是数年间事也。"[1] 可见当时该书已经传入朝鲜半岛，传入的版本即为康熙四十四年（1705）近誓堂刻本[2]。据《朝鲜王朝实录》所载，肃宗三十五年（1709）成均馆儒生李秉鼎的奏文有云："臣等得见《四书朱子异同条辨》，即中土人李沛霖所著，而成于今乙酉年间者也。"[3] 可知当时该书已为朝鲜文人所见。俞肃基（1696—1752）论《中庸》时亦多提及吕留良的观点，而这些观点都来源于李沛霖《朱子四书同异条辨》[4]。李沛霖的《朱子四书同异条辨》对朝鲜文人研读"四书"颇有影响[5]。

此后，吕留良自身的著述也传入朝鲜半岛，尤其是"吕留良曾静案"为朝鲜士人所知晓后，其著述成为清朝禁毁书籍，而持有"尊周攘夷"观念的朝鲜朝野反而对之给予了越来越多的关注，燕行使臣入清时也积极寻访其作品。1752 年，俞汉隽（1732—1811）在《送从兄持宪公赴燕序》中有记："上之二十八年秋，从父兄持宪公以小行人北聘于清。将行，三使臣侍上。上进公而前，教曰：予闻明人吕留良书为虏所忌讳，不行于世。今汝往试求之，可求而得取而来，予欲观焉。"[6] 可知当时搜求吕留良著述一事，得到了英祖大王（1724—1776 年在位）的积极推动。序文中还记载，之前就有"我使入燕，有夜怀吕氏书而求者曰：环顾天下，惟朝鲜可以藏此书，故来相托耳。使者有难色，其人恸哭而去"[7]。此次出使，俞汉隽从兄、使团书状官俞汉萧得吕留良诗集，于是吕留良诗集开始在朝鲜半岛流传开来[8]。

李德懋在《清脾录》中专门提到此事："康熙时[9]，既颁《觉迷录》，而吕留良《晚村集》不复传于天下。吴月谷琼入燕，潜求之不得。先王癸酉，俞参判汉萧以副使[10] 入燕求之。有一士怀《晚村诗集》抄本一册潜来馆中，泣而传之，仍持献于先王，自是士大夫家稍稍誊录。诗皆幼安渊明之志，皋羽所南之悲，令人掩抑，涕泪横集。"[11] 至于吕留良文集的传入时间，可知洪大容于 1765 年燕行时，曾积极寻访该文集，在京与潘庭筠笔谈时就专门提及欲得《吕晚村文集》，"诗集及经义有之"[12]，但缺文集，不过此次寻访似未能如愿。到了金迈淳（1776—1840）、洪直弼时，文集当已传入朝鲜半岛。金迈淳

1　［朝鲜］金楺：《俭斋集》第 11 卷，《与闵静能》，《韩国文集丛刊》第 50 册，第 225 页。

2　见《中国古籍善本书目》第 3531 项。

3　见《朝鲜肃宗实录》第 47 卷，"肃宗三十五年二月戊午"条。

4　［朝鲜］俞肃基：《兼山集》第 18、19 卷，《中庸》，《韩国文集丛刊》第 74 册，第 520—549 页。

5　参见［韩］唐润熙：《〈朱子四书异同条辨〉之传入朝鲜及其影响简述》，载漆永祥、王岚编：《刊落浮词求真解——孙钦善先生八十上寿纪念文集》，世界图书上海出版公司，2013 年，第 381—396 页。

6　［朝鲜］俞汉隽：《自著》第 24 卷，《送从兄持宪公赴燕序》，《韩国文集丛刊》第 249 册，第 510 页。

7　［朝鲜］俞汉隽：《自著》第 24 卷，《送从兄持宪公赴燕序》，《韩国文集丛刊》第 249 册，第 511 页。

8　"既之燕，阴求有吕留良书者，无有。一日有商贾子持诗卷来，视之果吕留良诗也。公遂取而归，以献于上，副藏于家。……明人钱谦益、林本裕之属皆有书东出朝鲜，而独留良之诗不出，至是乃出。"［朝鲜］俞汉隽：《自著》第 16 卷，《吕晚村诗录序》，《韩国文集丛刊》第 249 册，第 269 页。

9　有误，当为雍正时。

10　有误，俞汉萧实际为书状官。

11　［朝鲜］李德懋：《青庄馆全书》第 33 卷，《清脾录》第 2 卷，《韩国文集丛刊》第 258 册，第 23 页。

12　［朝鲜］洪大容：《乾净衕笔谈》，《韩国文集丛刊》第 248 册，第 142 页。然《乾净笔谭》无此记录。

说："近得《吕晚村集》，诗文皆精悍简洁，想见其为人。"[1] 洪直弼的弟子赵秉德则言："先师谓其（吕留良）文集，多可观云，而愚未之见矣。"[2]

18 世纪中叶之后，朝鲜文人如此关心吕留良的事迹和文章学术，有两方面原因，一是吕留良尊崇朱子学的学术倾向；二是他反清复明的言论和不仕清朝的行为。前已述及，早期朝鲜士人主要关注吕留良对"四书"精义和理学精神的阐发，但对其见解有褒有贬。如俞肃基论及《中庸》"缵绪"二字时，说："《条辨》吕晚村所谓'要之，武王亦不显有天下者。直是时至事起，天地交迫，莫之为而为。在后人观之，太王王季时，已有天下之势。至武王而集其成，则以为缵绪焉耳者'。为说甚好。"又说："《条辨》吕晚村谓'重在制礼一边意，不举戎衣缵绪而为训也'，此与下说所谓'不必又扯戎衣有天下来说'者，同一议论，俱失章句意。"[3] 吴载纯（1727—1792）对吕氏的《四书讲义》评价很低："尝见其讲义数条，颇穿凿琐屑，无所发明。"[4]

"吕留良曾静案"后，一方面，吕留良的《四书讲义》继续受到朝鲜文人的重视，许多学者论及"四书"时常常引用其《四书讲义》，可知其作品受到朝鲜文人的认可[5]；另一方面，朝鲜文人特别关注其著述中提倡朱子学、批评阳明学的主张。金迈淳读吕留良集有言："今读其知旧往复诸书，笃信程朱，力排王陈。言论风旨，可与陆三鱼雁行，而激烈过之耳。"[6] 田愚读到汪订《四书朱子大全》所引吕留良文字时评论道："于辨析陆、王之误多精核，其功亦大矣。"[7] 李德懋为洪大容《乾净衕笔谈》写评语，于笔谈中涉及吕留良处有记："吕晚村名留良，字庄生，一名光轮，字用晦。其学以辟王卫朱为宗旨。"又于双方对王阳明有争执处记下吕留良之言："姚江之说不息，紫阳之道不著。紫阳之道不著，则孔子之道熄矣。"[8] 吕留良的这句话尤为朝鲜文人所强调，成海应为吕留良作传时，就特别引用了这句话。成海应在为吕留良所作的近 900 字传文中，有三分之一的篇幅论述其辟王言论，由此可见其分量[9]。实际上，朝鲜文人正是通过吕留良认识到明清之际浙江学术并非完全是阳明学的天下，朱子学在浙江依然有所发扬。

当然，朝鲜文人记述和评论最多的还是吕留良的反清思明言论和事迹。吕留良诗文中有不少思明贬清的内容，引发了长期以来尊明攘清的朝鲜文人的共鸣。俞汉隽说：

1　[朝鲜] 金迈淳：《台山集》第 6 卷，《韩国文集丛刊》第 294 册，第 398 页。
2　[朝鲜] 赵秉德：《肃斋集》第 8 卷，《韩国文集丛刊》第 311 册，第 160 页。
3　[朝鲜] 俞肃基：《兼山集》第 18 卷，《中庸》《韩国文集丛刊》第 74 册，第 526 页。
4　[朝鲜] 吴载纯：《醇庵集》第 10 卷，《韩国文集丛刊》第 242 册，第 566 页。
5　如早期的金榦《厚斋集·札记》、李显益（1678—1717）《正庵集·杂著》、俞肃基（1696—1752）《兼山集·札疑》、元景夏（1698—1761）《苍霞集·杂著》、金钟厚（1721—1780）《本庵集·札录》、金钟正（1722—1787）《云溪漫稿·札录》、金正默（1739—1799）《过斋集·经书辨答补遗》、权访（1740—1808）《鹤林集·答金履复问目》、徐滢修（1749—1824）《明皋全集·大学传首章》、丁若镛（1762—1836）《与犹堂全书·中庸讲义补》、姜献奎（1797—1860）《农庐集·大学问辨录序》、赵秉德（1800—1870）《肃斋集·与李景学》等。
6　[朝鲜] 金迈淳：《台山集》第 6 卷，《韩国文集丛刊》第 294 册，第 399 页。
7　[朝鲜] 田愚：《艮斋集》后编第 7 卷，《韩国文集丛刊》第 334 册，第 325 页。
8　[朝鲜] 李德懋：《青庄馆全书》第 63 卷，《天涯知己书》，《韩国文集丛刊》第 259 册，第 129—130 页。
9　[朝鲜] 成海应：《研经斋全集》第 12 卷，《韩国文集丛刊》第 273 册，第 256—257 页。

"留良之诗凡几首，其词多感愤激烈之气，余读而悲之。"[1] 李德懋《清脾录》中记录了不少吕留良的诗作，并评论道："诗皆幼安渊明之志，皋羽所南之悲。令人掩抑，涕泪横集。"[2] 有关吕留良的事迹，俞汉隽在言及吕留良诗时提道，"苟非留良死于明，不亏大节，诗又何取焉"[3]；又说"留良明遗民也。明亡，留良抗节不屈于虏庭磔死，其后有为留良之学者曰曾静，静亦杀死"[4]。当然此处言说有误，与刘宗周为明死节不同，吕留良并非死于明朝，不仅如此，顺治时期他还参加清朝科举，拥有诸生身份，反而有所"失节"。

俞汉隽的错误认识应该是基于敬仰的想当然，或是将之纳入明遗民的结果。在多数情况下，朝鲜文人对吕留良的生平事迹还是基本有所把握。韩元震（1682—1751）在1747年给李台重的回信中提到李"送示《觉迷录》"，可知《大义觉迷录》当时已在朝鲜文人之间传播。他从李台重的信中了解到，留良"曾已应举觅官，而中年以后自靖"，并评论其"先病后瘳，其义亦可尚也"，"不觉令人起立"[5]。此外，李德懋《磊磊落落书》和成海应《皇明遗民传》都没有收录吕留良，很明显他们都不认可吕留良有遗民身份，不过成海应在另处有为吕留良列传。成海应致力于搜罗明清史事，对吕留良事迹的描述颇为全面，甚至包括吕留良从子亮功因吕留良而死以及吕留良曾从事操选时文工作，认为他是"不得已出应试，恒菀菀不自得"，其虽赴科举，但"不得与顾炎武、魏禧等齿，然惜其志存皇朝，讴吟累欷"[6]。

与成海应同时代的洪直弼也很清楚吕留良早年参加科举的经历，他在《答李子冈》书信中论及此事，先是不明事实地为之辩解："吕晚村以明余遗民，慨然以兴复自任，出而仕清，欲近幸而行豫让之事。闻吾邦将举义旗，有'牛耳居然属海东'之诗。见虹变，又有'纵有虹贯日，竟无轲入秦'之句。仍挟匕首入宫中，觉而被害。"不过尔后又言："吕公事虏，虽为除凶，不有晚节，是亦失身，终难免枉尺直寻之归，如此者可谓先病后瘳矣。苟欲倡义讨贼，则一布衣事，何必屈膝而后可乎哉？然论人当观大节，则求无过于有过之中可矣。"[7] 此与上述韩元震的观点颇为一致。稍后的赵秉德也认可洪直弼对吕留良的评价[8]，田愚在答金圣九的书信里也说："吕晚村先病后瘳，南塘、梅山皆有所论定者。"[9] 所以多数朝鲜文人认为，吕留良虽然早期有所失节，但最终相率而归

---

1 ［朝鲜］俞汉隽：《自著》第16卷，《韩国文集丛刊》第249册，第269页。
2 ［朝鲜］李德懋：《青庄馆全书》第33卷，《清脾录》第2卷，《韩国文集丛刊》第258册，第23页。
3 ［朝鲜］俞汉隽：《自著》第16卷，《韩国文集丛刊》第249册，第269页。
4 参见［朝鲜］俞汉隽：《自著准本一》，《韩国文集丛刊》第249册，第510页；《自著》第16卷，《韩国文集丛刊》第249册，第269页。
5 ［朝鲜］韩元震：《南塘集》第17卷，《韩国文集丛刊》第201册，第405页。
6 ［朝鲜］成海应：《研经斋全集》第12卷，《韩国文集丛刊》第273册，第256页。参见杨念群：《何处是"江南"？：清朝正统观的确立与士林精神世界的变异》（增订版），生活·读书·新知三联书店，2017年，第108—155页。
7 ［朝鲜］洪直弼：《梅山集》第8卷，《韩国文集丛刊》第295册，第209页。
8 ［朝鲜］赵秉德：《肃斋集》第8卷，《韩国文集丛刊》第311册，第160页。
9 南塘为韩元震的号，梅山为洪直弼的号。［朝鲜］田愚：《艮斋集》后编续第1卷，《韩国文集丛刊》第336册，第38页。

正，力行大义。

　　朝鲜文人尤为关注吕留良"华夷之辨重于君臣之义"之说，认为此乃吕留良贬清的理论依据，而雍正帝《大义觉迷录》特别批驳了此说[1]。前述韩元震、成海应、洪直弼、田愚等人论及吕留良，也都涉及吕留良此说。金祖淳（1765—1832）提到李台重曾专门讨论此说："公（李台重）尝论吕晚村'华夷之分严于君臣之义'之说，曰：为晚村者论以事势，必不可成。然中夏之不可变夷，夷狄之不可主夏，此义炳然。"[2]任宪晦（1811—1876）为洪直弼作行状时，概括了洪氏对吕留良的评价："华夷之辨重于君臣之义，以故吕留良少事建房，晚而觉非，引义自靖。君子以为先黩后贞，借令臣服而为禽民真人者作。如洪武之世，则亦当相率而归正。未可以服二姓而断之以失节也。"[3]

　　明清之变，不仅仅是朝代更替，和宋元交替同样，统治阶层族群身份也发生了变化，这在许多明代文人和朝鲜文人看来是华夷之变。吕留良"华夷之辨重于君臣之义"之说与朝鲜文人所强调的"春秋大义""尊周攘夷"是一致的。朝鲜作为明朝朝贡国转而事清，同样面临着君臣之义的问题。洪直弼在《警俗》中设想，若清败回东北，自问："彼既以诚待我，我当以诚应之。彼之将亡，我之所以处彼者当奈何？"然后自答曰："岂念区区皮币之所相须，而不一洒之哉？假使彼人径归巢穴，责我以旧谊，如北元之于丽氏，我当据义斥绝。如圃隐潘南之为，讵可以牺牲玉帛，待于两境，若郑人之为，事齐事楚，若滕人然哉？若是者，不失向背之正也。或昧逆顺之理，以效节于旧，罔仆于新，为尽分然者。然则视建房真若事君，守贞而不贰，是不通礼义之旨者也。昔先王待夷狄以禽兽，可以人而为禽兽死乎？"[4]在洪直弼看来，华夷有别，面对夷狄不需要讲忠君之义。无论是对于吕留良，还是对于朝鲜半岛，都不能过于责难。

　　朝鲜文人也常将吕留良与许衡作比较。许衡是元代大儒，精研程朱理学，不过早在朝鲜王朝前期就因仕元而饱受朝鲜文人非议。朝鲜半岛著名儒学家李珥（字叔献，号栗谷，1536—1584）为此还专门讨论过许衡仕元是失节还是失身。在他看来，许衡的出生地河南新郑，在当时是金的统治区域，故其仕元无所谓失节，但华夷不分，却是失身。相比许衡，朝鲜文人予以吕留良颇高评价。韩元震说："今闻晚村之事，不觉令人起立。衡亦后悔其出处，而亦不能翻然改辙。晚村之末后自靖，可谓优于衡万万矣。"[5]洪直弼说："衡也虽生长中国，而所值之时则胡元也，亦未曾出而仕宋。又不如吴澄之以宋举子而服胡元，故曰失身非失节。此其所以区别也。然推极而论，则失身即失节也。……吕晚村陷于房，既而悔曰'华夷之辨重于君臣之义'……如衡者即吕氏之罪人矣，身既

1　参见吴政纬：《眷眷明朝：朝鲜士人的中国论述与文化心态（1600—1800）》，秀威资讯，2015 年，第 159—162 页。
2　参见［朝鲜］金祖淳：《枫皋集》第 14 卷，《户曹判书李公谥状》，《韩国文集丛刊》第 289 册，第 333 页。
3　［朝鲜］任宪晦：《鼓山集》第 16 卷，《韩国文集丛刊》第 314 册，第 378 页。
4　［朝鲜］洪直弼：《梅山集》第 27 卷，《韩国文集丛刊》第 296 册，第 5 页。
5　［朝鲜］韩元震：《南塘集》第 17 卷，《韩国文集丛刊》第 201 册，第 405 页。

沦胥为夷，则名节扫尽矣。"[1]

洪章海（1730—1761）论及许衡之失身和吕留良之大义时，则往前追溯至谢枋得（号叠山，1226—1289）。谢枋得是宋元交替时期和文天祥齐名的义节之士，他虽然对宋死节，却在给与自己有师生情谊、后降元的南宋旧臣留梦炎的书信中肯定了元朝的正统地位。对此，洪章海认为："谢叠山乞怜于留梦炎，以胡元为受命之天吏，驱一世于去水火囿春台之域，独拔自家一身于全忠孝之地。终元之世，无一个吕晚村者，未必非此等处义启之。欲正许衡之罪，当先攻叠山之失。"[2] 在洪氏看来，元代的宋遗民都不如吕留良，因为他们虽维护"君臣之义"却未坚持"华夷之辨"，洪氏在一定程度上将吕留良的春秋大义提高到超越宋明遗民的高度。在朝鲜文人看来，所谓忠节在根本上是忠于华夏，是否秉承华夷之辨是评价学人的重要标准。朝鲜文人也借对吕留良的评价来反观清代文人，在他们看来，这些成长在清朝的中国文人，因为华夷之辨重于君臣之义，也应当与他们一样思明思周。当燕行使臣询问起清朝文人对吕留良的看法[3]，其实是在试探他们对明清变革的态度，更是在理解他们对华夷之辨的认知。

1　［朝鲜］洪直弼：《梅山集》第 8 卷，《韩国文集丛刊》第 295 册，第 207—208 页。
2　［朝鲜］金奎五：《最窝集》第 8 卷，《畏庵洪公行状》，《韩国文集丛刊》第 91 册，第 490—491 页。
3　如 1765 年入华的洪大容与 1799 年入华的徐滢修均向中国文人询问了其对吕留良的态度。

第四节　朝鲜视野下的清代浙江学术：以洪大容的视角为中心

朝鲜文人对于清代学术的关注，从较大范围看，首先涉及朱子学和阳明学在清朝的状况。任适向福建漂流民询问作为朱熹故里的福建是否"尚尊朱夫子之道"，得到的回答是："朱夫子，不但敝省福建尊崇，两京十三省，皆尊崇。"[1]1799年，徐滢修为副使出使中国，从山东人刘松岚口中了解到："本朝自圣祖仁皇帝表彰朱子之后，立之学官，诵法尊师者，更无二歧。而天下之大，岂能四方一辙。至如乡塾讲案，则朱陆相半，然此不可谓朱子之道不行矣。"[2]1828年，朴思浩燕行时结识了不少清人，其中河南人李中峰有言："近来理学一门，日臻隆盛。象山、阳明之邪说，久不作矣"；江南人朱其镇是朱熹的三十二世孙，朴思浩得知后十分兴奋，笔谈时询问阳明学是否"天下靡然从之"，朱则言："陆氏之学，禅学也。恶能举爝火于太阳乎？"

可见18世纪以来，朝鲜文人似乎了解到清朝阳明学渐次式微而朱子学有所兴盛的情形。洪直弼甚至将此情况与清朝得以摆脱"胡无百年运"联系在一起："清人入主中国，以尊信朱子为治法之第一义谛，用此为赚得英雄之术……厥享国数百年，即是崇奖正学之功也。"[3]不过，他们也意识到浙江的情况或许并不完全如此。朴思浩和浙江举人钟汪杰论及朱子学和阳明学时，钟氏说朱熹与陆九渊皆大贤，"一从格致入，一从神解入。俱不可非也"，朴氏由此认为，"观其气色，必似陆学者"[4]。而另一位浙江人丁泰则言："阳明宗陆氏之学，功业盖天地，后人亦不敢轻议。但从其学者，易涉禅学，所以不如专宗朱子。"朴氏对此颇为认同，同样称赞王阳明本人的高明，却也认为其因高明而生弊[5]。1836年，任百渊随使入燕，和徽州人汪喜孙笔谈，汪氏论及"二百年道学宗派"，说"徽州宗朱子，绍兴宗阳明，河南陕西朱王参半，福建宗朱子，直隶朱王参半。

1　［朝鲜］任适：《老隐集》第3卷，《韩国文集丛刊》第66册，第395页。
2　［朝鲜］徐滢修：《明皋全集》第14卷，《韩国文集丛刊》第261册，第304页。
3　［朝鲜］洪直弼：《梅山集》第52卷，《韩国文集丛刊》第296册，第578页。
4　［朝鲜］朴思浩：《燕蓟纪程》，《燕行录全集》第86卷，第14页、21—23页。
5　［朝鲜］朴思浩：《燕蓟纪程》，《燕行录全集》第86卷，第27—28页。

吾郡宝应宗朱，泰州宗王，江西宗朱子"[1]。任适所记录的这些言论，无疑对朝鲜文人认识清代的浙江学术有一定影响。

如前所述，除了朱子学和阳明学，朝鲜文人特别关注清朝文人的春秋大义，借由所着衣冠，或以询问南明史事，或以询问吕留良其人等方式，试探清朝文人的思明之情[2]，颇犯时讳。1765年，洪大容随朝贡使团抵达北京，结识了潘庭筠、严诚、陆飞三位钱塘士人。他在北京停留的近一个月中，有七日与三位钱塘士人见面笔谈，又书信不断。洪大容回国后，又通过每年的燕行使臣与他们保持书信来往。双方感情真挚，彼此间有着深入的了解，洪大容无疑是与浙江文人交往十分深入的朝鲜文人。有关双方的交往以及相关文献，第三章已有详述，本节则主要利用这些文献来考察洪大容对清代浙江学术的认知。

一、崇朱未醇和阳明风采

与其他朝鲜文人相同，洪大容十分关注清代朱子学与阳明学的发展，他在与钱塘三士交流的过程中，常涉及二学在浙江的情况。二月初三，洪大容、金在行与潘庭筠、严诚初次见面，寒暄过后，洪大容问："吕晚村是何处人？其人品如何？"欲了解两位钱塘士人的看法。潘庭筠简单作答："也是浙江杭州石门县人，学问深邃，惜罹于难。"之后洪氏谈到王阳明并问："贵处学者尊何人？"潘庭筠答曰："皆尊朱子"，对此洪氏则认为"尊阳明者亦应有之"[3]，可见洪大容相当关注亦颇知晓朱子学、阳明学在浙江的状况。

钱塘三士中，潘庭筠是朱子学的尊崇者，面对洪大容的上述看法，强调道："阳明大儒，配享孔庙，特其讲良知，与朱子异，故学者勿宗，间有一二人亦不甚着。"并指出："事业须从诚意正心做来，阳明格物致知尚有余憾。"严诚和陆飞则受阳明学影响较大，因此在洪大容附和表示"阳明间世豪杰之士也，文章事业，实为前朝巨擘，但其门路诚如兰公之言"后，严诚先是问洪氏："贵处亦辟陆耶？"得到肯定的回答后，则赞赏陆九渊和王阳明曰："陆子静天资甚高，阳明功盖天下，即不讲学，亦不碍其为大人物也。"[4]

洪大容与严诚交往最多，双方颇能坦诚交流，关系也最为密切。二月二十七日，洪

---

1 ［朝鲜］任百渊：《镜浯游燕日录》，二月初一日。令人奇怪的是，任百渊询问的是中国近日的汉学宋学的门户之见，汪喜孙回答的却是朱陆格局。据夫马进研究，汪喜孙与任百渊所在使团副使申在植有很激烈的汉学与宋学之辨，汪喜孙本人是主张汉学的，又是当时知名的考证学者。参见［日］夫马进著，伍跃、凌鹏译：《朝鲜燕行使与朝鲜通信使》，商务印书馆，2020年，第203—216页。

2 有关朝鲜文人试探清代中国人的思明情绪的研究较多。参见葛兆光：《想象异域——读李朝朝鲜汉文燕行文献札记》，第141—164页；吴政纬：《从汉城到燕京——朝鲜使臣眼中的东亚世界》，秀威资讯，2017年，第132—141页。

3 ［朝鲜］洪大容：《湛轩燕记》，《燕行录全集》第43卷，第17—18页。

4 ［朝鲜］洪大容：《湛轩燕记》，《燕行录全集》第43卷，第18页。

大容与严诚书曰："愚兄某顿首上力暗贤弟足下。力暗之才之高学之邃，乃吾之老师也。力暗特以我一岁之长，乃欲相处以兄。余累辞而不敢当，则力暗反惭悯如不自容，盖其爱之深。故欲其亲之至也，亦岂忍终辞乎？从此而力暗吾弟也，吾弟其勉之，恢德量勤问学。无有作伪以饰浮藻，无放细行以累大德。"这一日，洪氏还写到了其与潘庭筠的交往："昨日临归酬酢，兰公始亦云然，而及其约定则兰公不与焉。且兰公终多客气，未必如力暗之出于中心，故但于力暗称兄焉。"[1] 可见洪大容与严诚双方坦诚相对，正基于此，二人有关朱子学、阳明学以及佛学的交流讨论最为丰富而直接。

实际上，洪大容在最初了解到严诚对阳明学的态度后，就多次与之辩说阳明学非正学。二月初十，洪大容致信严诚，谈及阳明对《诗经》小序的看法，特别指出其与朱子相悖，"盖其蹈袭剽窃，强意立言。试依其言而读之，如嚼木头，全无余韵。其自欺而欺人也，亦太甚矣"。他认为阳明背离朱子，是"变换旗鼓，别立门户"，"殃及生民，祸流后世"。[2] 二十三日，他和金在行一同前往严诚、潘庭筠住处见面，因不知归期何时，考虑到此次或是离京前最后的相见，故有临别赠言，洪氏在与严诚的赠言中写道："朱子，后孔子也，微夫子吾谁与归？虽然，依样苟同者，佞也；强意立异者，贼也。"[3] 此处暗以"贼"说阳明。二十六日，洪大容和金在行两人又去了严、潘下榻处，洪氏出示了自己对《诗经》小序看法的文字，一开始就言及阳明及阳明之论：

> 阳明，间世豪杰之士也。愚尝读其书，心服其人，以为九原可作，必为之执鞭矣。其良知之学，亦是穷高极深，卓有实得，非后世能言之士所可仿佛也。且阳明何尝无求道问学之功哉。求道而不道学问，是目不识丁者。静坐摄心，可以为圣为贤，岂有是理。责阳明以专尊德性，亦非原情定罪之论矣。惟其言太高功太简，自窃自喜，簸弄光景，恍惚如空中之楼阁，可望而不可亲，可喜而不可学。其末流之弊，必将好径欲速，倒行逆施。[4]

随后又强调阳明对朱子之说的反动：

> 以诗注为非成于朱子，则此其于诗义之得失。姑舍之，其文章辞理明白浑融，如禹之治水，行其所无事者。未知朱子以后有可以为此者乎？且潜窃师名以售己书，此其恶甚于穿凿。朱门末学，大义虽乖而污不至于穿凿也。且朱子即当世之大儒也，其经书集注，非惟及门

1 ［朝鲜］洪大容：《湛轩燕记》，《燕行录全集》第43卷，第220—222页。
2 ［朝鲜］洪大容：《湛轩燕记》，《燕行录全集》第43卷，第70—71页。
3 ［朝鲜］洪大容：《湛轩燕记》，《燕行录全集》第43卷，第162页。
4 ［朝鲜］洪大容：《湛轩燕记》，《燕行录全集》第43卷，第194—195页。

者皆知之。天下读书者家传而世守之，其昭昭乎有自来矣。设有奸鬼之辈虽欲忘托而欺世，其可得乎？此则必不然之理也。如果以诗注为非，则直归之朱子之误解，岂非光明直截乎？何必掩互苟且，阳扶阴抑，先病我心术耶。[1]

洪大容回国后，在书信中依然劝说严诚当勤于朱子学。他在九月十日与严诚的信中写道，"容于力暗之才学，固心悦而诚服矣。惟其心悦而诚服也，故欲其本末无疵，精粗无欠，粹然中正，终于大成"，因此"前后效愚，僭妄多端。其于心术出处之际，亦或有微发其端而不能尽其说者，此所谓天下之宝为天下惜之者。断断忠爱，想亦见谅而不以罪之也"[2]。洪大容后来又赠严诚一部李珥的《圣学辑要》，希望他"平心熟看，深体而力行之"[3]。

据洪大容记载，严诚对其劝说有所思考并表示赞同。《乾净笔谭》有记：十二日，双方见面，严诚言："弟愚蒙失学，未敢妄论，所谕阳明、朱子之说极好。胸中浅陋，恐即有论议，徒然贻笑大方。奈何？"[4]又二十三日，洪大容与严诚临别赠言时，暗示陆王之学"佞也""贼也"，严诚见此并未反驳，而是"喜色溢于貌，以隶字书于简面曰'湛轩先生临别赠言，垂示后孙，永以为宝'"[5]。严诚在1767年与洪大容的信中明言："王文成倡其新说，贻误后人，诚为可恨，然其事功自卓绝千古。今则道德一、风俗同之世，姚江之余焰已息，久无异言横决之患。……弟此时已不为异学所惑。"[6]可见其对阳明学的态度似已趋同于洪大容。

相比潘庭筠和严诚，陆飞进京较晚，洪大容与他见面时已经是二月二十三日，双方论及朱子学和陆王之学："起潜曰：子静于尊德性居多，某却于道问学居多，朱意如是矣。又曰：陆之学，亦有是否？余曰：朱子之所畏也。起潜曰：朱、陆分尊德性、道问学，原本朱子。后人务尊朱而攻陆偏否，当日朱陆必无如此门户见解。余曰：愚未见陆集，未知其学之浅深，不敢妄论，惟朱子之学则窃以为中正无偏，真是孔孟正脉。子静如真有差异，则后学之公论，无怪其摈斥。但名为宗朱者，多偏于问学，终归于训诂末学，反不如宗陆之用功于内，犹有所得也，此最可畏耳。起潜曰：我不知学，于二家之学，亦并未深究。但看后世宗朱宗陆，纷纷议论，全是血气。而陆之后为阳明，其事功炫赫，绝非空虚之事而人必诋之为禅。其不为禅者，乃绝无所表见。以外之事功而验中之所得，良知亦未可尽非也。"[7]很明显，陆飞的立场是朱、陆皆尊，其对于阳明学多有赞赏。

1 ［朝鲜］洪大容：《湛轩燕记》，《燕行录全集》第43卷，第196—197页。
2 ［朝鲜］洪大容：《湛轩书》外集第1卷，《与铁桥书》，《韩国文集丛刊》第248册，第106页。又见《日下题襟集》，第121页。
3 ［朝鲜］洪大容：《湛轩书》外集第1卷，《杭传尺牍》，《韩国文集丛刊》第248册，第108页。
4 ［朝鲜］洪大容：《湛轩燕记》，《燕行录全集》第43卷，第79页。
5 ［朝鲜］洪大容：《湛轩燕记》，《燕行录全集》第43卷，第162页。
6 ［清］朱文藻编：《日下题襟集》，《附铁桥丁亥秋答书》，第131页。
7 ［朝鲜］洪大容：《湛轩燕记》，《燕行录全集》第43卷，第174—175页。

据《乾净笔谭》记录，二十六日洪大容论及阳明乃"间世豪杰之士也"，又对阳明事功之说颇有异议："其言太高、功太简，自癘自喜，簸弄光景，恍惚如空中之楼阁……若其事功之炫赫，乃其实得之余波。彼坐谈空言，区区为训诂之学者，固不敢比方其万一。虽然，此何足为阳明之能事。阳明平日与门人言，未尝及平藩事，其微意可见。今若以此而尊阳明，则使阳明有知，恐不许之以知我也。"[1]对此，陆飞表示其"论阳明先生极是"[2]。二十八日，陆飞在与洪大容的书信中，对其论依然记忆犹新，他写道："湛轩之讲事功、心术之分，语语不朽，尤足千古。"[3]陆飞似因洪大容而对阳明事功之论有了新的理解。

除了阳明学，洪大容也认识到佛学对浙江文人多有影响。吴颖芳（1702—1781），字西林，号树虚，是潘庭筠、严诚的好友，博览群书，尤精六书音乐，能诗善文，通古文。其"年十五而孤，一赴童子试，为隶所诃，曰是求荣而先辱也，自是不复应试"[4]，"其事母至孝"[5]。洪大容从三士处得知其德行，称赞有加，又从严诚言语中得知其"好佞佛，故于内典之书，无不精贯"，"如《楞严经》，先生极好之，并好谈因果报应"，认为"极是可惜"。对此严诚辩解道："此经，即弟亦喜观之，以之治心最好。其论心之处，原与吾道无大分别，而竟至大分别者，堕于空耳。"潘庭筠也说："此经，弟沐手诵之，并好手写佛经。"[6]

言谈中，严诚述及自己早年因病而信佛学，之后有所觉悟，回到了儒学之道："弟之看《楞严》，乃是病危垂死之时，颇于身心大有裨益，亦一帖清凉散也。彼时觉得地水火风四大假合，何事不可放下，而竟以此愈疾，此后亦弗复尔矣。然吾辈易为外物所扰之人，正有如经中阿难之多闻一样，读之，亦觉切中弊病，故偶观之耳。今弟乃觉得不如儒书远甚，且此种道理，儒书至为切实平易，又何必远取异端耶？"又说"如濂溪先生，亦从佛氏入手后乃归于正耳"，"宋儒辟佛而其著书则往往掺入佛经语，如云'真积力久'，如云'活泼泼地'，如云'语录'等语，皆非吾儒所有也"。这里他有意说明"吾儒亦时有取乎佛氏"，只不过在洪大容听来却有讥嘲宋儒辟佛之意。[7]

由此，在洪大容看来，严诚和陆飞对阳明学多有赞赏，但他们其实都不是纯粹的阳明学者，他们同样也关注佛学，但又并非笃信者。洪大容在与金钟厚的书信中如此评价严诚与陆飞："其所为学，虽渐染王陆，泛滥禅佛，未若吾东之醇正。而其悉心推究，闻义即服，要非记诵口耳之学，则亦未易得也。"[8]"未若吾东之醇正"是就遵奉朱子学而

1　[朝鲜]洪大容：《湛轩燕记》，《燕行录全集》第43卷，第194—195页。
2　[朝鲜]洪大容：《湛轩燕记》，《燕行录全集》第43卷，第202页。
3　[朝鲜]洪大容：《湛轩燕记》，《燕行录全集》第43卷，第229页。
4　[清]王昶撰：《春融堂集》第65卷，《吴西林先生小传》，清嘉庆十二年（1807）刻本。
5　[朝鲜]洪大容：《湛轩燕记》，《燕行录全集》第43卷，第53页。
6　[朝鲜]洪大容：《湛轩燕记》，《燕行录全集》第43卷，第54页。
7　[朝鲜]洪大容：《湛轩燕记》，《燕行录全集》第43卷，第54—56页。
8　[朝鲜]洪大容：《湛轩书》内集第3卷，《又答直斋书》，《韩国文集丛刊》第248册，第67页。

言;"闻义即服"关照的则是阳明学和佛学。洪大容认为,相比朝鲜学人,钱塘三士崇朱未醇:"东儒之崇奉朱子,实非中国之所及。"[1] 不过,通过和三人的交往,他也认识到阳明学和佛学影响下的浙江学术颇有可取之处,从而反思朝鲜儒学学者的问题:"(东儒)惟知崇奉之为贵,而其于经义之可疑可议,望风雷同,一味掩护,思以钳一世之口焉,是以乡愿之心望朱子也,余窃尝病之。及闻浙人之论,亦其过则过矣,惟一洗东人之陋习,则令人胸次洒然也。"[2]

洪大容与严诚最为相投,不仅敬佩其才气和学术,而且仰慕其性情和为人。二月十七日,双方见面笔谈时,严诚出示了为洪大容草堂所作的《八咏诗》,其一为"灵龟占著",诗曰:"灵龟有何灵,以问乞灵者。吉凶论是非,趋避敢苟且。居易以俟命,枯草行可舍。"[3] 揲蓍是《易经》记载的一种筮法,朱子在其《周易本义》中也讲述了揲蓍之法,不过严诚以为,"吉凶在我之是非,不必待揲蓍而知之也"[4]。对此洪大容深以为然,言道:"朱子亦以为《易》不过惠迪吉、从逆凶也。"以至于潘庭筠曰:"揲蓍,圣人之道。渠乃不以为然,真妄人也。"[5] 十九日,洪大容书信又提及此事:"《八咏诗》,咀之嚼之,其味津津,信乎有德者之言也。就其中《灵龟》之诗尤见其卓然峻拔,无世儒拘牵之气,直令人有凌万顷、超八垠之意。诵其诗可以知其人矣。虽然,才高者过于脱洒,则或不免于大军游骑,出太远而无所归。此则弟之不能无过、计之忧于吾兄其也。"[6] 洪大容以为,严诚之性情或是受到阳明之影响,因而颇为担忧:"阳明亦浙人也,浙人多袭其风采。语及宋儒,辞气过于轻快。是以余于铁桥,或以此规之,铁桥不以余为非也。"[7] 尽管如此,其对浙江学人的赞赏态度也是显而易见,在洪大容看来,颇有"阳明风采"的浙江学人无疑是值得交往和切磋的。

二、义理与事功的抉择

朴趾源在阅读洪大容编订之《乾净衕会友录》时,认为洪氏与钱塘三士所论在"天人性命之源、朱陆道术之辨、进退消长之机、出处荣辱之分"[8],其中"进退消长之机、出处荣辱之分"这一关乎义理和事功的讨论,又隐含着那个时代特有的华夷之辨。相关内容首先可以从双方交往时对科举应试的认识出发加以理解。

洪大容在和潘庭筠、陆飞见面前,以为两人都是追逐名利之辈,他和李基成说:

1 〔朝鲜〕洪大容:《湛轩书》,《乾净录后语》,《韩国文集丛刊》第 248 册,第 174 页。
2 〔朝鲜〕洪大容:《湛轩书》,《乾净录后语》,《韩国文集丛刊》第 248 册,第 174 页。
3 〔朝鲜〕洪大容:《湛轩燕记》,《燕行录全集》第 43 卷,第 113 页。
4 严诚在此诗后,有自注:"湛轩见此书,甚以为疑,余告之曰:昔朱子欲攻韩侂胄,筮得遁卦而止。故记曰:义则可问,志则否。而颜亦曰:自有性命,无劳蓍龟。"(《日下题襟集》第 87 页)
5 〔朝鲜〕洪大容:《湛轩燕记》,《燕行录全集》第 43 卷,第 114 页。
6 〔朝鲜〕洪大容:《湛轩燕记》,《燕行录全集》第 43 卷,第 135—136 页。
7 〔朝鲜〕洪大容:《湛轩书》,《乾净录后语》,《韩国文集丛刊》第 248 册,第 174 页。
8 〔朝鲜〕朴趾源:《燕岩集》第 1 卷,《韩国文集丛刊》第 252 册,第 13 页。

"浙江在京南四千里，夫四千里而趋名利，其志可知，何足与言哉。虽然，岂不如与贾儿游乎？"[1]他在与金钟厚的书信中也提及当时的认识："及闻此人之来，窃以为既欲应举，跋涉四千里而至，则其旨趣已卑下矣。曷足与语哉。惟孤馆无聊，逐日消遣，只闲行于街市间而已。是以出于下策，漫与见之。"[2]然而初次见面，洪大容就发现两人对科举皆持淡然态度。当时洪大容担心久坐交谈会影响两人准备科考，"诸公科期不远，当会心举业，久坐烦扰，恐不安"，但是两人"皆挥手，曰：不然，吾辈到此，本不用心于此"。严诚以为，登试一事"但听天命"，"鄙等不是专意于名利者"[3]。洪大容事后回忆说：严诚"言平生不专意于举业。又闻有达官欲荐其才于朝，严作诗而拒之，其辞甚峻，则始不觉倾倒而心相许矣"[4]。二月二十三日，洪大容初见陆飞，陆飞自言："力暗与我等虽入名场，本无荣慕"[5]，并说此行最欢心的即是与洪大容等人的相逢。至于应举的原因，他们则归之于亲友师长的期许。陆飞说"为师长督迫，朋友牵率"[6]，严诚则言"父母之命，亲友之劝，亦自难辞"[7]，"幸窥科名，亦复非其所乐，差喜得慰老亲望眼而已"[8]。

相较严诚和陆飞，潘庭筠对于应试科举并不完全淡然，对此洪大容亦有所认识。二月十二日，洪大容询问严诚和潘庭筠若此番科场失利是否还会再来，其中对严诚问道："暗兄今科不中则无意复来耶？"对潘庭筠则问道："兰兄不免再来，以几次为准耶？"潘庭筠表示三次[9]。之后的谈话中，潘庭筠未提及科举入仕之念，似乎有理亏之态。在洪大容的记述中，双方的价值取向颇为一致。

实际上，洪大容与金在行面对朝鲜科举的态度也颇类似。朝鲜此次燕行的副使与书状官分别为金在行的从兄和洪大容的叔父，两人家门均有较高官阶，却都淡然仕途。严诚曾就此询问金在行："兄之门地不小，何不以道得之作一美官乎？"金氏婉转回答："虞翻见疏于孙权，自叹体骨不媚。况弟以疏懒之性，何能供世乎。门地虽好而供世不媚，则亦无奈何。"又说："身后则无贵贱矣。虽不得官，有实地则不朽，但无实地耳。"而面对潘庭筠的"努力著述，自可不朽"之论，金氏反诘道："不朽何益？死后则徒付一虚，故弟以养虚自号。且乐生前一杯酒，乃养虚之至意也。专由于屈强不能循事唯诺，自叹自笑。"严诚听闻，不由赞曰："直可崚嶒一世，岂惟雄长东方。"并直言："兄之心事，尽弟所知，何须支离。大抵吾辈志愿不遂，多抱此憾。然欲有益于君国而又无入世之媚骨，欲以著述自娱而又虑其无益于君国。"[10]可见双方志气十分相投，都推崇君

1　［朝鲜］洪大容：《湛轩燕记》，《燕行录全集》第 43 卷，第 13 页。
2　［朝鲜］洪大容：《湛轩书》内集第 3 卷，《韩国文集丛刊》第 248 册，第 67 页。
3　［朝鲜］洪大容：《湛轩燕记》，《燕行录全集》第 43 卷，第 23 页。
4　［朝鲜］洪大容：《湛轩书》内集第 3 卷，《韩国文集丛刊》第 248 册，第 67 页。
5　［朝鲜］洪大容：《湛轩燕记》，《燕行录全集》第 43 卷，第 157 页。
6　［朝鲜］洪大容：《湛轩燕记》，《燕行录全集》第 43 卷，第 183 页。
7　［朝鲜］洪大容：《湛轩燕记》，《燕行录全集》第 43 卷，第 90 页。
8　《日下题襟集》，《铁桥丁亥秋答书》，第 128 页。
9　［朝鲜］洪大容：《湛轩燕记》，《燕行录全集》第 43 卷，第 91 页。
10　［朝鲜］洪大容：《湛轩燕记》，《燕行录全集》第 43 卷，第 109—110 页。

子德行，不媚流俗权势。

在笔谈中，潘庭筠语及严诚，又带出两人之好友吴颖芳，即西林先生，潘氏对他推崇备至，言其"隐居修道，无事不入城府。有达官来见者，必峻拒之"[1]，俨然一派隐士风范。洪大容对西林先生颇为关注。双方语及朱子礼不行于中国时，洪大容即询西林先生家所用礼。语及今人着衣太奢时，又询问西林先生所着，又有询问"西林先生德行之详"[2]。洪大容师承金元行，在与严诚和潘庭筠的信中言其尊师"累征不起，闲居教授，学者宗之为渼湖先生"[3]，看来金元行与西林先生正是一类人。潘庭筠回信言道："足下高雅拔俗，立身不苟，志愿甚大，如中国之陶靖节、林和靖，千古不过数人。高风逸致，起敬弥甚。又示以令师大人先生之梗概，足见渊源有自。"[4] 如此一来，将洪大容也纳入了和陶渊明、林逋性情相当的高雅不俗隐士之列。和潘庭筠一样，林逋也是钱塘人，终身不仕，与梅、鹤相伴，其"梅妻鹤子"的故事在朝鲜半岛广为流传，其人在明清两代备受推崇[5]。

朝鲜文人眼中的隐士，所反映的应该是儒家"内圣"的一面。"内圣外王"虽不可分割，但如上文洪大容所言王阳明之事功与心术一样，致道才是真谛。这也是洪大容对严诚、陆飞的期望。二月二十九日，洪大容在给陆飞的临别书信中写道："只愿老兄过日益寡，德日益尊，无泥于小道，无役于科宦，以幸吾道，以慰远怀。"[6] 回国后，洪大容得知严诚科场失意，写信道："公车之失利，其天之困苦之增益之，将以降大任于斯也，此容之所以为贺也。"[7] 严诚、陆飞对此也深以为然。二十五日，陆飞与洪大容书曰："辱手教，拜悉种种，札尾数语入骨，当镂之心版。老弟之所以爱我者，至矣尽矣。知己天涯，无以逾此。"[8] 而洪大容信札末尾所言者，正是赞赏陆飞对科举的淡然，赞赏其乐在致道。至于严诚，其言语和书信中对洪大容德性之称道，甚至为洪氏友人"疑其意在玩侮"[9]。在洪大容的记述中，浙江文人身上已然不见南宋浙江事功学所重视的"外王"，义理重于事功是毋庸置疑的。

不仅如此，洪大容对浙江文人的认识并不止于"君子喻于义"。回国后，洪大容与金钟厚有过激烈的争执[10]，争执的起因与重点都在于钱塘三士的身份。金钟厚视他们为"剃头

1 ［朝鲜］洪大容:《湛轩燕记》,《燕行录全集》第 43 卷, 第 20 页。
2 ［朝鲜］洪大容:《湛轩燕记》,《燕行录全集》第 43 卷, 第 20、27 页。
3 ［朝鲜］洪大容:《湛轩燕记》,《燕行录全集》第 43 卷, 第 35 页。
4 ［朝鲜］洪大容:《湛轩燕记》,《燕行录全集》第 43 卷, 第 40 页。
5 如高丽朝末期, 韩国性理学鼻祖郑梦周的老师李穑即有《有求官者戏题》一诗:"欲坠悬崖路,犹攀朽木枝。可怜无所告,相托欲何为。和靖梅花早,渊明菊蕊迟。安心是良药,傲世且支离。"见李穑:《牧隐诗稿》第 21 卷,《韩国文集丛刊》第 4 册, 第 273 页。朝鲜王朝时期涉及和靖梅妻鹤子的诗文更是不少。
6 ［朝鲜］洪大容:《湛轩燕记》,《燕行录全集》第 43 卷, 第 233 页。
7 ［朝鲜］洪大容:《湛轩书》外集第 1 卷,《与铁桥书》,《韩国文集丛刊》第 248 册, 第 108 页。
8 ［朝鲜］洪大容:《湛轩燕记》,《燕行录全集》第 43 卷, 第 186 页。
9 ［朝鲜］洪大容:《湛轩书》外集第 1 卷,《与铁桥书》,《韩国文集丛刊》第 248 册, 第 106 页, 又见《日下题襟集》, 第 121 页。
10 吴政纬对于双方争执的前因后果及争执的要点都有所讨论, 参见《眷眷明朝》, 第 116—127 页。

举子"，为"奔走求事胡虏之徒"[1]。洪大容则在回信中强调，如果他们"无伤痛中国沦亡之意……则容虽昏劣，亦何取于渠哉"[2]？所以华夷之辨是洪大容和钱塘三士交往的基础。他与钱塘三士笔谈科举应试时，虽然讨论的是君子德行，但实际关照的是他们的"仕清"之举。洪大容于二月初六日致书潘庭筠、严诚道："顾科宦之荣，不足为兄辈之能事，弟之期望于兄辈者，亦不在此也。"[3]二十五日，面对陆飞"久已无志名途"的言论，洪大容回信道"不如是则此虽海外陋夷，亦何足以望风承奉"[4]，表达出对陆飞不仕清朝的赞赏。

洪大容等人在和钱塘三士的交往过程中，常出言试探他们对明清易代的态度。比如二月初三日双方初次见面，金在行就有"我副大人见兰公朱卷中有'茫茫宇宙，舍周何适'之语，不觉敛衽"之言，据洪大容记载，兰公对此"色变良久"。[5]再如初四日，双方笔谈，论及剃头之法，洪大容有言："余入中国，地方之大，风物之盛，事事可喜，件件精好。独剃头之法，看来令人抑塞。吾辈居在海外小邦，坐井观天，其生靡乐，其事可哀，惟保存头发，为大快乐事。"听闻此语，"两生相顾无语"[6]。洪大容等人对明朝的推崇和怀念，钱塘三士自然明白。例如初四日言及场戏，潘庭筠问："场戏有何好处？"洪大容答："虽是不经之戏，余则窃有取焉！"随后洪大容记载道："兰公曰：'取何事？'余笑而不答。兰公曰：'岂非复见汉官威仪耶？'即涂抹之。余笑而颔之。"[7]双方的心照不宣由此可见。

二月十二日，洪大容打破之前的心照不宣，问道："行将别矣，极言无讳可乎？"在得到严诚和潘庭筠肯定的答复后，洪大容记录了双方的如下对谈：

> 余（洪大容）曰："中国非四方之宗国乎？君辈非我辈之宗人乎？见君辈之鞭丝，安得不使我腐心而烦冤乎？"两生相顾，错愕无语。兰公又戏云："剃头甚有妙处，无梳髻之烦，爬痒之苦。科头者想不识此味，故为此语也。"余曰："不敢毁伤之语。以今观之，曾子乃不解事人也。"两生皆大笑。兰公曰："真个不解事。"又笑不止。力暗曰："浙江有可笑语。剃头店有牌号，书曰：盛世乐事。"余曰："网巾虽是前明之制，实在不好。"[8]力暗曰："何故？"余曰："头戴马尾，岂非冠屦倒置乎？"力暗曰："然则何不去之？"余曰："安于故常，且不忍忘明制耳。"……余尝云："网头缠足乃中国厄运之先见

---

1 ［朝鲜］金钟厚：《本庵集》第3卷，《答洪德保》，《韩国文集丛刊》第237册，第380页。
2 ［朝鲜］洪大容：《湛轩书》内集第3卷，《又答直斋书》，《韩国文集丛刊》第248册，第66页。
3 ［朝鲜］洪大容：《湛轩燕记》，《燕行录全集》第43卷，第42页。
4 ［朝鲜］洪大容：《湛轩燕记》，《燕行录全集》第43卷，第185页。
5 ［朝鲜］洪大容：《湛轩燕记》，《燕行录全集》第43卷，第17页。
6 ［朝鲜］洪大容：《湛轩燕记》，《燕行录全集》第43卷，第28页。
7 ［朝鲜］洪大容：《湛轩燕记》，《燕行录全集》第43卷，第27—28页。
8 后期的《乾净笔谈录》在这句之前还加上了一句："余曰：'江南人乃有此口气。北方恐不敢为此。'"

者。"力暗领之。兰公曰:"余尝取优人网巾,戏着之,甚不便。"余戏之曰:"越人无用章甫。"两生皆大笑,亦有愧色。兰公曰:"江外有一友,尝戏着优人帽带,为拜跪状,一坐为之哄堂。"余又戏云:"黑旋风乔坐衙。"两生皆绝倒。余又曰:"十年前,关东一知县遇东使,引入内堂,借着帽带,与其妻相对而泣。东国至今传而悲之。"力暗垂首默然。兰公叹曰:"好个知县。"又曰:"苟有此心,何不弃官去?"又曰:"此亦甚不易。吾辈所不能,何敢责人?"皆愀然良久。[1]

如果说之前的交谈还是遮遮掩掩,那么这段对话中,双方都明白地表达了自己对明清交替的态度,即怀念明朝,同时又带着对清朝文化的鄙夷和对现实的无奈。洪大容关注三士应举背后的华夷之辨的原因亦由此可见。因此面对金钟厚的诘问,他特别申明了三位浙江文人对明朝的思念:

> 每于逢场,以笔代舌而谭草涂抹者多。或赞扬时制,嬉笑而示志。或语及古昔,相顾而吞声。至书牍诗画,皆去年号,以从吾辈之志。其发于诗律,则如云"自怜帽影与鞭丝"及"宣武门外乌夜啼"及"夜半荒鸡非恶声"等语,容反责之以害于言逊而近于二心。如闻容之所传"大明天下无家客,太白山中有发僧"之句,则去节讽诵,如愧如怆。如云"余亦怀长往,入山采蕨薇",则极微婉中透露本心。鸣呼,人非木石,见此而涕不出者,非人情也。[2]

于他而言,钱塘三士思明情绪的背后乃是与朝鲜文人相同的华夷之辨,这是他们推崇"尊德性"之义理的现实反映,也正是他强调浙江文人值得交游的根基。

三、清代浙江的汉学

清代汉学发达,乾嘉时期,浙江对经学的研究也出现了所谓的"汉学"思潮,不少学者主张以训诂考据的方法治经,推崇汉儒经说,反对宋明以来以义理说经的风气。不仅如此,考据之风气同样衍及小学、音韵、史学、天算、水地等领域,而引证取材,多极于两汉。梁启超《清代学术概论》有言,"清学之发祥地及根据地本在江浙"[3]。洪大容虽然没有具体论及浙江的汉学,但在他和钱塘三士有关朱子注解《诗经》的讨论中,其相关认识和取向可见一斑。

二月初八日,严诚与洪大容、潘庭筠谈及朱子注《诗经》废小序:"朱子好背小序。

1 [朝鲜]洪大容:《湛轩燕记》,《燕行录全集》第43卷,第75—77页。
2 [朝鲜]洪大容:《湛轩书》内集第3卷,《又答直斋书》,《韩国文集丛刊》第248册,第66—67页。
3 梁启超:《清代学术概论》,上海古籍出版社,1998年,第71页。

今观小序，甚是可遵，故学者不能无疑于朱子。本朝如朱竹垞著《经义考》二百卷，亦辟朱子之非是。"[1] 这里提到的浙人朱彝尊的《经义考》，乃是通考自汉至明说经之书的著作。后一日，洪大容特别致信严诚，与之辩论："窃意《朱子集注》，独于《庸》《学》《论语》三书用功最深，而《孟注》次之。于《诗经》则想是未经梳刷，如六义之不明、训诂之迭解、大旨之牵强，虽于鄙见已有多少疑晦。但其破小序拘系之见，因文顺理，活泼释去无味之味、无声之声，固已动荡于吟诵之间，则乃其深得乎诗人之意，发前人所未发也。且以《关雎》一章言之，则或以为文王诗，或以为周公诗者，固其执滞矣，但年代既远，无他左验，则只当用传疑之法，亦可也。"[2] 由此可见，在洪大容看来，考辨文字经义、学术源流固然有益，但更重要的是阐发微言大义。

　　二月二十三日，洪大容和金在行到严诚等人下榻处，双方笔谈又论及于此。严诚强调"小序决不可废，朱子于《诗注》，实多舛驳，不敢从同也"，又说"自明迄今，大儒代有，皆以为汉人去古未远，皆尊小序，不容朱子一人起而废之"。陆飞谈到马端临"诋朱不遗余力，其言甚辨"时，也说："小序去古不远，似有所本。古人师授，一脉相传。"潘庭筠则有"朱子废小序多本郑渔仲""朱子《诗注》多云未详"之语。对于三人之论说，洪大容表示："此不可以口舌争，请归而详览诸教，或有妄见，当以奉复也。"[3] 二十六日，双方又见面时，洪大容就此书文"奉复"道：

> 《诗注》之疑误，于鄙见亦不胜其多。且于大旨，直断以为某人作者，亦不敢信得及矣。但依其言而读之，于文甚顺，于义无害。则亦聊以讽诵之，惩感之，要益于己而已，如是，则直谓之朱子诗可矣。其于诗人之本义，或得或失，则姑置而不论，亦可矣。惟于小序，则愚诚鄙外之，以为朱子之释经，何莫非善。而惟《易》之断以筮占，《诗》之扫去小序，为其最得意处，而大有功于圣门矣。及闻兄辈之论，不觉爽然而自失矣。[4]

洪大容再次强调不应该纠结于文字是否达意，最重要的是义理之得失，由此说明朱子《诗注》废小序的重要意义。

　　洪大容和钱塘三士的争论正反映出双方学风的差异[5]。其时清朝汉学正盛，钱塘三士此次的科考考官也正是乾嘉学派代表人物钱大昕，而洪大容所见浙江文人对朱子《诗注》的批评，正是汉学影响下的学术取向。而朝鲜半岛则以朱子学为主流，正如洪大容

1　［朝鲜］洪大容：《湛轩燕记》，《燕行录全集》第 43 卷，第 59—60 页。
2　［朝鲜］洪大容：《湛轩燕记》，《燕行录全集》第 43 卷，第 69 页。
3　［朝鲜］洪大容：《湛轩燕记》，《燕行录全集》第 43 卷，第 167—168 页。
4　［朝鲜］洪大容：《湛轩燕记》，《燕行录全集》第 43 卷，第 201 页。
5　参见孙卫国：《从"尊明"到"奉清"——朝鲜王朝对清意识的嬗变（1627—1910）》，第 312 页。

所言，"惟朱子之学则窃以为中正无偏，真是孔孟正脉"[1]。不过洪氏并非固守己见之徒，双方一番辩驳之后，他感叹道，"东国只知有朱注，未知其他。弟之所陈，亦岂敢自以为不易之论耶。至于小序，一读而弃之，不复精究，当于归后更熟看之。如有新得，谨当笔之于书，以俟反复也"[2]，表达了对这种学术倾向的理解和敬意。此后朴趾源于1780年燕行时，与清朝学人亦有此辨。他在捍卫朱子的同时，对小序之辨背后的学术背景已有所了解："盖宗小序，始于苏子由。而攻小序，始于郑夹漈驳朱注，极于马端临、毛奇龄、朱彝尊，而近世靡然为时义。"[3]其中毛奇龄、朱彝尊都是清代浙江的汉学家。

到了嘉庆时期，朝鲜文人开始对清朝被称为"汉学"的学术风气有了明确了解，这一学风实与"宋学"相对立。[4]1800年，徐滢修燕行回国，朝鲜正祖赐御札曰："朱子书诸种，别无新入眼者。以彼中有汉学、宋学之分门，考证家日以益盛，而正学无传而然也。"[5]此后朝鲜文人对汉学的讨论才日益增多。1801年，柳得恭"为购朱子书"第二次出使清朝，从纪昀处了解到当时崇尚训诂考据的学术风气，并认识到此种风气在南方十分盛行。[6]他在北京与浙江学人陈鳣交游时论及汉学，其《燕台再游录》有记："（陈鳣）问余曰：尊处列学官者，用宋儒？抑用汉儒？余曰：尊奉朱夫子传注章句，研经者又不可不参看古注疏。问：有为六书之学？答：或有之。仲鱼曰：通此学，方可读经。"[7]可知柳氏对汉学已有一定认识。面对当时清朝的学术风气，柳氏发出了"程朱之书不讲，似已久矣"[8]的感叹；不过，鉴于上述对话以及双方的交流多涉及音韵学、舆地学，以及柳氏对陈鳣大加赞赏，可知他也并不排斥汉学之法。

19世纪的朝鲜文人认识到汉学在清朝十分兴盛，而浙江也在其中。他们对汉学的不满主要在于其对朱子的责难，并常常将汉学与阳明学并置。如1803年，李晚秀（1752—1820）出使清朝，在与清文人的书信中写道："近世所谓汉学也，独不知汉儒疏注，即朱夫子之积费覃思，悉经勘定。彼欲以夫子之所弃而不收者，反斥夫子，不几于燕石而韫椟乎？……比之陆王之学生心害事，流弊较甚。"[9]有"西河先生"之称的浙人毛奇龄（1623—1716），作为清初汉学家尤其受到朝鲜文人的指责，这主要是因为他直接批判朱子。如朴胤源（1734—1799）有言："毛奇龄心术不正，自恃聪明，专以博览为主。其为经说，动与朱子背驰。……毛奇龄诋毁朱子，罔有纪极，真斯文之贼也。奇龄

---

1 ［朝鲜］洪大容：《湛轩燕记》，《燕行录全集》第43册，第173—174页。
2 ［朝鲜］洪大容：《湛轩燕记》，《燕行录全集》第43卷，第204页。
3 ［朝鲜］朴趾源：《热河日记》，第355页。
4 ［日］夫马进著，伍跃、凌鹏译：《朝鲜燕行使与朝鲜通信使》，商务印书馆，2020年，第227页。
5 ［朝鲜］徐滢修：《明皋全书》第10卷，《韩国文集丛刊》第261册，第214页。
6 柳得恭在此行留下的《燕台再游录》中写道："纪公所云，迩来风气趋《尔雅》《说文》一派者，似指时流，而其实汉学、宋学、考古家、讲学家等标目，未必非自晓岚倡之也，见《简明书目》论断可知也。多见南方诸所存心者《六书》，所尊慕者郑康成。"［朝鲜］柳得恭：《燕台再游录》，《辽海丛书》第1册，辽沈书社，1985年，第335页。
7 ［朝鲜］柳得恭：《燕台再游录》，《辽海丛书》第1册，第337页。
8 ［朝鲜］柳得恭：《燕台再游录》，《辽海丛书》第1册，第335页。
9 ［朝鲜］李晚秀：《屐翁遗稿》第12卷，《辀车集》，《韩国文集丛刊》第268册，第574页。

悖经之说，辨之则不可胜数，惟当火其书而已。"[1] 尹行恁（1762—1801）则说，"朱夫子没，而微言大旨郁而不畅。明而有王守仁，清而有毛奇龄"[2]，也将其与阳明并列。而洪奭周（1774—1842）批评汉学风气时，曰"一人倡声，万口从风。弥望如黄茅白苇，文饰如伪玉赝鼎。非姚江之余派，则西河之后劲"[3]，亦将毛奇龄视为王阳明之同流。他甚至明言："仆亦何尝恶汉学哉？恶夫为汉学，而敢于诋侮先贤者耳。"[4] 田愚有注云："考证，指杨慎、阎若璩、朱彝尊、周密、毛奇龄、纪匀也。此辈专以诋毁朱子为平生事功也。匀视朱子为血仇，不欲与之俱生。启口握笔，无非诟骂污辱之辞。"[5]

尽管如此，与洪大容类似的是，就学术本身而言，朝鲜文人并不完全排斥考证之学。洪奭周斥责汉学"诋侮先贤"，但也说："夫汉学何可轻也？仆于近代儒者中，博而不杂如顾宁人者，未尝不悠然叹服。"[6] 他在与成海应的信中写道："夫考证之有功于学者，亦厚矣。服用之不考，礼无以行；律尺之不考，乐无以成；不考乎日月星辰之躔度，则无以对天时；不考乎山川疆域之形势，则无以对地利。况伪之乱真，邪之夺正。异端野语，百家之说，纷然托于古人。以惑世而诬众者，不有证以辨之，又何以定民志而一道术也。"[7] 而成海应在信中也说："夫考证者，博学中一事也。夫物之同条而异贯者，不得不援引的据而证之；训之似是而实非者，不得不广引他说而证之。"他希望"合汉学、宋学而俱操其要，谈理而不遗乎数，语数而不舍乎理"[8]。

事实上，19世纪考证学的成就渐被成海应、丁若镛（1762—1836）、金正喜（1786—1856）等部分朝鲜学人所吸收，从而推进了朝鲜半岛实学思想的兴盛。[9] 需要注意的是，朝鲜学人是将之作为"门径之学"而加以吸收的。金正喜在其《实事求是说》中写道，"学者尊汉儒，精求训诂，此诚是也。但圣贤之道，譬若甲第大宅，主者所居，恒在堂室。堂室非门径不能入也。训诂者门径也。一生奔走于门径之间，不求升堂入室，是厮仆矣。故为学，必精求训诂者，为其不误于堂室，非谓训诂毕乃事毕也。汉人不甚论堂室者，因彼时门径不误，堂室自不误也"[10]，表达了对汉学的尊重。当然，朝鲜学人也认识到了考证不易，成海应就说："夫彼考证之学，岂所欲者哉！特见其淹博浩穰，如鸟兽云烟之悦耳目，既过辄茫然不复记。况今白首，岂复有神精可从事于此哉！"[11] 他又在《送赵羲卿游燕序》中谈到汉学的《诗经》"小序大序之论""古音叶韵之

1 ［朝鲜］朴胤源：《近斋集》第24卷，《韩国文集丛刊》第250册，第483页。
2 ［朝鲜］尹行恁：《硕斋稿》第15卷，《韩国文集丛刊》第287册，第279页。
3 ［朝鲜］洪奭周：《渊泉集》第16卷，《答费吉士兰墀书》，《韩国文集丛刊》第293册，第357页。
4 ［朝鲜］洪奭周：《渊泉集》第16卷，《与费吉士书》，《韩国文集丛刊》第293册，第358页。
5 ［朝鲜］田愚：《艮斋集》后编第3卷，《与黄凤立》，《韩国文集丛刊》第334册，第132页。
6 ［朝鲜］洪奭周：《渊泉集》第16卷，《与费吉士书》，《韩国文集丛刊》第293册，第358页。
7 ［朝鲜］洪奭周：《渊泉集》第17卷，《答成阴城书》，《韩国文集丛刊》第293册，第371页。
8 ［朝鲜］成海应：《研经堂全书》第9卷，《答洪渊泉斥考证书》，《韩国文集丛刊》第273册，第177—178页。
9 参见［韩］琴章泰著，韩梅译：《韩国儒学思想史》，第184—186页。
10 ［朝鲜］金正喜：《阮堂全集》第1卷，《实事求是说》，《韩国文集丛刊》第301册，第21页。
11 ［朝鲜］成海应：《研经堂全书》第9卷，《答洪渊泉斥考证书》，《韩国文集丛刊》第273册，第178页。

争"等时，不由感叹："彼皆根据凿凿而无豁言，东人固不能及此，况敢轻之哉！"[1]

洪大容在《乾净录后语》中强调了东国崇奉朱子之醇，但同时也反省道："虽然，惟知崇奉之为贵，而其于经义之可疑可议，望风雷同，一味掩护，思以钳一世之口焉，是以乡愿之心望朱子也，余窃尝病之。及闻浙人之论，亦其过则过矣。惟一洗东人之陋习，则令人胸次洒然也。"[2]在这个层面上，成海应和洪大容的认识也是不谋而合了。无论如何，在朝鲜文人的学术认知中，朱子学是大道，与此同时，华夷之辨是基底。由此也无怪乎朴趾源在谈及浙人毛奇龄的学问时给出了这样的解释："朱子之道如日中天，四方万国咸所瞻睹。皇帝私尊，何累朱子？而中州之士如此其耻之者，盖有所激于阳尊而为御世之资耳，故时借一二集注之误，以泄百年烦冤之气。"[3]在朴趾源看来，毛奇龄批判的是尊崇朱子学的清朝皇帝，宣泄的则是尊周思明之情。

小结

朱子学和阳明学之辨、华夷之辨是朝鲜文人认知学人和学术的重要标杆。明清时期朝鲜文人秉持朱子理学的立场以审视浙江学术。他们笔下的南宋浙江学术，即是朱熹所批评"浙学"的翻版。而朝鲜文人所认知的明代阳明学，则延续着朱熹对陆九渊的批判。明代浙江阳明学泛滥并近于禅学，明末清初的朝鲜文人在批判这种现象的同时，也强调着自身对道学正统的坚持。明清交替之后，朱子理学所推崇的义理精神成为朝鲜文人审视浙江学术的重要方面，朝鲜文人对这一时期浙江学人的义理精神格外推崇与关注，以此为基础来看待阳明风采、理解刘宗周和黄宗羲所代表的浙江阳明学的变化，以及吕留良所代表的浙江朱子学的发扬光大。崇尚朱子学的朝鲜文人，一方面强调刘宗周对阳明后学的批判，另一方面认识到学术可以和精神分离，是否崇尚朱子学并不影响气节操守，浙江学人的忠节仁义更值得推崇。18世纪中叶以来，随着实学思想在朝鲜半岛的出现和兴盛，朝鲜士人关注到清代汉学的发展，他们逐渐以开放的态度，认识到传统的不足，对浙江学人的汉学思潮渐次加以肯定，认为汉学与朱子学或可以相得益彰。尽管朝鲜文人笔下的浙江学术总是与朱子学有着或多或少的背离，但是他们醉心于与浙江学人交往，并持续关注浙江学术的变化，明清交替之后，朝鲜文人尤其肯定浙江学人的义理精神和仁义道德，这展现出了浙江学术气质对于朝鲜半岛的深刻影响。

1　［朝鲜］成海应：《研经堂全书》第13卷，《送赵羲卿游燕序》，《韩国文集丛刊》第273册，第293页。
2　［朝鲜］洪大容：《湛轩书》，《乾净录后语》，《韩国文集丛刊》第248册，第174页。
3　［朝鲜］朴趾源：《热河日记》，第220页。

结　语

　　海洋从来都不是阻隔人类交流的屏障，而是不同地域得以交融互通的纽带，是推动世界文明发展的强大动力。浙江和朝鲜半岛是东亚海域距离相近的两个地区，通过语言学、人类学研究以及考古发现的墓葬和稻作文化遗存，我们可以看到，两地早在先秦时期就存在直接的海上交通和联系。唐代经济文化发展和对外开放，有不少新罗人聚居在明州、台州等浙江沿海地区。他们活跃在联结两地的海域上，明州逐渐成为新罗人以及日本人入唐的重要港口，不仅为两地的贸易活动和文化交流创造了条件，而且还推动了包括日本在内的东亚海上交通的兴起。宋元时期，政府积极发展海外贸易，两浙地区与朝鲜半岛的海上交通和贸易活动也因此十分繁盛。尤其是在宋神宗熙宁七年（1074）之后，明州成为宋与高丽交通往来的主要港口，而杭州、温州、澉浦等多地也曾设有市舶机构，浙江不仅是与高丽海上交流最为活跃的地区，而且也是东亚海域世界的贸易中心和文化中心。元代海上贸易中心有所转移，但是庆元（明州）依然是海外贸易活动的重要港口之一，浙江对外海上交往持续发展。明清时期，政府虽然一度大规模实行海禁政策，但海上交通并没有因此断绝，身处同一片海域，浙江和朝鲜半岛两地的漂海事件常有发生，对彼此漂流民的积极救助也从未中断，民间的贸易活动和文化交流也依然存在。而明末壬辰倭乱时期，浙江兵作为明朝重要的军事力量，更是和朝鲜半岛军民共同面对海上威胁，同仇敌忾、同舟共济、守望相助，凝结出诚挚的情感。

　　从地域文化的视角来看，浙江作为中华文明的发祥地之一，作为宋代以来的经济文化发达地区之一，其文化在中国历史上的重要地位不言而喻，同时也对东亚地区的文化价值观造成影响，是东亚海域世界的璀璨明珠。浙江是世界稻作文化的发源地之一，先秦稻作文化等早期文化通过海路东传至朝鲜半岛和日本。隋唐时期，新罗僧人求法于天台山，越窑青瓷制造技术也出现在朝鲜半岛，浙江文化参与了朝鲜半岛的历史文化发展进程。如果说隋唐时期浙江地区的文化因子还只是通过海上交通在朝鲜半岛散落传播，那么宋元时期，随着中国经济文化重心向南方转移，两地海上交往频繁而兴盛，朝鲜半岛更是多方面吸收浙江文化，并在此基础上发展出自己的特色文化。义天在高丽所创立的注重"教观兼修""禅教合一"的天台宗，融合了宋元越窑瓷风格的高丽青瓷，以及带有婺学务实特征的高丽末期性理学等都体现出浙江文化通过海上丝绸之路在朝鲜半岛的发挥，浙江地域文化也因此融入朝鲜半岛文化当中，成为东亚文明的重要组成部分。

明清时期，随着大量诗文作品和地理文献传入朝鲜半岛，浙江景物越来越为朝鲜文人所了解，从杭州的荷塘桂子、苏堤杨柳、西湖画舸、和靖梅花、钱塘涌潮，到浙东的赤城霞气、四明仙区等，朝鲜文人描绘之、感叹之、向往之，进而承续其文化意象，甚至将之内化为朝鲜本土的自然景观和文化景观，作为自身寄放情感之地。尤其是明清交替之后，以浙江潮为代表的浙江形胜，成为朝鲜文人抒发"尊周思明"之情感、强调"华夷之辨"之观念、捍卫华夏文化中心的精神寄托。正是在这样的背景下，18世纪中叶以来，洪大容、朴齐家、柳得恭、申锡愚、朴珪寿等朝鲜士人和严诚、潘庭筠、陆飞、祝德麟、沈秉成等浙江文人知契相交，"相远以迹，相契以心"，超越地域的界限，进行诗文唱和、礼物互赠、书信往来、学术互动。在此过程中，"情"的传达作为明代以来中国文人，尤其是明代江南文人结社交友、诗文酬唱的重要内容，已然成为18世纪以来东亚文人交流的重要特质，东亚汉字文化圈"情"的世界因此得以形成并发扬光大。与此同时，批判阳明和阳明学的朝鲜文人十分敬仰浙江士人的忠节仁义，受到浙江学人价值理念、文化精神的感召，带着对浙江学术义理精神的推崇，开始理解阳明后学和汉学思潮，逐渐走出固守朱子学的思想桎梏，以积极开放的态度看待浙江学术及其发展变化，认识它们值得借鉴的面向，发展自我的学术思想和学术理念。明清浙江是朝鲜文士认识和理解中国社会发展变化的重要窗口，同时也给朝鲜社会带去了深远的影响。

参考文献

一、原始资料

[1] 〔梁〕释慧皎：《高僧传》，汤用彤校注，汤一玄整理，中华书局，1992 年。

[2] 〔宋〕王溥撰：《唐会要》，《钦定武英殿聚珍版书》，清乾隆三十八年（1773）至嘉庆八年（1803）武英殿聚珍版印本。

[3] 〔宋〕欧阳修、宋祁撰：《新唐书》，中华书局，1975 年。

[4] 〔宋〕李焘：《续资治通鉴长编》，中华书局，1995 年。

[5] 〔宋〕李景和修、谈玥撰：嘉泰《吴兴志》，《宋元方志丛刊》，中华书局，1990 年。

[6] 〔宋〕陈耆卿纂：嘉定《赤城志》，中国文史出版社，2014 年。

[7] 〔宋〕胡榘修，方万里、罗濬撰：宝庆《四明志》，宋刻本。

[8] 〔宋〕潜说友撰：咸淳《临安志》，《四库全书》影印本，台湾商务印书馆，1982 年。

[9] 〔宋〕徐兢：《宣和奉使高丽图经》，故宫博物院乾道刻本影印本，梨花史学研究所，1970 年。

[10] 〔元〕脱脱等：《宋史》，中华书局，1977 年。

[11] 〔元〕冯福京修，郭荐纂：大德《昌国州图志》，《宋元方志丛刊》影印本，中华书局，1990 年。

[12] 〔元〕袁桷：延祐《四明志》，《宋元方志丛刊》，中华书局，1990 年。

[13] 〔元〕王元恭修、王厚孙撰：至正《四明续志》，《宋元方志丛刊》，中华书局，1990 年。

[14] 〔元〕周达观：《真腊风土记校注》，夏鼐校注，中华书局，2000 年。

[15] 〔元〕陶宗仪：《南村辍耕录》，中华书局，1959 年。

[16] 〔明〕王瓒、蔡芳编：弘治《温州府志》，胡珠生校注，上海社会科学院出版社，2006 年。

[17] 〔明〕赵锦修，张衮纂：嘉靖《江阴县志》，《天一阁藏明代方志选刊》影印本，上海古籍出版社，1963 年。

[18] 〔明〕田汝成辑撰：《西湖游览志》，上海古籍出版社，1958 年。

[19] 〔明〕郑若曾撰：《筹海图编》，李致忠点校，中华书局，2007 年。

[20] 〔清〕张廷玉等：《明史》，中华书局，1974 年。

[21] 〔清〕赵尔巽撰：《清史稿》，中华书局，1998 年。

[22] 〔清〕胡祥远修，姚廷杰纂：康熙《象山县志》，清康熙三十七年（1698）刻本。

[23] 〔清〕钱维乔修，钱大昕等纂：乾隆《鄞县志》，乾隆五十三年（1788）刻本，宁波天一阁博物馆藏。

[24] 〔清〕李亨特修，平恕、徐嵩纂：乾隆《绍兴府志》，清乾隆五十七年（1792）刻本。

[25] 〔清〕李铭皖等修，冯桂芬纂：同治《苏州府志》，清光绪九年（1883）刊本。

[26] 〔清〕史致驯、黄以周等编纂：《定海厅志》，柳和勇、詹亚园校点，上海古籍出版社，2011 年。

[27] 〔清〕黄宗羲：《明儒学案》，中华书局，2008 年。

[28] 〔清〕吴国梁等纂修：《山阴州山吴氏族谱》，清道光十九年（1839）木活字本。

[29] 〔清〕丁丙：《武林坊巷志》，浙江人民出版社，1990 年。

[30] 〔清〕吴振棫辑：《国朝杭郡诗续辑》，钱塘丁氏清光绪二年（1876）刻本。

[31] 〔清〕王士禛著，〔清〕惠栋、金荣注：《渔洋精华录集注》，齐鲁书社，1992 年。

[32] 〔清〕阮元辑：《两浙輶轩录》，清嘉庆刻本，《续修四库全书》影印本，上海古籍出版社，2002 年。

[33] 〔清〕潘衍桐：《两浙輶轩续录》，清光绪十七年（1891）刻本，《续修四库全书》影印本，上海古籍出版社，2002 年。

[34] 〔清〕余锷：《慈柏山房诗稿》，南京图书馆藏稿本。

[35] 〔清〕董文涣编著：《韩客诗存》，李豫、〔韩〕崔永禧辑校，书目文献出版社，1996 年。

[36] 〔清〕朱文藻编:《日下题襟集》,刘婧校点,上海古籍出版社,2018年。

[37] 《明实录》,台湾"中研院"历史语言研究所,1984年。

[38] 金毓黻编:《辽海丛书》,辽沈书社,1984年。

[39] 《清实录》,影印本,中华书局,1985年。

[40] 《钦定大清会典》,文海出版社,1962年。

[41] 沙匡世校注:《吴昌硕石交集校补》,上海书画出版社,1992年。

[42] 杨渭生等编:《十至十四世纪中韩关系史料汇编》(上、下),学苑出版社,1999年。

[43] 钱明锵主编:《西溪历代诗文选》,杭州出版社,2007年。

[44] 蔡美花、赵季主编:《韩国诗话全编校注》,人民文学出版社,2012年。

[45] 闫彦、朱明尧主编:《钱塘江潮诗词集》,浙江大学出版社,2012年。

[46] 〔高丽〕郑麟趾:《高丽史》(上、中、下),影印本,亚细亚文化社,1972年。

[47] 〔高丽〕义天:《大觉国师文集》,《韩国佛教全书》第4册,东国大学出版社,1979—1989年。

[48] 〔朝鲜〕朴趾源:《燕岩集》,庆熙出版社,1966年。

[49] 《朝鲜金石总览》(上、下),影印本,亚细亚文化社,1976年。

[50] 〔朝鲜〕郑昌顺等编:《同文汇考》,影印本,珪庭出版社,1978年。

[51] 〔朝鲜〕李圭景编著:《五洲衍文长笺散稿》(上、下),明文堂,1982年。

[52] 〔朝鲜〕朴齐家撰,〔韩〕李佑成编:《楚亭全书》,影印本,亚细亚文化社,1992年。

[53] 〔朝鲜〕卢思慎等编著:《新增东国舆地胜览》,明文堂,1994年。

[54] 〔朝鲜〕朴趾源:《热河日记》,朱瑞平校点,上海书店出版社,1997年。

[55] 〔朝鲜〕金永爵、金弘集编:《中朝学士书翰集》,高丽大学华山文库藏本。

[56] 〔韩〕韩国国史编纂委员会:《备边司誊录》,景仁文化社,1982年。

[57] 〔韩〕韩国国史编纂委员会:《朝鲜王朝实录》,影印本,韩国国史编纂委员会,1986年。

[58] 〔韩〕民族文化推进会编:《韩国文集丛刊》,景仁文化社,1990—1999年。

[59] 《通文馆志》,影印本,民昌文化社,1991年。

[60] 〔韩〕林基中编:《燕行录全集》(1—100卷),东国大学出版社,2001年。

[61] 〔韩〕朴元熇校注:《崔溥漂海录校注》,上海书店出版社,2013年。

[62] 《崇实大学韩国基督教博物馆所藏中士寄洪大容手札帖》,崇实大学韩国基督教博物馆,2018年。

[63] 《历代宝案》,影印本,台湾大学,1951年。

二、中文专著

[1] 郑樑生:《明史日本传正补》,文史哲出版社,1981年。

[2] 林仁川:《明末清初私人海上贸易》,华东师范大学出版社,1987年。

[3] 吴焯:《佛教东传与中国佛教艺术》,浙江人民出版社,1991年。

[4] 金忠烈:《高丽儒学思想史》,台湾东大图书股份有限公司,1992年。

[5] 黄有福、陈景福:《中朝佛教文化交流史》,中国社会科学出版社,1993年。

[6] 喻常森:《元代海外贸易》,西北大学出版社,1994年。

[7] 葛振家主编:《崔溥漂海录研究》,社会科学文献出版社,1995年。

[8] 刘梦溪主编:《中国现代学术经典·陈垣卷》,河北教育出版社,1996年。

[9] 杭州大学韩国研究所编:《中国江南社会与中韩文化交流》,杭州出版社,1997年。

[10] 杨渭生:《宋丽关系史研究》,杭州大学出版社,1997年。

[11] 蔡凤书:《中日交流的考古研究》,齐鲁书社,1999年。

[12] 郭小东：《打开"自由"通商之路——19世纪30年代在华西人对中国社会经济的探研》，广东人民出版社，1999年。

[13] 林士民：《青瓷与越窑》，上海古籍出版社，1999年。

[14] 李瑊：《上海的宁波人》，上海人民出版社，2000年。

[15] 陶水木：《浙江商帮与上海经济近代化研究（1840—1936）》，上海三联书店，2000年。

[16] 金健人编著：《中韩海上交往史探源——中韩跨海竹筏漂流学术探险研究报告》，学苑出版社，2001年。

[17] 苑利：《韩民族文化源流》，学苑出版社，2001年。

[18] 葛振家：《崔溥〈漂海录〉评注》，线装书局，2002年。

[19] 虞云国：《细说宋朝》，上海人民出版社，2002年。

[20] 浙江省文物考古研究所编：《河姆渡：新石器时代遗址考古发掘报告》，文物出版社，2003年。

[21] 浙江省文物考古研究所编：《跨湖桥：遗址考古报告》，文物出版社，2004年。

[22] 郑有国：《中国市舶制度研究》，福建教育出版社，2004年。

[23] 金健人主编：《中国江南与韩国文化交流》，学苑出版社，2005年。

[24] 孙光圻：《中国古代航海史》（修订本），海洋出版社，2005年。

[25] 周振鹤主编，郭红、靳润成著：《中国行政区划通史·明代卷》，复旦大学出版社，2007年。

[26] 孙卫国：《大明旗号与小中国意识——朝鲜王朝尊周思明问题研究（1637—1800）》，商务印书馆，2007年。

[27] 吴志良、金国平、汤开建：《澳门史新编》，澳门基金会，2008年。

[28] 郑仁在、黄俊杰：《韩国江华阳明学研究论集》，华东师范大学出版社，2008年。

[29] ［韩］崔英辰：《韩国儒学思想研究》，东方出版社，2008年。

[30] ［韩］柳承国：《韩国儒学与现代精神》，东方出版社，2008年。

[31] 樊铧：《政治决策与明代海运》，社会科学文献出版社，2009年。

[32] 李安军主编：《田螺山遗址：河姆渡文化新视窗》，西泠印社出版社，2009年。

[33] 李甦平：《韩国儒学史》，人民出版社，2009年。

[34] 刘恒武：《宁波古代对外文化交流：以历史文化遗存为中心》，海洋出版社，2009年。

[35] 钱明：《浙中王学研究》，中国人民大学出版社，2009年。

[36] 王列辉：《驶向枢纽港：上海、宁波两港空间关系研究（1843—1941）》，浙江大学出版社，2009年。

[37] 张敏：《韩国思想史纲》，北京大学出版社，2009年。

[38] 龚缨晏：《浙江早期基督教史》，杭州出版社，2010年。

[39] 李庆新：《濒海之地：南海贸易与中外关系史研究》，中华书局，2010年。

[40] 徐东日：《朝鲜朝使臣眼中的中国形象》，中华书局，2010年。

[41] 俞强：《鸦片战争前传教士眼中的中国：两位早期来华新教传教士的浙江沿海之行》，山东大学出版社，2010年。

[42] 周振鹤：《长水声闻》，复旦大学出版社，2010年。

[43] 陈来：《宋明理学》，生活·读书·新知三联书店，2011年。

[44] 王力军：《宋代明州与高丽》，科学出版社，2011年。

[45] 汪林茂：《从传统到近代：晚清浙江学术的转型》，中国社会科学出版社，2011年。

[46] 杨雨蕾：《燕行与中朝文化关系》，上海辞书出版社，2011年。

[47] ［韩］琴章泰著：《韩国儒学思想史》，韩梅译，中国社会科学出版社，2011年。

[48] 梁启超：《中国近三百年学术史》，中国人民大学出版社，2012年。

[49] 王宇：《道行天地：南宋浙东学派论》，中国社会科学出版社，2012年。

[50] 姜秀玉、王臻：《朝鲜通史（第三卷）》，延边大学出版社，2013年。

[51] 葛兆光：《想象异域：读李朝朝鲜汉文燕行文献札记》，中华书局，2014年。

[52] 苏精：《铸以代刻——传教士与中文印刷变局》，台湾大学出版中心，2014年。

[53] 杨海英：《域外长城：万历援朝抗倭义乌兵考实》，上海人民出版社，2014年。

[54] ［韩］黄普基：《明清时期辽宁、冀东地区历史地理研究——以〈燕行录〉资料为中心》，复旦大学出版社，2014年。

[55] ［韩］朴元熇：《崔溥漂海录分析研究》，上海书店出版社，2014年。

[56] ［日］大木康：《明末江南的出版文化》，周保雄译，上海古籍出版社，2014年。

[57] 王汎森：《权力的毛细管作用——清代的思想、学术与心态》，北京大学出版社，2015年。

[58] 吴政纬：《眷眷明朝：朝鲜士人的中国论述与文化心态（1600-1800）》，秀威资讯，2015年。

[59] 邢丽菊：《韩国儒学思想史》，人民出版社，2015年。

[60] ［英］莫尔顿、［伊］乌苏吉释读：《杭州凤凰寺藏阿拉伯文、波斯文碑铭释读译注》，周思成译，中华书局，2015年。

[61] 曹春茹、王国彪：《朝鲜诗家论明清诗歌》，中央编译出版社，2016年。

[62] 杨昕：《"朝天录"中的明代中国人形象研究》，社会科学文献出版社，2016年。

[63] 屈广燕：《文化传输与海上交往：元明清时期浙江与朝鲜半岛的历史联系》，海洋出版社，2017年。

[64] 吴政纬：《从汉城到燕京——朝鲜使臣眼中的东亚世界》，秀威资讯，2017年。

[65] 杨念群：《何处是江南？：清朝正统观的确立与士林精神世界的变异》（增订版），生活·读书·新知三联书店，2017年。

[66] ［韩］尹丝淳：《韩国儒学史》，邢丽菊、唐艳译，人民出版社，2017年。

[67] 孙卫国：《从"尊明"到"奉清"——朝鲜王朝对清意识的嬗变（1627—1910）》，台湾大学出版中心，2018年。

[68] 徐毅：《十八世纪中朝文人交流研究》（上、下），中华书局，2019年。

[69] 屈广燕编著：《海患、海难与海商：朝鲜文献中明清浙江涉海活动的整理与研究》，海洋出版社，2020年。

[70] ［韩］李镇汉：《高丽时代宋商往来研究》，李廷青、戴琳剑译，江苏人民出版社，2020年。

[71] ［西］胡安·希尔：《马尼拉的华人（16—17世纪）》，安大力译，文化公所、暨南大学澳门研究院，2022年。

三、中文论文

[1] 林惠祥：《中国东南区新石器文化特征之一：有段石锛》，《考古学报》1958年第3期。

[2] 朴真奭：《十一——十二世纪宋与商丽的贸易往来》，《延边大学学报（哲学社会科学版）》1979年第2期。

[3] 安志敏：《长江下游史前文化对海东的影响》，《考古》1984年第5期。

[4] 傅宪国：《论有段石锛和有肩石器》，《考古学报》1988年第1期。

[5] 徐泓：《明末社会风气的变迁——以江、浙地区为例》，《（台湾）"中研院"第二届国际汉学会议论文集》，台湾"中研院"历史语言研究所，1989年。

[6] 林士民：《宁波沿海地区原始文化初探》，《东南文化》1990年第5期。

[7] 张克伟：《郑霞谷与朝鲜阳明学》，《晋阳学刊》1991年第1期。

[8] 蒋明明：《佛教与六朝越窑青瓷片论》，《东南文化》1992年第1期。

[9] 阮平尔：《浙江省博物馆藏隋以前文物的佛教因素研究》，《东南文化》1992年第5期。

[10] 林士民：《唐、吴越时期浙东与朝鲜半岛通商贸易和文化交流之研究》，《海交史研究》1993年第3期。

[11] 刘希伟：《唐代新罗侨民在华社会活动的考述》，《中国史研究》1993年第3期。

[12] 陆永生：《崇寿宫与黄震〈崇寿宫记〉》，载浙江省慈溪市政协文史资料委员会编《慈溪文史资料》（第 11 辑），出版者不详，1996 年。

[13] 周振鹤：《释江南》，载氏著《随无涯之旅》，生活·读书·新知三联书店，1996 年。

[14] 毛昭晰：《浙江支石墓的形制与朝鲜半岛支石墓的比较》，载杭州大学韩国研究所编：《中国江南社会与中韩文化交流》，杭州出版社，1997 年。

[15] 金健人：《浙江与朝鲜的历史交往》，《当代韩国》1998 年夏季号。

[16] 李甦平：《中韩阳明学比较》，《韩国学论文集》第七辑，1998 年。

[17] ［韩］金明昊：《19 世纪朝鲜实学的发展和瓛斋朴珪寿》，中国实学研究会编：《中韩实学史研究》，中国人民大学出版社，1998 年。

[18] 苌岚：《关于博多居留宋人》，载李世安主编《史学论丛》，中国书店，1999 年。

[19] 林士民：《浙东制瓷技术东传朝鲜半岛之研究》，《韩国研究论丛》，世界知识出版社，1999 年。

[20] ［日］松浦章：《明代朝鲜船漂到中国之事件》，《中国社会经济史研究》2001 年第 4 期。

[21] 汤熙勇：《清顺治至乾隆时期中国救助朝鲜海难船及漂流民的方法》，载朱德兰主编《中国海洋发展史论文集》第 8 辑，台湾"中研院"中山人文社会科学研究所，2002 年。

[22] 王连胜：《海上丝绸之路——普陀山高丽道头探轶》，《浙江海洋学院学报（人文科学版）》2002 年第 1 期。

[23] 杨渭生：《宋与高丽的典籍交流》，《浙江学刊》2002 年第 4 期。

[24] ［美］安乐博：《中国海盗的黄金时代：1520—1810》，《东南学术》2002 年第 1 期。

[25] 王连胜：《普陀山高丽道头遗址重现》，《浙江海洋学院学报（人文科学版）》第 20 卷第 2 期，2003 年。

[26] 杨渭生：《禅宗东传与智宗、坦然——宋与高丽佛教文化交流之一》，《宋史研究论丛》第 5 辑，2003 年。

[27] 范金民：《朝鲜人眼中的中国运河风情——以崔溥〈漂海录〉为中心》，《历史地理》2004 年第 1 期。

[28] 毛昭晰：《先秦时代中国江南和朝鲜半岛的海上交通初探》，《东方博物》2004 年第 1 期。

[29] 吴玲：《九世纪唐日贸易中的东亚商人群》，《西北工业大学学报（社会科学版）》2004 年第 3 期。

[30] 林士民：《宋丽江南交往的历史遗迹》，载氏著《再现昔日的文明：东方大港宁波考古研究》，上海三联书店，2005年。

[31] 祁庆富、金成南：《清代朝鲜使臣与圆明园》，《清史研究》2005 年第 3 期。

[32] 王振忠：《琉璃厂徽商程嘉贤与朝鲜燕行使者的交往——以清代朝鲜汉籍史料为中心》，《中国典籍和文化》2005 年第 4 期。

[33] 陈高华：《〈稼亭集〉〈牧隐集〉与元史研究》，郝时远、罗贤佑主编：《蒙元史暨民族史论集》，社会科学文献出版社，2006 年。

[34] 钱明：《"浙学"涵义的历史衍变》，《浙江社会科学》2006 年第 2 期。

[35] 冯贤亮：《史料与史学：明清江南研究的几个面向》，《学术月刊》2008 年 1 月号。

[36] 钱茂伟：《论浙学、浙东学术、浙东史学、浙学学派的概念嬗变》，《浙江社会科学》2008 年第 11 期。

[37] ［韩］裴淑姬：《宋元时期科举中的高丽进士》，《科举学论丛》2008 年第 1 期。

[38] ［韩］曹圭益：《〈燕行录〉中的千山、医巫闾山和首阳山形象》，《延边大学学报（社会科学版）》2008 年第 1 期。

[39] 范金民、罗晓翔：《朝鲜人眼中的清中期中国风情——以崔斗灿〈乘槎录〉为中心》，《史学集刊》2009 年第 3 期。

[40] 孙卫国：《朝鲜燕行士人与清朝儒生——以洪大容与严诚、潘庭筠、陆飞交往为中心》，载氏著《明清时期中国史学对朝鲜的影响：兼论两国学术交流与海外汉学》，上海辞书出版社，2009 年。

[41] 刘恒武：《越窑青瓷的海外输出与浙东海上交通的变迁》，《西北大学学报（哲学社会科学版）》2010 年第 4 期。

[42] 王元周:《朴珪寿的燕行经历与开化思想的起源》,《韩国研究》第 10 辑,2010 年。

[43] 杨雨蕾:《明清朝鲜文人的江南意象》,《浙江大学学报（人文社会科学版）》2010 年第 6 期。

[44] 黄时鉴:《相远以迹,相契以心——义天和他的中国师友》,《黄时鉴文集》,中西书局,2011 年。

[45] 田润辉:《以壬辰倭乱为背景的汉文小说中的中国形象》,山东大学硕士学位论文,2012 年。

[46] 虞海娜:《试论伍子胥文化意象》,华东师范大学硕士学位论文,2012 年。

[47] 浙江省文物考古研究所、宁波市文物考古研究所、奉化市文物保护管理所:《奉化白杜南岙林场汉六朝墓葬》,载浙江文物考古研究所编《浙江汉六朝墓报告集》,科学出版社,2012 年。

[48] ［韩］金敏镐:《韩国古小说里的中国———以赵纬韩的〈崔陟传〉为中心》,《明清小说研究》2012 年第 3 期。

[49] 马孟晶:《名胜志或旅游书:明〈西湖游览志〉的出版历程与杭州旅游文化》,《新史学》第 24 卷第 4 期,2013 年。

[50] 杨海英:《东征故将与山阴世家——关于吴宗道的研究》,《纪念王钟翰先生百年诞辰学术文集》编委会:《纪念王钟翰先生百年诞辰学术文集》,中央民族大学出版社,2013 年。

[51] 朱莉丽:《日本遣明使笔下的江南城市生活——以对文人生活的刻画为中心》,《东岳论丛》2013 年第 7 期。

[52] ［韩］唐润熙:《〈朱子四书异同条辨〉之传入朝鲜及其影响简述》,漆永祥、王岚编:《刊落浮词求真解——孙钦善先生八十上寿纪念文集》,世界图书上海出版公司,2013 年。

[53] 浙江宁波市文物考古研究所、浙江宁波北仑区博物馆:《浙江宁波北仑大碶璎珞东汉墓葬与五代窑址发掘简报》,《南方文物》2014 年第 3 期。

[54] 黄智咏:《“伍子胥故事”在朝鲜半岛的传播与接受》,北京大学硕士学位论文,2014 年。

[55] 邹然:《〈备边司誊录〉与中国漂流民——以“问情别单”为主要史料》,浙江工商大学硕士学位论文,2014 年。

[56] 魏志江、魏楚雄:《论十至十四世纪中韩海上丝绸之路与东亚海域交涉网络的形成》,《江海学刊》2015 年第 3 期。

[57] 李广志:《日本遣唐使宁波航线考论》,载李卓主编《南开日本研究 2016》,天津人民出版社,2016 年。

[58] 屈广燕:《19 世纪前后朝鲜士人对浙东学术的认知:以宋、明遗民传为中心》,《宁波大学学报（人文科学版）》2016 年第 1 期。

[59] 孙卫国:《万历援朝战争初期明经略宋应昌之东征及其对东征历史的书写》,《史学月刊》2016 年第 2 期。

[60] 滕宇鹏、刘恒武:《明代日本、朝鲜的中国认知——以策彦周良、崔溥为中心的考察》,《当代韩国》2016 年第 3 期。

[61] 郑叶凡、乌云高娃:《高丽文臣李齐贤元代江南之行》,《元史及民族与边疆研究集刊》第 31 辑,2016 年。

[62] 董平:《“浙学”概念及其学术内涵之我见》,《浙江社会科学》2017 年第 9 期。

[63] 龚缨晏:《中国第一艘轮船的由来》,《浙江大学学报（人文社会科学版）》2017 年第 2 期。

[64] 龚缨晏、胡刚:《16 世纪发生在西班牙的一场“印第安斯人”诉讼案——近代早期漂泊到伊比利亚半岛的中国人》,《世界历史》2017 年第 5 期。

[65] 龚缨晏、郑乐静:《来自英国的马利姑娘:中国近代女子教育的开创者》,《社会科学战线》2017 年第 3 期。

[66] 余辉:《朝鲜王朝对阳明学说的态度——以〈朝鲜王朝实录〉为例》,《赣南师范大学学报》2017 年第 2 期。

[67] 赵静:《“朝天录”中的明代中国河北形象》,延边大学硕士学位论文,2017 年。

[68] ［韩］孙成旭:《明清朝鲜使者眼中的“皇都”形象》,《北京社会科学》2017 年第 2 期。

[69] 龚缨晏、郑乐静：《为中国设计电码：美国传教士玛高温的〈博物通书〉》，《自然辩证法通讯》2018 年第 6 期。

[70] 李广志：《南宋海商谢国明与中国文化在日本的传播》，《宁波大学学报（人文科学版）》2018 年第 6 期。

[71] 罗海燕：《全球史视域下的元代文学研究——以金华文派在朝鲜半岛的影响为中心》，《殷都学刊》2018 年第 4 期。

[72] 史倩男：《〈韩客巾衍集〉整理与研究》，延边大学硕士学位论文，2018 年。

[73] 孙卫国：《〈纪效新书〉与朝鲜王朝军制改革》，《南开学报（哲学社会科学版）》2018 年第 4 期。

[74] 王丹丹：《论清朝与朝鲜两国的漂流民救助与送还》，延边大学硕士学位论文，2018 年。

[75] 杨雨蕾：《十九世纪初朝鲜漂流人崔斗灿与江南文人的交游》，《文献》2018 年第 6 期。

[76] 陈克伦：《印尼"黑石号"沉船及其文物综合研究》，《文物保护与考古科学》2019 年第 4 期。

[77] 李德胜：《元朝瓷器对高丽后期象嵌青瓷的影响》，《美术大观》2019 年第 4 期。

[78] 冯一帆：《明清朝鲜文人对浙江学术的认识》，浙江大学硕士学位论文，2019 年。

[79] 崔英花：《清代东亚海域和朝鲜对中国漂流民的救助制度》，《海交史研究》2020 年第 4 期。

[80] 孙国平、王永磊：《从井头山遗址看宁波地理环境与海洋文化的关系》，《宁波通讯》2020 年第 18 期。

[81] ［日］夫马进：《1765 年洪大容的燕行与 1764 年朝鲜通信使——以两者在中国和日本对"情"的体验为中心》，载氏著《朝鲜燕行使与朝鲜通信使》，伍跃、凌鹏译，商务印书馆，2020 年。

[82] ［美］马小鹤：《民国〈平阳县志〉摩尼教资料新考》，《绍兴文理学院学报（人文社会科学）》2021 年第 9 期。

[83] 焦堃：《宋应昌朝鲜讲学活动考——阳明心学在域外的一次"外王"实践》，《文史哲》2022 年第 1 期。

[84] 童杰、龚缨晏：《井头山遗址在世界史前史研究中的意义》，《浙江社会科学》2022 年第 5 期。

四、外文专著

[1] 藤塚鄰著，藤塚明直编，『清朝文化東傳の研究：嘉慶・道光学壇と李朝の金阮堂』，国書刊行会，1975.

[2] 김태준，『홍대용 평전』，민음사，1986.

[3] 최철，와，편，『조선조 후기문학과 실학사상』，정음사，1987.

[4] 오상학，『조선시대 세계지도와 세계인식』，창비，2011.

[5] 정민，『18 세기 한중 지식인의 문예공화국』，문학동네，2014.

[6] Ronald Bockius and Miran Erič with Ambassadors(eds.), *Early Watercraft: A global perspective of invention and development*, Global Initiative, 2015.

五、外文论文

[1] 陈高华，「원조여 고려적 해상교통」，『진단학보』71・72，1991.

[2] 이원식，「洪大容의 入燕과 淸國學人」，水邨朴永錫教授華甲紀念論叢刊行委員會編，『韓國史學論叢：水邨朴永錫教授華甲紀念』，탐구당，1992.

[3] 정민，「16・7 세기 조선 문인지식인층의 江南熱과 西湖圖」，『고전문학연구』22，2002.

[4] 신규탁，「古代 韓中佛教交流의 一考察 — 高麗의 義天과 浙江의 淨源 —」，『동양철학』27，2007.

[5] 김명호，『海藏 申錫愚의「入燕記」에 대한 고찰』，『고전문학연구』32，2007.

[6] 신현승，「鄭寅普의 눈에 비친 中國 明末淸初期의 知識人」，『동서철학연구』48，2008.

[7] 김명호，「金永爵의 燕行과『燕臺瓊瓜錄』」，『漢文學報』19，2008.

[8]   김성진,「『江海乘槎錄』의 書誌事項과 唱和紀俗에 대하여」,『동양한문학연구』26, 2008.

[9]   박현규,「浙東 平水에서 鷄林鬻詩와 신라상인의 교역활동」,『신라문화』33, 2009.

[10]   박현규,「浙東 연해안에서 高麗人의 수로 교통 - 교통 유적과 지명을 중심으로 -」,『중국사연구』64, 2010.

[11]   杨雨蕾,「金壽弘의『天下古今大摠便覽圖』板本 研究」,『한국고지도연구』3(1), 2011.

[12]   조영록,「羅·唐 동해 관음도량, 낙산과 보타산 - 동아시아 해양불교 교류의 역사 현장 -」,『정토학연구』17, 2012.

[13]   김종복,「8세기 초 나당관계의 재개와 사신 파견 -『삼국사기』신라본기 기사의 오류 수정을 중심으로 -」,『진단학보』126, 2016.

[14]   김명호,「홍대용과 晚村 呂留良」,『민족문화연구』77, 2017.

[15]   Wen Wen, "Chinese ceramics in the Islamic world from the 8th to 10th centuries CE", a thesis submitted for the degree of Doctor of Philosophy, University of Oxford, 2018.

[16]   이동헌,「통일신라토기와 당도자로 본 나당교류」,『신라문화』54, 2019.

正文附图目录

正文附表目录

后 记

2017 年的一天，接龚缨晏教授来电，询问是否有意参与他拟申报主持的浙江文化工程重大项目"浙江海外交流史研究"，承担朝鲜半岛的部分，虽然当时我主持的国家社科基金项目尚未结项，且有其他承担的研究工作，但我还是毫不犹豫地接受任务。之所以如此，一方面是基于龚缨晏教授予以的信任，另一方面则是希望借此机会对我曾经学习和工作的内容有进一步的理解和深入的探究。在 2006 年进入浙江大学历史系从事教学科研工作之前，我有整整十年在浙江大学韩国研究所（原杭州大学韩国研究所）工作。这十年，我师从黄时鉴先生和周振鹤先生完成了历史学硕士和博士阶段的学术训练，见证了中韩两国日益紧密且十分友好的政治、经济和文化关系，也作为研究所专职人员有幸参与了中韩交往的诸多重要活动，特别是浙江省与韩国之间的交流互动。

1993 年 4 月，得韩国著名学者金俊烨先生和大宇财团支持，时为杭州大学校长的沈善洪先生主持成立了浙江大学韩国研究所（原杭州大学韩国研究所），亲自担任所长，并任命黄时鉴和金健人两位先生为副所长，实际负责开展工作。作为 1992 年中韩两国正式建交后在高校较早成立的韩国研究所，其确立以韩国传统文化为学术研究重点，主要包括：韩国的历史、文化与现状，中、韩文化的比较与交流，东方文化，尤其关注到中国江南与朝鲜半岛的文化交流，也为此开展了诸多相关学术研究和文化交流活动，包括支持学者的相关学术研究项目；多次召开以中韩海上交流、中国江南社会与中韩文化交流为主题的国际学术会议；策划和组织 1996 年和 1997 年两次中韩跨海竹筏漂流学术探险活动；寻访宁波高丽使馆、杭州高丽寺、台州崔溥登陆地以及杭州韩国独立运动活动地遗址，并帮助重建杭州高丽慧因寺和建立大韩民国临时政府杭州旧址纪念馆；以及协助浙江省外事办推进浙江省和全罗南道友好省道交流，等等。正是在跟随和参与上述活动的过程中，我受教于多位前辈学者，对浙江和朝鲜半岛的历史联系有了基本的认识。

项目于 2017 年底正式设立，作为浙江文化研究工程重点项目，名为"明清朝鲜士人和浙江"，确定将研究内容聚焦在之前研究较少的明清时期，关注朝鲜半岛士人与浙江学人的交往以及对浙江文化的认识。之后很长一段时间内，我虽然忙于其他科研工作，没有集中写作，但陆续收集原始文献、布局大纲，也具体指导硕士生冯一帆和本科生金福香以相关内容为选题分别撰写了硕士学位论文和本科毕业论文。文稿的正式写作是在 2020 年初新冠疫情全面爆发之后，2021 年底提交结项初稿，到 2023 年上半年全面修改完成书稿，可以说本书是新冠病毒肆虐三年期间的研究成果之一。这三年，经历慌乱无措，感受悲欢离合，恍惚间如大梦一场，幸有这部书稿提醒我过往时间的存在。

在撰写过程中，我尤感慨于中朝文人之间诉诸文字的心意相通，不时回望那些年跟随导师和前辈学者踏查，向他们求教，与他们无拘无束交流以及和伙伴们忙碌工作的情景。先师黄时鉴先生讨论高丽王子义天和他的中国师友时，曾以净源法师写给义天信中的"相远以迹，相契以心"八个字来描述两人的友谊，并将之引申用来表达整部中韩文化交流的历史，乃至人类诸文化交流的历史，之后更是将"远迹心契"四字作为《黄时鉴文集》第二卷的正题。他曾说："回顾历史，人类诸文化的交流有时是在战争的背景下展开，有时伴随着野蛮、不义和污秽，但'心契'之说毕竟向人们昭示了一种文化交流的崇高精神和正确途径，使我们看到'心契'的文化交流是历史上美好的一页，是历史发展的生命力。而且，它又是人心的一种向往，使人们期盼未来会有更多的'心契'交流，引导人类走向普世的光明和福祉。"是啊，君子相处之道莫不如此。本书也是对诸多师长们、曾经的伙伴们和那段我们一起的峥嵘岁月的致敬！

回忆起来，我依然清晰记得 1997 年 6 月 15 日在舟山朱家尖南沙海滩"'97 中韩跨海漂流出征仪式"上激动人心的场景，而今再次翻阅金健人先生编著的《中韩海上交往史探源——中韩跨海竹筏漂流学术探险研究报告》，看到当年那张"'97 漂流整帆待发"的彩色照片，只见朝阳下竹筏行碧波之上，桅杆上中韩两国国旗飘扬，"东亚地中海号"六个大字题写在白帆上方，不由怀念已故金俊烨先生、沈善洪先生、毛昭晰先生、杨渭生先生以及恩师黄时鉴先生，同时亦十分感叹导师和前辈学者所具有的远见卓识！随着全球史研究在世界范围的兴起，海洋史研究、文明互鉴研究越来越受到关注，以东亚乃至全球视角审视中韩文化交流史已然成为共识。期待中韩文化交流史研究的不断深入，祝愿中韩友谊长存。

感谢冯一帆、金福香两位学生在资料收集上给与的帮助，他们也在此基础上完成了自己的论文，本书的第五章是以冯一帆硕士论文为基础的深入讨论。书中的部分内容在一些学术会议以及刊物上有先期的宣读和发表，感谢在此过程中提出意见和建议的诸位学者。感谢戴琳剑博士，他不仅在韩国帮助我查阅和收集资料，而且在本书出版过程中还帮助核对了书稿中原始文献的出处，并提出修改建议。本书的出版要感谢浙江大学出版社责任编辑方涵艺女士和宋旭华先生，是他们的认真负责让书稿避免了不少错误。最后，依然要特别感谢我的丈夫和女儿，还有我的双亲，感谢你们一直以来给予的支持、包容和理解。三年来，各种不易，父亲最终没有挺过去岁那个阴冷的冬天，留给我无尽的哀痛。谨以此书献给我的慈父！

癸卯年岁末于杭州紫金文苑